文明简史

世界｜文明｜行走｜互鉴

天下中国

世界文明交流互鉴的中国范式

武斌 著

SPM 南方传媒

广东人民出版社

·广州·

图书在版编目（CIP）数据

天下中国：世界文明交流互鉴的中国范式 / 武斌著. — 广州：广东人民出版社，2023.9
（文明简史）
ISBN 978-7-218-16705-3

Ⅰ.①天… Ⅱ.①武… Ⅲ.①中华文化—文化交流—通俗读物 Ⅳ.①K203-49

中国国家版本馆CIP数据核字（2023）第111672号

TIANXIA ZHONGGUO：SHIJIE WENMING JIAOLIU HUJIAN DE ZHONGGUO FANSHI
天下中国：世界文明交流互鉴的中国范式
武斌 著

出 版 人：肖风华

责任编辑：陈其伟 赵 璐 傅 扬
责任技编：吴彦斌 周星奎
装帧设计：书窗设计

出版发行：广东人民出版社
地 址：广州市越秀区大沙头四马路10号（邮政编码：510199）
电 话：（020）85716809（总编室）
传 真：（020）83289585
网 址：http://www.gdpph.com
印 刷：恒美印务（广州）有限公司
开 本：787mm × 1092mm 1/16
印 张：28.5 字 数：423千
版 次：2023年9月第1版
印 次：2023年9月第1次印刷
定 价：98.00元

如发现印装质量问题，影响阅读，请与出版社（020-85716849）联系调换。
售书热线：020-87716172

引言 天下与中国

“玄奘现象”与中国胸怀

唐贞观三年，也就是629年，28岁的玄奘背起行囊，走出了长安城，发下“不至西天，终不东归”的大愿，踏上西行取经的漫漫旅程。他孤身穿越八百里沙海，途经70余国，最终抵达佛陀的故地。

贞观十九年（645）正月二十四日，在西域和印度周游参学17年的玄奘回到长安，此时的大唐已经呈现出四海升平、国泰民安的盛世景象。大唐用盛典欢迎玄奘的回归，他受到了文武百官及数十万僧俗百姓的夹道欢迎。他带回如来舍利150多粒，金檀佛像7躯，梵本经论657部。玄奘以贞亮的信仰、渊博的学问、高雅的风范，令唐太宗为之心动倾倒。太宗下令在长安朱雀街陈列大师带回来的佛经、佛像等圣物，供世人瞻仰。太宗还令宰相房玄龄选取高僧20余人，组织宏大的译场，协助玄奘翻译佛经。

玄奘西游归来，是唐代文化史上的一件盛事。而长安朝野对玄奘归来的兴奋，正反映了这个时代对引进外来的佛教文化的巨大热情。“玄奘现象”蕴含着中华民族“只闻来学，未闻往教”的文明基因。中华民族既有文化自信的从容底气，更有兼容并蓄的开放胸怀，乐于接纳域外的优秀文化。唐代也是一面镜子，照见了中国开放的文化态势，也照见了中国与世界各国广泛交流的盛大场景。中华文化自发轫以来，上下几千年，一直与域外其他民族保持着各种形式、各种内容的交流。横贯欧亚大陆的丝绸之路，为各民族、各文化区之间的交往和交流提供了巨大的载体。通过丝绸之路，中华文化积极地、广泛地、持续不断地学习和吸收人类文明的优秀成果，不断地丰富自己、充实自己、发展自己。也是通过丝绸之路，中华文化广泛地传播于世界各地。

这样，中华文化就不仅仅属于中国，而且属于世界，成为世界文化的组成部分。中外文化交流的历史是与中华文化的发展史同步共振的，所以，中外文化交流的历史也是中华文化史的一部分。当中国寻找、走向世界时，世界也在寻找、走向中国。也不知从何时开始，中国与世界已经成为一个共同体。

走向世界的中华文化

文化是民族的，也是世界的。一方面，这不仅是指各民族文化都是世界文化的组成部分，都参与了世界文化的创造和发展，更重要的是各民族文化吸收了其他民族文化积极的、先进的成果，将优秀外来文化融合到自己的文化中，使之成为自己的文化。这一过程也就使得民族文化获得了世界文化的意义。另一方面，中华文化的许多成果传播到海外，被其他民族所接受、所吸收，成为其他民族文化发展的补充部分或刺激因素，撬动世界文化总体格局的发展演变。中华文化向外传播的这些成果成为世界文化的一部分。从这两个方面来说，这使得中华文化不仅是中华民族的文化，也是全球性的、世界性的文化。

与域外各民族的文化交流，最直接的影响就是丰富了中华文化的内容。我们说中华文化博大精深，其“博大”和“精深”的内容，有许多是在长期的对外交流中，从外“拿”来的。这些文化成果既包括丰饶的物产，也包括先进的科学技术、灿烂的艺术文化和学术思想。在长期的对外交往中，中华文化不断得到补充、充实、丰富，同时也使得中华文化包含着丰富的世界文化的内容，具有了世界文化的意义。

与域外各民族的文化交流也不断地开阔着中国人的世界眼光，不断地增强着中国人的世界意识。鲁迅说：“国民精神之发扬，与世界识见之广博有所属。”所谓“世界识见”，就是一种世界的眼光、世界的意识、世界的胸怀。中国人世界观、世界眼光的扩大，与中国疆界的扩大有关，与中国与海外的交通的拓展和交往空间的扩大有关，与各民族之间的交往和交流的发展有关，更与中国人自己走向世界的步伐有关。

在中国历史上，许多有重大意义的变革，首先是与对外部世界的认知有关。对外开放的扩大促进了自身内部的变革。所以，文化交流中的“我”之“外”，往往起到一个“乌托邦”的作用，起到了一个对本土文化进行反思和批评的参照物的作用。近代中国以“西方”为参照，对传统的中华文化进行反省和批判，实现走向现代化的变革。同样，欧洲也是以“中国”为参照，对传统基督教神学和封建专制制度进行批判和反省，激发了声势浩大的启蒙运动。

不断地吸收世界上其他民族先进的文化成果，不断地扩大自己的世界眼光，就使得中华文化具有了与时俱进的能力，始终与时代同行。

以世界主义为取向的中华文化

历史和现实证明，文化交流绝非单行道，而是有来有往。文化交流是一个相互的过程。各民族之间的文化交流，也就是文化之间的相遇与互动。各民族、各文明间的相遇、对话、交流、互动，是全球化体系得以形成的条件，也是这个全球化体系的基本内容。考察中外文化交流史，就是在不同时代的“世界体系”“全球化体系”中，重新认识中华文化与其他文化的交流与互动。

朝鲜王朝时期根据《山海经》绘制的《天下总图》

外来文化进入中国之后，经过当地本土文化的选择和解释，一些外来文化要素被“接受”到中华文化之中，与原有文化相受容、相融合，从而逐渐成为中华文化的一部分，即“中国化”。这种“中国化”的过程，便是对外来文化的选择、解释、剪裁的过程，也是外来文化对中国原有文化产生实际影响的过程。而经过选择和本土化，“外来文化”就不再是“外来文化”，而是“中国文化”了，是“中国文化”的一个组成部分了。

将外来文化本土化，是一个民族文化创造力的表现。外来文化的本地化、民族化或者说“中国化”的过程，体现了中华文化强大的吸收能力，体现了中国人对外来文化的接受和再创造的能力。

通过以上的讨论，我们可以从全球史的角度、中外文化交流史的角度来反观中华文化本体，会对中华文化的特质有新的认识，那就是中华文化是以世界主义为取向的天下文明。

中华文化之所以能够持续地接受和引进外来文化，并且能够使其本土化，融入中华文化大系统之中，成为中华文化的有机组成部分，是由于中华文化具有巨大的吸收能力。中华文化的兼容性和凝聚力来源于中华文化本身的丰富性和多样性，来源于其巨大的“体量”。中华文化是一个巨大的“文化体”。如许倬云所说：“因能容纳，而成其大；因能调适，而成其久。”能够大规模引进和吸收外来文化，还表现出中华文化强大的创造能力。任何外来文化进入中国，不论是直接“拿来”的，还是需要加工、改造的，都需要有强大的创造能力，都是一种再创造。

人类文明互鉴古已有之，世界与中国的交流多彩缤纷，它是丝绸之路、海洋之路、交换之路、信仰之路、战争之路和文明圈共建之路，它既是民族文化的竞技场，更是世界文化和平发展的共同记忆。世界与中国的文明，在陆上丝绸之路和海上丝绸之路两座桥梁上交汇与延伸，一陆一海，从中国望向世界，中国的尽头就是世界，西方文明、印度文明、中亚文明、中华文明之间，很早就形成相互影响的互动。世界与中国相伴相随，一路走来，成就了中国，也改变了世界。英国历史学家汤因比（Arnold Joseph Toynbee）曾断言，作为“一直以和平主义和世界主义为取向的天下文明”，中华文明将“为未来世界转型和21世纪人类社会提供无尽的文化宝藏和思想资源”。

世界与中国几千年来的交往历程历经大江大河的冲刷，已经被折叠成了历史的书页，需要我们慢慢地打开，从人类文明的源起，从遥远的上古时代开始，去寻觅人类文明与命运发展的轨迹，去数一数影响人类文明进程的那些重要的交往事件。

目 录

第一编

世界文明交流的初启

第一章　中华文化的日出东方

中华文化是世界文化的重要源头之一。我们的先民创造了绚丽壮观的早期文化，凝结成最初的文化共同体，在早期世界文化发展的总体格局中占据了重要的位置。正是在中华初民的文化创造中，蕴涵了民族历史文化的源泉，成为中国人智慧的起点。

文明初期的世界史

从英吉利海峡到东海之滨，西望英伦三岛，东临日本列岛，这中间是一片极为广袤的超级大陆，即欧亚大陆，被誉为人类文明黄金开局的“世界岛”。人类文明就是在这片广袤的欧亚大陆上孕育产生和发展起来的。

在世界文化的初创时期，栖息在不同地区的上古初民，各自独立地创造出具有自身特色的原生文化形态，发展起各自的地区性文明。这种在不同地区独立地产生出来的文化被称为“第一代文明”或“原生型文化”。这些原生的文化形态是以后世代人类文化进化发展的历史性起源和基础。当时世界上存在着几个彼此互相独立的文化形态或文化区域，处于不同的地理自然环境的各种文化都有其独特的历史过程。在距今五六千年，陆续出现了所谓“四大文明古国”，即产生原生型文化的国度。被称为“四大文明古国”，即产生“第一代文明”或“原生型文化”的，是古埃及、古巴比伦、古印度和中国。这几种文明互相之间有着不同程度的联系，但又是平行发展的，是各自独立发展起来的，形成各自的文化特性和文化模式。

古埃及文明滋生于尼罗河第一瀑布（今阿斯旺附近）下游。古埃及人创造的辉煌的古代文化，主要依托于一片由大海和沙漠围护着的、由尼罗河所滋润的三四万平方千米的冲积平原。古希腊史学家希罗多德（Herodotus）说，古埃及是“尼罗河的赠礼，埃及文化乃是尼罗河的恩赐”。大约在公元前3200年，古埃及形成统一的国家，创造了初期的古埃及文明，从此古埃及文明繁荣发展了近2000年，以后逐渐走向衰落，一直到公元前332年马其顿的亚历山大大帝（Alexander the Great）征服埃及为止。在几千年的历史中，古埃及人有了高度发达的农业、完整的灌溉系统、王权神授及其成套的国家机构、复杂的宗教思想等文化成就。在公元前4245—前4238年之间，古埃及人就知道使用相当正确的太阳历。约在公元前3200年，古埃及人就有了象形文字。太阳历、金字塔、狮身人面像和神庙、土地的测量以及木乃伊等分别标志着古埃及人在天文学、建筑学、艺术、几何学、医学上所达到的水平。

古埃及地处非洲北部，濒临地中海，与欧亚大陆联系密切，而古巴比伦文明则诞生在与之隔海相望的西亚地区。古巴比伦文明又称美索不达米亚文明。“美索不达米亚”（Mesopotamia）是古希腊人对底格里斯和幼发拉底河谷的称呼，意即“两河之间的地方”。美索不达米亚文明得以繁衍的区域，大体在两河流域适宜农耕的地带加上地中海东岸滨海地区，组成所谓“肥沃新月带”。约在公元前3000年，苏美尔人（Sumerians）建立了12个独立的城邦，奠定了美索不达米亚文明的最初基础。公元前2135—前2027年，苏美尔经历了经济增长及文化发展的阶段。苏美尔人发展了农业生产和灌溉系统，还发展了各种手工业生产，与其他民族的商业贸易也很发达。他们发明了系统的能表达思想的泥版文字（楔形文字），制定了法典和太阴历，在数学和天文学上也作出了很大贡献。公元前1750年以前，古巴比伦统治者汉谟拉比（Hammurabi）征服了苏美尔，苏美尔民族在历史上的显著地位逐渐消失，但他们的文化成就却延续下来。苏美尔人的传统成为美索不达米亚文明的基础，延续了近3000年之久。

古印度文化起源于南亚印度河流域的哈拉巴和莫恒达罗周围10余万平方千米的地区，以后又扩展到恒河流域及德干高原。公元前3000年，已经存在早期印度文明。公元前1500年左右，一支操雅利安语的游牧部落进入印度半岛，征服了当地人，发展起农业和畜牧业，手工业和商业也有一定的发展。作于公元前1200年左右的诗集《梨俱吠陀》是印度现存最早的文献之一。印度古代早期的宗教是婆罗门教。约在公元前550年诞生的乔答摩（Gautama，即佛陀，Buddha）创立了佛教，对后世产生了极大影响。

再往东，隔着巨大的喜马拉雅山脉和帕米尔高原，就是中华文明区。古埃及、美索不达米亚、古印度与中国四种原生型文化，在从西到东广阔的非洲大陆和欧亚大陆上并行发展，相映生辉。它们共同孕育了人类文明，构成了世界文化原创期的基本格局。文明初期的世界史，便是这几大文明区兴起、发展和变迁的历史，是人类文明从草创到最初辉煌的历史。

中华文化的江山

中华文化是世界文化的重要发源地之一。在遥远的上古时代，栖息在东亚大陆上的原始初民，进行着极为艰难而又极为雄壮的文化创造，开辟了中华文化的历史源头。

这些原始初民繁衍生息于东亚大陆已有极为悠久的历史。根据考古学的研究，早在180万年前的旧石器时代，中国的史前文化就已经形成了华北和华南两大谱系。在这一时代，中华先民在极为困苦的条件下，以石器的研磨敲打，演绎出中华文化史诗的前奏，迎来初升的中华文化曙光。

从距今7000年开始，中华先民进入新石器时代。新石器时代的文化遗存遍布全国各地。进入新石器时代以后，农业和家畜饲养业取代了采集和狩猎的地位，成为首要的生产部门。中国是世界上发明农业最早的国家之一，也是世界农作物起源中心地之一。到新石器时代晚期，中国原始农业生产已由刀耕进入耜耕（锄耕）阶段，牲畜由放养变为圈养，采集和渔猎技术也有较大发展。农业文明的产生和发展对于中华文明具有决定性意义。农业的生产方式和生活方式决定了中华文明的根本特质，决定了中华文明的发展方向，因而，也就决定了中国人的集体人格和文化精神，决定了中国人的精神气质和思考方式。进一步说，农业文明孕育了中国人和中华文化的基因，孕育了中华文明形成和发展的文化密码。这一点，对于了解中华文明的本质和内涵，具有决定性的、关键性的作用。而这种特质、方向，是在新石器时代农业文明发生的时候就已经决定了的。

随着农业和畜牧业的发展，由生产工具制造发展起来的手工业劳动，在种类和规模上出现了新局面，制陶技术已达到很高水平，养蚕缫丝和丝织业已成为经济生活的组成部分。用玉石、骨、角、牙等材料制作的装饰品和祭祀用品，十分精美，表现出当时的手工技艺水平和审美趣味。新石器时代晚期，中华先民又逐步掌握了冶铜技术，并开始用铜来制作一些小型生产工具和生活用器，进入考古学上所说的“铜石并用”时代。

中国的新石器时代不仅已具有相当程度的物质文明，而且在精神文化方面也初现辉煌。陶绘图样千姿百态，雕塑作品姿态生动，石刻岩画蔚为壮观，原始歌舞充分展现出先民们丰富的情感世界。而丰富多彩的上古神话传说，则曲折地反映出中华民族“童年时代”的生活故事，成为中华文化发展的最初意象和“文化脚本”。

新石器时代是离我们现在已经相当遥远的过去。但是，即便是在那个时候，东亚大陆已非茫茫荒原，漫漫长夜，而是展露出东方文明的曙光。在那个遥远的过去，上古初民们在顽强的生存斗争中，创造了绚丽壮观的原始文化，并逐渐凝结成最初的文化共同体。正是在中华初民的文化创造中，蕴涵了民族历史文化的源泉，成为中国人智慧的起点，也就是我们今天所说的中华文明的起点。

现在，我们可以清楚地看到，中华文化的起源是多元化的，而不只是有一个“黄河源”或者再加一个“长江源”。这就是说，中华文化的“多元源头”是年代久远的，因此是具有历史深度的。新石器文化的多样

良渚文化的石器。良渚博物院藏

性、多元性和开放性，就决定了中华文明起源上的丰富性特征和强大的生命力。多元起源，而后不是各自独立、分道扬镳，而是逐渐融合，互相取长补短，以某一种或几种强大文明为核心，广受博取，形成一个文化统一体。这表现了强大的文化内聚力。这种内聚力和聚合过程，源自如此遥远的过去而又流经如此长远的历史时期，自然越发展越强大，从而形成中华文化的一种不同于其他文明的强大的凝聚力。

迈向文明门槛的脚步

各地区文明的产生，由于不同的地理和自然环境，形成了不同的生产方式、生活方式，形成了不同的民族文化品格、民族精神和艺术风格，形成了不同的看待生活和看待世界的眼光。文化一开始就具有民族的特性，不同的民族创造了各自独特的文化。而由于人类在初级阶段就表现出来的趋同性，不同民族发展到一定的阶段，当生命活动需要某些发明的时候，许多重大的文化成就可以在彼此距离遥远的地区、间隔漫长的时间，一次又一次地被不同民族创造出来。

关于早期文明即“原生型文明”的标志，国内外较流行的观点是把文字的发明、金属器具（青铜器或铁器）的制造和城市的建立作为一个原生型文明形成的标志。这三个重要标志代表文明发展到了一定的水平。这种以“文字、铜器、城市”等因素去考证的概念，显得比较简单，或者也不全面，但因为约定俗成而比较实用。

但是，按照这三个标准来看待早期文明，是西方考古学家根据在美索不达米亚的考古经验得出的。对以中国为代表的东方古代文明的起源和早期发展，他们还缺乏系统的了解。因为从这样的标准来看，古埃及、美索不达米亚和古印度文明的起源距今都有五六千年了，而那时候的中国则还没有达到这样的水平。我们所知道的甲骨文、青铜器距今只有3000多年。那么，我们经常说的“中华文明五千年”源头在哪里？

2001年，国家启动了“中华文明起源与早期发展综合研究”（简称“中华文明探源工程”）项目。在中华文明探源工程中，中国学者根据中国的材料，兼顾其他古老文明的特点，提出了判断进入文明社会标志的中国方案，包括：

第一，生产力获得发展，出现社会分工。在农业显著发展的基础上，出现农业和手工业的分离，并且部分手工业生产向专业化趋势发展（如琢玉、髹漆、制作高等级陶器、冶金等）。

第二，社会出现明显的阶级分化，出现王权。社会阶层分化显著，小部分社会上层精英垄断社会管理权（如军事指挥权、原始宗教祭祀权），出现最高统治者——王，形成严格的社会等级制度及维护社会等级制度规范的礼制，出现埋葬王、其他高等级权贵阶层的专门墓地和随葬高等级礼器的大型墓葬。

第三，人口显著增加和集中，出现都邑性城市，并成为政治、经济、文化中心。出现反映王权的高等级大型建筑和需要耗费大量人力物力兴建的大规模公共设施。出现明显的城乡分化。

第四，出现王所管辖的区域性政体和凌驾于全社会之上、具有暴力职能的公共权力——国家，祭祀等礼仪活动在社会生活中占有重要地位。

按照这一标准，中华文明探源工程提出，在距今5100年到4300年前，一些文化和社会发展较快的地区相继出现了早期国家，跨入了文明阶段。

中华文明探源工程展现了中华文明起源发展历程，以考古资料实证了中华5000年文明；提出了判断进入文明社会标志的中国方案；揭示了中华文明的丰富内涵，再现各地文明演进的情景；展现了中华文明起源与发展的脉络——早期中国的形成与发展。

到夏、商、周三代，华夏文明的各源流开始汇聚，中国最早的王朝诞生并定鼎中原，中华文明和华夏传统的若干基本特征渐趋成熟，中国古代文明由兴起到繁盛。这是中国文明国家的形成时期，也是中国文化底蕴的奠定时期，中国古代的经济形态、政治制度、官僚体制、宗教信仰、社会结构以及生活观念等各方面都在这一时期奠定了基础。夏商周时期在没有外来文化的影响下，自成体系地独自发展起来。夏商周文化的繁荣，标志着中华文化已开始自成体系和独立发展，因而自立于古代世界文化的格局中，成为世界文明的发源地之一。

从新石器时代到夏、商、周三代，是一个重大的历史转折。从社会形态上来说，是从原始的氏族公社制度向私有制的社会形态转变。这也是中华文化的文野之分，从蒙昧时代向文明时代转变。《礼记·礼运篇》有一段论述，明确划分了“天下为公”的氏族社会与“天下为家”的私有制社会的区别和界限。在儒家学者看来，原始社会是一个“天下为公”的社会，是“大同”时代；而进入夏、商、周三代以后，“天下为家”，是“小康”的时代。所以说，对待这样的重大转变，古人已经有清楚的认识。

今天我们把新石器时代称为“史前时代”。但是，史前时代并不是没有历史，只是那时候的历史不是写在纸上，而是留存在出土的遗址和器物、神话和传说之中；蒙昧时代也不是没有文化，只不过那个时候还属于文化的初创时期，一切还那么粗犷和简朴。而经过从新石器时代向夏、商、周三代的转变，文化开始走向精致和定型。世界各民族的历史，大体都经历了一个由原始氏族社会向文明社会演变的进程。在这一进程中，人类的知识与智慧在不断地增长，并且同自我创造的文明成就的增长保持着大致的同步关系。这意味着人类智慧的一次新的质变。

从新石器时代到夏、商、周三代的转变，是社会生产力水平发展的成果，是社会文明的一次质的转变，是一次大规模的文化飞跃和突破。如果说，新石器时代是文化的黎明，夏、商、周三代则是文化太阳的初升，它的光芒已经照射到中华大地。在这个时代，基本确定了中国传统文化的发展方向和基本形态。或者如许倬云所说的，是“创造中国文化的母型”。

国家力量对于文化发展具有特别的重要性。国家、文明和城市在起源上是一致的。从新石器时代到夏、商、周三代，就是国家开始形成和逐渐成熟的时期，特别是到了西周时期，对国家和社会制度进行了比较完备的设计和建设。这不仅便于社会的组织和管理，而且成为文化发展的重要推动力量。到了西周时期，新石器时代呈现出的多元发生和聚合的趋势进一步加强。而国家及其制度化的力量，对于促进文化的多元聚合又发挥了重要作用，经过多元性的文化创制，逐渐汇聚成一个文化体系。这条汇聚百川的文化大江大河具有极为强大的生命力。

以国家的力量推动文化的发展，是中华文明得以持续传承和发展的一个重要因素。商周国家对于实现华夏文化的汇聚和形成起到了重要作用。

不仅如此，以后的各个朝代对传承和发展传统文化有比较明确的自觉意识，并且在制度上提供强有力的保证。各个朝代都为传统文化的保存、传承和发展做了大量的具体的工作。实际上，有了国家政权的支持和制度安排，使得中华传统文化比如孔子的儒学思想，成为中国历史上的主流文化，为历代国家政权提供了思想和文化的基础。

西周时期的制度建设对中华文明发展的影响是极为深远的。在一定意义上可以说，新石器时代对中华文明的贡献，主要是在物质文明方面，是农业的生产方式确定了中华文明的发展方向。而夏、商、周三代，特别是西周时期，主要的贡献在制度文明建设方面。西周的制度建设成为以后几千年中国封建社会制度文明的出发点和基础。春秋时期，当颜渊提出有关治理邦国的问题时，孔子便明确地解答："行夏之时，乘殷之辂，服周之冕，乐则《韶》《舞》。放郑声，远佞人。"（《论语·卫灵公》）把夏、商、周三代作为国家建设管理的理想模式。

在国家制度的建设方面，最重要的，是周公"制礼作乐"。周公的"制礼作乐"，对于中华文明的贡献是巨大的，基本上奠定了中华文明的道德主义传统和社会文化规范，铸造了古代中华

西周晚期青铜宗周钟。台北故宫博物院藏

毛公鼎铭文

西周晚期毛公鼎。台北故宫博物院藏

民族温良恭俭让的精神风貌。

在夏、商、周三代，还有两件事情需要特别提出的，那就是文字的创制和学校制度的形成。文字的创制和定型，彻底克服了信息传递中时间和空间的限制，解决了文化发明的长久记忆、保存和传播问题，为文明的传承发展提供了最好的载体。从此以后，人类就进入了“文字记载的历史”时期。此后几千年中，中国的文献浩如烟海，成为中华文明代代相传的主要形式。而学校制度的形成，则为有意识的、自觉的文明传承提供了制度性的保证。文字和学校，正是夏、商、周三代为中华文明的传承发展留下的最为重要的遗产。

文明初期奠定的文化品格

在世界文明初期的文化格局中，中国与古埃及、美索不达米亚、古印度同为四大文明起源地，发展成为四大原生型文明。与其他的三大文明相比，中华文化有哪些特点或基本品格呢？

首先，中华文化具有无与伦比的延续力，得到最为连贯的继承和发展。其他原生型文化，如古埃及文化早已后继无人；美索不达米亚文化和古印度文化，经过多次的异族入侵，深深叠压在后起文明世代的底层，基本上成为考古学研究的对象。唯有中华文化没有出现这样的中绝现象，经历数千年而持续不断，这在世界文化史上是极为罕见的。中华文化是世界文化的重要起源之一，并且是其中得到最为连贯的继承和发展的文化。这一点强调的是中华文化生生不息的强大生命力，也是我们常常引以为傲的基本方面。

其次，中华文化初创时期的活动区域要比其他几个古老文化更为广阔。古埃及文化和美索不达米亚文化的活动区域都不过几万平方千米，古印度文化的范围基本上限于南亚次大陆之内。中华文化最重要的发祥地黄河流域则有七八十万平方千米的黄土高原和冲积平原。而中华文化的发源地又不限于黄河流域，长江流域、辽河流域乃至西南的崇山峻岭之间，都有长达四五千年的文明史，这些区域的总面积在500万平方千米左右。这样广大的领域作为中华文化繁衍之地，使它具有多元发生的丰富性，也使它在遇到异族入侵的情况下，仍有广阔的回旋空间。中华文化延绵不辍与这种地理形势很有关系。

再次，中华文化的发生期大体上是在与其他文明区少有联系的情况下度过的，中华文化在未受到或很少受到其他文化影响的情况下独自完成文化的发生过程。这种情况与其他几大文明也有所不同。中国人生活的东亚大陆，远离其他文明中心，周边又多有难以逾越的地理屏障，很少可能与其他文化相接触或获得有关的文化信息。正是在这一时期的文化创造，决定了中华文化的文化特性和文化风格。因而，中华民族是一个颇具原初性的民族，中华文化有着鲜明的独特性和自主性。但这并不是说，中华文化的发生期是完全封闭的，与其他文化完全隔绝的。实际上，中华先民很早就开始寻找与其他民族进行文化沟通和联系的途径，试图打破地理的屏障，参与早期世界文化总体格局的对话。从考古发现来看，商代的青铜文化乃至更早的彩陶文化，都与西亚和欧洲大陆其他一些文化有某种联系和相似之处，虽然我们现在还不十分清楚这种联系的性质。

这样，从全球史的角度看早期的中国与世界，首先是在早期的“全球”中看到了自己的位置，也通过比较看到了自己的特色和品格，以及属于自己的独创性，同时也看到了早期中华文明与其他文明可能存在的联系与对话。在这种对话中，不同文明实现了最初的文化交流和互动。

轴心时代的文化突破

德国哲学家雅斯贝尔斯曾经提出一个“轴心时代”（Axial Age）的概念，指称以公元前500年为中心的公元前800—前200年这一历史时期。雅斯贝尔斯认为，在这一时期，中国、印度、波斯、巴勒斯坦和希腊几乎同时地而又各自独立地奠定了人类的精神基础，而直到今天，人类仍依附在这种基础上。

雅斯贝尔斯的这个“轴心时代”的概念对于我们认识古代世界文明史具有重要的启发意义，它揭示了从原生型文明向新的历史阶段，即以哲学精神为主导的人类文明发展阶段跃迁的性质。这个时代构造了全人类文明的文化基线，成为直到2000多年后今天的世界文化发展的现实起点和基础。也有人把这一时代所发生的事件称为“文化的突破”。所谓文化的突破，是指人类文化发展上升到这样一个阶段，即人们对构成人类处境的宇宙的本质有了一种理性的认识，而这种认识所达到的层次之高，则是从前未曾有过的。与这种认识伴随而来的是对人类处境的本身及其基本意义有新的解释。以古希腊为例，这种文化的突破表现为对自然的秩序及其规范和经验的意义产生了明确的哲学概念，从此古希腊的世界不再为传统神话中的诸神和英雄所任意宰制，而是处在自然规律支配之下。在中国，文化的突破孕育于西周时期，其最高峰是先秦诸子的百家争鸣和孔子儒家文化地位的确立。此文化的突破的意义在于摆脱了原始初民的图腾、神灵崇拜和神道设教（“子不语怪力乱神”），确立了宗法社会秩序的合法性，提出了理论化、系统化的宇宙观，并且建立了一整套伦理道德的思想体系，从此确立了我们现在称之为中华传统文化的基本框架和模式，决定了中华文化持续几千年的基调和走向。

轴心时代是一个充满变革的时代。当时世界文明发展的形势是，古埃及文明和美索不达米亚文明正在走向衰落，古希腊文化和古希伯来文化正在兴起，波斯帝国文化及其他文化日益引人注目，而古印度文化和中华文化正在经历着历史性的转变。世界文明正在出现新的格局。这是“充满神奇的哲学世纪”。人类大体同时地在各不相同的地区创造了各自的民族文化，获得了文化激情以及文化创造的能力和灵感，并赋以各自不同的文化形态和模式。

在这个充满变革的时代，中华文化表现出巨大的文化特色和出色的文化智慧，以及高扬的文化激情。中华文化不是像古埃及文化和美索不达米亚文化那样衰落下去，也不是像古印度文化那样由佛教的新传统取代婆罗门教的旧传统，而是以自我更新的力量，在商周时期文化发展的基础上，通过对商周文化的反省与总结，发展出完全可与古希腊文化、古希伯来文化以及其他文化相媲美的中国智慧。孔子以及其他诸子百家的思想学说既是对西周文化的突破，又是对西周文化的继承。中华文化在这个大变革时代首次表现出它的创造性和连续性。

在这个新时代的世界文化格局中，中华文化仍像以前那个时期一样，成为几大文化中心之一，占有举足轻重的地位。

大体而言，轴心时代当为中国历史上的春秋战国时期，也就是东周时期，从公元前770年西周灭亡周平王东迁，到公元前221年秦王政灭亡六国统一中国，历时550年。这是中华文化史上一个非常辉煌的时代。周朝王室权威衰落，诸侯称霸争雄，社会生活秩序变动，利益格局和阶级阶层的重组，使人们的思想空前活跃，从而形成诸子并起、百家争鸣的局面。世界文化史上多次出现这样的场景，社会生活的变革为文化的繁荣发展创造了有利条件，而这一时期的文化发展恰恰深刻地反映出社会变革的本质内容。

那么，在春秋战国时期，中华文明向着哪个方向突破，取得了哪些突破，这些文化突破对于中华文明的传承和发展具有怎样的重大意义呢？

所谓春秋战国时期的文化突破，首先在于打破了西周时期国家对社会文化统一的局面，破坏了西周时期的宗法制度和分封制度，由“礼乐征伐自天子出”变为“礼乐征伐自诸侯出”，周王室的权威衰落下去，各诸侯国征伐攻略，争霸兼并，社会文化面临了空前的大变革的局面。春秋晚期与战国初期，各诸侯国先后进行了变法改革，都是为适应这种大变革的历史要求顺势而动。这一时期变法改革，包括国家体制、政治制度、社会组织、文化学术等多方面，都呈现出破旧与创新的景象。

春秋时期对西周文化的突破，并不意味着对西周文化的全盘否定和全面抛弃，而恰恰是继承了西周时期许多优秀的文化传统。春秋时期的文化大势，是“天子失官，学在四夷”，就是说，原来属于周王室的、贵族的各种文化形式从贵族的垄断控制中解放出来，扩散到民间，这个过程不是对旧文化的全盘否定、全盘颠覆，而是对旧文化的扩散、普及，在更广阔的空间发展的过程，是贵族文化平民化的过程，形成了春秋时期特有的文化风貌。

雅斯贝尔斯的“轴心时代”这个概念的实质在于强调这个历史时期在人类的全部历史上处于中心和枢纽的地位。对于中华文明的历史来说，春秋战国时期就处于这样一个“中心和枢纽”的地位。在以后的中华文明的历程中，尽管不断有与外来文化的交流和融合，中华文明的本原系统在不断地丰富和发展，但中华文明总是以其强大的本原属性凸显自身。这个本原属性正是从文化的发生期到春秋战国时期奠定的。

大一统国家与文化繁荣

春秋战国时期在中华文明发展史上是极为重要的，思想文化的百家争鸣，地域文化的蓬勃发展，出现了中华文化史上一次大繁荣的局面。然而，春秋战国时期的文化繁荣，毕竟是动荡中的繁荣、过渡中的繁荣。动荡和过渡之后，紧接着出现的便是一个文化盛世，在统一和稳定的社会环境中创造出文化全面发展的黄金时代。这也是中华文化史和世界文化史上反复出现的场景。春秋战国时期的诸侯称雄争霸，实际上在背后包含着强烈的统一愿望。而且，长期的分裂局面、连年的讨伐征战，已对社会生产力的发展、社会经济文化的进一步发展造成障碍。因此，在战国后期，统一已成为不可阻挡的历史趋势，成为众望所归。公元前221年，秦国经过十年的统一战争，先后灭六国，完成了全国统一的大业，结束了自春秋以降几百年诸侯割据称雄的分裂局面，建立起中华民族第一个统一的、封建专制主义中央集权的国家。

秦始皇不仅兼并了六国，还进一步在秦、楚两国经营西南少数部族地区的基础上，完成西南地区的统一，在那里设官治理；统一今浙江南部和福建一带东南沿海瓯越和闽越地区，设置闽中郡；统一今两广一带的南越地区，设置南海、桂林、象郡；又击退匈奴贵族对中原地区的扰乱，建置九原郡。这样，秦建立起中华民族第一个“海内为郡县，法令由一统”的中央集权国家。其疆域，东至海即朝鲜，西至陇西，南至岭南，北至河套、阴山、辽东，幅员十分辽阔。这广大的地域，是秦以后历朝历代政治版图的雏形。换言之，中国的地域雏形在秦代已初步形成。

秦汉时期在中国历史上，在中华文化思想史上，有极重要的地位，从而也奠定了其在世界文化史上的地位。这一时期内形成的经济、政治制度（包括文化教育方面的制度），是两千年中国古代社会各种制度发展的基础。这一时期的文化思想，长时间影响着中国社会。这一时期的文化意义在于：它开创了一个新的制度文化样式，并由它直接选定了以后两千多年的文化价值和精神内核，规定了文化繁衍的明确路径，也为中华文化特有的文化继承品质和民族文化心态的形成奠定了基础。

秦代的重要性，在于建立了中华文明大一统的基本格局。在早期中华文明的起源中，呈现出“满天星斗”的多元化局面，使得中华文化具有无比的广阔性和丰富性。到春秋战国时期，由于诸侯国的割据纷争，使得各地域文化得到充分发展。但是，与此同时，在广阔的中华大地上，各地域文化又具有同质性和向心力，逐渐出现了走向统一的趋势。到了秦始皇灭六国，实现了全国政治上的大统一，也为文化的统一创造了条件。至此，中华文明的涓涓细流，汇聚成一条奔腾不息的大河，汇聚成中华文明的统一体。这是中华文明发展史上的一个重要的转折点。它标志着中华文化共同体的初步形成，中华文明以一个整体的面貌出现了。

秦汉时期，与政治上大统一的局面相适应，大一统的思想得到了广泛的阐发。“大一统”的本义是以“一统”为“大”，“大一统”就是高度推崇国家的统一，民族的融合，也即对“一统”所持的基本立场和态度。在中国历史上，多元化的起源并没有造成中华文化的分裂，反而汇聚到一起形成了大江大河。统一是中国历史发展的主流，是中华民族高于一切的理想追求和道德情感。中华文明形成这一鲜明个性特征的重要因素，是中国历史上历经数千年而不衰的大一统思想的影响，而秦汉时期正是这种大一统理念完全定型的关键阶段，秦汉文化的本质实际上就是大一统文化。

大一统文化格局的形成，为中华文化的传承和进一步发展奠定了坚实的基础。秦汉时期高度集权的大一统的政治体制基本形成，并且经历了多次社会动荡的历史考验而日趋完备，这本身就是秦汉文化中极其辉煌的成就。封建大一统文化表现出前所未有的强大的创造力量：大一统政权在文化建设方面作了很多努力；知识分子阶层积极投身到学术文化事业中，创造出众多适合时代需要的、具有久远价值的精神产品；各族人民在生产生活中发挥聪明才智，贡献出不朽的文化成果。正因为如此，我们看到，在那个时代，处处洋溢着蓬勃向上的气氛，处处表现出辉煌的创造力量，从而形成了中华文化史上的一个黄金时代。

社会的稳定，是文化融合发展的基础，也是民族文明进步的基础。随着大一统政权的建立，秦、晋、齐、鲁、楚等区域文化逐渐融为一体，同时匈奴、羌、夷、百越等各民族文化互相渗透、结合，在此基础上形成以汉文化为主体的统一的多民族文化。秦汉时期是中国区域文化大融合的时代。经过这一时期的区域文化大融合，中华民族统一文化的大格局已基本形成，并走向成熟。秦汉时期的文明，是在多样化基础上统一起来的，即在各地、各民族各自独特文明发展的基础上不断相互融合，汇成统一的整体。秦汉统一帝国的建立，为中华文化的发展开辟了新的局面。秦汉时期也是中华文化共同体的形成时期。

至汉代，华夏族在新的历史条件下获得了稳定的发展，完成了由华夏族向汉民族的转化。“汉族”这个名称自此就固定下来。以后虽然多有朝代更替，但汉族这个名称却一直延续下来。至此，作为中国主体民族的汉族形成了。与此同时，在汉族周围的其他民族也获得了迅速发展。在统一的国家中，汉族和其他民族之间互相联系、互相依存、互相融合，共同造就了秦汉大一统的文明。

秦汉一统，成为中华文化史上的第一个黄金时代。在这个时期，处处体现着文化一统的崭新气象和盛世情怀。与此同时，中华文化积极向海外开拓，自觉地发展对外交流，形成了中外文化交流的第一次高潮。

中华文化如喷薄而出的一轮红日，向全世界展现出它的最初辉煌。

第二章　人类文明的最初交往

在文明的发生期，中华文明就具有博大的、开放的胸怀和品格。中华先民在开辟中华文化历史源头的同时，也积极接纳和汇聚来自其他民族的文化成果。与此同时，中华先民的文化创造也越过千山万水，传播到遥远的地方，对那里的文化起到了丰富、补充和激发的作用。

初期文明的相遇与对话

人类文明的交往是人类跨入文明门槛后就开始并将持续下去的基本实践活动。在文明发展的早期，在那一片至今看来仍然是极为广袤的欧亚大陆上，实际上已经发生了频繁的、多方面的物质和文化交流。这种交流发生在从西到东的广阔草原上，发生在那些草原民族之间，也发生在草原民族与农业民族之间。这样，就在中华文明的源头，在中华文明的史前时期和发生时期，注入了其他民族所创造的文化因素，接受和融合了其他民族的文化创造成果。同时，中华文化的一些成就也或多或少影响着其他民族的开发与发展。

这一点与我们了解的中华文明的独立发生和发展的历史现实是不相矛盾的。从欧亚大陆上的几大文化板块来说，处于这个大陆东端的中华文明，是在一个相对隔绝的情况下独立生长的。但是，正如我们已经说到的，独立发生并不意味着和其他民族文化不相接触、不相交流。实际上，在这个时期，中华文明从其他文明中吸取了和学习了很多东西，并且把它们纳入和融合到自身之中，成为中华文明的组成部分。几千年过去了，我们在某些情况下已经很难区分哪些是中华先民最初的原生型文化，哪些是从其他民族学习吸取过来的，还有哪些是学习了外族的文化形式后，加上了自己的继续发展和再发明、再创造的。

这就是说，在文明发生期，生活在世界各地的各个民族进行着自己独特的文化创造。为叙述和研究方便起见，我们把发生期文明说成是几大文明区，这样的划分实际上只具有相对的意义。在这样一片广袤的大地上，潮起潮落，此起彼伏，涌现出无数个民族和部落，他们创造了属于自己的原生型文化，只不过由于地理环境的原因彼此相近的民族的文化具有更多一些的相同或相似的因素。与此同时，他们又学习着其他民族的东西，丰富着自己的文化和生活。不同民族之间的交光互影，纵横交错，共同创造了人类文化初期的世界图景。

中华文明地处欧亚大陆的一端，不断地受到来自中亚和西亚、南亚以及北方草原文化的影响。中华文化是土生土长的，又是在与周边民族文化交流中发展的。如果不是深入地研究，我们很难想象，中国的许多被认为属于民族传统的东西，其文化的源头，至少是创造的启发因素，竟然是来自遥远的，甚至我们早已不知其名的民族。我们很难想象，我们日常生活离不开的小麦，竟然是5000年前从遥远的地方传播过来的；我们常常说起的“六畜兴旺”，其中马、牛、羊的祖先竟然在西亚和中亚。我们常常自豪地说中华文明源远流长，博大精深，这是正确的。但是，在这源远流长的“源”上，在这博大精深的“博”上，就已经包含着我们祖先学习到的、接受的其他民族文化的东西。与此同时，中华先民的文化创造也越过千山万水，传播到遥远的地方，对那里的文化起到了丰富、补充和激发的作用。如中国的稻作文化、粟作文化先后通过不同的路线传播到朝鲜半岛、日本、东南亚以及西亚甚至欧洲，丰富了那里的农业文明，同时也对当地文化的发展起到了不同程度的影响。

在那个遥远的时代，我们的先人就已经开辟出纵横交错的交通道路。在那个遥远的时代，崇山峻岭，江河滔滔，大漠流沙，万险千难，而各民族的先民们却克服了重重困难，开辟出一条条连接各民族、各文化的交通大道。我们现在所说的古代文化交流的大通道丝绸之路，包括草原丝绸之路、绿洲丝绸之路，以及从中国南方通往印度的西南丝绸之路，在这个时候都已经开通了，有了各民族往来的身影。如果我们想到那个时候的技术条件，就会感受到，那是多么艰难的路程啊！然而，正是在那艰难的路程上，开辟出了几千年世界文化交流的壮丽宏阔的图景。

中华文化从发生期开始，就塑造了自己开放和宏阔的品格，在此后漫长的发展过程中，始终能以这样的品格面向世界，始终能够从世界一切先进文化中获得持续不断的源头活水，而使自己如万里江河，生生不息。

黄帝西巡与彩陶之路

在中国古史传说中的五帝时代，已经有了中国人与域外文化联系的早期踪迹。中原的黄帝、炎帝与南方的蚩尤以及黄帝和炎帝之间，发生了三大战争。战后黄帝部落得到了大发展，又向南进行了多次战争，征服了许多部落，所谓“五十二战而天下咸服”。这些战争，实际上可以看作是早期先民扩张、碰撞和文化融合的过程。

在古史传说中，有不少关于对外交流的记载。如许多史籍中都提到黄帝西巡的事迹，说他到过昆仑和崆峒；也有尧、舜西巡的记载。这大概是关于中华先民与西方联系的最早的传说。中国的古籍中还有关于神农、颛顼、尧、舜等南抚交趾或南至交趾的传说，可以看作是向南方的开拓。

在中国古典文献中，有一处记载说，尧将共工、驩兜、鲧、三苗分别流放到四夷，让他们以中原的风俗文化改变四夷原有的风俗，据说很有成效，“天下咸服”。这个记载可以看作是五帝时代中原文化向周边地区的一次有计划的传播活动。

这样的文化联系得到了考古学的证实。1921年，瑞典地质学家安特生（Johan Gunnar Andersson）在河南省渑池县仰韶村发现了彩陶。彩陶大量出现在黄河流域，是中华先民在新石器时代创造的闪烁着人类智慧的重要器物，是中华史前文化成就的标志。安特生将在仰韶村发现的彩陶与东南欧的特里波里、中亚安诺等遗址的彩陶相比，发现有许多相同的地方。他认为，仰韶文化的彩陶和西方各地出土的彩陶十分相似，说明这些新石器时代居民是相互往来，有一定联系的。为了探寻彩陶的传播路线，安特生寻踪西进，由西安到兰州，再到西宁。经调查，他认为甘青地区发现的大量陶器都属于新石器时代，可归入仰韶文化，同时认为它们都是由西方传入的。

许多中国学者不赞成安特生的“西来说”。他们经过深入的考古调查和研究，认为彩陶文化不是从西到东传播，而是从东向西传播。从中原经过陕甘地区再到新疆，有一条彩陶文化西进的交通线路，被命名为“彩陶

仰韶遗址出土的彩陶器。三门峡博物馆藏

之路”。彩陶之路是以彩陶为代表的早期中华文化以陕甘地区为根基自东向西拓展传播之路。

彩陶之路是一个比喻性的概念。它所要说明的是，新石器时代已经有一定范围的人类迁徙和文化交流，并且形成了比较固定的交通路线，因而各地的新石器文化也是有着互通信息的可能性。

中华先民可能很早就通过这些交通路线，与北部和西部的其他民族交流往来，互相交换物质文明的成果和文化信息。所以，在中国的新石器时代文化中，不仅有南北不同地区文化的相互交流和影响，也有与域外文化，特别是与欧亚大陆上其他新石器文化交流和互相影响的痕迹。通过这些路线，源自中国腹地的彩陶等农业文化因素渐次西传，西方的麦、羊、牛、马、车以及青铜器和铁器冶炼技术等逐步传播到中国广大地区。交换和交流的是一个大的文化丛，包含着植物、家畜、石器等方面的传播，实质上是游牧文化与农业文化的一次大交流。

在中亚和西亚发现过一种陶器，类似于黄河流域常见的三足陶鬲。根据调查得知，这种陶器是公元前二千纪末期突然出现在东迄巴基斯坦北部，西经伊朗北部的里海南岸，至伊拉克北部的广大的游牧地带。作为黄河流域文化特征的陶鬲，有可能是经游牧民族的介绍，经过间接的传播而影响到中亚乃至西亚的。

欧亚地区的新石器文化中，都有陶塑的裸体女像。在辽宁省喀左县的红山文化遗址中出土的女神裸体像，被考古学界认为是中国最早的女神像。这种史前裸体女像，在西到比利牛斯山，东到贝加尔湖的欧亚地区有不少发现，人们通常称之为“早期维纳斯像”。可以认为，女性裸体陶塑造型艺术和表现出来的生殖崇拜文化观念在广大地区互相传播和交流。

通过上面的描述，我们大致可以得知，在新石器时代，在广袤的欧亚大陆上，各民族间就有了某种程度的流动、迁徙、交换和交流。在这样的流动和交流中，中国大地的远古文化已经和欧亚大陆另一端的文化有着对话与互动，并且引进了许多其他民族的文化因素。正是这样的迁徙和交流，奠定了欧亚各民族文明时代的生活基础。

红山文化小型陶塑女性立像。辽宁省文物考古研究院藏

物种大交流开创的世界史

物种的交流、作物的交流，是新石器时代欧亚大陆上文化交流最重要的成果。

新石器时代的标志性实践，就是由采集食物转变为“生产”食物，即开始人工驯化培育作物和动物，亦即农业的产生。农业和家畜饲养业于是取代了采集和狩猎的地位，成为首要的生产部门。人类由食物的“采集者”变成了食物的“生产者”。

农业文明的起源对以后的文明发展有着极为重要的影响。世界上第一批原生型文明，都是建立在原始农业发展的基础上的，而且是建立在以谷物种植为中心的农业发展的基础上的。原始农业不但为文明起源提供了物质基础，而且极大地影响以至规定着文明起源的途径和模式。

在早期人类的交往和交流中，物种的交流是相当重要的组成部分。作为农作物的植物和作为家畜的动物，是早期人类在生活生产的长期实践中逐渐对野生物种进行驯化的结果。不同的民族面对不同的自然条件，所接触和驯化的动植物并不相同，但通过早期的交流，它们逐渐成为各民族共同的财富，满足和丰富了不同民族的生活需求和生活内容。直到近代以前，世界性的物种交流一直在持续。物种传播和交流一直在突破民族、政治、地域和文化等界限，从而成为跨文化互动进程中最生动有力的内容，具有极其深刻的影响。

与其他文明的物种交流，包括引进外来物种以及向外传播中国本地的物种，是中外文化交流的重要内容。比如在汉代西域交通大开的时候，就有许多西域的物种被引进中国，直到明清之际，中国引进了玉米、红薯、南瓜等南美洲的农作物，才基本上完备了中国的农作物结构。

在新石器时代，世界上发生了一次作物的全球交流。这次的大交流发生在欧亚大陆。中国起源并独立培育的粟到达了欧洲，中国起源的水稻传播到了日本、朝鲜半岛和东南亚，西亚起源的小麦传播到了中国。这是一个激动人心的时代，一个作物全球化进程展开的时代。而物种的传播也涉及相应的生产技术、生产方式以及生活方式的传播。所以作物的交流是一种涉及多方面的文化交流。法国历史学家布罗代尔（Fernand Braudel）认为，物种的传播也是一种文化现象。每当一种植物在一个社会中取得传播的成功时，该社会的“技术”必定曾参与其事。

粟是欧亚大陆最古老的谷物之一，中国被公认为粟作起源中心。根据最新研究结果，在距今8000年前后的兴隆洼文化时代，小米已经成为当地人日常食用的谷物。在不晚于距今6500年的仰韶文化时代，小米成为中国北方人口的主粮。粟在北方被驯化后即向包括中国南方在内的各个地方传播，是对中华文明历史进程有深远影响的重要农作物之一。粟从中国北方向南传播，最迟在距今4000年时便到了南亚和东南亚地区，同时经山东半岛或辽东半岛传入朝鲜半岛和日本。距今4500年前，粟向西传播到中亚地区，经过畜牧民族世世代代的接力传播，向西传播到高加索地区和欧洲。

亚洲稻作农业发源于中国长江流域下游，之后传入朝鲜半岛和日本。起源于中国的稻作文化，对于朝鲜半岛和日本列岛的民族生存和文明发展起到不可估量的巨大作用。同时，稻作文化南传到东南亚地区，对东南亚农业发展也产生了深远的影响。

小麦起源于西亚，大约在距今5000年前传入中国黄河中下游地区，这是中国在新石器时代就与西亚有间接交往的一个典型实例。小麦从西亚向东方的传播至少包括了三条路线：主体为北线的欧亚草原大通道，中线为河西走廊绿洲通道，南线是沿着南亚和东南亚海岸线的古代海路。大概殷商时期，华北地区居民已经逐渐将麦子作为食物，周代小麦就被列入“五谷”之中，成为中国北方栽培的粮食作物之一。最初小麦并没有作为祭祀的祭品，后来则进入到中国的“五谷”之中，反映了小麦在中国经历了一个逐渐被认知、被接受和被重视程度越发提高的过程。在这个过程中，小麦成为改变中国人饮食结构或生活方式的一个十分重要的因素。

与农业同时发展起来的是畜牧业。“六畜”概念始见于春秋战国时代的文献。宋代王应麟《三字经》把中国的“六畜”分为两组：“马牛羊，鸡犬豕。此六畜，人所饲。”猪、狗、鸡都是起源于东亚本土，常见于新

魏晋墓壁画《牧羊图》。甘肃博物馆藏

石器时代文化遗址，与定居农业生产方式相关。驯养的牛和羊在西亚的出现早于东亚数千年；马的最早驯化地是中亚，与游牧民族的生活方式有关。在中国，马、牛、羊多见于青铜时代文化遗址。4000多年前的齐家文化的畜牧业已经相当发达，遗址出土大量猪骨，还出土了不少完整的羊骨、牛骨和部分马骨，使东亚大地在考古图谱中首次出现了“六畜”齐全的局面。

中国自古讲究“五谷丰登”和“六畜兴旺”，将其作为生活富足和社会繁荣的基本条件。“五谷丰登”和“六畜兴旺”是我们的先人与欧亚大陆其他民族交流的结果。由于早期人类的交往和交流，“五谷丰登”和“六畜兴旺”基本上奠定了中华民族生存和发展的物质基础。

青铜文化与东西交流

青铜器的出现是人类进入文明社会的标志之一。在考古学上，继新石器时代之后的时代被称为青铜时代。大约5000年前西亚和中亚部分地区进入青铜时代，大约4000年前东亚开始进入青铜时代。夏、商、周三代，大体上属于青铜时代，是中国文化传统形成的关键时期。

青铜文化是世界范围的一个普遍文化现象。中国的青铜文化起源于黄河流域，始于公元前21世纪，止于公元前5世纪，大体上相当于文献记载的夏、商、西周至春秋时期，经历了1500多年的历史。到商代晚期至西周前期，约公元前13世纪至公元前10世纪，中国青铜时代达于鼎盛，青铜铸造工艺相当成熟，出土大量的精美青铜礼器、武器与工具。这时的青铜文化以安阳殷墟为代表，这里是商王朝的政治统治中心，也是青铜铸造业的中心。商代最大的传世青铜器“后母戊鼎”，重达832.84千克，高1.33米，是现今世界上发现的最大的青铜器。以后母戊鼎为代表的殷墟青铜器，采用独有的泥范铸造法和复杂的铸铜工艺，达到了古代东方青铜铸造技术的高峰。

中国古代青铜器的生产代表了当时社会生产力的最高水平，其器物的组合、造型、装饰与当时的生活习俗、社会风尚、文化特质、民族审美心理等密切相关，种类繁多、形制瑰丽、花纹繁缛、制作精湛，充分体现了中国青铜器特有的艺术魅力和鲜明的民族风格，构成了中国无与伦比的青铜文化。中国商周时期所创造的灿烂的青铜文化，在世界文化遗产中占有独特的地位。世界著名科技史专家李约瑟（Joseph Terence Montgomery Needham）曾说，没有任何的西方人在青铜器铸造方面能够超过商、周两代的中国人。

从全球范围看，世界不同地区进入青铜时代的时间并不相同。据考古资料，远在1万年以前，人们在幼发拉底河和底格里斯河的两河流域发现了铜。古埃及人在象形文字中，用带卷的十字架表示铜，含义是“永恒的生命”，赞誉了它经久耐用和可以重复再生使用的特性。安列托利亚半岛是最早冶铸青铜器的地区，发现有公元前6000年的青铜器。两河流域地区在公元前3000年进入青铜时代，已发明范铸法和失蜡法，不同比例的砷青铜、锡青铜、铅青铜或铅锡青铜也相继被发明。在此之前还有一个持续上千年的铜石并用时代，或称红铜时代。公元前2000年之前，西亚已进入青铜时代的鼎盛时期，主要的青铜冶铸技术均已发明，并对周围世界产生了重大影响。此后，随着西亚文化的扩散，冶金术外传，进入东南欧的多瑙河中游、高加索和欧亚交界的乌拉尔一带，乃至中亚的广大地区，并继续东渐，进入中国新疆和河西走廊一带。古代中国使用铜、青铜以及进入青铜时代的时间晚于其他古典文明。但中国很快就发明了铜—锡二元合金和铜—锡—铅三元合金，形成了一整套从冶炼、熔炼到铸造的独特技术并走到了世界各国的前列。

因此，有一些学者主张青铜冶炼铸造技术由西向东传播，认为金属冶炼技术在公元前2000年左右传入中国。他们认为冶金术这样重大而复杂的发明在人类发展史上不可能是多元起源，就像水稻起源于中国一样。就目前的考古材料而言，中国早期铜器很可能是通过草原通道进来的。“鄂尔多斯式青铜器”可能就是西亚青铜器与中原青铜器交流的一个交汇点。

实际的情况可能是，由北方草原文化带来的青铜文化，在中国与本土文化相结合，进一步地得到改进和发展，形成了具有中国特色的青铜文化。在这个过程中，很可能有布罗代尔说到的物种交流情况，有本地文化“技术”的参与。我们在许多地方都看到相似的情况，一种新文化进入中国文化系统之后，往往有一个继续的改进、再创造和再发明的过程。

商周之际中国青铜文化达到鼎盛时期，在青铜铸造方面取得了辉煌

商代饕餮纹分裆鼎。陕西历史博物馆藏

商晚期四羊青铜方尊。中国国家博物馆藏

的成就，在工艺美术方面有独到之处。青铜鼎、鬲、爵、戈等是中国人偏爱的器物，很可能是中国的创造。商代后期青铜器的制作，其技术水平超过了在它以前进入青铜时代的古埃及和古巴比伦，并以中原地区为中心，向四邻地区扩散。广泛分布于欧亚大草原的青铜鍑亦可能源于中原，被认为是马具、野兽纹、兵器三大特征之外的第四个反映游牧文化的显著特征。在这一过程中游牧民族起到了桥梁作用，并且从中充实和改进了自己的技术装备。

中国青铜器有一种突出的、值得注意的特点，就是青铜器的形制多是鼎、鬲、簋等祭祀用器，纹饰是凤、夔、饕餮这些动物，是并无实有而由想象创造的动物。青铜农具甚为罕见，甚至阙如。这一特点说明，在中国"国之大事，在祀与戎"，青铜多用来制造祭祀和打仗的用具和武器，而甚少用来制造生产工具。青铜礼器在中国被权力化、制度化、神秘化，不是一般的实用器，其形制和纹饰同政教合一、官巫合一的体制关系密切，祭器和动物是巫用来通神和治人的。中国青铜器的这种巫教特征，反映了一种巫教意识形态和文化底层。这说明中华文明中的财富积累和集中的程序是政治程序，而不是像古巴比伦、古希腊、古罗马文明那样通过技术、贸易程序。这种最初的"程序"的不同，也决定、导致了中华文明与其他文明的歧异性发展，以至后来更增加了不同和分歧。

三星堆是中国另一个青铜文化中心，显示了商朝时期中国青铜文化的多样性。三星堆是一个拥有青铜器、城市建筑、文字符号和大型礼仪设施的灿烂的古代文明汇聚地。三星堆文化既有自己悠久而独立的始源，又受着中华文明内部不同地域的文化，乃至东方文明不同地域的文化或明或隐、或直接或间接的影响。与此同时，它还可能通过蜀身毒道与古印度文化有某些联系。三星堆出土的金杖、金面罩、青铜人物全身雕像、人头像、人面像、兽面像等，这些文化因素很可能渊源于古代西亚文明。

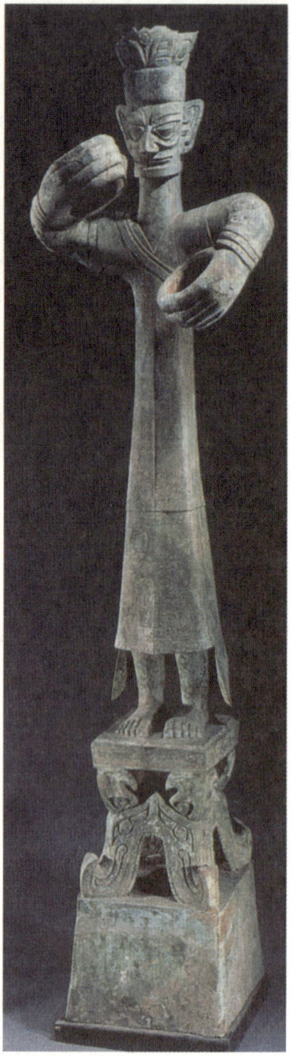

三星堆青铜立人像。三星堆博物馆藏

青铜文化的东西交流，说明在世界文明的初期，东西方之间已经有了相互的比较深刻的影响。有的西方学者提出了“青铜时代世界体系”概念，认为欧亚大陆内部东西方在青铜时代就有了接触和交换，形成了古代世界体系。在5000年前的青铜时代，中国与西亚之间就开展了以青铜、牲畜和粮食为主要符号的文化大交流，形成了青铜时代的“世界体系”。这个概念当然还可以讨论，但它的启发意义在于，把中国的早期文明放到一个世界体系的框架中来理解。夏、商、周三代文明不是孤立发生的，而是在与欧亚大陆其他文明相互的交流、联系与互动中发生发展的。夏、商、周三代的许多新文化因素，都与这样的交流与互动有关。从这样的角度来看早期文明，有助于更深刻地理解中国与世界的关系，以及中国乃至东亚的民族的历史。

第三章　西域、丝绸之路与丝绸

在文明发生的初期，中华先民就开辟出纵横交错的交通道路。到汉代张骞通西域，正式开通了中西交通大道。今天这条大道被称为“丝绸之路”。这条大道是连接东方和西方的“金色纽带”。

“西”与“东”：中华文化的外部世界

在中国的历史文献中，“西域”是一个与中西文化交流关系非常密切的地理概念。同时，“西域”是一个同历史有密切联系的概念。因为说“在中国的西方”，首先与历史上中国人关于“西方”的知识有关，是中国人所知道的“西方”，是与中国打交道的“西方”。而人们的地理眼光、打交道的范围是不断扩大着的。其次，历史上各国的版图和疆界是不断变化着的。因而，关于“西域”概念的含义也是不断变化着的。

欧亚大陆是人类文明的主要活动舞台，而中国地处欧亚大陆的东端。由于这样特殊的地理位置，主要的交通通道是自东往西，中国在历史上与其他民族的交流与交往，主要是面对西方，主要是与西面的国家和民族的交往和交流。当然，中外的交流也不仅仅是如此，如在中国的东边还有朝鲜半岛和日本，南边还有东南亚。中国与这些地区的文化交流也比较频繁。但从文化交流的基本态势来看，这些地区的文化属于广义的东亚文化圈范围。对于中华文化来说，与外来文化的交流主要还是与“西方”的交流。

所以，自古以来，中国人就对西方给予了更高的重视。中国向西方的寻求，历经几千年不曾改变。中外交往史上以通往西域的陆路交通居主导地位，历经上千年不曾改变。但是，随着交通的逐渐发达，随着人们对于世界的认知的不断扩大，中国人所说之“西方”也是不断延伸、不断变化的，是一个不断被发现的“西方”。

秦汉及以前的“西方”，主要是指“西域”即中亚一带。那时候的中外文化交流，与西域的交流占了很大的比重。在当时的中国人眼中，西域是一个很大的外部世界，张骞通西域被认为是一个了不起的文化创举。到唐代，中国人所说的“西方”主要是指印度，“西学”因此主要是指来自印度的佛学，虽然唐代与波斯和阿拉伯也有很多的交通往来。那时候人们把印度看作文化的圣地，一代又一代的僧人到“西天”取经，形成了如梁启超所说的第一批海外“留学运动”。他们取回的不仅是佛教经典，还有印度医学、天文学等科学文化知识。宋元时期中国已经和欧洲有所交流，但此时的“西方”主要是指阿拉伯和波斯，此时对中华文化影响最大的是阿拉伯文化。元代，在中国社会文化舞台上活跃着很多的“色目人”，其中大部分是波斯人和阿拉伯人，他们凭借着贸易网络和远距离运输能力，充当了那个时代中西文化交流的主角。明初郑和所“下”的“西洋”，指的是印度洋至波斯湾、北非红海一带的海域和国家。这是在大航海时代以前中国人的认知中最远的“西方”。

晚明欧洲传教士来华后，为了与中国人习惯用来指称印度、阿拉伯等国的传统意义的“西方”相区别，他们自称来自“泰西（太西）”“大西”“远西”和“极西”，以示其所在的国度和地区才是真正的“西方”。起初，为了照顾中国人原有的西方观念，他们还特意将印度洋地区称为“小西洋”或“小西”，是相对于他们自己所在的“大西洋”或“大西”而言。但到了后来，中国人世界观念里的“西洋”和“西方”指的就是欧洲，直到19世纪又加上了美洲，这就是我们今天通用的“西方”的概念。

“西域”一词，最早见于《汉书·西域传》。匈奴早期在对西域的控制中具有优势地位，于是，有“匈奴西域”的方位代号，史称“皆在匈奴以西”。汉武帝时代与匈奴的实力对比扭转以后，汉帝国的西域“阸以玉门、阳关”。

一般说来，“西域”的所指有广狭两义。汉代狭义的“西域”是指玉门关、阳关（今甘肃敦煌西部）以西，葱岭以东，昆仑山以北，巴尔喀什湖以南，即汉代西域都护府的辖地。所以狭义的“西域”是指中国境内的西部疆土，主要是指新疆一带。不过，在汉唐时期，中国的西部疆土比现在的版图远为广阔。唐代西疆比汉代的更远，直到黑海岸边，设有北庭都护府，管理军事行政，建立屯田制度。西域包括昭武九姓的领地，在唐

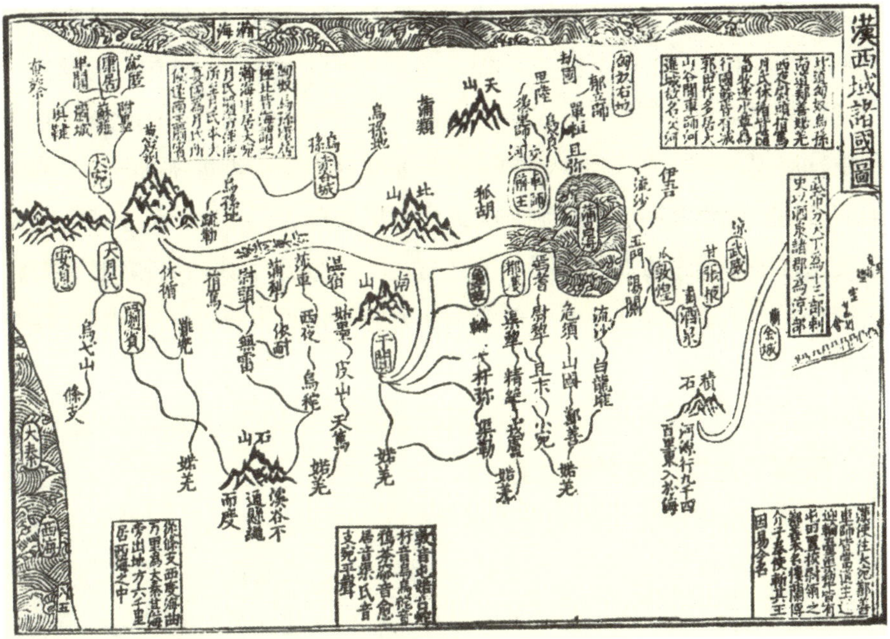

南宋《汉西域诸国图》。首都图书馆藏

代都属于中国，设有羁縻府州。因此，就狭义说来，中国史上的“西域”可说是相当于今日的中亚地区。从狭义的“西域”来看，这一带在可考历史中于公元前5世纪左右形成国家，并开始独立发展。《汉书·西域传》记载，当时已有30余国分布在西域地区，故有“西域三十六国”之说。在张骞通使西域之前，匈奴一直是支配西域各国的势力。到汉代，“西域三十六国”成为“西域都护”管辖的地区。东汉末年，西域各国相互之间不断兼并，至晋初形成了鄯善、车师等几个大国并起的局面。南北朝时期，西域局势再度变化，新兴的高昌国相继击败西域诸国，建立了一个地跨新疆大部的强国，除少数国家外，西域诸国国土西迁，为中亚地区带来了繁荣的文化。

广义的“西域”，包括葱岭以西的阿富汗、中亚地区、伊朗、阿拉伯国家以及更远的地方，至地中海沿岸一带，有时连印度、巴基斯坦、尼泊尔等国以及非洲东北部的一些国家和地区也都包括在内。

从现代地理学的观念来看，中亚和西亚地区，是古代中西文化交流的最重要区域，是世界上几大文化圈都曾波及的地方，是希腊、波斯、阿拉伯、印度和中国古文化的交汇地，也是东西方文化交流的中心与枢纽。中亚的文明是在伴随着贸易从东、西两个方向传过来的不同文化的交往过程中发展起来的，几大文化圈的文化传统在这里进行大规模的、广泛的接触、碰撞、吸收和融合，得到了充分的发展和释放，形成了比东西方还高的文化水准。在东方和西方世界的文明处于没落的时候，中亚反过来向它们输送文明，进行文化反哺，改变东西方的文化和历史，成为人类文明交流和传播史上的一大奇观。

张骞“凿空”与丝绸之路

中国与西域的交通往来很早就开始了。不过，直到汉代以前，中国与西域的交往和文化交流，主要还是通过民间的商旅往来。张骞之前的民间交往，只不过是一出历史正剧的序幕，一场文化交流的美妙交响乐的前奏，真正的开场还在后面。因为，一方面，中国在汉以前，边患频仍，自身经济的、军事的、文化的力量，尚未充足到能更自觉、更有计划和更有目的地向西拓展，而同时，西方向东发展、接触、推进的势头也还不够强劲，也就是“传播”和“引导”两方面的力量还有待加强。就人类文明发展史的总体状况看，也还有待于进一步的发展，需要等待更成熟的物质和精神条件。

这一情况，直到张骞出使西域才有了彻底的改变。汉武帝派张骞通使西域，开始建立起中原王朝与西域的官方关系。古史称张骞之西使为“凿空”，意思是自张骞通西域始正式开通了中西交通大道。但这不是一般意义上的“开通西域道”，而是强调此为中原王朝向西域诸国首次派遣官方使节，从此开始了与西域的正式联系。

汉武帝遣使西域，其直接目的是对付匈奴人的侵扰。匈奴长期以来是中原王朝的主要边患。汉初一直对匈奴采取忍让妥协的政策，而汉武帝改变了对付匈奴的政策，积极抗击匈奴的侵扰。得知原居住在河西走廊一带的大月氏人被匈奴驱赶出故地，且匈奴单于杀了大月氏王，汉武帝决定派遣使节出使大月氏，劝说大月氏人和汉朝联合起来共同击败匈奴。不仅如此，汉武帝的决定可能还有更深层的原因，即出于文化上的考虑，已经国力强盛的大汉王朝需要打开一个向西方开放的窗口。

张骞此行并未达到联合大月氏以抗匈奴的目的。此时的大月氏已立新王，吞并了大夏，安居乐业，且与中国相距遥远，所以大月氏王对张骞提出的与汉联盟共破匈奴的建议并无多大兴趣。但张骞之西使的意义远远超出他的直接使命。作为汉朝的官方使节，张骞实地考察了东西交通要道，是中国官方开拓通往西域道路的第一人。张骞之“凿空”，意味着东西交通大干线的正式开辟。

现在人们把这条交通大干线称为“丝绸之路”，将张骞出使西域作为丝绸之路开辟的起点。

在中西文化交流史上，“丝绸之路”是一个使用最频繁、影响最广泛的概念。这个概念最早是19世纪末由德国舆地学和地质学家李希霍芬（Ferdinand von Richthofen）提出来的，起初所指的就是汉代从都城长安经过河西走廊、穿过天山脚下进入中亚的交通路线，也就是张骞通使西域所走过的路线。后来，人们扩大了丝绸之路的含义，把这条路线延伸到通向地中海地区。这是一条贯穿欧亚大陆的大通道。这条交通大道犹如连接东方和西方的“金色纽带”。作为人类文明的经济带，它串起几千年东西方的农耕文明、草原文明、海洋文明，佛教、祆教、伊斯兰教、基督教等，在浩瀚的沙海、巍巍的雪山、珍珠般的绿洲，悠扬的驼铃声、轻盈的丝绸、沉甸甸的瓷器中穿越了偏见与怀疑，记录着各个时代最美的风景。从汉代至明代历1500余年，这条大道一直承担着中国与欧亚国家政治、经济、文化联系的重要职能。正是通过这条大道，欧亚大陆两端的居民有了接触和往来，有了物质和文化的交流，因而也就有了东西方文明的发展。无数的人们行走在丝绸之路上，承载着东西方文化交流的使命，成为世界文明史上的重要景观。

不同民族、不同社会之间的文化交流和传播，首要前提就是交通。交通是人类生活的基本条件之一，也是文化交流传播得以实现的最根本的条件。交通状况决定和制约了文化交流的规模和程度。反过来说，文化交流繁荣与否，也对交通状况起着促进或滞碍的作用。自古以来，生活在欧亚大陆的各民族，都在不断地突破各种技术障碍，为开拓大陆的交通作出不懈的努力。为此，人们不断地发明和改进交通工具，探索交通路线，甚至可以说，交通工具的发明和改进是人类主要的技术创新之一。丝绸之路就是东西方各民族共同努力开发的成果。既有中国人积极向外的探索和开拓，也有西方人自西徂东的冒险与开发，更有草原民族为开辟和发展草原之路所作的贡献。可以说，丝绸之路就是人类文明的一种伟大创造，丝绸之路发展繁荣的历史，也就是人类文明发展的历史。

丝绸之路是在历史上形成的从东到西贯通于欧亚大陆的交通大通道。现在学术界通常把丝绸之路的主要干线，分为通过西北陆路的陆上丝绸之路、草原丝绸之路和海上丝绸之路三大干线。又有学者把古代从四川、云南经过缅甸通往印度的道路称为“西南丝绸之路”，这条道路也很重要，因为到达印度，就可以走到印度洋的岸边，这里的港口很早就与地中海和波斯湾通航。还有的学者把由东南沿海地区包括山东半岛的港口通往朝鲜半岛和日本的航道称为“东方海上丝绸之路”，把通过陆路前往朝鲜半岛的交通称为“东北亚丝绸之路”，这样也把通往朝鲜半岛与日本的交通纳入丝绸之路的广义概念之内。

这样，丝绸之路就不是单一的自东徂西的路线，而是遍布欧亚大陆的纵横交错的交通网络。这个交通网络把整个欧亚大陆联系起来了。有了这样的交通网络，就实现了各民族最早的联系和交流，实现了各文化间最早的互联互通和文明共享。

在现代学术界，丝绸之路已经成为一个国际通用的学术名词，远远超越了“路”的地理学范畴。联合国教科文组织曾为丝绸之路下了一个定义，即“丝绸之路是对话之路”。这是东西方文明的对话，是欧亚大陆各个民族文化的对话，是人类的对话。丝绸之路就是人类文明交流和互鉴的产物，是世界各民族文明对话之路。

自从张骞出使西域，丝绸之路这条交通大道正式进入中国官方的视野，开始了中原王朝与西域诸国正式的往来，把西域纳入中原王朝的管辖疆域或势力范围。此后的历代王朝都认识到丝绸之路对于国家经济贸易、国家安全和国际地位的重要性，把经营丝绸之路作为一项重要的国家战略。也正是从这时开始，丝绸之路确实比以前更繁荣、更通畅了，商贸的交流更加丰富了，文化交流也更加深入了。

汉代人对西域的认知与想象

张骞从西域归国后，带回了有关西域诸国的许多见闻，使中国人第一次系统地了解了西域诸国。他向汉武帝详细报告了在西域的亲身经历和所见所闻。《史记·大宛列传》记载了张骞的报告。这是中国史籍对西域各国详细的、较全面的、真实的首次记录。

在此之前，先秦典籍中已有了一些关于西域的记载，如：《山海经》提到了昆仑山和西王母以及一些域外的国家或地区，《竹书纪年》和《世本》也记载了西王母的事迹，特别是《穆天子传》6卷中有多卷内容记载周穆王西巡之事。但上述材料所记载的有关西域的内容都不十分系统，多有想象和神话的色彩，西域是一片现实与神话合一的神奇地方，这里充满着宝物、奇物，居住着异民与神仙。实际上，在张骞出使之前，中国对于西域各国的情况，或了解得很模糊，或完全不了解。而《史记·大宛列传》则是中国人对西域第一次形成较完整的认知体系，大大开拓了中国的地理概念，使中国人较清楚地知道了中亚的草原和沙漠，中亚庞大的山系——天山和帕米尔高原，发源于这些山脉的中亚巨大河流——注入西海（咸海或里海）的锡尔河和阿姆河，以及流入罗布泊的塔里木河。

张骞西使亲临的国家有大宛、大月氏、大夏和康居，耳闻的国家有乌孙、奄蔡、安息、条支、犁轩和身毒。安息即帕提亚王国，它西面的条支位置在地中海（西海），沿小亚细亚、腓尼基到巴勒斯坦的海岸。西北面的犁轩是指亚历山大建立的亚历山大帝国的本部地区，尤其是指伊朗高原以西的大片土地，因此，犁轩可以看作是中国最早明确指称欧洲的一个名词。在安息东南方的是身毒，即印度。在安息北方，自黑海北面，经里海、咸海往东，直至楚河、伊犁河流域，活动着游牧部落奄蔡、康居和乌孙。当时康居领有泽拉夫善河流域。在安息东方，大月氏征服了大夏，大月氏或大夏东北是大宛国。以上十国，张骞在归国后向汉武帝提出的报告中有详略不等的描述，该报告介绍了西域诸国的地理位置，描述了一幅非常直观的西域地理方位图，使人们可以掌握汉代西域各国的大体分布情况。

张骞在考察报告中介绍了西域各国的地理环境以及物产、人口、风俗和军事等方面的情况，介绍了当时的国际关系特别是诸国与汉朝的关系，向汉武帝提出了经营西域的策略。张骞还了解到西域诸国与中国发展贸易关系的愿望和对中国物产的喜爱，使汉朝知道与中亚、西亚各国交通往来，不仅在军事上极有意义，而且在经济上也会产生很多效益。张骞的报告受到汉武帝的高度重视，使汉武帝大大增强了向西域开拓的决心。

张骞出使西域带回来的有关西域的文化信息，大大开阔了中国人的眼界，给当时的中国人很大的刺激，如同后来的哥伦布发现新大陆吸引了无数欧洲人前往一样，西域也对中国人产生了极大的吸引力，使汉代的中国人开始注视西方，知道西域天地广阔、国家众多、物产新奇、民情殊异。西域奇特的风俗人情、丰富的物产资源，对汉人是极大的诱惑。

在司马迁《史记》之后，中国史籍上不乏关于西域的记载，体现了这个时代人们对于西域的认知和阐述。《汉书·西域传》《后汉书·西域传》等，都有关于西域的传记。此外，各正史中还有其他相关的记述。这些正史中西域传记写作的出发点不是简单地介绍西域或西域诸国本身，而是从中原王朝经营西域的角度，阐述通过中国人的眼光所看到的“西域”。

汉代开辟西域交通后，揭开了人们重新认识西域的新纪元，张骞的西域出使报告，正史中关于西域的记载，体现了这一时期人们对于西域的比较客观的认知。人们通过这些同时代人的文献，知道了陆上最远处距汉王朝有4万余里之遥，西域不少国家充满珍宝与奇异物产，并有让人匪夷所思的风俗，这极大改变了人们看待世界的观念。

随着与西域交通往来的扩大，各种西域物产传到中国，一些往来于中原与西域之间的旅人，包括使节、军人和商人，还有来自西域的胡商，也带来许多关于西域的见闻。这些都引起人们极大的兴趣。但是，在当时的信息条件下，真正能直接接触到这些西域事物和这些旅人的毕竟是极少数人，绝大多数人获得西域信息还是靠传闻。人们在当时的认知条件下，有的时候还分不清什么是真实的信息，什么是奇异的想象。于是，把真实的和想象的混为一谈，成为当时人们对西域事物的了解和认知的一个特征。不仅是在那些志怪小说中，就是在正史和许多学者的著作中，也往往把所见所闻与得自传闻的古怪故事混在一起。这是中国古代描述外部世界的文献的一个特点。

丝绸之路的开通，引起了人们对其他远国异民的极度关注，对西域这片土地的好奇和幻想。这一片土地更能给他们提供想象的基础与空间，将过去与现在、神话与现实贯通起来。全新的西域意象及神奇的西域艺术成为文人创作的源泉。汉代人在现实的基础之上，融合大量传说、神话，加以夸饰、想象，描绘出一个奇异的西域世界，成为中原人士对异域的一个想象的乌托邦。

"殊方异物，四面而至"

张骞"凿空"之后，通往西域的丝绸之路大开，汉王朝与西域各国使节往来不断，民间商旅更是相望于道，贸易十分频繁活跃。

武帝时，汉王朝向西域遣使十分频繁，每年派遣五六批乃至十余批，每批由数十人至百余人组成使团。这些使团往返一次常常要八九年，路途近的也要几年。汉王朝使者近者到乌孙、大宛、大月氏等，更远者到达安息、奄蔡、犁轩、条支、身毒。这些使团都具有贸易的目的，汉王朝的缯帛、漆器、黄金、铁器是各国所欢迎的产品。汉王朝与西域的交流，经贸往来是其中的主要内容。与此同时，西域诸国也频繁向汉王朝派遣使节。西域诸国与汉王朝交往的目的，首先是经济上的，即所谓"欲通货市买"，参与贸易往来更多的是西域各国的民间商旅，这是当时行走在丝绸之路上最大的群体，所谓"驰命走驿，不绝于时月；商胡贩客，日款于塞下"。

实际上，丝绸之路最初是因为商贸活动而开辟的。各国各民族的商旅是丝绸之路上人数最多、延续时间最长也是贡献最大的一个群体，丝绸之路沿线的许多城镇都是因他们的活动而繁荣，甚至就是这些商人建立起来的。也正是因为这些商人持续千百年行走在丝绸之路上，实现了物种的大交换、商品的大交换，各民族充分分享了众多文明的先进成果。商人们不仅传播着物质文化的成果，还在各民族之间沟通文化信息，成为各民族相互认识和了解的最初渠道。

西域与中原的文化交流，首要的是物产，包括植物和动物的交流。论及中外文化交流，一般会说到双方的贸易关系，说到物质文化方面的交流。这是整个文化交流最初的方面，基本的方面。有了双方对彼此物产的需求，进而产生了贸易活动，并且有了交通、人员的接触和往来，有了相互的认识和了解，才有了进一步的深层的文化接触和碰撞、传播与交流。所以，物质文化的交流是人类文化交流的基础部分。

物产往往是了解和想象异域绝国的第一媒介。这些绝域殊物的输入，不断地扩大着我们对远方异国的了解和想象。在早期中国的史书中，在提到与异族的交往和对异族的征服时，往往会提到所取得的物质成果。随着丝绸之路的开通，中西贸易往来十分频繁。在当时中国与西域的贸易中，丝绸是从东往西贩运的大宗商品。此外，还有漆器、铁器、软玉、麻织品、釉陶和各种装饰品。而从西向东贩运的，主要是西域乃至从地中海地区、波斯甚至印度转运到西域的各种特产。在《史记·大宛列传》以及以后的中国史籍中，有不少关于西域诸国物产的记载。这些记载，有些是得自传闻，但大多数是已经传入中国的。所以，许多研究者很注意中国史籍中关于国外物产的记载，甚至把它们看作是国外物产输入中国的清单。根据这些清单，我们可以了解到，汉代从西域输入中国的货物有琉璃、地毯、毛织物、宝石、象牙、金银器、玛瑙、琥珀、沉香、毛皮，以及狮子、犀牛、鸵鸟等奇兽珍禽，还有良马、骆驼、驴、駃騠和骡等家畜，一些家畜尔后成为中国古代的役畜。

由于各种西域物产和珍禽异兽大量地传入中国，长安开始流行珍视外国式样商品的异国趣味。汉武帝的上林苑更是聚集了天下的奇珍异宝。不仅宫廷盛行异国趣味，贵族宅邸也是如此。在长安九市中，有专门经营西域商品的店铺，和田美玉、埃及十色琉璃、罗马火浣布、印度琉璃马鞍、千涂国的火齐屏风、琥珀、夜光璧、明月珠、珊瑚、琅玕、朱丹、青碧以及奇禽异兽等，都有交易，“环货方至，鸟集鳞萃”。

“空见蒲桃入汉家”

在新石器时代，曾出现一次物种的大交流。到汉代，随着丝绸之路和南海交通的开辟，许多西域的奇花异草、名果异木通过不同的途径传入中国，在中国移植栽种，出现了中国农业发展史上的一个引种高潮。这些物种的传入，给中国增加了新的财富。

中国历代都对引进域外植物采取积极的态度。汉武帝修上林苑，引种的植物种类非常多。从西域移植的有安石榴、苜蓿、葡萄、玉门枣、胡桃、胡麻、胡豆、胡荽、胡蒜、酒杯藤等，“名果异卉”数不胜数。这一时期的西域植物引入中国，大多归功于张骞。实际上可能是在那个时代或更早的时候这些植物就已经传入中国。李约瑟认为，这些植物是在3—7世纪之间的不同时期传入的。但是这些说法也说明了一些事实，就是张骞通使西域，确实为西域的物产包括动植物源源不断地传入中国创造了条件。

在从西域引进的植物中，最引人瞩目的是葡萄。唐代诗人李颀《古从军行》中有一句诗写道：“年年战骨埋荒处，空见蒲桃入汉家。”李颀这首诗表达的是不赞成汉武帝在西域连年用兵、驱逐匈奴，讽刺汉武帝年年西征是为享用异域奇珍。在他说的汉武帝“战果”之中，就只列出“蒲桃”即葡萄一项，可见在当时人们心目中，引入的西域物产中葡萄具有极高的地位。

考古资料证实，世界上最早栽培葡萄的地区是小亚细亚的里海和黑海之间及黑海南岸地区，大约在7000年以前，南高加索、中亚细亚、叙利亚、伊拉克等地区已开始了葡萄的栽培。波斯是最早用葡萄酿酒的国家。古埃及也是较早栽培葡萄和用葡萄酿酒的古国之一。

《汉书·西域传》记载，种植葡萄和用葡萄酿酒的有且末国、难兜国、罽宾国、大宛国。西域栽培葡萄的历史可能很早，大约是在汉代传到了中原地区。成于汉代的医书中记载了葡萄的性能和药效，说明葡萄在中国早已开始种植了。

中国的葡萄种植业的正式开始，通常被认为是在汉武帝时期。《汉书·西域传》记载，汉武帝时期，李广利征服大宛，携葡萄种归汉。“离宫别观傍尽种蒲萄”，可见汉武帝对此事的重视，并且葡萄的种植达到了一定的规模。《汉书·西域传》中的记述被看作是关于葡萄正式传入的最早记录。北朝时，葡萄在长安、洛阳和邺这三个政治中心种植比较多，北魏后期葡萄种植已经有了一定的规模。到唐代，葡萄在内地开始得到广泛种植。唐太宗在长安百亩禁苑中，辟有两个葡萄园。关于葡萄的品种，《广志》只从颜色上将之分为黄、白、黑三种，“马乳葡萄”频繁见于记载。另外还有被称为“龙珠”的圆葡萄。

西域的这些植物传入中国后，对中国农业、畜牧业等产生了深远影响，也改变了中国的饮食结构，极大地丰富了中国人的饮食文化。中原地区固有的果蔬品种大致有梨、枣、栗、桃、李、杏、梅、柑、橙、柿、葵、韭、姜、瓠等。据有关统计，在周代，见于文献记载的人工栽培蔬菜大致只有韭、芸、瓜、瓠、葑等有限的几种。到了6世纪，《齐民要术》中记载的蔬菜已经发展到31种，其中冬瓜、越瓜、胡瓜、茄子、瓠、芋、葵、芜菁、菘（即白菜）、芦菔（即萝卜）、蒜、胡荽、薤、葱、韭、蜀芥、芸苔、芥子、芹19种，至今还在栽培。胡瓜、大蒜、胡荽、芸苔，都是西汉以后引入中国的。

丝绸：中华文化的代表性符号

贯穿欧亚大陆的交通大道，中华文化向海外传播的大通道，以“丝绸之路”来命名，自然与丝绸有十分密切的关系。“丝绸之路”概念突出了“丝绸”这个古代东西方贸易的核心。丝绸之路上的贸易，在更多的情况下是以中国的丝绸为主要内容的，是以丝绸的交换为中心的。所以，正是绚丽多彩的中国丝绸，把整个欧亚大陆连接了起来；也正是因为丝绸，打开了沟通东西的大通道，才有了“丝绸之路”这个美丽浪漫并令人产生无限遐想的名称。

桑蚕丝绸是中国的一项伟大的发明，是中华文化的特征之一。中国人养蚕、缫丝和织绸，可能在几千年前的新石器时代就已经开始了。传说中黄帝的后妃嫘祖发现桑树上蚕吐的丝柔软细长，可以用来编成织物遮体御寒。于是，她教导人们把蚕养起来，缫丝织绸，以制衣裳。这个传说的本质意义在于把丝绸的起源追溯到与中华文明起源一样遥远而古老的年代，说明了丝绸是中华文化发生期所创造的文化成果之一。或者说，丝绸的起源实际上是与中华文明的起源同步的，丝绸的发明是中华文化发生期的一项重要内容，具有与青铜器、玉器同等重要的意义。

据现代考古发掘的结果，一般认为中国丝织物开始出现于中国东南地区的距今5000年前的良渚文化时期。这时的中华先民已经成功地驯化了野生桑蚕，使其成为可以饲养的家蚕，并利用蚕所吐的丝作为原料，织造丝绸。到商代，中国丝织物便已达到很高的水平。当时除了平织的绢以外，已经有了经线显花的单色绮和多彩的刺绣。至迟在殷商时期，中国人已充分利用蚕丝的优点，并且改进了织机，发明了提花装置，能够用蚕丝织成精美的丝绸。《诗经》中有不少关于桑事织衣的诗篇，这是商周时期中原地区丝织发达、分布广泛的一个记录。

到了汉代，生产机具的改进和生产技术的提高，大大提升了生产效率，丝织业有了相当大的发展。其生产规模很大，花色品种繁多，产品数量也很大，出产了丰富多彩的丝织品，如锦、纱、罗、绫、缎、绸、绒、绛丝等。汉朝中央政府设有管理丝织生产的官方部门，地方也有专门管理织造的机构。民间从事丝织生产的人也相当多。丝绸生产是人民生活的重要组成部分，凡宜蚕之地，每家每户均树桑养蚕，并以绢作为赋税。皇室和官府对丝织品的需求量巨大，丝绸常常被用来作为赏赐的物品，数量动辄上万匹，可见当时纺织业的兴盛状况。

丝绸是中国人对于世界物质文化的一项伟大贡献。精美绝伦的各色丝绸，为人们提供了舒适的衣料和优美的装饰物，丰富了人们的日常生活。在商代，丝绸已经开始成批量地外销。周穆王西巡时，将精美的丝织物作为礼品赠给西王母，这是中国丝绸西传最早的文字记载。在汉代，朝廷以丝绸为礼品向其他民族赠赐、以丝绸与各民族进行以物易物贸易，以及奔走在丝绸之路上的各国商人的贩运，都使中国丝绸大量外传。汉代运丝货的商队大多由政府官办，称为使节。汉朝每年派出成批使团，随带大量缯帛前去贸易。中国商队最远曾到达地中海东部地区。波斯和叙利亚的商队也由此东行，进入葱岭，至新疆境内交换货物，尤其是成批转运从内地西运的丝绸。

就大多数情况而言，中国丝绸的西传是分段进行的，当时的丝绸贸易实际上是一种由多国多民族参与的国际性贸易。而这种跨文化的国际贸易，形成了一个巨大的贸易网络，把整个欧亚大陆连接了起来。参与丝绸贩运的，有大夏、波斯、阿拉伯和希腊等国的行商。这些行商像参加接力赛一样，从一个国家到另一个国家转输交易。

中国与欧洲的丝绸贸易长期控制在安息人手中，这促使罗马人多次试图打通与中国的直接通道，摆脱安息人的盘剥，或设法取道海路，从海上取得中国的丝绸。而安息人则千方百计阻扰罗马人东进的努力。罗马人与安息人的战争，有很大一部分的因素是对丝绸之路和丝绸贸易控制权的争夺。汉和帝永元九年（97），班超派甘英出使大秦（罗马帝国），直接到了波斯湾。甘英本打算渡海前往罗马，但安息人不愿意丧失对丝绸贸易的垄断地位，不希望汉王朝与罗马帝国建立直接联系，对甘英夸大海上航行的风险，使甘英望而却步，失去了汉王朝与罗马帝国之间建立直接联系的一次重要契机。

长途贩运的国际丝绸贸易，是一项获利巨大的事业，所以才会有多个民族参与其中，上千年间不绝于途，形成了古代世界的一个庞大的国际贸易体系。经过长途贩运和数次转手，中国丝绸在交换中的价格，已远远超过了它的价值。所以，在古代丝绸贸易中，丝绸不仅是一种货币的等价物，也是一种价值尺度，而它本身也一度是一种货币，被赋予世界货币的特殊功能。帛绸在当时的国际贸易中往往用作流通手段和支付手段。

直到明清时期，丝绸一直是向海外输出量最大的并且是最受欢迎的中华物产之一。在欧洲与中国的大航海贸易中，丝绸与瓷器、茶叶并称为“三大贸易”。经丝绸之路运往中亚和西亚乃至欧洲的中华物产在很长一段时间里以丝绸为主。

第四章 “世界岛”东西两大帝国的联动

在西方文化的源头古希腊，已经看到了中国丝绸飘忽的影子，而在中华文化中，古希腊的信息也是若隐若现。代表世界文明发展两种主要模式的汉朝与古希腊，各自创造了辉煌的文明，交相辉映，也彼此守望，互通信息，通过丝绸之路建立起早期的贸易关系和文化联系，留下了彼此交流、进而交融的痕迹。

古希腊：一个飘忽的魅影

古希腊鼎盛时期，相当于中国的春秋战国时期，也就是雅斯贝尔斯所说的“轴心时代”。轴心时代主要的两大表现，就是古希腊哲学的兴起和中国的百家争鸣。

欧洲的希腊城邦与东方的中国，相距十分遥远，如两个蒙着眼睛的巨人，无法通达信息，只能彼此摸索着感受对方的存在。但考古资料已经证明，早在公元前5世纪，中国的丝绸已经越过阿尔泰山，出现在中亚，很可能经过草原民族的媒介，进而运抵希腊城邦。在雅典西北陶工区的墓葬中，有一座雅典政治家阿尔西比亚德斯（Alcibiades）的家族墓葬，在发掘中找到了6件丝织物和一束可以分成三股的丝线。经鉴定，这些丝织品是中国家蚕丝所织，时间在公元前430—前400年之间，相当于中国战国初期，在古希腊伯罗奔尼撒战争前后。

在古希腊女神的雕像中，在绘画和其他雕塑艺术作品中，也可以若隐若现地看到中国丝绸飘忽的影子。有的古希腊雕刻和陶器彩绘人像所穿衣服细薄透明，因而有人推测在公元前5世纪中国丝绸已经成为古希腊上层人物喜爱的服装。公元前530—前510年雅可波利斯的科莱女神大理石像，公元前438—前431年巴特农神庙的命运女神的浮雕，公元前5世纪埃里契西翁的加里亚狄雕像，它们都身穿透明的长袍，衣褶雅丽，质料柔软，体现了丝织衣料的特点，古希腊人常用的亚麻或羊毛织物很难有这种感觉。

古希腊雕塑绘画中表现的丝质衣料，使人们相信中国的丝绸已经越过千山万水，来到了希腊人的生活中。但是，在今天看来，这种关于丝绸的想象还是飘忽不定的、若隐若现的魅影。与此同时，在中华文化中，古希腊的信息也是若隐若现，中国人也断断续续地获知了古希腊文化的某些风采。正如德国诗人赫尔曼·黑塞所吟咏："这世间有一种使我们感到幸福的可能性，在最遥远、最陌生的地方发现一个故乡，并对那些极隐秘和难以接近的东西，产生热爱和喜欢。"中国的丝绸一路向西，最后来到了希腊城邦，而古希腊人也早就有向东方发展的想法。一位古希腊雄辩家就曾说："让我们把战争带给亚洲，把财富带回希腊。"

古希腊人的这个愿望在亚历山大大帝那里实现了。公元前334年，即相当于中国的战国时期，希腊马其顿国王亚历山大大帝开始了远征东方的行动，建立了一个地跨欧、亚、非三洲的帝国，其疆域东自费尔干纳盆地及印度河平原，西抵巴尔干半岛，北从中亚、里海和黑海起，南达印度洋和非洲北部。亚历山大大帝的东征几乎叩响了中国的大门，庞大的亚历山大帝国的东部疆界已经延伸到中亚地区，与中国咫尺相邻了。亚历山大帝国成为当时东西方贸易和文化交流的十字路口。东方与西方两大帝国在中亚争夺话语权与影响力，这样的历史在此后的东西方交往中不断上演。

古希腊陶壶上描绘着身着丝绸的人

巴克特里亚是亚历山大帝国及其后继者塞琉古王国最东部的一个重要省份。在巴克特里亚境内有10多个希腊人建立的城市。这些城市成为中亚的心脏地带，希腊文明的“绿洲”。它们都是完整的希腊式城市，是向四方放射希腊文明的中心。公元前255年，巴克特里亚的总督希腊人狄奥多特斯（Diodotus）宣告独立，而中国人把这个地方叫作“大夏”。

当亚历山大东征大军抵达中亚地区的时候，当成千上万的希腊人定居在巴克特里亚（大夏）的时候，一定听说过有关东方中国的某些消息，一定见到过运抵这里的优美的中国丝绸和其他中国物品。中亚的希腊征服者及其后裔比他们的前辈更多地了解东方。他们把东方的消息传回欧洲，使欧洲本土的同胞对东方的兴趣大增。

这时的中国人可能也已经获得了某些希腊的信息。有研究者指出，中国西汉王朝与中亚的希腊人肯定有过接触，并将此地的希腊文化信息较为清晰地传回中国。张骞通使西域时，第一次是在公元前128年抵达大夏。此时距亚历山大东征到中亚的公元前330年，仅有200多年的时间，而在张骞的时代，中亚的希腊化国家依然存在。虽然这些希腊化国家已经在不久前被大月氏人所征服，但大月氏人来到大夏后，是作为统治阶层定居下来的，他们在文化上继承了希腊大夏王国的遗产，在书写中采用了希腊文字。

那么，张骞所到大夏，也就是已经臣服于大月氏的巴克特里亚这个希腊化的王国时，很有可能接触的就是这里的希腊人。至少，也一定听说过有关亚历山大大帝以及希腊文化的某些消息，见到过希腊文化的遗存。比如张骞出使西域的报告提到安息盛产“蒲陶酒”，大宛及其周围地区也以“蒲桃”为酒。学术界普遍认为葡萄的引进应在张骞那个时代。希腊人与葡萄、葡萄酒有着久远的、深厚的文化情结，很有可能，西域的葡萄种植和葡萄酒酿造技术是随亚历山大东征的希腊人传播过来的。张骞带回的“蒲陶”一词，有学者认为来自希腊语表示“一串蒲陶”的“βotρvs”（botrus）。这样，中华文化就和遥远的希腊接上了端绪。

张骞还提到了希腊人在中亚地区所建的城市和希腊的钱币，以及以皮革作为书写材料、横着书写文字等文化事项。总之，在张骞的出使报告中，已经提供了一些有关希腊文化的信息，虽然这些信息是片段的、零碎的，但毕竟是中国人第一次耳闻目睹所留下的资料，是在希腊化国家的故地所接触到的信息。

古希腊文化：经印度传入中国

公元前327年，亚历山大大帝率领军队离开中亚，南下侵入印度，在印度河谷建立了两座亚历山大城，迅速占领了西北印度的广大地区。从这时开始，希腊人对印度部分地区，主要是印度西北部断断续续的统治或控制长达约300年。在大夏国王欧西德莫斯（Euthydemus）及其儿子德米特里（Demetrius）统治之时（约公元前2世纪初），巴克特里亚的希腊人侵入印度，不仅攻占了原来亚历山大征服过的印度河流域，甚至还有可能向恒河流域进发。之后巴克特里亚王国的印度部分与王国主体分裂，在古印度西北部和北部建立许多松散的且受治于不同王朝的小国，统称“印度-希腊王国”（Indo-Greek Kingdom），疆域横跨今日的阿富汗、巴基斯坦和印度各一部分。在从今日阿富汗南部到印度的旁遮普地区，都有印度-希腊人国王在统治。米南德（Menander，约活动于公元前155—前130年，汉文史书称“弥兰陀王”“弥南王”）在势力全盛时几乎占领了整个印度西北部。他的大本营应该是在犍陀罗地区。张骞大约是在公元前128年抵达大夏，他所耳闻的“临大水”之国身毒应该就是印度西北部全盛时期的米南德王国。

经历两个世纪的统治，印度-希腊王国在语言、符号、宗教艺术和建筑上把古印度、古希腊两种文化融合一起，从而产生了许多具有希印文化特征的文明成果。其中最著名的是以米南德为代表的印度-希腊人开始诚心接受印度的佛教，从而促使以希腊造型艺术形式来表现印度佛教内容和精神的犍陀罗艺术的诞生。佛教经典《弥兰陀王问经》（又名《那先比丘经》）即是他向僧侣那先比丘（Nagasena）问道的集子。这部经文记载了他皈依佛教的过程，富于诡辩色彩且充满了譬喻，是典型的苏格拉底式的对话，但讨论的内容却是轮回业报、涅槃解脱等佛教理论。

巴克特里亚王国成为希腊艺术、思想进入印度的中转站和推动者，对印度的文化产生了极大的影响。希腊风格深深影响了印度的雕塑、绘画和建筑，印度的各种哲学思想，也与希腊哲学有密切的交流。由于印度文化与希腊文化的联系，所传到中国的印度文化就已经包含了希腊文化影响下的痕迹或内容，只不过其中的希腊文化因素已经被印度文化所吸收和融合，是以印度文化的面目出现的。因此，可以说，印度文化成为希腊文化向中国传播的中介或桥梁，希腊文化的某些因素通过印度传播到了中国，只不过这种传播是间接的、与印度本土文化捆绑在一起的，以及模糊不清的。

在中国艺术史上，“犍陀罗艺术”是一个经常被提起的概念。犍陀罗（Gandhara）是一个地名，位于今巴基斯坦的白沙瓦。在印度史上，犍陀罗是吠陀时代十六大国之一。印度孔雀王朝时期，阿育王曾派僧人来这里传布佛教。公元前4世纪，犍陀罗成为亚历山大帝国的一部分。公元前190年，它又归属于希腊人建立的巴克特里亚王国。巴克特里亚诸王全面推行希腊化政策，影响了这一地区文化艺术的面貌。《那先比丘经》记载，皈依佛门的希腊人在犍陀罗地区雕刻佛像，修建寺院。大概从这时候起，犍陀罗石窟艺术开始形成。

犍陀罗浮雕。都灵东方艺术博物馆藏

60年，贵霜王占领了犍陀罗，犍陀罗艺术进入繁荣时期。贵霜王朝最著名的迦腻色迦王大兴佛教，并迁都富楼沙后，犍陀罗地区成为西北印度的佛教中心。犍陀罗的艺术家们模仿希腊神像，创作大量具有希腊、罗马艺术特色的佛像作品，后世的考古学家即以它的出土地点将其命名为“犍陀罗艺术”，也有人把它称为“希腊式佛教艺术”。

犍陀罗艺术是一种在当地民族艺术传统的基础上，汲取希腊、罗马以至波斯艺术的营养，以古典手法表现佛教内容的新的艺术形式。如果用一个简单的公式概括，可以说犍陀罗佛像是希腊化的写实人体和印度的象征标志的融合。犍陀罗艺术的主要特点是：人物身着希腊式披袍，衣褶厚重，富于毛料质感；表情沉静；面部结构带有明显的西方特征，鼻直而高，薄唇，额部丰满，头发自然波卷；装饰朴素，庄严稳健。以佛塔为主的建筑，基座多方形，列柱常采用希腊柱式，座侧浮雕佛传故事。犍陀罗艺术主要特征常常体现在佛教石窟、雕刻中的佛陀造型上。这一时期的佛像由于和希腊阿波罗神相仿而被称作“阿波罗式的佛像”。佛像高挺笔直的鼻梁、卷曲的头发以及长袍式的衣着都是典型的希腊特征，但其俯视的目光和神情又充分体现了佛教精神。

中国与犍陀罗两地的交往由来已久，实际上在张骞出使西域之前，中国四川的商品已经到过犍陀罗一带。张骞出使西域之后，两地交往从民间发展到官方。汉晋时期来华的西域佛教僧人，大多来自犍陀罗。与此同时，犍陀罗也成了中国僧人西行求法的圣地，最早游历犍陀罗的是东晋法显。到中国译经说法的西域高僧鸠摩罗什9岁时曾随母亲到过犍陀罗学佛。唐代玄奘西行曾途经犍陀罗，在其故地凭吊了荒芜多年的佛教圣迹，并在《大唐西域记》中记载了他目睹的犍陀罗。

随着佛教的广泛东传，佛教艺术包括犍陀罗艺术风格等陆续传到中国，并对中国的雕塑等造像艺术和绘画艺术产生了重大影响。犍陀罗艺术风格从两个路径传入中国，一个是通过西域直接传入的，一个是犍陀罗艺术风格传到了印度，与印度艺术相融合后，再回到西域，将新的艺术形式传入中国。犍陀罗艺术从西域进入河西走廊后，被中国传统的民族艺术所吸收，加以融汇提炼。它在中国艺术家的佛教艺术创作中起到了借鉴作用。

实际上，在中国的佛教艺术乃至整个东方的造型艺术中，犍陀罗艺术的影响是极其深远的。佛教的传播带动起来的外来文化输入的强大潮流，成为古代中国人广泛汲取广阔的西方文化的媒介。

汉朝与罗马：帝国时代的守望

位于极东之地的中国，是神话般的丝绸国度，位于西海之极的罗马，是靠近日落之处的国度，秦汉、罗马两大帝国的建立代表着东西方文明分别走到了一个顶峰。对于整个人类文明来说，这是一个伟大的时代。

秦汉统一王朝的建立，结束了长期的分裂，形成大一统的局面，为中国的长期统一奠定了基础，为中华文化的繁荣发展创造了有利的条件。

这时的世界也进入大帝国的时代。在欧亚大陆上，除了秦汉帝国外，还有贵霜、安息和罗马三大帝国。这四大帝国构成了这一时期欧亚大陆基本的政治和文化版图。

贵霜帝国是古代中亚的盛国。2世纪，通过多年的对外扩张，贵霜建立起一个纵贯中亚和南亚的庞大帝国，其领土的范围包括中亚的锡尔河与阿姆河直到波罗奈以西的北印度大半部地区，成为与罗马、安息、汉朝并列的四大帝国之一。在贵霜帝国，佛教迅速传播，西北印度的富楼沙成了佛教的中心。两汉三国时期，来华的外国僧人半数以上来自贵霜领地。在贵霜帝国时期，印度文化与西方文化发生了密切的接触和相互影响。贵霜帝国常派使者往来罗马和中国。恒河河口、印度西海岸、索格狄亚那、巴克特里亚、喀布尔等地的贸易市场十分繁荣。贵霜帝国成为中国丝绸、漆器，东南亚香料，罗马玻璃制品、麻织品等贸易物资的中转站。贵霜帝国则输出胡椒、棉织品和宝石等。控制商路所获厚利为贵霜帝国迅速勃兴提供了经济保障。

安息帝国即帕提亚王国。帕提亚地处伊朗高原东北部、原为波斯帝国属地。公元前3世纪中期建立阿萨息斯王朝（中国史籍称“安息”）。公元前2—1世纪是安息帝国的盛世，全盛时期的疆域北达小亚细亚东南的幼发拉底河，东抵阿姆河。安息帝国地处欧亚大陆中部，位于罗马帝国与汉帝国之间，扼丝绸之路要道，与两者有着比较密切的往来。中国史籍对安息帝国多有记载，说明当时的中国对安息帝国的地理位置、民俗、物产交通以及经济发展已经有所了解。

在汉帝国如日中天、蓬勃发展的时候，在西方发展起一个强盛的罗马帝国。1世纪前后，罗马帝国扩张成为横跨欧洲、非洲，称霸地中海的庞大帝国。

汉帝国与罗马帝国几乎属于同一时期，在当时各雄踞东西一方，并分别对东方和西方的历史文化产生了极为重大的影响。汉和罗马，两大东西方文明交相辉映，它们分别代表着当时古代世界两大文明的最高成就。英国历史学家汤因比在其《历史研究》一书中进行文明比较研究时，提出世界文明发展的两种主要模式，即希腊模式与中国模式。在他看来，古罗马文明是古希腊模式高度发展的必然结果，所谓古希腊文明亦可称为希腊—罗马文明，而汉王朝则是中国模式的开始。

汉和罗马两大文明之间由于双方间隔的距离遥远，还难以进行直接的交流。但丝绸之路上多国参与的商贸往来，已经作为间接的渠道在两大帝国之间建立联系和沟通。罗马帝国在很长时期中是丝绸之路的西端终点，是西运的中国丝绸的主要消费国。通过大量精美的中国丝绸和贩运丝绸的商旅，罗马人逐渐得知东方的产丝国家；中国人也间接地知道在遥远的西方有一个可与华夏神州相比的大帝国。汉代中国人把罗马当作泰西之国，中国历史文献中对罗马有不同的称谓，有“犁轩”“犁鞬”“大秦”等。公元初的罗马作家也把那个“丝国”赛里斯当作亚细亚极东的国家。东方与西方，中国与罗马在欧亚大陆两端遥遥相望，并且通过丝绸之路建立起早期的贸易关系和文化联系，在青铜、玻璃、丝绸、陶瓷等遗存上留下了交融的痕迹。

中国与罗马之间的丝绸贸易，主要通过处于两国中间地带的大月氏、安息等国和游牧部落的中介来进行。特别是安息为当时西亚一大强国，从这种中介贸易中多获其利，迅速积累起财富，往往在中国与罗马开展的直接的交往中作梗，“故遮阂不得自达”。所以，在西汉时期，虽然中国与罗马已互通文化信息，间或可能有人员往来，但就两国关系的实质而言，也仅仅是在大陆两端遥相呼应而已。

但是，两国有冲破这种“遮阂”而直接交往的愿望，并为之作出了许多努力。张骞出使西域时，已知在安息以西有条支和犁轩（罗马）。《史记·大宛列传》说，张骞“凿空”之后，汉朝使者的足迹已至犁轩。可惜记载过于简略，不知其详。东汉和帝永元九年（97），班超任西域都护经略西域之时，派其属下甘英出使大秦。当时甘英已经通过安息到达波斯湾头的条支。安息人没有向甘英提供更直接的经叙利亚的陆路，而是备陈渡海的艰难，婉阻甘英渡海，于是甘英乃止步而还。这次本应在中西交流史上留下巨大影响的行动，竟以“望洋兴叹”而告夭折。

现在，几乎所有的研究者都认为安息实际上在中国与罗马之间起到了阻隔的作用，安息人不愿意看到中国人与罗马人有任何直接的接触。他们也许是考虑到若汉朝直接开通了与大秦的商路会损害其垄断利益，所以阻止甘英西行。从长安到罗马，数万里的丝绸之路，东汉使者却在西海（今波斯湾）止步，距离罗马帝国只有一步之遥。

不过，甘英此次出使也并非全无结果。实际上，甘英的西行，在丝绸之路的历史上是中国人的又一壮举。甘英虽然没有到达原定的目的地，但他是中国第一位走得最远的使臣。他走过了丝绸之路的大半段路程，已经到达了与大秦国隔海相望的条支国。在此逗留期间，甘英调查了大秦国的种种情况，也了解到自安息从陆路去大秦国的路线，还了解到从条支南出波斯湾，绕阿拉伯半岛到罗马的航线，丰富了汉人关于西方世界的见闻。正是根据甘英的记述，中国人才得以充分了解到过去所一直不清楚的极西地方的情况。《后汉书》以及魏晋南北朝诸史西域传中多包括《大秦传》，这些记载反映了1—5世纪中国社会对于罗马帝国的了解和想象。班固的《汉书》有《西域传》，所记西域最远的国家是安息。在《后汉书》中，大秦成为东汉社会所了解的最西方国家。对于当时的人来说，这意味着西方世界的拓展。

在中国方面试图与大秦国通使的同时，罗马帝国也努力冲破安息的阻碍，直接与中国交通。为此，罗马人从海陆两道探索绕开安息而到达中国的道路。在陆路，罗马人从里海直至西伯利亚南部而达天山北路，从那里的游牧部落处取得中国丝货。

汉代，可能已经有罗马人来中国，如文献记载的善眩人、幻人（魔术师）、商队等。《后汉书·西域传》记载，东汉桓帝延熹九年（166），有罗马遣使入华一事。《后汉书·西域传》说这次使者为大秦王安敦所派遣，与当年在位的罗马皇帝马可·奥勒留·安东尼（Marcus Aurelius Antoninus）之名相符。马可·奥勒留161年继位，165年派加西乌斯（Cassius）远征安息，一度攻占两河流域的塞琉西城。这种情况说明罗马当时与亚洲关系的密切，《后汉书》所记确有其历史背景。但是，马可·奥勒留皇帝遣使赴汉一事却不见于罗马方面文献的记载。有研究者认为这次大秦出使活动并非国家正式派遣，而是大秦商人假托政府名义进行的私人探访。无论如何，这些“使节”或商人是有记载的最早进入中国的西方人之一。这则关于大秦使节入华的记录，标志着中国和罗马这东西两个大国的交往，在当时已有可能达到建立正式官方往来的水平，也标志着横贯东西的海上丝绸之路的直接通达。

与此相映成趣的是，在罗马人的历史文献中也有中国使节到罗马的记载，而在中国典籍中却不见有关遣使大秦的文字。罗马史家佛罗鲁斯（Florus）在《罗马史要》一书中记载，在公元前27年和公元前14年，有中国及印度使节不远万里来觐见帝国第一位皇帝奥古斯都。奥古斯都在位的年代正值西汉末年衰乱之际，很难有遣使之举。佛罗鲁斯所说的“赛里斯使节”，如确有其人，或应类似“安敦使团”那样的中国民间商人或旅行家。当时两地已有丝绸贸易的联系，有一些中国人来到罗马是很可能的。

以“安敦使团”入华为标志，2世纪以后，中国与罗马的直接交往日渐扩大，海上交通贸易也趋于繁盛，中国人对世界的认识从“四海”发展到“七海”。就在“安敦使团”入华60年之后，又有大秦商人来中国而见诸记载。这回来的大秦人公开了商人（贾人）的身份，而吴主孙权竟也接见，并派使臣刘咸送其回国。可见当时中国方面对与罗马通交的热情。可惜刘咸在旅途中病故，如同甘英出使大秦中途而返一样，又一次失去了中国与罗马建立正式官方往来的机会。不过，同年吴国派康泰和朱应出使扶南时，他们的副使到过南印度迦那调州的黄支和歌营，得知乘中国“大舶”船张七帆，“时风一月余日，乃入大秦国”。可见当时已有中国商船直航罗马。

那么，或许可以说，当时在汉帝国和罗马帝国之间担当直接沟通和文化交流角色的，主要是两国的商人。两国之间已有直接的通商关系，罗马（包括其属国）的商人经陆路过天山，或经海路至日南，直接与中国商人交易，而中国商人也远足至西方，把中国丝绸贩运至罗马。正是这些商人为中国与罗马的直接交通开辟了道路。

在汉代的对外贸易中，中国的丝绸和丝线大批量地、源源不断地输往西方，其中大部分输入罗马。与此同时，也有许多的罗马物产输入中国，中国人称之为“奇珍异物”。《后汉书·西域传》记载，大秦其地多“珍奇异物”，有夜光璧、明月珠、骇鸡犀、珊瑚、虎魄、琉璃、琅玕、朱丹、青碧，还有刺金缕绣，织成金缕罽、杂色绫，还有火浣布、细布、苏合香等。这充分反映了两国商业往来的频繁和经济交流的活跃。

丝绸创造了罗马时尚

在公元前1世纪，经过波斯人的中介，丝绸已经传到了罗马。据说，著名的罗马统治者恺撒曾穿着绸袍出现在剧场，引起轰动，甚至被认为奢侈至极。还据说，恺撒曾用过丝质的遮阳伞。埃及女王克利奥巴特拉，就是那位著名的“埃及艳后”，曾身穿华丽的绸衣出席宴会。

丝绸最初输入罗马时，几乎是一种无价之宝，还只是少数贵族享用的奢侈品，但过了不久就风行于罗马宫廷和上层社会，贵族们不惜重金高价竞买中国丝绸。在罗马帝国的多个遗址中，都有当年的丝织品遗物出土。

纯丝绸制品价格昂贵，并非人人都穿得起。罗马人一般不直接消费中国高档的提花丝织品，而是将成本相对较低的素织物拆开，取其丝线，再分成经线和纬线，在其中加入亚麻或羊毛使得纤维更多一些，重新纺织，织成适合当地的轻薄半透明的织物。罗马博物学家普林尼（Gaius Plinius Secundus）在《博物志》中说过，进口的丝织物被拆解成丝线，重新纺纱、织造、染色，制成轻薄半透明的织物，再染色、绣花、缕金，以适应罗马市场的需要。罗马的丝织业正是依靠来自中国的丝织品和生丝，也借鉴于中国丝织技术，纺织出他们的刺金缕绣，织成金缕罽、杂色绫和黄

古罗马壁画，美娜德身着丝绸外衣。意大利那不勒斯博物馆藏

金涂的丝衣。所以，罗马人趋之若鹜的丝绸，主要是这种混纺的“半丝绸”。直到3世纪，罗马人才流行穿纯丝制成的衣服。

中国丝绸的大量输入，给罗马世界带来了不可估量的影响。丝绸本身有豪华的特征，但更具有吸引力的是它本身遥远而又神秘的起源。因为丝绸是经过分段式的国际贸易最后传到罗马的，当时罗马人并不知道它的产地在哪里，只知道在遥远的东方有一个产丝的国家叫“赛里斯”。丝绸成了罗马人对于异邦想象的文化载体。

丝绸创造了一种新的时尚，一种新的审美理想。它们相当稀少而可以作为名誉和地位的标志，接触到它们就可以变成生活的典范。丝绸潜移默化地改变着罗马妇女、男人的着装习惯和审美趣味。

中国丝绸在罗马成为挡不住的诱惑，引发了重大的社会改变。就连罗马的大剧场也开始在戏剧中使用丝绸面料。一些罗马人为透明的丝袍可能会引起道德败坏而焦虑不安，而另外一些人则担心购买奢侈品的巨大花费可能会损害帝国的经济。由于丝绸价格昂贵且大量进口，所以当时的丝绸贸易已达到极大的金额，以致造成罗马黄金大量外流。实际上，这两种担心恰恰说明了进口的中国丝绸对罗马消费者的巨大的吸引力。

第五章　大佛东来：信仰之路

佛教在中国的传播，是中外文化交流史上的一件大事，也是世界文化史上的一件大事。上千年中，佛教以及它所携带的、所裹挟的印度和西域民族文化，源源不断地传播到中国，给中华文化以丰富的补充和深刻的影响，对中华文化的发展予以巨大的刺激。佛教的中国化是文化交流互动的成功经验，在世界文化交流史上也是一个很值得总结的典型。

佛教东传：跨文化交流的成功范例

佛教在中国的传播，不仅对中国，而且对整个东亚社会，都产生了巨大的、前所未有的影响。可以说，在中国乃至东亚的文化结构中，佛教文化占有极其重要的地位，对这一地区精神世界的影响与改造是全方位的、极深刻的。

一般认为，佛教最初传入中国，大约是在西汉末东汉初，而真正开始大规模传播，则是在魏晋南北朝时期。

宗教的传播是与广泛的文化交流的大趋势分不开的。汉武帝时，张骞通使西域，丝绸之路大为畅通，中国内地和西域的交通和商贸交流日益频繁。这就为佛教的东传创造了客观上的便利条件。在佛教东传的过程中，西域发挥了极为重要的作用，是大佛东行的主要通道。西域曾被佛教僧侣视为“小西天”，或被誉为佛教的第二故乡。佛教文化在西域经过沉淀，获得了和儒家思想的初步融合，随后借助游牧文明进入中原地区，进而撬动着中国的历史发展进程。

自印度佛教传入西域后的几百年间，西域佛教有了长足的发展，佛教图像、寺庙和石窟等佛教建筑开始在西域大地出现，佛窟成群，塔寺林立，浮雕、立雕的大小佛像琳琅满目，佛教的雕塑、绘画、音乐、舞蹈、文学等艺术和佛学演讲辩论都达到了很高的水平。到了魏晋南北朝时期，佛教在西域进入了鼎盛发展时期，各国佛事频繁，高僧辈出，年年举行盛大的佛会。同时，西域佛教也在不断演变发展，产生了不同的佛教宗派。

西域佛教兴起以后，就开始向内地传播。西域各国派往中原王朝的外交使节、侍子以及商人中，就可能有一些佛教信徒。此后，常有内地僧人到西域取经求法，也有赴内地的西域高僧与中原地区的高僧共同相处，探讨佛学真谛，为中国的佛教传播和佛学发展作出了贡献。

这样，从印度到西域再到中国的西部，从敦煌进入内地，就形成了一条“信仰之路”，一条佛教由印度经西域向中国传播的路。在这条充满着艰险而又同样充满着信仰激情的大路上，东来传教的西域高僧，西去求法的中国僧侣，相望于道，不绝于途。而同样是在这条大路上，遗存着无数的佛教东传的历史痕迹，有寺庙的遗址、精美的壁画、荒芜的塔冢，有大漠孤烟、千里流沙、古城残垣，以及壮观无比的遍布沿途的佛教石窟。通过这条大路，佛经和佛教的绘画、建筑、音乐艺术，以及佛教所携带的、所裹挟的印度和西域民族的艺术、医学、天文学、哲学和逻辑学等，源源不断地传播到中国。所以，这又是一条文化之路、文化传播之路。

明丁云鹏《白马驮经图》。台北故宫博物院藏

早期佛教在中国的传播，主要是由印度和西域的僧侣深入内地来进行的。在当时的交通条件下，从那么遥远的地方来到中国，其路途是十分艰险和艰苦的。他们不畏艰险，翻山越岭，穿越流沙，来到他们完全陌生的地方，为的只是传播他们的信仰，把他们认为是生活的真理的东西介绍给这里的人们。他们多是知识渊博、学养高超的人，是掌握了相当丰富的印度或西域文化的大学问家。他们有意识地利用自己的学问作为传教的辅助，积极地向中国介绍陌生的外来文化成果。实际上，他们在中国传播佛教的过程可能也是充满困难的，如同创榛辟莽，筚路蓝缕。这种为传播信仰而舍身的精神体现了他们对信仰的自信、文化的自信，以及高度的文化自觉。文化传播总是要通过人来进行的，在相当多的情况下，这种传播是不自觉的，附带实现的，而宗教的传播却在相当大的程度上靠僧侣们自觉自愿的行动来实现。在佛教传播的过程中是这样，晚明乃至近代西方传教士来中国传播基督教也是这样。这在文化交流史上是一个值得注意的现象。

在佛教初传这个时期，亦即汉末魏晋时期，中华文化经历了春秋战国时期的文化突破，呈现全面独立发展的态势，经历了秦汉时期的辉煌，进入成熟之境，同时也面临着做出新的选择、寻求新的发展的变革局面。魏晋及之后的南北朝时期，社会发展进入了一个思想解放、学术自由的时代。在这样的情况下，佛教挟裹着巨大的文化群从西方传来，带给中国人一种全新的文化信息、文化内涵和文化体验，为中华文化的发展提供了新的刺激和发展的动力。正是佛教的进入，打开了中华文化向新的阶段发展的突破口。所以，在佛教进入之初，就形成了可能引起巨大反响的态势。

从世界文化交流史的一般规律来看：一种文化进入另一种文化，要取得显著的影响，有多种因素。其中最主要的有两个：一个是传播的文化是高势能的文化，这取决于这种文化与所传播地区原有文化之相比较。对于当时的中国宗教文化来说，佛教就是这样一种高势能的文化。另一个更为重要，接受这种传播的文化区正处在大变革的时代，正在寻求文化突破，新的文化传播过来以后，为本土文化提供了新的刺激、新的因素、新的思考方向。从印度传来的佛教之所以能在中国得到广泛传播，并且对中华文化的发展产生重大的影响，正因为这个时代需要一种新的文化因素。

佛教在中国的传播是成功的，可以说是世界文化史上的一个跨文化交流的成功范例。

佛典汉译：传世的文化工程

佛教经典是和佛教一起传入中国的。早期来华的西域高僧，他们的主要活动是从事佛经的汉译工作，几乎每个人都或多或少地翻译了佛教经典，有的人甚至从事译经事业几十年，翻译了大量的佛教经籍，为佛教思想的传播作出了重大的贡献。

不仅是这一时期，在以后的两晋南北朝乃至隋唐时期，汉译佛经在佛教东传的过程中都是一项极其重要的事业。因为如果没有可供中国信众阅读的佛教典籍，佛教在中国就无法传播，更谈不上学术的研究与发展。因此，在佛教文化从印度向中国传播的过程中，佛经的翻译是一项重要的文化工程，中印文化的交往始终以佛经的翻译为基础，正是基于这种源源不断的营养输入，中国佛教才得以获得大的发展。

据现存文献记载，佛典汉译从东汉后期开始，到北宋中期废止译经院，大规模的汉语佛典翻译工作持续进行了900余年，有名姓记载的佛教翻译家有200余人，共译佛教典籍2100余种、6000余卷，还不包括没有收录的所谓“藏外”典籍。这些汉译佛教经典成为现在世界上所存的最完备的佛教理论典藏之一。

所谓佛典汉译，就是指将梵本或其他西域语言版本的佛典翻译为汉文，从事译经的僧侣被称为“译经僧”，翻译经典的场所叫“译场”。在中国佛教史上有被称作“四大翻译家”的鸠摩罗什、真谛、玄奘和不空。其中鸠摩罗什、真谛、不空是东来弘传佛法的外国佛学大师，玄奘则是西行求法的中国高僧。另外，像竺法护、菩提流支、善无畏、义净、金刚智、实叉难陀、菩提流志等人都是名重一时的佛典翻译家。他们虽所处的时代不同，经历不同，但都以毕生的精力从事译经事业，在各自的时代取得了光辉的成就，并在中国的佛教史和翻译史上留下了光辉的篇章。由于他们突出的贡献，佛教典籍被系统地译介到中国，从而推动了佛教在中国的传播和发展。

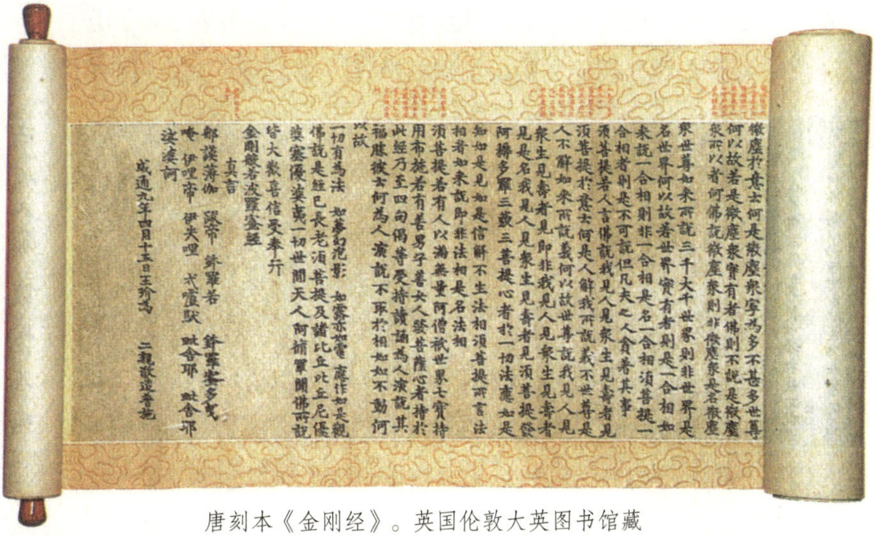

唐刻本《金刚经》。英国伦敦大英图书馆藏

持续近千年、多达几千卷的佛典汉译，从最早来华的西域胡僧，到前赴后继的中国佛教学者，都为这项伟大的事业付出了极大的心血，倾注了全部的热情。而至后秦之后，从鸠摩罗什开始，译经活动就被纳入国家的社会发展规划之中，成为国家组织、提供财政和人力支持的国家文化事业。从后秦一直到唐宋，译经活动是在政府的直接支持下进行的。这样，既有僧人们高度的热情，又有上层社会的全力支持和鼓励，汉译佛典成了一项影响深远、前所未有的文化壮举。

从两晋到南北朝乃至隋唐时期，有许多高僧和文人学士参与到佛典汉译这一伟大的事业中来。从规模和队伍构成可以看出，在那个时代人们的心目中，佛典汉译已不仅仅是宗教的事业，而是全民族文化建设的大事业。当时，有四个重要的群体，在领导或赞助译经运动中发挥了重要的作用：一是从印度和西域来华的高僧，他们持续东来，代不乏人；二是中国高僧继起发愤西行，不辞劳苦前往佛教发祥地取经；三是历代帝王和统治阶层的提倡和支持，为佛经汉译事业提供了必不可少的帮助和鼓励，使之成为一项国家的事业；四是中国知识界的领袖们多有参加这个运动，如许多一流学者参加译场润饰经文，隋代特设翻经博士，在唐代玄奘的译场中有朝廷的官员参加工作。在这个过程中，中国知识分子的参与和合作起到了关键性的作用，也体现了他们对佛教思想文化的理解和认同。所以，可以说，在两晋之后出现的大规模的佛经翻译，是一场有众多人士参与、统治阶层和佛教界相互呼应的影响广泛的文化运动，对于佛教在中国的广泛传播以及对于中华文化的发展，有着极为重要的影响。

佛经的汉译经历了一个长期探索的过程。早期佛经的汉译，一般采用“格义”的方法，这成为佛教与中华文化最初接触和融合的一种形式。格义就是比较对应观念或名词意义的一种方法或手段，既是概念对等的翻译方法，也是比附连类的解说方法。在佛经翻译和解说中，以中国固有的名词概念、思维方式来说明，并适应中国学说和现实社会的需要而进行一些调整和变通。这种格义的方法也有许多缺陷，所以到鸠摩罗什时期，就开始以意译为主，译典质量大大高于前一时期。这个时期的译典原本，多数已不再是西域转译并夹杂当地土音的胡本，而是以直接从佛教发祥地印度输入的梵本为主。这个时期的译主，多数虽然仍为外国人，但是，他们熟悉汉语，文学造诣甚高。这在相当大的程度上，杜绝了早期因语言隔阂

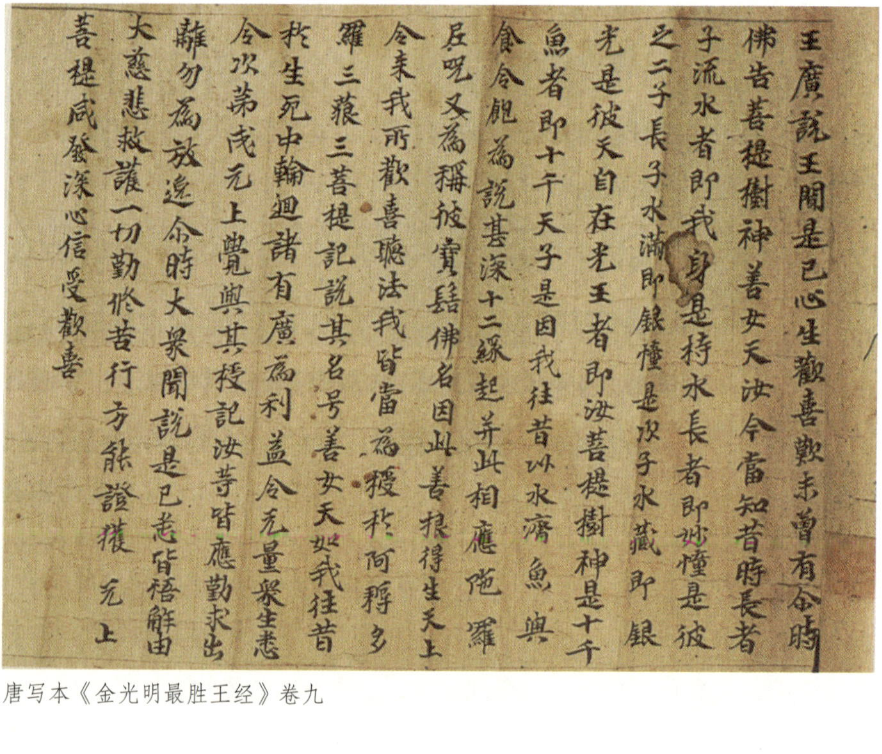
王廣説王聞是已心生歡喜歎未曾有爾時
佛告菩提樹神善女天汝今當知昔時長者
子流水者即我身是持水長者即妙幢是彼
之二子長子水滿即銀幢是次子水藏即銀
光是彼天自在光王者即汝菩提樹神是十千
魚者即十千天子是因我往昔以水濟魚與
食令飽爲説甚深十二緣起并此相應陀羅
尼呪又爲稱彼寶髻佛名因此善根得生天上
今來我所歡喜聽法我皆當爲授於阿耨多
羅三藐三菩提記説其名号善女天如我往昔
於生死中輪迴諸有廣爲利益令无量衆生悉
令次第成无上覺與其授記汝等皆應勤求出
離勿爲放逸尒時大衆聞説是已悉皆悟解由
大慈悲救護一切勤修苦行方能證獲无上
菩提咸發深心信受歡喜

唐写本《金光明最胜王经》卷九

而不能使译文畅达原意的弊病。同时，又有谙熟梵文的汉僧协助或独立翻译，所以经本内容日益丰富，质量也得到了很大的提高。

到了玄奘时代，中国佛教的翻译事业已经有了几百年的历史，进入一个成熟的时期。玄奘总结道安、鸠摩罗什以来的实践经验，提出译经须注意的理论原则，使佛典翻译规则趋于完善，从而使佛典翻译水平达到了顶峰。佛教史上把从玄奘开始的译经称为“新译”，以区别于从鸠摩罗什开始的“旧译”。新译补充、重译一批已有经典，翻译一批新结集的经典，使得汉译佛典更加完备、更加系统，至此中国基本圆满完成了介绍外来佛典的工作，从而也奠定了汉语《大藏经》翻译外来经典部分的规模。所以，佛典翻译的过程实际上也就是对佛教典籍本土化的过程。外来的佛教不同发展时期结集起来的经典构成一个思想、学术系统，成为历代中国僧俗据以接受和发展佛教的取之不尽的宝藏，同时又是一个内容极其丰厚的文化宝库。

数量庞大的汉译佛典，为历代的佛教信徒和佛教学者提供了完整的、丰富的可供研读和探索的文本，为他们崇高的信仰提供了强有力的精神支持。不仅如此，佛典本来是佛教教理、教义的载体，更包含了古代印度、西域文化、学术方面十分丰富多彩的内容。所以它们除了作为宗教圣典的意义以外，又具有多方面的、巨大的文化、学术价值。中国的佛教学者对这些翻译过来的佛教典籍进行了深入的研究和探索，创作出大量的注疏和论辩性著作，极大地丰富了中国的思想史和哲学史，为中国哲学、思想文化以及其他学术文化的发展提供了丰富的文化资源，并发挥了巨大的作用。可以说，佛教及其思想的传入，不仅促进了中国思想史和哲学史的大发展，而且其本身也成为其中相当重要的内容。

波澜壮阔的佛教留学运动

在佛教东传的过程中，最主要的文化活动就是佛经的翻译工作。一方面，有许多来自印度和西域各国的僧人，把佛经携带到中国，并翻译成为汉语，使之在中国流传。另一方面，还有许多中国的僧侣负笈远行，去到西域或印度，他们的主要任务是“取经”，即在印度搜寻佛教经典，把它们携带回中国，并翻译成汉语。在佛教文化东传中国的历史上，历代都有刻苦耐劳、品德高尚又才华横溢的中国高僧前往“西天”取经。在当时的交通条件下，从中国到印度，万里之遥，旅途十分艰险，超乎常人所能想象。

历代西行求法的中国僧侣前赴后继，不绝于途。据统计，西晋至南北朝时期西行求法可考者有近150人。唐前期是中国僧人“留学印度”的热情最高涨的时期，义净在《大唐西域求法高僧传》一书中记载了几乎同一时代57位僧人在印度和南海求法取经的事迹。在当时交通条件极艰苦的情况下，有这么多人不畏艰辛劳苦，从事佛教的传播事业，实在是世界文化交流史上一件了不起的大事。他们绝大多数并没有政府的背景或资助，也不是受到佛教僧团的指派，而是自行前往的，并且有的还受到阻扰，不得不采取“偷渡”的形式，如玄奘就是这样走出国门的。

那么，是什么原因促使他们甘冒风险而坚持前去西域呢？主要是信仰的力量。这些僧侣都是信仰坚定的佛教徒，在印度有他们心目中的圣地，那是他们的心灵的归宿、精神的故乡。这种出于信仰的宗教热情对于广大信众也是一个巨大的精神鼓舞。僧侣们以对佛教的坚定信仰，克服常人难以克服的困难，用自己的生命和热情追求心中的理想。

当然，更主要的，还是求知的欲望。如朱士行、法显、玄奘、义净等人，都是在国内研究佛经时遇到了困惑，对已经翻译过来的佛经不满意，所以要到佛教的发祥地寻找“真经”。比如法显的西行，有明确的动机，就是“慨律藏残缺”，因而去印度获取完整的律藏，使之流传中国。这种寻求真理和知识的渴望，是法显能够克服艰难险阻而奋力前行的强大心理动力。法显就为整个西行求法运动确立了寻求知识、寻求真理这一宏伟的目标。正是这一目标，鼓舞了上千年前赴后继西行求法的僧人们去完成一项伟大的引进外来文化的壮举。所以，梁启超说，当时的西行求法，其动机出于学问，出于对于教理之渴慕追求。

当时传播到中国的佛教，不仅仅是一种宗教信仰，一种教团的活动形式和组织形式，更是一个庞大的文化群、知识群。佛学本身就是一个庞大的思想体系和知识系统，与佛教和佛经一起传过来的，还有印度的医学、天文学、哲学和逻辑学等文化知识。许多西行的求法者还记录了他们求法活动中的经历和见闻，形成“求法行纪”一类极有价值的著作，如法显的《佛国记》、玄奘的《大唐西域记》、义净的《大唐西域求法高僧传》《南海寄归内法传》、新罗僧慧超《往五天竺国传》等著作。这些著作不仅向中国介绍了所到国家和地区各方面的知识，大大开阔了中国人的视野，对于中国人了解西域文明和印度文化有巨大的帮助，更保存了古代中外史地、中外文化交流方面的重要资料，成为相关领域研究的主要经典。

敦煌藏经洞《行脚僧图》。伦敦大英博物馆藏

佛教的“中国化”

魏晋南北朝时期，是中国思想文化极为活跃的时期。道教的勃兴和玄学的活跃，以及儒学在新形势下的发展，是当时佛教在中国所面对的思想文化环境。正是在这样的思想文化环境下，佛教进入中国。对于中国人来说，佛教是一种外来的、新鲜的且与中国传统完全不同的东西，是一种完全与中国思想迥异的文化形态。

当外来佛教的思潮和典籍大规模涌进时，佛教就面临着与中国的传统文化和传统观念的全面接触，与当时同样活跃的玄学、道教以及儒学的碰面、交流、对话与交锋。其中有激烈的论战，也有相互的融合；有尖锐的对立，也有相互的补充。在汉末，初传的佛教主要依附黄老道术而在社会上流传，并通过汉译佛经表现出道化和儒化的倾向。儒家从佛教出家修行有违孝道等方面对之加以排斥，而正处于初创阶段的道教则往往借助佛教这一比较成熟的宗教来发展自己。佛教对儒学基本上以妥协调和为主，有时甚至采取积极迎合的态度。对道教，佛教则把道教与道家作了区分，引老子与老子之道来为自己辩护，同时既借助神仙方术来传播自己，又对道教推崇的辟谷长生等进行了抨击。魏晋南北朝时期儒家的反佛，主要还是从社会经济、王道政治和伦理纲常等方面来排斥佛教，并且也开始出现从哲学理论的层面来对佛教加以批判的情况。

从中外文化交流史的视角来看，核心的问题，还是纠缠着中华文化史的“夷夏之争”，即本土文化对外来文化的应对和抗拒，以及欲迎还拒的纠结心态。一方面，出于文化本位的立场，对外来文化提防、反感、排斥和抗拒，以维护本位文化的地位和尊严；另一方面，对于外来文化所带来的新鲜的、陌生的东西，又想去接触、去了解、去接受，以促进本位文化的丰富和发展。这种文化矛盾反映了文化系统内部的守成与发展两种力量的张力，也是人类文化史发展的根本动力。

一般而论，这一时期思想文化领域的交锋和论战，主要是儒、道、释三家的论战和斗争。此外还有玄学一家。从佛教东传史的角度来看，玄学与佛教互相契合、互相依附，较少有矛盾和斗争，所以总体上还是儒、道、释三家的论战。实际上，这样的提法就已经意味着佛教东传的一大成功、一大胜利。

三国之前，人们的论著中还没有“三教”一词。南北朝以来，“三教”概念的出现和被社会广泛接受，意味着作为外来文化的佛教已经登堂入室，与中国本土的儒教和道教平起平坐、鼎足而立、分庭抗礼了。作为一种外来文化形态，作为一种中国人从未知晓的外来宗教体系，在几百年间竟然达到这样一个地位，不能不说是佛教传播史上的一个巨大的胜利、一个巨大的成功。佛教在中国的传播，也就是佛教文明与中华文明的对话。魏晋南北朝时期是佛教东传的扎根期，隋唐时期是佛教东传的开花结果期，这两个时期是佛教文明与中华文明对话的最重要时期。唐以后，随着三教合流，随着中国化佛教禅宗的盛行，融入中华文明的佛教已经成为中华文明的有机组成部分，佛教已经不是在异族异质文明意义上与中华文明展开对话了。

许多佛教学者内外学兼通，不仅在佛教学说上有很高造诣，在儒学和老庄之学、玄学方面也很精通。他们融会贯通，援儒入佛，大大提高了佛教思想的力量。同时也就使佛教走上了以中国传统思想为其论证的道路，走上了中国化的道路。这一种“三教一致”“儒佛会通”现象，代表着一种从“文化冲突”“文化妥协”到“文化融合”的历史辩证过程。

所以，许多佛教学者主张“三教合流”“三教汇通”。佛教一直在努力寻找与中华传统文化对话的途径与空间。佛教传入中国后，为了依附中国传统的思想文化，不断地援儒、道入佛，论证三教的一致性。不仅是佛教方面主张三教融合，许多道教人士和儒家学者也有同样的看法。当时的人们于佛儒、佛道、儒道之间的互补共通之处，分别有很多的建议论述。所以，三教之间除了冲突，也有互相靠拢、互相吸收、互相融合的情况。除了佛教在这个过程中得到发展以外，玄学借助佛教般若学的影响而得到发展，儒学也在许多方面受到佛教的影响。至于道教，无论在理论的精密程度上，还是在宗教仪轨和活动上，甚至在道庵的建造上，都从佛教那里得到了更多的启发。

两晋南北朝时期的思想激荡，引起了思想文化领域的大争鸣、大论辩，促进了中国思想文化的大发展。作为一种外来文化的佛教，没有取代中华传统文化的地位，没有使中国“佛教化”“印度化”，却在这个过程中使佛教本身中国化，使佛教融入中华文明，与儒教、道教一起成为中国思想文化的结构性力量，从而使中华文化得到了丰富和发展，并且自身也获得持续的发展活力，从一个地方性宗教上升为世界性宗教，直到今天仍然发挥着重要的精神作用。与此同时，佛教也给中国思想文化的发展提供了起刺激作用的外部力量，提供了新的思想资源。

佛教在与中华文化的交涉、汇通、融合中逐渐实现了中国化，中华文化也部分地具有佛教化的色彩，从而充实和丰富了中华传统文化的内涵，形成中华文化生命的共同体，促进了中华文化的发展。这个经验是成功的，在世界文化交流史上也是一个很值得总结的典型。

佛教向中国传播的过程是十分艰难的。由于中国固有文化思想传统的成熟与强大，也由于佛教理论思辨性和宗教特性与中华文化的隔膜，所以，佛教的传播一开始便走了一条向中国本土文化妥协而隐匿自己个性的发展之路。佛教以其开放的态度，主动与所进入的异域环境即中华文化环境相适应、相协调，努力使自己成为中国人能接受的、能理解的东西。可以说，佛教进入中国后，就进行了这样的努力。与中华文化环境相适应、相协调，是佛教东传过程中贯穿始终的策略。这也是一种因时势而采取的策略，是一种基于对中华文化传统特性的认识而作出的选择。可以说，这个“适应性策略”是成功的。这一特殊的传教策略，不但使得佛教未曾在其力量薄弱时与本土文化发生激烈冲突，反而引起了中土上层人士和政府的好感，逐渐为中国人所认识、所了解、所接受。从两汉直到魏晋时期，中土人士一直借助于中土固有的文化思想形式来理解佛学，特别是黄老之学以及魏晋玄学对佛学在中土的普及起了很明显的促进作用。

佛教在适应中华文化环境的过程中，并不是完全地去迎合中国的文化传统，而是在“适应”中尽量保持自己的思想特性和文化特性。这样，对于中国人来说，所看到、所理解的佛教又是新鲜的、有自己独特的文化内涵的。这样才能对中华文化起到刺激、激励和补充的作用。这一点也可以和唐代景教在中国传播的失败相比较。景教进入中国以后，也是努力与中国文化环境相适应，并不惜牺牲自己的特性和教义的内涵，失去了作为外来文化本身应有的意义，结果就完全淹没在中国的文化传统的汪洋大海之中，没有继续传播的可能性和基础。所以，佛教进入中国，与中国文化环境相适应，又保持自己的宗教和文化特性，这是它的“中国化”成功的含义。

值得注意的是，佛教的“中国化”过程，或者说佛教的“中国化”，是中国人对佛教进行的理解、剪裁和改造，在这个过程中，有些东西被舍弃了，又有些东西添加进来，使之不再是印度佛教的原貌。虽然在佛教东

敦煌壁画《五台山图》中的佛光寺

渐的过程中，有许多西域和印度的僧侣来到中国传播佛教教义，翻译佛教典籍，但更多的情况是，这些都是在中国僧人和士人的帮助和影响下进行的，比如最早的佛经翻译就是由中国士人或僧人担任“笔受”来完成的。而在这之后，更多的中国僧人和士人加入进来，经过他们的加工改造，这些外国的思想就演变成为中国的思想了。经过中国佛教高僧大德长期持续的译经弘法、注释撰述，佛学成了一门专门学问，并与儒学、道学鼎足而三。中国的知识阶层一般也把佛学视作为一种学术思想学习钻研，且有所得。知识阶层的研究，使佛学思想广泛渗透到中国思想文化各个方面，进而使中国佛教在中国思想文化领域里的影响持久扩大。

佛教的“中国化”是佛教和中华文化之间进行的双向的选择。佛教选择了与中国传统相适应的策略，接受了许多中华文化的传统因素，成为具有中国风格和中国气派的“中国的”佛教。中华传统文化按照自己的方式和需要接受了这种外来的文化形态，并且将其补充到自己的文化体系之中，使之成为自身的一部分，成为“自己的”宗教。

这样，佛教就成了“中国化”佛教。而这样的佛教再传播到朝鲜半岛、日本等地，就成为中华文化对外传播的一个重要载体。

第六章 东亚的诞生

在东亚地区，中华文化长期处于先进的地位，是先进的和丰富的文明形态。东亚各国在文明发生期，就受到中华文化的深刻影响。中华文化的诸多要素和文化形式传播到这些地方，促进了东亚地区的文明开发。中华文化的传播促进了当地经济文化的发展，加速了文明化的进程。

东亚史前文明的关联性

文化交流和传播有一条基本的规律，就是由近及远。在东亚地区，中国最先发展起丰富的史前文明，并开始向域外传播。中华文化最先传播到的地区，最先受到中华文化影响的地区，是那些与中国地域比较接近，交通往来也比较便利的地区。朝鲜半岛与中国山水相连，日本列岛与中国隔海相望，并且与朝鲜半岛仅有一条海峡之隔。它们是最早接受中华文化传播并受到深刻影响的地区。

根据有关考古发现的材料，中华文化传播到朝鲜半岛，从新石器时代就开始了。朝鲜半岛发现的新石器制作技术、稻作文化、制陶技术以及石棚式墓葬习俗，都受到中国东北以及山东半岛相关文化的影响。

中国与朝鲜半岛的新石器文化有很多相同之处。就目前朝鲜半岛与中国东部沿海地区出土的石器比较分析而言，绝大多数的器形和制作工艺是相同的。除了在刃口上表现出一些变异，朝鲜半岛新兴洞遗址出土的石斧与中国连云港地区出土的石斧是相同的。两地穿孔石刀的形制也是相同的。两地出土的有肩石锄，如朝鲜半岛会宁王洞遗址出土的有肩石锄，中国苏北出土的有肩石锄，在形体和制作手法上是一致的。

半月形穿孔石刀是一种收割工具，呈半月形或近半月形，多穿两孔。这种半月形穿孔石刀应源于中国山东。山东的半月形穿孔石刀在龙山文化时期开始普遍出现并向外传播，受其影响，辽东半岛小珠山上层文化开始出现这种形制的石刀，青铜时代初期传入朝鲜半岛，其后向南传播，再传入日本列岛，而俄罗斯远东地区南部青铜时代的青树林文化、利多夫卡文化也出现有这种石刀，其时代约为公元前13—前5世纪，如此便形成了半月形穿孔石刀文化圈。

在中国山东、辽宁一带和朝鲜半岛的大部分地区都发现了一种被称为“支石墓”或“石棚”的墓葬形式，是用巨大厚重的盖石做成棚状，下以小石支撑的墓室。中国考古学界称之为“石棚文化”“石室文化”或“巨石文化”。从辽宁一带到山东乃至苏北，这种石棚分布很广，有的山名就叫作“石棚山”。石墓文化源自辽西大凌河流域的红山文化，其后沿渤海向东扩散至辽东半岛，再向东至朝鲜半岛，南下至日本。俄罗斯东西伯利亚和蒙古国境内的积石墓、石板墓，也可能源自红山文化积石冢。在朝鲜半岛这种石棚分布很普遍，大约有4万座支石墓，尤其是在半岛南部和西北部特别多，韩国西南部全罗南道的支石墓达2万多座。中国山东半岛的石棚在形制上多与朝鲜半岛南部的石棚相一致，辽宁的石棚则与朝鲜半岛西北部的石棚具有相同的样式。日本列岛的石墓包括对马岛和九州的石棺墓、九州的棋盘式支石墓，时代在公元前4世纪末到公元前后。

在文化面貌的比勘上，陶器对历史进程和地域差异的反映最为显著。中国大陆和朝鲜半岛出土的陶器在样式和风貌上有相似之处。釜山东三洞遗址出土的距今7000年前的素面压印纹陶器，其深腹的造型、方格和折带等纹饰以及红褐夹砂的胎质，在黄河下游新石器时代遗址中都可找到与之相同的标本。朝鲜咸镜北道雄基曾出土过丹涂彩色陶器，咸镜北道的图们江流域地区也发现了不少黑色陶器。这些陶器也许与中国新石器时代彩陶文化和黑陶文化有一定的联系。日本的黑褐色陶器，在制作技术、形态各方面，受到了中国龙山文化的影响。

自古以来，中国和日本就有着密切的往来。东汉时期班固的《汉书·地理志》对中日交流即有记载。“绳纹文化”是日本新石器时代的文化，因这一时期陶器上的绳纹式花纹而得名。绳纹文化延至公元前3世纪，分布于北海道到冲绳的日本全境。绳纹时代的生产工具以石器为主，在北九州地方出土了大陆系统磨制石器，如有柄石剑和石簇、柱状片刃石斧。在日本群马县五牛遗址发现的手斧、在鹿儿岛上场遗址发现的石球，我们可以在中国丁村文化和许家窑文化的遗址中找到它们的原型。日本绳纹陶器受朝鲜半岛的影响，而朝鲜半岛的制陶技术又受中国的影响，所以说中国的制陶术从绳纹时代就传到日本。

日本绳纹时代晚期，有些地方已经出现原始的农耕活动，以水稻种植为代表的高度发达的中华文明开始传入日本。日本人的祖先学会了农业技术和金属工具的使用，从而使日本进入铁器时代。

稻作文化与朝鲜半岛、日本的文明开发

水稻的栽培是中国农业发生时期的最重要成果，稻作文化在朝鲜半岛和日本的传播，是史前文明传播最重要的成就。

稻作文化不仅是物种的栽培，还包括栽培的技术、生产工具，以及相应的社会组织形式。稻作文化的传播包括物种、技术、工具和社会组织形式的传播。稻作文化在朝鲜半岛、日本的传播，大大促进了当地经济文化的发展，加速了文明化的进程。

朝鲜半岛发现的稻作文化距今约3000年以前，其中年代测定最早的是京畿道骊州郡欣岩里遗址，约为公元前1260年。中国水稻农业向朝鲜传播的路线，应是自胶东半岛至辽东半岛，再东至朝鲜半岛。在水稻传入朝鲜半岛的同时，伴随稻作文化而来的有段石锛、半月形石镰，它们的最早原型出土于中国东南沿海的河姆渡文化遗址。中国的一些铁制农具，如铁镰、铁锹、铁制半月刀也传到了朝鲜。在耕种技术上，中国和朝鲜半岛所采用的“火耕水耨”、鸟田、踏耕耕种方式等也完全相同，而以拔河来祈求丰收的仪式，两地也基本相同。

据考古资料，中国的水稻和稻作技术在公元前6世纪传入日本，为日本绳纹文化晚期。自公元前2—前1世纪前后，日本的水稻农耕经济有了一定的发展。日本发掘的多处遗址，出土了炭化谷米、稻谷、稻草，一些出土陶器上也发现有稻谷压痕。这些遗址在九州地区，同处古代中日海上交通的端点，显现出中国稻作传播的轨迹。这些遗址还发现有灌溉设施，有水渠、井堰、入水口和排水口等。还发现了环壕聚落遗址，被日本学者称为“弥生文化的缩影”。大量出土文物证实了弥生文化时期日本的水稻农耕技术已经进入新的发展时期，诸如农具器质及器形的演替、农田水利技

日本室町时代《月次风俗画屏风》（局部）。东京国立博物馆藏

术的发展、农田区划以及水稻移栽技术的出现等。

水稻的输入使日本原始社会发生了划时代的变革。德裔美国历史学家魏特夫（Karl August Wittfogel）的“东方主义”理论认为，稻米文明隐含着的是一种“人工”灌溉制度，这种制度反过来又要求实行严格的民事、社会和政治纪律。法国历史学家布罗代尔也说过，对这些地区来说，接受稻米种植是获得文明证书的一个方式。

起源于中国的稻作文化，对于日本列岛（也包括朝鲜半岛）的民族生存和文明发展起到不可估量的巨大作用。由于金属工具的使用和农耕经济的发展，日本的生产力有了大幅度的发展，社会结构也发生了重大变化。有日本学者说，日本民族从未开化世界进入原子能的现代，第一步是从由中国输入水稻开始。还有日本学者指出，水稻农业这种新文化要素预示着一场“农业革命”的到来，其意义可与近代的“工业革命”媲美。

中华文化激发的弥生文化

日本水稻技术发展的年代大体上也是在弥生文化时期。从绳纹文化向弥生文化的转变发生在公元前3—前2世纪，是日本文化史上的一个崭新的时代。弥生文化以铁器、农耕、栽培水稻为代表性特征，不是由绳纹文化直接发展的结果，而是以某种形式受到中华文化的影响而发展起来的，是受到中华文化的推动而出现的。中华文化在日本的传播把日本从落后的石器时代，引入了先进的文明时代。

弥生文化时代的陶器是与绳纹陶器完全不同的。弥生陶器在形制和花纹等方面与中国的陶器有很多相似之处，很可能是由于从中国传去了新的制陶技术。特别是中国的辘轳和窑业设备传入后，日本人的陶器在造型方面开始发生变化。5世纪后半期从中国传入新的制陶技术，用1000摄氏度的高温烧成。用这种技术制成的陶器叫作“须惠器”。须惠器的源流是中国殷商时代的灰陶，其制法从中国南部经朝鲜传到日本。朝鲜的青灰色或青黑色“新罗烧”大概就是日本须惠器的原型。

弥生文化的另一个特征是金属器，特别是铁器与青铜器并存。按照世界文明史的一般规律，大部分的地区都是从石器时代经过青铜器而进入铁器时代的。但日本的情况比较特殊，青铜器和铁器几乎是同时传入日本列岛的，在某种意义上说，甚至铁器可能比青铜器还先传入和应用。其原因在于，在公元前后，即日本列岛还处于使用石器的原始社会时，中国早就进入了铁器时代。因此中国的铁制农具、武器通过朝鲜半岛传入日本列岛时，青铜器作为礼器、部分也作为武器而同时传入。

弥生时代前期的铁器是从中国或朝鲜半岛直接输入的。从出土的遗物来看，大多为铁锹、铁镰、铁锄等农具，也有铁斧、铁凿、铁刨等加工木器的工具，此外还有铁制武器。随着同中国、朝鲜半岛的经济、文化交流，日本人逐渐学会了铸铁和锻铁技术，掌握了制作铁制工具的方法。大和政权以畿内为中心，把各地的制铁生产组成锻冶部，以朝鲜半岛手工业奴隶为主，利用外来技术力量制造铁器。当时的所谓“韩锻冶”，就是从朝鲜半岛传入的中国冶炼术。铁制农具及其制造技术在日本的传播，引发了日本农业的变革，有学者称之为日本历史上的“第一次技术革命”。

铁器的出现促使木制工具迅速发展。木制工具有锄、锹、马锄（马拉的犁耙）、大足、田木屐（水田防滑木鞋）、田舟（深水田割运稻谷的船）以及竖杵、臼等。这些工具大都用硬木制造。木锄和木锹是用于水田的主要生产工具，使用很普遍。

日本的青铜器和铁器是同时出现的。秦汉时期中国青铜器在日本流传的种类已发展到工具、兵器和祭祀品等。同时传入日本的，还有与日常生活密切相关的青铜器具，如货币、装饰品、铜镜等。铜镜传到日本后，作为生活用品的机能基本消失，作为祭祀宝器备受青睐。

中国的青铜冶炼技术也在日本得到推广。九州地区的铜器制作比较早，冶炼术的水平已相当高了。这里的人们已掌握了铜、锡、铅之间的比例，可以炼出青铜，还懂得了冶炼白铜（铜与镍的合金）的技术。

冶炼技术发展的重要标志是铜铎的生产。铜铎的形状好像是从侧面压成扁平状的寺钟，小的高度在12厘米左右，大的高达150厘米。考古专家在日本九州和畿内地区共发现300多个铜铎，所发现的铜铎都是日本生产的。这种铜铎的形制，被普遍认为起源于中国战国时代的乐器编钟。日本学者认为，铜铎的制作技艺和金属冶炼水平，是大陆文化在日本传播的产

弥生时代后期铜铎。纽约大都会博物馆藏

物，是中国先进的生产技术在日本开花结果的象征。

日本文化历史上发生的从绳纹文化向弥生文化这样划时代的转变，在很大程度上是由于传入外来文化，亦即中华文化的刺激。而这时的文化传播，主要是通过中国人移民日本进行的。中国移民带去了先进的文化和生产工具、生产技术，特别是种植粮食和使用金属工具的技术，致使日本列岛的社会生产力有了很大发展。日本的考古发现也证实了这一变化。所以，日本的弥生时代，既是铜铁器与石器并用的时代，又是水稻农业发展的时代。

箕子东迁：史诗性的迁徙

早期中华文化在朝鲜半岛和日本传播并产生重要影响，主要的原因、主要的渠道，就是从中国向朝鲜半岛和日本的持续的移民活动。移民是文化传播的主要途径之一。人类的迁徙是文化交流的主要形式之一。特别是在古代，人类的各种原因和形式的迁徙活动是传播文化信息、文化成果的主要渠道。比如在远古时代，欧亚大陆上的文化传播主要是通过各民族的迁徙活动实现的。西方有学者提出了“离散社群”的概念，对于理解移民在文化交流上的重要作用很有积极意义。按照西方学者的论述，“离散社群”作为嵌入居住国的特殊文化集团，既要保持自己原乡的文化，以确定自己族群的文化认同，又要学习当地的文化，以便融入当地的社会生活中。这样，“离散社群”就成为具有两种文化要素的特殊人群，成为沟通原乡文化与居住地文化的桥梁。中国自古以来就不断有人移居海外，如箕子走之朝鲜、蜀王子南下越南、徐福东渡日本的故事，都是有组织的大规模移民行动。东南亚早期的稻作文化，也是一代又一代中国移民带过去的。

中国与朝鲜半岛山水相连，陆路交通方便，朝鲜半岛又与山东半岛隔海相望，水路也不遥远，自古就有中国人不断移居朝鲜半岛。这也就能解释为何在文明起源时期中华文化与朝鲜半岛文化有很多相同相似之处。上古先民的文化遗存可能是当时中国人向朝鲜半岛迁徙流动的文化痕迹。

最早有记载的、大规模和有组织的移民行动则是商末周初箕子集团向朝鲜半岛的迁徙。公元前11世纪，周武王灭商，箕子不忍看殷商王朝灭亡的惨状，遂率5000人去了朝鲜半岛。周初，分封诸侯于各地，周武王闻知箕子东走朝鲜，封箕子为朝鲜侯。箕子在朝鲜半岛建立国家，定都于王俭城（今平壤），受周之封号，为周之藩属。

箕子创立古朝鲜的一代王朝，即“箕子朝鲜”或“箕氏朝鲜”。箕子是殷商王朝统治集团的一位成员，具有很高的社会文化地位。箕子率领5000人到达朝鲜半岛，实际上这是一个庞大的移民集团。这个移民集团具有较高的文化水平，包括诗书礼乐、医巫阴阳、百工技艺等多方面的人才。《东史纲目》说：“箕子之来，中国人随之者五千。诗、书、礼、乐、医、巫、阴阳、卜筮之流，百工技艺，皆从焉。”百工技艺皆从其入朝，把先进的生产技术和文化带到朝鲜，“教民以礼义、田蚕、织作”，在生产技术上对当地社会生活有一定帮助，因而将朝鲜的文明推进了一大步。从在朝鲜平壤城南发现的箕田，也可看出殷商农业文明对于古朝鲜的影响。

箕子还在朝鲜半岛改造风俗和文物制度。《海东绎史》记载：“箕子……教以诗书，使知中国礼乐之制，衙门官制衣服，悉随中国。”同时还设“犯禁八条”。由于箕子的礼义教化和律法严明，“其民终不相盗，无门户之闭”。这“八条”是古朝鲜受中华文化影响而形成的最早的成文法。而成文法是社会达到较高文明程度的标志之一。所以，可以说，箕子东走朝鲜，给那里带去了较为先进的中华文明，对于推动朝鲜半岛的社会发展和文化进步起到了很大作用。

周武王十三年（前1038），箕子应武王之召至周之镐京，与武王共同讨论治国方略，并作一篇题为《洪范》的文章。“洪范”就是治国之大法。《洪范》中的“五行”“王道”“天人感应”学说，在中国历史上有十分重要的地位和影响。箕子在朝鲜的“八条之教”，是他具体的治国措施，也是将《洪范》思想具体实施的表现。在朝鲜学者看来，《洪范》与“八条之教”，是朝鲜礼义之基石。

箕子在朝鲜半岛积极推行文明开发，以《洪范》为指导思想，以“八条之教”为律法，实现了对朝鲜政治和伦理文化的原初设计，在朝鲜政治和思想文化史上有很重要的影响。箕子“八条之教”是朝鲜教化之本，使得朝鲜半岛最终成为“小中华”。

箕子作为教化之君，把中华文化传播到朝鲜半岛，将朝鲜由“夷”带入“华”的文明圈。春秋时期人们所认识的文化基本上分作华夏与夷狄两大类。华夷观念成为中华世界评判文明程度高低的标准。朝鲜原本处于“华夏”边缘，是属于“东夷”的一支。但朝鲜是一个积极向“华”学习的“夷”。箕子是朝鲜由“夷”入“华”的关键人物。朝鲜之所以被称为礼义之国，乃是因为有箕子的教化。因为箕子的东来，朝鲜由“夷”变“华”。所以，后世将箕子称誉为朝鲜之孔子。

从战国末期到刘邦建立汉朝，这100多年间中国征战频仍，社会动荡，许多中国人为避战乱和秦朝苛政徭役而逃往朝鲜半岛，有的还经朝鲜半岛而远渡日本。这一时期，原燕、齐、赵等国的百姓，为避战乱与重役，从陆路经辽东进入半岛北部的箕氏朝鲜，人数多达数万。有如此众多的中国移民居住在朝鲜半岛，对当地的文化民俗、日常生活的影响之大亦可想而知。

汉初，有燕人卫满率千余人赴朝鲜半岛，推翻了箕子朝鲜，建立卫氏朝鲜。卫氏朝鲜政权存在了87年。作为一个由中国移民集团建立的王朝，它在政治、经济、社会政策的各方面，必然会移植中国现成的经验，必然会照搬中国的典章制度、文教政策和礼仪规范，甚至文字、观念和精神文化方面也会依据他们在中国获得的传统。因而，可以推测，卫氏朝鲜时期，很可能出现过一次中华文化向朝鲜半岛传播的高潮。

公元前108年，汉朝灭卫氏朝鲜，将其属地改为直属政区，设置乐浪、玄菟、真番、临屯四郡，历史上称其为“汉四郡”。当时不仅有汉人官吏到汉四郡去任职，更有很多汉朝富商大贾与农民前往经商、垦荒，汉四郡已是一派汉文化景象。在汉四郡聚居的大量汉人，成为传播中原文化的载体，发挥着示范影响作用。这时的朝鲜半岛北部已经完全置于中华文化的辐射范围。美国学者赖肖尔（Edwin Oldfather Reischauer）称朝鲜半岛的汉置郡县是“持续4个世纪之久的汉文明前哨站”。

从战国末年经秦汉至南北朝时期，在这几百年中，不断有中国人经陆路或海路进入朝鲜半岛。他们把中国先进的生产技术和物质文明，以及中国的典章制度、精神文化带入朝鲜半岛，对于推动当地经济社会发展和文化繁荣起到重要作用。中国的许多金属工具、丝绸、漆器以及汉字、儒学、佛教等都是在这一时期传入朝鲜的。

徐福东渡日本的故事

在中日文化的关系史上，最早的标志性事件是关于徐福率童男女和百工泛海东渡、止住日本的故事。故事的大意是说，秦始皇时，齐地琅玡方士徐福向秦始皇上书，要求率领童男女到大海中的三神山求仙，访寻长生不老的仙药，以敬献始皇，得到始皇的允可。于是，徐福率数千童男女和“百工”即各种工匠和生产能手，携带部分生产资料泛海东渡，再没有回来。据说他们最后到达了日本，给那里传去了先进的中华文明，帮助土著居民从事生产，提高了当地人民的物质文化生活水平。

根据这个故事，徐福带领一个庞大的移民集团，踏涛蹈海，东渡日本，为那里带去了先进的中华文明，在日本进行了大规模的文化开发，促进了日本社会从蒙昧时代向文明社会的转变。徐福是中华文化向日本早期传播的文化使者。

徐福东渡是一次有计划、有准备的大规模移民行动，是一个高层次、高水平的文化移民集团的行动。首先，徐福本人是齐地的方士。方士是当时社会中掌握一定科学知识和生产技术的知识分子，以徐福为代表的方士实际上就是一个文化精英团体。其次，在他的移民集团里，有所谓“百工”，即各方面的专业人士，掌握着农业、手工业和艺术工艺等方面的专业知识。徐福东渡是在秦代末期，经过春秋战国几百年的发展，中国的生产技术、科学知识以及学术文化和艺术文化已经发展到较高的水平，其中包括农耕技术、养蚕缫丝和纺织技术、冶炼技术、造船与航海技术，等等。他们还带去了“百谷”，即各种农作物，尤其是水稻的种子和栽培技术。同时还有“童男女”，即一支从事生产和技术工作的劳动大军。

此时的日本还处在绳纹文化时期，即新石器时代。当这样一个庞大的文化移民集团来到时，不难想象会产生什么样的巨大影响。这个时期正是日本从绳纹文化向弥生文化转变的时期，这一转变是一次历史性的“突变”。没有强大的外来文化刺激，不可能发生这样大的突变。也许，徐福移民集团的到来，就是这个强大的外来文化刺激的主要力量。

我们可以将徐福东渡日本与箕子走之朝鲜的故事做一点比较。徐福和箕子是中国向外出走的庞大的移民集团。这样的移民活动得以成行，需要周密的组织和准备，因而也就有充分的人员和技术、艺术方面的文化因素直接参与进来。他们为所到之地带去了先进的物质文明和精神文明，带去了先进的文化理念和思想，直接对那里进行文明开发，促进了当地文明发生本质性的飞跃。因此，从文明的开端上来说，朝鲜半岛和日本直接受到中华文化的强大刺激和影响。这也为它们以后加入中华东亚文化圈创造了前提条件。不过，徐福和箕子的移民集团也有所不同，主要有这样几点值得提出：

一是箕子是原来商朝统治集团的成员，所以他到了朝鲜之后，更注重社会的顶层设计。而徐福是民间知识分子，他到了日本后，更注重社会生产和生活的实践。这样，中华文化的传播，在朝鲜注重观念的和伦理的范畴，在日本注重实用技术和经济文化的范畴。

二是箕子的移民集团是经过中国政府允许的，箕子是正式由周朝册封的“朝鲜侯”，因而与中国中原王朝保持着来往和联系。而徐福的移民集团虽然是经过秦始皇批准并提供装备的，但东渡以后，“止王不还”，一去就没有了消息，切断了与中国中原王朝的联系。

三是箕子的故事发生在商周鼎革之际，而徐福则是在秦代末年，中间经过了西周和春秋战国时代，两者相距800多年，其间恰恰经历了所谓“轴心时代”，中国的文化和生产生活技术有了相当大的发展。那么，徐福与箕子相比，所携带的中华文化，在内容和质量上便大不相同了。

于是，我们可以想象到，徐福带着庞大的移民队伍，以及先进的科学生产技术和先进的社会文明，东渡日本。他带来的中国的先进文化与原有的土著文化相整合，促进日本由原始社会向文明社会转化。

徐福东渡的故事反映的是秦汉交替之际中国移民进入日本的史实。在这一时期，有许多中国移民东渡日本，他们有的就自称“秦人”（也有的移民到了朝鲜半岛南端，他们也自称“秦人”）。这些“秦人”与徐福移民集团自称“秦人”，也有相呼应的意味。

中国向日本的移民可能比徐福那个时代还要早许多。箕子走之朝鲜时，一些人也有可能再从朝鲜半岛进入日本列岛，并在那里定居下来。先秦时期，特别是战国时期，苦于战乱兵祸的北方齐、燕、赵等国居民纷纷避居朝鲜，有些以朝鲜半岛为中介，渡入日本，在那里定居繁衍，成为日本史学家所说的“铜铎民族”“出云民族”“天降民族”。

汉代以后一直到南北朝，仍不断有中国人移居日本。在魏晋和南北朝时期，政权频繁更迭，社会动荡，中原人民大量流寓迁徙，有的辗转到达日本列岛。在朝鲜半岛上的乐浪、带方二郡后来被高句丽、百济吞并。居住在二郡的中国移民，有的回国，有的归服高句丽和百济，也有不少人渡海移居日本。日本史书称这一时期的移民谓“归化人”，这是中国移民进入日本列岛的第一次高潮。

从汉到南北朝，中国移民数量相当可观。据有的学者估计，在6世纪上半叶，中国到日本的移民总数有六七万人。还有学者估计，从公元前3世纪到7世纪的1000年里，共有百万中国居民陆续移居日本列岛。去到日本的中国移民，不论他们直接来自中国还是来自朝鲜半岛，都向日本传播了先进的中华文化，促进日本的文明开化，均在当时日本的经济、政治和文化生活中发挥了重要的作用，对日本的技术和文化发展作出了突出贡献。

汉字与儒学在朝鲜、日本的初传

汉字、儒学与佛教在朝鲜、日本的早期传播，对于它们的文化开发和发展具有十分重要的意义。即将形成的东亚文化圈中，朝鲜、日本是东亚文化圈的主要成员，汉字、儒学和中国化佛教是东亚文化圈的主要特征。

朝鲜半岛古时没有自己的文字。大约在公元前5—前2世纪，中国的汉字传入朝鲜半岛，当时已形成国家的古朝鲜和辰韩，不仅接触到汉字，而且可能开始使用汉字。汉字在朝鲜三国时期已经被广泛地使用了。高句丽在公元前后的建国初期已经比较广泛地使用汉字，高句丽还先后编纂了史书《留记》和《新集》，利用汉字撰修本国史。随着汉字的传播和应用，汉文学在高句丽也有一定的发展。三国中的百济也很早就接触到汉字。近肖古王在位期间（346—375），博士高兴以汉文撰修百济国史《书记》，表明此前汉字、汉文化输入百济已有较为长久的历史。新罗在建国初期没有文字，但在部落联盟后期，新罗已经在一定程度上掌握了汉字、汉文。6世纪初，新罗把国号、王号等都改为汉文名称，此时汉文已被确定为新罗官方正式文字。545年，又有居柒夫等以汉文撰修新罗国史。

朝鲜半岛从古代至李朝末年，正式通用的文字一直是汉字。汉字在朝鲜半岛的传播和应用，对于推动朝鲜半岛的文化发展具有特别重要的意义。语言和文字，在民族文化形成中，担任着中心的角色。汉字的传播并非只是文字的传播，文字中蕴含的思想与感情亦同时传播。所谓“文者道之器”，汉字同时担当了文字与思想载体的角色。

在公元前后，孔子的儒家学说便开始传入朝鲜半岛。从那时起的漫长过程中，儒家学说在朝鲜逐渐传播、扎根，并日益朝鲜化，形成具有民族特色的朝鲜儒学，成为朝鲜民族传统文化的主流。

汉朝在朝鲜半岛置郡400余年，当时中国政府已“罢黜百家，独尊儒术”，确立了儒家思想的统治地位，汉四郡官府也以汉朝的统治思想为治理地方的指导思想。至少在汉四郡时代，儒家的经典和其他典籍一起被有识者所熟读。朝鲜三国时期，儒学思想在朝鲜半岛的传播有了进一步的发展。儒家思想的传播对高句丽社会文化的发展产生了重大影响。在中国史书中多有有关高句丽用儒学经典教育子弟的记载。据记载，百济“有文籍，纪时月如华人”，“其书籍有五经子史”。百济很早就有“博士”的称谓，这是一批精通儒学“五经”的“博士”。新罗是三国中接受儒学最晚的国家，但所受影响至深。及至新罗统一三国前后，新罗的学术文化和教育事业已有了很大发展，出现了不少精通儒家经典和汉学的著名儒学家，如编纂新罗国史的居柒夫、创制“吏读”的任强首和薛聪等人。

由于政府的大力提倡，儒学在朝鲜三国都有比较广泛的传播，学习儒家经典成为一时风气，儒家思想也产生了比较普遍的社会影响，对于朝鲜民族文化的发展发挥了巨大的作用。

日本人可能很早就接触了汉字。大批中国移民东渡日本，也不可能不携带和使用汉字。在汉代，各倭国与汉王朝通交需要以汉字为媒介。有文献记载的汉字传入日本，是在285年，百济博士王仁携《论语》和《千字文》到日本。太子菟道稚郎子拜王仁为师，学习中国典籍。这位王仁博士，从他的姓名和教养上可以推知，可能是一位生活在朝鲜半岛的汉族移民，或者是一位汉族移民的后裔，《大日本史》则说他是汉高祖刘邦的后代。

汉字传入日本，对日本文化的发展起到了重要的推动和促进作用。在此之前，日本只有口头语言而无文字。由于日本文化发展自身的需要和日益频繁的与中、朝文化的交流，日本人也迫切需要文字符号。日本人学会使用汉字，不仅是掌握了一种表意和交流工具，而且为接触汉籍、了解中国思想提供了可能。语言文字的输入对于一个民族的语言和思想的发展具有巨大而深刻的作用。因为，凭借一种语言来表达一种思想，这同时就是输入一种思想；而当进一步用文字来记录和表达这种思想和语言时，就又进一步固定某种思想，使它现实化、形象化、物质化，凝固在某种形态中。

以上关于汉字的输入对于日本文化的意义的分析，对于朝鲜文化也是同样适用的。

至6世纪初，中国儒家思想经过百济在日本的传播有了进一步的扩大和深入。据《日本书纪》记载，513年，百济国王派遣五经博士段杨尔到日本，以换取日本在朝鲜半岛南端的属地任那四县的土地。“五经博士”是中国汉武帝独尊儒术之后在朝廷中设置的学官，专掌“五经”的传授。当时百济的制度，大概是以中国为楷模，也建立了五经博士官制度。在

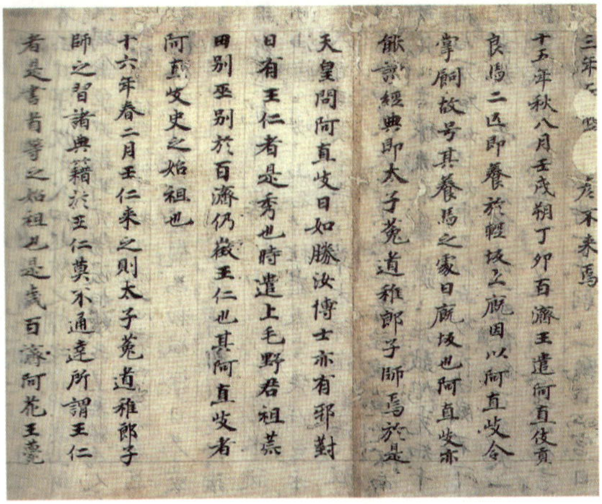
十五年秋八月壬戌朔丁卯百濟王遣阿直伎貢
良馬二匹即養於輕坂上廐因以阿直岐令
掌飼故号其養馬之處曰廐坂也阿直岐亦
能讀經典即太子菟道稚郎子師焉於是
天皇問阿直岐曰如勝汝博士亦有耶對
曰有王仁者是秀也時遣上毛野君祖荒
田別巫別於百濟仍徵王仁也其阿直岐者
阿直岐史之始祖也
十六年春二月王仁來之則太子菟道稚郎子
師之習諸典籍於王仁莫不通達所謂王仁
者是書首等之始祖也是歲百濟阿花王薨

《日本书纪》第十卷残卷。这一残卷包括有王仁到日本的记载

段杨尔来日本之后三年，百济又派“五经博士汉高安茂，请代博士段杨尔”。这位高安茂的名字前加一个“汉”字，说明他无疑是移居百济的中国人或其后裔。

朝鲜和日本是深受中国儒学思想影响的国家，儒学思想经过移植与衍化发展，分别构成这两个国家思想文化史的重要组成部分。但是，它们接受儒学的过程，特别是在儒学向两国的初传阶段，却又表现出各自的特点。在朝鲜，至迟到三国时期，孔子及儒家思想体系已经得到比较全面、完整的引进，并在社会意识形态上占有主要地位，涌现出一些儒学思想家。对于儒家学说，朝鲜儒学家们特别重视孝的思想，认为孝是先天的，是人人都需要遵守的绝对准则，并主张家国一致、孝忠一致，把国家看成是扩大了的家庭，主张以孝的精神忠于国王。总之，在朝鲜三国时期，儒学思想已被朝鲜奉为治国之本，成为社会意识形态的主流。

日本是经过朝鲜半岛的中介才接触儒学的，儒家思想传入日本比朝鲜晚几个世纪。在初传阶段，儒家思想只在宫廷内部皇族子弟和部分贵族中流传，没有被视为独立的思想体系。直到宋学传入以前，日本只是片断、不完整地引进了孔子及儒家思想的某些部分，儒学也未获得社会意识形态的主流地位。在很长时期内，儒学是依附于佛教而在日本传播和发生影响的。所以，在儒学思想的初传阶段，朝鲜比日本接触儒学更早，儒家在朝鲜传播的广泛性和影响的深刻性也超过在日本的。

第二编

亚洲的中国

第七章　大唐文明与东亚文化秩序

唐代是中国古代文明的一个黄金时代，也是中华文化发展历史上最辉煌的巅峰。唐代是中华文化向海外传播最广泛的时期之一，也是中国主动走向世界，接受和融合海外文化最广泛、最丰富的时期。在当时的东亚和中亚地区，形成了以唐朝为中心的国际政治秩序和文化秩序，形成了东亚文化圈。文字系统、宗教信仰、观念意识、生产方式等相互关联，构成了古代的东亚文明共同体。

唐帝国的朋友圈

唐太宗时，玄奘西游求法归来，著《大唐西域记》。开篇介绍世界大势，其中写道，世界分别由“人”“马”“宝”“象”四主统治，形成四个大帝国：“南象主则暑湿宜象，西宝主乃临海盈宝，北马主寒劲宜马，东人主和畅多人。”玄奘说中国是“人主”之地。他赞美自己的国家：“人主之地，风俗机慧，仁义昭明，冠带右衽，车服有序，安土重迁，务资有类。”所以，在这四大帝国中，其他三国都以“东方为上”，“旦日则东向以拜”。

玄奘用“四天子说”这种观念来概括当时世界的格局，体现了当时人们对外部世界的一种认识。“四天子”就是那个时代的中国人所了解的世界文化的基本格局。

唐永徽元年（650），高僧道宣在《释迦方志》中将四主的地域进一步明确化。按照道宣的说法，当时世界上有四大文明国家，即“象主”印度，“宝主”胡国（现代学者认为是指拜占庭帝国），“马主”突厥帝国，最东边的是“人主”中国。

以“四天子说”的观念来认识和理解当时的世界，这种思维观念应该是在印度佛教思想的影响下产生的。早在东晋时期，从天竺来的僧人迦留陀迦所译《佛说十二经》里就有相似的记载。而在此一个多世纪以前，东吴康泰出使扶南时，也听说过类似的传闻。康泰在扶南听到的传闻，也应该来自印度。

不仅如此，这种看法在阿拉伯古文献中也有相似的记载。在阿拉伯人的记载中，“四主”被“五主”取代，居于正中的是阿拔斯王朝的哈里发。这种划分，也反映了阿拉伯人的崛起给欧亚大陆政治格局带来的冲击。

“四天子说”的广泛流传说明，当时的人们对他们生活的世界——欧亚大陆有着某种共同的认识。“四天子说”概括了阿拉伯帝国建立之前欧亚大陆的国际形势和文明格局。而在阿拉伯人崛起之后，又变成了“五天子”。

这和我们今天对于历史地理的认识基本上是相同的。在欧亚大陆上，中国处于大陆的东端，而在唐朝以西的各国中具有世界性的强大国家，包括横跨欧、亚北部的东罗马，即拜占庭帝国；占有整个西亚的波斯；尤其是后来兴起的阿拉伯帝国，更是据有亚、非、欧的庞大帝国。它们注重于对外海陆交通的开拓，极力加强和中国的政治、经济联系。此外，印度处于南端，具有古老的文化传统，一直将其丰富的文化传播到各地。这几大帝国之间你来我往，交流频繁，互相激荡又互相促进，共同绘制了那个时代色彩斑斓的世界文化图景。

从这样的“全球史观”来看中国，我们就可以大体上了解唐代的中华文化在其中的地位和位置。在这样的世界文化总体格局中，整个欧亚大陆的各民族文化都处在变动和发展之中，但盛唐文化处于遥遥领先的地位，是一座令人向往却难以望其项背的文化高峰。

唐朝在统一中原的同时，积极向周边地区开疆扩土，加强对边疆地区的经略与控制，扩大帝国版图。唐朝的疆域辽阔广大，极盛时势力东至朝鲜半岛，西北至葱岭以西的中亚，北至蒙古，南至印度支那。《太宗遗诏》说：“前王不辟之土，悉请衣冠；前史不载之乡，并为州县。”疆域的扩大也即是文化势力的扩大。在整个欧亚大陆上，唐朝是国力最强盛、文化最发达的大帝国，是当时世界的文化重心所在。

当时的世界文化形势，已超出了在文化发生期各个文化独立发展的局面，形成了比较广泛的文化交流和文化融合，文化之间的传播和相互影响也远远超过前代。因此，某一地区的文化发展、文化成果的传播，乃至有关文化信息的传播，都可能对别一地区、别一文化产生意想不到的影响。当时的世界文化格局，虽不及近代以来联成一体的“世界文化”，但各文化区域之间，也是息息相通、彼此相关的。

而在这种具有世界性内容的文化之中，在这种以世界规模进行的文化交流之中，盛唐文化的灿烂辉煌、异彩焕发，不但对后世中华文化产生极大的影响，而且对欧亚大陆许多地方也产生了不同程度的影响，发挥了引导世界文化发展潮流大势的作用。唐代是中华文化向海外传播最广泛的时期之一，与此同时，也是中国主动走向世界，向外部世界寻求知识和精神营养，学习、接受和融合海外文化最广泛、最丰富的时期。

大唐气象，世界长安

经过魏晋南北朝大分裂时期的民族融合发展，中国经济逐渐形成了以农业为主，多元化经济结构并存的国家经济结构，从单一农业文明，转变为多元化文明。这为中国在隋唐时期进入新一轮的文化创新周期奠定了基础。

盛唐是中国古代社会继汉代之后的又一个黄金时代。此时建立了完备的制度文化，学术文化进入相当繁荣的时期：文学艺术繁盛发达、灿烂辉煌，在各个领域都显示出创造的生机，取得了巨大的成就，造就了诗家辈出、诗情郁勃的黄金时代；绘画艺术具有极尽春花怒放的璀璨盛况，造像雕塑艺术也各显其妙，音乐舞蹈艺术则集时代之大成，气象壮阔，情绪热烈；科学技术发展也达到了一个新的水平，无论从深度或广度上来看，都反映了中国古代科学技术体系已达到成熟的阶段，而科学的教育和普及、生产技术的定型和推广，促使唐代的文明高度发达。

由于唐朝的声威远播和积极的对外开放政策，与唐朝保持政治、经济和文化联系的国家众多，来唐朝贺、奏事、进贡的使节往来更加频繁。朝鲜、日本、东南亚乃至西亚、欧洲、非洲诸国频频遣使入唐，以通友好。唐朝也向各国派遣使节。开元、天宝年间，与唐朝有官方往来的国家和地区多达70余个，“各有土境，分为四蕃”。

在唐代，从政府到民间普遍形成了一种对外开放的心态。“万国”“四海”“华夷”“蕃汉”“胡汉”等名词使用的频率很高，一种开放的大民族的观念逐渐形成。在这样的观念下，对外开放成为一种全面的开放。这种全面的开放，既包括向外拓展的趋势，积极发展对外关系，也包括民族迁徙与民族融合的动态进展，还包括广泛的对外经济与文化交流的开放；既是政府的对外开放，也是民间广泛的对外交流；既包含经济贸易的物质文化交流，也包含思想、艺术、宗教等精神方面的交流。坦诚而主动地进行文化交流，广泛地吸收外来文化，正是对自己的民族和文化有着强烈的自信心的表现。正如鲁迅所说的那样，汉唐时期的中国人有一种“放开度量，大胆地，无畏地，将新文化尽量地吸收”的气魄。

唐代对外交通和文化交流的盛世，是以都城长安为中心展开的。唐代的长安规模极其宏大，一派帝都气象。都城作为全国的政治和文化中心，中国自古就特别注重其规模建制，使其显示出皇权的至高无上和神圣不可侵犯。盛唐文化是一种世界性的文化，而唐朝的帝都长安则是世界文化交流融汇的中心，是一座国际化的文化大都市。长安城的规划和建设充分体现了中国古代的都城建设规制的最高水平。

长安在汉代和唐代先后两次引领中华文化登上了世界文化的高峰，百业俱兴，商贾云集。唐代长安人口，鼎盛时有170万人，若放宽估计，则近200万人。唐帝国的兴盛发达，帝都长安的雄伟壮观，中华文化的灿烂辉煌，以及经济发达和物产丰盈，都令世人钦慕景仰，吸引着世界各国人士。长安的鸿胪寺接待了70个国家的外交使节，他们多率领颇具规模的使团，出现了“万国衣冠拜冕旒”的盛大景象。其中有的外国使节还长住长安，乐不思归。长安的国子学和太学接纳了许多来自日本、朝鲜以及西域等地的留学生，他们在这里学习中国文化典籍，其中有些人还参加科举考试。而对外贸易的发展，吸引着南亚、西亚、欧洲的商旅来到长安，使长安成为一个国际贸易的场所，成为东西方国际贸易的一个集会点。此外，长安还吸引来自各国的旅行家、艺术家、佛教僧侣、祆教徒、摩尼教徒、景教徒和伊斯兰教徒，等等。据估计，当时住在长安的外国人占长安人口总数的2%左右，见诸诗文、笔记、小说者，有商胡、贾胡、胡奴、胡姬、胡稚、蕃客、蕃儿、昆仑奴等。

这些人亲见盛唐文化的缤纷灿烂，置身于繁荣富庶、欣欣向荣的氛围之中，深深领略中华文化的博大厚重，由衷地钦羡不已。也许正是大唐帝国和盛都长安的宏伟文化风范，使处于中华文化历史巅峰的盛唐文明焕发出世界性的辉煌。

天可汗与东亚文化秩序

在亚洲的历史舞台上，唐朝担当着领衔主角，具有极大的感召力和巨大的国际威望，各国争相与唐朝通聘往来，发展友好关系。中国的周边国家都以“天可汗”来称谓中国皇帝，表示对唐朝的臣属关系。唐朝并没有刻意向周边诸国输出自己的文化，是周边诸国络绎不绝地主动前来中国朝圣取经。

在中国东北、西北边外的各国，“可汗”是国家领袖的尊号，等于中国内地历来所称的皇帝或天子。而唐代自太宗时起，一方面为中国的皇帝，同时又受中国以外的周边诸国共同拥戴为“天可汗”。这种“天可汗”观念，不是以武功造成的，是当时各国心悦诚服的选择。

在当时的东亚和中亚形成了一种以唐朝为中心的国际政治秩序和文化秩序，也有学者称之为“东亚世界体系”。这种建立在“天可汗”观念上的国际关系和国际秩序，始于唐太宗贞观四年（630），直至玄宗天宝十四年（755），持续了125年。安史之乱以后，唐朝放弃了对中亚的经略和控制，使其脱离了中华文化的势力范围。以后的东亚文化圈只包括中国、朝鲜、日本、越南等东亚和东南亚国家。凡此东方诸国，其与唐帝国的关系，政治上为册封体制，文化上为模仿中国。工艺方面，也是如此，同时又各有自己的发展特色。例如朝鲜的织锦、日本的冶炼，精美程度还胜于中国产品。朝鲜与日本的儒学与佛教，既承受中国的传统，又发展出自己的传统。

由于这种原因，东亚的国家关系，在政治层面上，形成了以中国为中心的“册封体系”或“朝贡体系”。这种册封体系或朝贡体系，常与条约体系、殖民体系并称，是世界主要的国际关系模式之一。册封体制本身，最早是中国王朝的国内秩序，即以皇帝为顶点和由这个顶点与贵族、官

唐章怀太子墓壁画《客使图》（局部）。陕西历史博物馆藏

僚之间所形成的君臣关系秩序。因此，中原王朝与周边国家之间所形成的册封体制，体现的乃是这种国内秩序的外部延伸。中原王朝对于有册封关系的国家要求臣服和礼敬，显示了中国中原王朝的权威；周边诸国家要求中国中原王朝的册封，则有利于通过册封来确立其统治者的国内权威。

以中国中原王朝为中心的朝贡体系最早开始于汉代。在这时期的朝贡体系中，中原政权和其他诸国以册封关系为主。各外国需要主动承认中原政权的共主地位，并凭借中央政权的册封取得统治的合法性。中央政权对各地方政权往往直接封为“某某国王”，如“汉委奴国王”“南越武王”“疏勒国王”等。各受封国对中原政权按照不同的要求负有进贡和提供军队等义务。早期的这种朝贡册封关系比较简单，中华帝国认为自己是这个世界的中心，而附属国则是“夷”，是未开化的民族。

从宋代开始，朝贡的性质发生了很大的变化。一方面，朝贡关系仍然保持着原来的政府之间的关系，另一方面，随着政府对贸易的重视，朝贡逐渐变成了一种贸易手段。到了明清以后，朝贡体系越来越具有贸易的性质，因而有“朝贡贸易”之说。朝贡体制或朝贡贸易，成为物质文化交流的一种形式。

"东方地中海"的文化圈

唐代对外文化交流的最重要成果是在东亚地区形成了以中华文化为中心的东亚文化秩序，形成了东亚文化圈。东亚文化秩序即是"东亚文化圈"内的"文化秩序"。"东亚"概念除了地理和人种含义外，更包含文化的含义，主要指渊源于古代中国的文明圈。这些地区高度发达的文明及基本的文字体系渊源于古代中国，从这种意义上，可以说东亚就是"中华文化区"。这个共同体是通过内在的一些相互确认的基本因素连接在一起的。文字系统、宗教信仰、观念意识、生产方式等相互关联、联结在一起，构成了古代东亚文明共同体。

一般来说，世界范围的文化交流是由个别地区的交流活动扩展而成的。在某一比较广阔的地区内，某一国家或民族的文化，由于内部的和外部的原因，发展的水平比较高，因而对周围的一些国家和民族产生了较大的影响，逐渐形成了特定的文化圈。庞大帝国的出现表征着文化圈的发展达到鼎盛，文化圈内各文化的同质性程度最高。与盛唐文化同时期，在欧亚大陆的文化发展、传播和交流的过程中，从西而东形成了四大文化圈，即基督教文化圈、伊斯兰教文化圈、印度文化圈和东亚文化圈。这四大文化圈和前面提到的四大帝国的范围大体是相对应的。这些文化圈在非常辽阔的地区内，在相当长的历史时期中，对圈内的国家产生了较大的影响。

东亚文化圈的范围包括中国、朝鲜、日本和越南等东亚地区。在19世纪西方殖民主义势力进入东亚以前，日本、朝鲜、越南以中国为文化母国，大规模地吸收和融合中华文化，并在此基础上构建起符合本民族特性的文化体系。当时的东亚世界，在地理上以中国为中心，在文化上以中华文化为轴心，呈同心圆状向太平洋方向辐射、扩散，从而形成了区别于其他文化圈或文明区的东亚文化圈。

东亚文化圈的形成，首先与地理环境有关。东亚文化圈所表达的是特定区域的文化概念。中国位于欧亚大陆的东侧，北部大漠浩渺，西部高原壁立，东南则濒临浩瀚无际的太平洋。这样的地理环境犹如一道道天然屏障，把中国与其他文明区分割开来。当然，中国先民很早就致力于开辟与域外诸国诸民族的交通，特别是汉代以降，海陆交通繁盛通达，中国与各国的经济和文化交流很活跃。但是，在当时的交通条件下，毕竟是困难重重，道路艰险，对文化交流的广泛性和普遍性有所限制。不过，在太平洋的东亚海域，在中国、朝鲜半岛、日本列岛、琉球群岛之间构成了一个不甚完整的内海，有人将其称作“东方地中海”。自古以来，东亚人民沿着“日本海环流路”等自然航道，借助季风，往返于中国、朝鲜半岛、日本列岛之间，“东方地中海”也就成了以中国为内核，以朝鲜、日本为外缘的中华文化圈的交通走廊。

东亚文化圈形成的另一条件是东亚各国都是传统的农耕文明区域。中国古代的生活方式、观念礼俗、政治制度乃至以儒家为代表的思想体系，都反映了当时的农业生产方式，而朝鲜、日本、越南也是长期以农业生产方式为主进行农耕的民族，因而对于反映农业生产方式的中华文化比较容易接受和认同。

东亚文化圈的形成经过了长期的历史过程。在文化发生期，东亚诸国的先民们就有所往来和交流。在唐末以前，越南一直是中原王朝直接控制的地区，汉朝在朝鲜半岛北部设置郡县，实行直接统治和控制，以及中国王朝与朝鲜三国、日本的通使往来，都加大了中华文化传播的力度，为东亚文化圈的形成奠定了基础。东亚文化圈的总体形成，是在7—9世纪的唐代。在这一时期，中华文化显示出一种阶段性的集大成的灿烂风采和恢宏气度，具有极大的文化辐射力和感召力。另一方面，这一时期的朝鲜半岛和日本列岛先后形成了较为强大的封建中央集权国家，其社会文化系统具有向中华文化学习的需要以及吸收、兼容中华文化的有效机制。正是在这样的总体背景下，盛唐文化以前所未有的规模和力度在东亚各国传播，朝鲜、日本等国以前所未有的热情和规模学习、吸收和兼容中华文明，从而深刻影响和改变了东亚的文化面貌。

所以，东亚文化圈不仅凝聚着中华民族的智慧，也是东亚各国人民的共同创造的成果。在东亚文化圈内，每一个国家和民族都有其特点。它们可以利用中华文化作为仿效、学习的样板，但也只能从其本身的民族传统和文化特性出发，加以吸收消化，然后再创造出适应其本身的文化。因此，在东亚文化圈内各国的文化，是以中华文化为范本，受中华文化影响后派生出来的。

东亚文化圈是一个多样统一、有机组合的文化世界，是地理上以中国为中心、文化上以中华文化为轴心的东亚文化结构秩序。这种文化秩序自唐代形成，直到19世纪中叶趋于瓦解，延续了千余年，始终是东亚的基本文化秩序，规定着东亚各国文化发展的趋向和历史轨迹。19世纪西方殖民主义势力侵入东亚，东亚各国都经历了历史性的嬗变和更新，作为与东亚文化圈共存的东亚文化秩序便不复存在。而中国作为东亚文化圈中心成员的文化影响，并没有也不可能随着东亚文化秩序的解体而湮灭。因为中华文化的一些基本要素已经成为朝鲜、日本、越南文化的组成部分。在中国和这些国家走向现代化的道路上，中华传统文化的影响依然随处可见。

东亚的文化亲属关系

中华文化在海外的传播和影响，当然不仅限于东亚。但是，不同文化的接触和交流，所给予对方的影响，常随地区、时间之不同而产生不同的结果。因此，研究中华文化在海外的传播和影响，必须区分文化圈内的影响和文化圈外的影响两个层次。中华文化的多种因素都曾传播于许多国家，有的时候甚至产生了很大的影响，但中华文化在这些地方并不成为其文化的主要成分，因而不能将其纳入东亚文化圈的范围。例如东南亚在历史上与中国交往一直很密切，中华文化的传播和影响很广泛，但并未成为那里文化的主要成分，因而不能视其为东亚文化圈的成员。而中华文化的若干成分已成为东亚的共同文化要素，成为这个地区文化的主要成分。这些成分不但在当地生根，并且与在中国一样绵延不断地发展。正是这些共同文化要素，成为东亚文化圈形成和存在的根据。

构成东亚文化圈的要素包括汉字、儒学、中国化佛教、中国式典章制度和中国科学技术五项。正是这些文化要素或文化特征，决定了某一国家是否属于东亚文化圈，决定了东亚文化圈与其他文化圈的根本性区别。我们说东亚文化圈形成于唐代，是因为在此之前，中华文化诸要素陆陆续续传入朝鲜、日本和越南，经过时间、环境的考验，而至盛唐时代，才正式形成汉字等五大特征，因而也就导致了东亚文化圈的出现。

（1）汉字。汉字语言从古至今一直是中国通用的最主要的交际工具，是中华民族的文化心理认同的主要表征。在几千年的文化传承中，汉字语言形成了自己特殊的文化意味，深深地渗透着中华文化的基本精神。朝鲜、日本和越南三国都曾长期沿用汉字汉文。至迟在5世纪时，东亚诸国的贵族阶层已能熟练地使用汉字。在古代，汉字是东亚唯一的通用国际文字，而且也成为各国国内唯一的通用文字。在这些国家中，使用汉文不仅是贵族阶层应有的素养，而且一般人也认为这是有教养的象征。随着汉字的普及推广，这些国家都发展起各自的汉文文学，其史籍也多用汉字撰写。同时，学习和使用汉文汉字，使这些国家获得了学习中华文化的便利条件，从而大量引进中国汉文典籍，包括历史、哲学、文学作品和佛教经籍等，并使其在社会上广为流传，因此，各国都涌现出不少精通汉文典籍的学者。汉字是维系东亚文化圈的纽带。

另一方面，在这些国家中，由于汉字的培育，慢慢地产生了他们自己民族、国家的文字。虽然后来这些国家几经文字改革，使用汉字的频率和范围已经逐渐减少，但其文字中仍然可见汉字影响的深刻痕迹。比如日本的假名文字，是中华文化输入日本产生的一个结果，是日本人吸收中华文化的一种创造。实际上，日文、朝鲜文以及越南历史上的喃字，都是在汉字影响下形成的“汉字型文字”。这样，在汉字文化圈内，不仅有记录汉语的汉字，也有记录日语、朝鲜语、越南语等非汉语的汉字或准汉字，形成了一文多语——同一文字范式记录多种语言的汉字系统文字。

（2）儒学。儒学是古代中国精神文化的核心。儒学的精神底蕴体现了中国传统文化的内在规定性，集中表达了中国传统社会的文化主题，因而获得了中国传统文化的主体和代表的地位。早在3—5世纪，儒学便传到东亚各国。儒学在这些国家曾长期居于统治地位，成为国家统治原理的指导方针及社会生活的行为准则，受到官方的推崇和支持。不仅如此，儒学在中国的发展演变，也在东亚诸国引起反应。例如宋代理学发展起来后，便分别传到这些国家，引起广泛的研究，并各自产生了自己国家独立的儒学派别。直到近代以前，东亚哲学思想的发展始终没有脱离儒学的传统。

（3）中国化佛教。佛教传入中国后，经过中国的吸收、消化，被改造成为适合于中华文化的佛教。这种中国化佛教又传到东亚文化圈内的其他国家。中国化佛教主要有两个特征：第一个特征是汉译《大藏经》的形成与流传。在东亚文化圈内，各国都曾大量引进汉译佛典。第二个特征是大乘佛教的传播，主要是指在中国隋唐时期所建立的天台、华严、净土及禅宗等大乘佛教宗派对东亚的影响。东亚各国流行的佛教，主要是从中国传去的佛教宗派，或是它们在当地产生的支派。佛教的传播不仅包括中国的教派和汉译佛典，还包括宗教礼仪、造像、绘画和雕刻艺术、寺塔建筑技术等的流传。

（4）中国式典章制度。东亚各国都以中国为蓝本创建本国的典章制度。日本在645年实行大化改新，即以“中华化”为最高理想。新政推行的班田制和租庸调制以及中央集权的政治制度，都是以唐制为蓝本。朝鲜亦以唐制为立国轨范，在中央职官制度、地方行政制度等方面都仿唐而设。越南立国后，其典章制度亦仿效中国。朝鲜和越南实行科举制度，作为朝廷选拔官吏的主要手段。在法律方面，中国的律、令、格、式法律体系到唐代已达完备，是国家统治体制在法律方面的主要表现。朝、日、越三国的法律制度多仿照中国律令。

（5）中国科学技术。中国古代科学技术的发展，到汉代就已经取得很高水平的成就，并形成了不同于西方科技的理念与传统。中国的天文学、历学、算学、医学以及阴阳五行说等都陆续传播于东亚各国。这些传统科技因与政治关系密切，所以在各国都成为官方的主要学术之一。19世纪以前东亚各国的科技文化都是在中国影响下发展的，例如各国的医药学是汉方医学的分支，各国的天文学是中国天文学的余脉。

东亚文化圈是一个文化大家庭，是一个多样统一的有机文化世界。汉字、儒学、中国化佛教、中国式典章制度和中国古代科技传统，是东亚文化圈的基本要素或特征。凡属东亚文化圈内的国家，都具有这些基本文化要素，从而形成这一文化圈的有机文化体系。当然，中华文化在东亚各国的传播和影响，并不仅仅是在几个层面。在长期的文化交流中，中国的文学、艺术、生活方式、风俗民情等许多方面，都在朝、日、越三国广泛传播，并产生了持续和深远的影响。

第八章 君子之国，有类中华

朝鲜半岛，自古以来就在东亚文化生态中扮演重要角色。中国与朝鲜半岛共处于东亚文明圈，中原动，朝鲜半岛则动。在唐代，新罗社会从上至下盛行慕华之风，通过密切的官方往来和贸易活动，向唐朝派遣留学生和求法请益僧，并通过各种民间交流渠道，大规模地学习、移植和吸收盛唐文化，全面引进中国典章、文教制度，促进了朝鲜半岛社会的发展和文化的繁荣。

留学生：学习唐文化的先行者

7世纪中后期，新罗在中国唐王朝的支持下先后灭百济和高句丽，统一了朝鲜半岛，开始了新罗统一王朝的时代。统一新罗时期大体上与中国的唐代同时。这是朝鲜半岛积极学习、引进唐文化的时期，是其成为东亚文化圈重要成员的时期，也是朝鲜半岛文化发展的一个高峰时期。

中华文化向朝鲜半岛的大规模传播，新罗以开放的态势全面地接受和吸纳中华文化，是这一时期中朝文化交流的主要内容。

新罗不只与唐朝维持友好的国交，倾慕大唐文化之风亦盛。对于新罗人来说，辉煌灿烂的盛唐文化具有经久不衰的魅力和强大的吸引力，他们以学习和获得盛唐优秀文化为民族的幸事。历代统治者都以向中国学习为己任、为光荣，普通民众也同样表现出对中华文化的极大热情和向往。

唐朝与新罗的官方交往十分密切。有唐一代，新罗向唐遣使126次，唐向新罗遣使34次，双方使节来往共160次，新罗有时甚至一年就向唐遣使两三次。与同时期日本派遣唐使相比较，新罗向唐遣使的次数是相当多的，可见当时唐、新罗两国之间的交往之密切频繁。

新罗所派的贺正使、朝贡使多为宗室大臣乃至王弟王子。尤其值得注目的是，曾经出任遣唐使、后来登上王位者，竟有6名之多。除此之外，担任过遣唐使的官员，后来多担任上大等、侍中、兵部令、都督等，由“真骨”（朝鲜新罗时期骨品制度中第二等级）独占遣唐使之职者，更是不可胜数。这一方面说明遣唐使需要人才，另一方面说明遣唐使的人选在新罗是多么举足轻重。与此同时，成为遣唐使被视作在新罗政界崭露头角的机遇，有此经历者往往对新罗政治产生直接的巨大影响。新罗的唐化政策、以此为媒介的中央集权，在真德王时代（649—651）、景德王时代（742—765）、哀庄王时代（788—809）达到高峰，而在这个过程中，金春秋、金忠信、金彦升等有遣唐使经历者扮演着主角。

新罗的遣唐使到达长安后，除了完成外交使命外，还与唐朝的文人进行种种交流，倾心学习大唐文化，成为新罗学习、引进盛唐文化的重要渠道。

为了更好地学习唐文化，新罗持续多年向唐派遣留学生。这些留学生在两国文化交流中担当了直接的媒介，是新罗人学习、移植盛唐文化的先行者。当时留学唐朝学习中华文化的新罗学生大致可分为两类：一类是入唐求法请益的佛教僧侣，一类是入国子监学习中国学术的文士，因而有“留学僧”与“留学生”之别。他们不只单纯地研习学术思想，亦直接或间接地吸收唐朝文化制度，在新罗文化建设上，有不可磨灭之功。

新罗向唐派遣留学生始于朝鲜三国时期的640年。朝鲜半岛的高句丽、百济和新罗三国都是从这一年开始向唐派遣留学生。三国同时竞遣子弟入唐求学，可见当时半岛的一般风气。新罗统一之后，更是大批向唐派遣留学生，入唐者日众，如崔志远所说：“憧憧往来，多多益办。”新罗派遣来唐学习的留学生人数，因时而异，少则每次两三人，多或七八人，甚至近二十人。到9世纪，新罗来华留学达到高潮，唐文宗开成二年（837）有216名留学生。但这个数字还只是官费留学的人数，而由于缺少史料无法统计的自费留学生也为数不少。这些留学生都是青年学子，留学期限通常为十年。除这些正式留学人员外，还有“大小首领”等名目，即新罗各级官吏来唐进修人员。新罗赴中国的留学生可每年派遣，不必等待前一批回国后再派第二批，所以，积累起来，同时在唐的新罗学生可多至一二百人。

新罗学生是当时在唐的外国学生中人数最多的。有学者估计，自640年以后，新罗派往唐朝的留学生总数，大概超过2000人。

唐时有许多国家派留学生留华就学。外国留学生到唐后，由鸿胪寺登记管理，获得“鸿胪寺籍”，称“留住学生”或“宿卫学生”，然后与唐生徒一起进入国子监学习。国子监分国子馆、太学馆、四门馆、书学馆、律馆和算学馆六馆。留学生各依志愿分散在国子监六馆学习儒学、文学、佛学、律令等科目。后来，由于教学规模扩大，就学人数增多，唐高宗龙朔二年（662），在东都洛阳增置国子监，称为“东监”，长安的国子监称为“西监”。开元以后，东监大量接纳外国留学生。外国留学生一旦获准入学，即与中国学生享受同等待遇。留学生们的衣食生活费用由唐政府支给，其本国政府有时亦给予资助。除按规定学习有关课程外，他们还要学习中国诗文。温庭筠《赠渤海国王子》诗有“佳句满中华”之句，可以想见当时长安留学生文化生活的多彩。

唐代科举取士，登第者光宠殊异。外国在唐的留学生，自亦慕羡而愿就试。然其学艺程度毕竟远逊于华人，所以唐朝设立了面向外国留学生的宾贡制考试制度。所谓“宾贡进士”，是唐代科举考试中的一种重要的进士类别，特指在唐进士擢第的新罗、日本、渤海、大食、波斯等周边国家或政权的子弟；“宾贡科”即指对外国贡士和留学生以宾礼相待，准其参加科举考试，及第者同样可以被授予官职，在华立业。其中首位进士及第者是新罗人金云卿，而后，越来越多的新罗及唐其他周边国家的人，参加了唐的科举考试，及第者被称为“宾贡进士”。

其他诸国学子固有登宾贡科第者，但毕竟少数，而新罗留学生中的登第者却代不乏人。直至唐朝灭亡，即907年，新罗学生在唐及第者共58人。五代时期，新罗留学生中及第者又有32人。从唐长庆初年金云卿及第到五代后梁后唐之际，即从9世纪到10世纪中叶的150年间，新罗在华及第的留学生共有90人。他们有的被唐任为官吏，在唐为吏几年以后始回新罗，有的则在及第后回国。对于荣归故里的宾贡进士，新罗朝廷常会授以朝中大夫、翰林学士或外交使节等重任。

由于新罗社会对唐文化的钦羡，留唐学生返国后大都具有较高的社会地位和声望，赴唐留学甚至成为新罗文士出人头地的重要途径。致使大批新罗士子不惜“负笈忘疲，乘桴涉险”，竞相辞别故土，入唐游学，“西学”之风蔚然盛行。留学生回国后，受到朝廷的重用，在传播中华文化、加强两国文化交流方面发挥了重要作用。

儒学的传播与文教制度的引进

新罗派出大量使臣和留学生赴大唐学习，全面地吸收大唐文化，其中重要的一项是学习和引进孔子的儒学思想，引进和移植中国的文教制度。

汉武帝时，汉朝在朝鲜半岛北部地区设“汉四郡”。大约在公元前后，孔子的儒家学说开始传入朝鲜半岛。在这一时期，儒家的经典和其他典籍一起被有识者所熟读。从那时起，儒家学说在朝鲜逐渐传播。朝鲜三国时期，中国儒家思想和学术文化已经在朝鲜半岛有了一定的传播和影响，孔子及儒家思想体系已经被比较全面、完整地引进，并在社会意识形态上占主要地位，涌现出一批儒学思想家。对于儒家学说，朝鲜儒学家们特别重视孝的思想，认为孝是先天的，是人人都需要遵守的绝对准则，并主张家国一致、孝忠一致，把国家看成是扩大了的家庭，主张以孝的精神忠于国王。朝鲜学者们还接受了儒家的天命论思想。

在朝鲜三国时期，儒学思想已被比较完整地接受下来，并被奉为治国之本，成为社会意识形态的主流。新罗统一后，随着与唐朝的密切往来，以及大批入唐留学人员归国，进一步加强了对儒家学术文化的引进和吸收，儒家思想在新罗社会中产生了越来越重要的影响。对于这种情况，当时中国的统治者也有所了解，并把向朝鲜半岛推广儒学作为两国政治往来和经济文化交流的一项重要内容。738年，唐玄宗派邢璹出使新罗，临行前，玄宗对邢璹说：“新罗号君子国，知《诗》《书》。以卿惇儒，故持节往。宜演经义，使知大国之盛。”

新罗对于中国儒家思想采取积极吸收的态度。崔志远最早提出了“西学”的概念，主张“以东人西学，惟礼与乐”“锐于向化，喜若登仙”。

自汉代以来，中国官方的教育制度是以传承孔子儒家思想为宗旨的，教育机构的设立和课程的安排，都是以儒家经典为中心。朝鲜半岛对儒学的接受，也突出表现在模仿中国的教育制度，作为传授儒学思想的主要措施。中国儒家思想在朝鲜半岛的传播和影响，到了新罗统一时代突出表现在移植中国的教育制度，推广以儒家经典为主要内容的教育。682年，新罗仿唐建置，在中央立国学，成为实际上的国立大学。为倡导对儒学的尊重，入唐宿卫、新罗王子金守忠归国时，曾携回文宣王、十哲、七十二弟子图，置于国学奉供。国学面向贵族子弟，也吸收少量平民子弟。学生在国学中学习的教科内容主要是儒家经典，包括儒家经籍、史学、文学、医学、数学、律令学等。新罗朝廷对传播儒家思想、推广儒学教育十分重视，甚至国王也时常到国学听讲。不仅贵族子弟接受儒学教育，民间俊秀子弟也有接受儒学教育的机会。

788年，新罗仿唐科举考试制度，制定了以儒学经典和汉学作为选拔人才的主要考试科目的“读书三品出身法”，依学生结业成绩上、中、下三等录为各品官吏。“读书三品出身法”以法律形式固定了以学习儒学经典和汉学选拔人才的新制度，不仅提高了新罗国学的地位，而且为大规模吸收和推广盛唐文化开辟了广阔的道路。

以儒家典籍为主的汉文书籍传播于朝鲜半岛，是中朝文化交流史上的一项重要内容。朝鲜使唐人员抵达中国后，总是想方设法搜求中国典籍。同时，朝鲜历代王朝总希望获得中国王朝官方赐书。这样，中国许多典籍就传入了朝鲜半岛，成为他们学习中华文化的重要途径。在两千多年的历史长河中，朝鲜半岛一直以汉字为官方文字，科举考试也仿效中国王朝，以儒家经典为主要的考试范围，因而促进了朝鲜士人阅读中国典籍，进而推动了中国典籍在朝鲜的传播并扩大了其影响。

朝鲜三国时期，有许多汉籍流传到朝鲜半岛。据有关文献记载，当时，高句丽有《五经》《史记》《汉书》《后汉书》《三国志》《晋春秋》《玉篇》《字经》《字林》。在新罗统一之前的648年，唐太宗将新撰《晋书》送给新罗来使。新罗统一王朝把引进中国经籍作为吸收唐文化的一个重要措施。新罗常派使节入唐请索其所需文章典籍，唐王朝均热情接待并尽量满足其要求。

新罗朝野都具有学习汉文学的热情。新罗朝廷给入唐留学生发放买书金，留学生在学期间所购书籍，在归国时当一并带回。新罗官方使节和民间商人入唐，也多购书携回国内。新罗除了向唐朝官方请求书籍外，还派人购买唐人诗文。他们不仅收购唐人诗作，还在唐朝境内以及日本、新罗之间进行运输和贩卖。当时元稹、白居易的诗作在新罗很受推崇，新罗一位宰相甚至开出高价，以一两黄金换一篇诗文，“鸡林贾人求市（元白诗）颇切”。

由于新罗的国学教授的是儒家典籍，读书出身科的考试以汉文试五经、三史，同时又采取多种渠道引进汉籍，这些措施不仅使汉籍在朝鲜半岛广为流传，中国儒家的敬天、修德、尊贤、正名的政治思想以及君仁、臣忠、父慈、子孝之社会伦理也得以广泛传播。

新罗所获唐朝书籍不在少数，甚至还是唐朝书籍流入日本的一个重要通道。

唐朝政治文化的引进和移植

引进和移植唐朝政治文化和律令制度，是新罗广泛接受和学习唐文化的一个重要方面。实际上，东亚文化圈内的朝鲜、日本、越南各国，都受到中国政治文化的广泛影响，并且在不同程度上模仿中国的律令和典章制度。

早在朝鲜三国时期，高句丽、百济和新罗便在国家体制和经济政治制度方面学习和模仿中国，建立起带有中华政治文化色彩的律令典章制度。如高句丽小兽林王曾依据周礼颁布律令，制定国家规范。百济和新罗实行的南堂制度更是与中国的政治文化有密切联系。“南堂”乃是领百官、行朝会、下政令的政厅，国君与大臣聚集于此，议决国家大事，此谓之“南堂制度”。南堂另称“都堂”，后来高丽时代的“都评议使司”即继承此制度，到了李氏朝鲜初期实施的“议政府”，以及决议军务机关的“备边司”等，皆为其延续。这种“南堂制度”与中国的“明堂制度”有密切的关系。《大戴礼记·明堂篇》记载，“明堂”乃祭祀古代的神与祖先、诸侯朝会及尊老敬贤等大典所行之处。明堂所行之事与南堂则是相同的。另外，百济的行政区域划分实行“五部五方制”，即将首都境内区分为“五部”，地方分为“五方”，作为行政单位加以管辖。这种五分法不只行于百济，高句丽实行“五部制”，新罗有“五原京”。这种五分法，承袭了以中国五行思想为基础的思考方式。

新罗在统一三国之前，便采取了一系列措施，学习和模仿中国的政治制度。6世纪，新罗曾仿中国定年号，制丧服法，采用谥法，颁示律令。7世纪后，新罗改章服，行中国年号。648年，新罗使臣金春秋入唐，向唐太宗请求允许新罗使用唐朝礼仪，获得太宗允许，“兼赐衣带”。金春秋回国后，在新罗采用新的唐式衣冠之制。

新罗加强了与唐朝的联系，以唐朝为样板，广泛学习唐朝的国家体制和先进文化。8世纪中叶，新罗参考唐朝的制度，新设和充实了从中央到地方的行政机构，并以新的名称代替原来的称呼。至景德王时代（742—765），国家各种政治制度基本完备。在中央行政机构方面，仿唐朝尚书省设执事省为国家之最高行政机构，管理全国政务。首脑为中侍（后改为侍中），其下仿唐设六部：兵部、礼部、仓部、位和府、例作府、左右理方府。此外，又仿唐之内侍省设内省（后改为殿中省），管理王宫皇族事务；又仿唐御史台设司正府，掌管弹劾官吏。在地方制度方面，新罗仿唐建立州郡制。当时唐有9州，新罗也设立9州，共9州117郡293县。景德王时代将9州名称改为汉式名字，州、郡、县的官吏名称，也与唐同，称都督、太尉、县令。

在经济制度方面，新罗也采取了一系列的仿唐措施。新罗建立户籍规定，实行丁田制。在国家税收方面，实行租庸调法。另外，新罗对文武百官实行食邑制和禄邑制。

此外，新罗在刑律和典章制度方面也广泛采用唐制。实际上，当时新罗的经济、政治和法律制度几乎都是对唐制的移植和模仿。而恰恰是由于采取了这些仿唐的政治经济措施，新罗王朝有效地加强了封建中央集权，从而促进了社会经济的发展和文化进步。

唐文化对新罗人的美术雕塑、科学技术乃至日常生活都有很大影响。新罗一直使用唐朝的历法制度，并且随着唐朝的改变而改变。唐代医学也广泛传播于新罗。新罗时代中医理论体系开始输入朝鲜半岛。在日常生活领域，中国的风俗文化、节日礼俗等，都对新罗有着很大的影响，所以，在历史上新罗有“君子之国，有类中华”的评价。

灿然可观的新罗汉文学

朝鲜、日本和越南等国的汉文学是世界汉文学之一种，是以中国文学为基础的派生物。这些国家长期使用汉字汉文，深受中国文学的影响，许多文人学士也用汉文进行文学创作，形成它们自己的汉文学传统。各国的汉文学都与中国古典文学有着密切的联系，在形式和内容方面受到中国古典文学的影响，但又表现出自己独特的审美趣味和文学倾向，是它们自己民族文学的组成部分。

随着遣唐留学生回国和汉文典籍的流传，读书出身科的创立，使得新罗的汉文学有了很大的发展，成为新罗文学的重要组成部分。留唐的新罗学子、僧侣，置身中华文化的环境之中，不断受到中国文学的耳濡目染，许多人还和中国文人学士交谊甚厚，常在一起交流切磋，因之，他们往往精通儒家典籍，熟悉各种汉文学体裁的写作，都会写汉诗，如骚体诗、乐府诗、七言诗、五言诗、律诗和绝句等，此外还有骈文之类。而汉文作家与诗人较高的汉文学修养，及其与唐朝文人学士的交流切磋，是汉文学发展的重要前提条件。

新罗时代出现了金大问、薛聪、慧超、崔致远等杰出的汉文作家和诗人，其诗作形式风格酷似唐诗，形成了朝鲜历史上的第一次汉文学创作高峰。汉文学是朝鲜文学发展史上的一个重要组成部分。

在朝鲜三国时期，就已经有了汉诗的创作。有学者认为，中国陈朝时高句丽僧定法师有《咏孤石》一诗，为朝鲜诗歌之祖。诗中写道："迥石直生空，平湖四望通。岩根恒洒浪，树杪镇摇风。偃流还渍影，侵霞更上红。独拔群峰外，孤秀白云中。"

650年，在统一新罗建立前不久，新罗大败百济，真德女王织锦，作五言太平颂，遣法敏赴唐，献给唐朝皇帝，其辞曰："大唐开洪业，巍巍皇猷昌。止戈戎衣定，修文继百王。统天崇雨施，理物体含章。深仁谐日月，抚运迈陶唐。幡旗既赫赫，钲鼓何锽锽。外夷违命者，剪覆被天殃。淳风凝幽显，遐迩竞呈祥。四时和玉烛，七曜巡万方。维岳降宰辅，维帝任忠良。五三成一德，昭我唐家光。"

唐高宗见此锦颂大为高兴，拜法敏为大府卿。真德女王的这首五言诗，一般认为是出自强首之手笔，历来学者都给予了很高的评价。这首五言排律被收入《全唐诗》。《唐诗品汇》评其“高古雄浑，可与初唐诸作相颉颃”。从真德女王的这首织锦诗可以看出，当时朝鲜半岛的汉文学已经很流行，有了一定的发展，具备了一定的体裁格式。

新罗文学的主体也是散文与诗歌。强首是新罗前期著名的汉文大家，“魁然为一时之杰”，新罗统一前致唐之国书多出于强首之手。金大问赴唐求学回国后，用汉文创作了《花郎世记》《汉山记》《乐本》《高僧传》等，是朝鲜文学史上有名的汉文散文佳品。薛聪是新罗时期的著名文人，代表作品是《花王戒》，作品以花王、丈夫白头翁、佳人蔷薇之间对话的形式，讽喻一国的君主应当亲贤人、远邪佞的道理。《花王戒》受到朝鲜历代文人学者的推崇，文中首创的拟人手法对后来的假传文学和朝鲜时期的寓言小说都产生了较为重要的影响。

崔致远被尊为朝鲜汉文学的鼻祖。他在唐留学多年，中第后还曾在唐任职。他刻励为学，对中国传统的儒释道思想、诗、文、赋与书法棋艺等有很深的造诣，以俊丽的才思创作了大量成熟的汉文汉诗作品。从崔致远现存的诗歌看，其题材涵盖了送别、记游、咏史、怀古、干谒、酬赠、咏物等广泛的内容，体裁则包括了五绝、七绝、五律、七律等不同的类型，这些诗歌情感丰富，意蕴深长，艺术上情景相融，技法娴熟，基本具备了唐人诗歌的丰神情韵。崔致远的一些经典诗作常成为高丽、朝鲜两代诗人步韵模仿的范本。

崔致远的散文是新罗汉文学遗产中的精华，其留唐时所撰的《桂苑笔耕集》是韩国现存最古的汉文典籍之一，也是朝鲜三国时期唯一传世的文人别集，朝鲜学者誉之为“东方文章之本始”和“东方艺苑之本始”。该集收录的300余篇公私文章，体式上虽然是以唐末流行的四六骈俪文写成，但是如《檄黄巢书》措词酣畅犀利，感召力强烈，备受后人称誉。

其他新罗诗人的汉诗也达到很高水平，深得唐诗韵味。高元裕、金立之、金可纪、金云卿等人，均有诗收于《全唐诗》中。在新罗时期，汉文学的发展出现了“礼仪国为最，诗书家所藏”，“文章礼乐，灿然可观；德义簪裾，浸以成俗”的繁盛局面。

入唐留学僧与佛教王朝

仰慕大唐文化，赴唐求学，是新罗一代弥漫整个社会的风气。在大批新罗青年学子负笈西渡入唐，直接学习中华文化的同时，还有许多新罗佛教僧侣，也以献身佛法的巨大热情，来中国求法请益。

早在朝鲜三国时期，佛教已经有所传播，并受到朝廷的重视、推崇和保护。当时已有一些佛教僧侣来华求法，把中国的佛教文化移植于朝鲜半岛。在这些先行者中，有圆光、慈藏、义湘等著名高僧。其中慈藏在华生活7年，游学于长安、五台山、终南山等地，受到唐太宗的诏赐。唐贞观十七年（643），他带着唐朝所赐藏经一部及佛像等物回国，受到国王的欢迎，授任“大国统”，委以振兴僧侣戒律和监督寺刹运营的权力。在慈藏及其弟子的努力之下，新罗的佛教发展很快。在慈藏的提议之下，649年，新罗下令全国服唐朝衣冠，第二年奉唐正朔，用“永徽”年号。

玄奘在长安译经、筹创唯识宗时期，慕名问道者甚众，其中有一批新罗入唐学僧在玄奘门下，或翻译，或撰疏，或宣讲，与中国高僧一道研习唯识学说。玄奘门下的弟子有数十人，其中新罗僧约占总数的1/5，主要有知仁、圆测、神昉、玄范、神廓、胜庄、义寂等人。他们有的留唐不归，有的回归故国或远走日本，从事传播唯识宗的事业。

新罗统一后，佛教得到了进一步的传播，并日益普及到全国各地，社会崇佛风气日盛一日。无数佛僧争先恐后地去唐朝学习钻研佛教。一方面，至隋唐时期，佛教已经完全成为中国文化的一个重要组成部分。新罗人对中国文化一直仰慕备至，对中国化的佛法同样心仪已久。但由于教理初传，疑义待析，而经籍又未集备，因此增加了理解和弘扬的困难。求法请益，是这些新罗学僧西渡入唐的主要动力。另一方面，从当时的情况来看，入唐求法是新罗僧侣中的一种时尚，因为如果没有赴唐留学的经历，就无法以名僧大德自居。

新罗僧侣留唐学法者众多。据有关学者研究，新罗留唐僧侣中，其法号可考者约130人，如果连同在此之前的朝鲜三国时期的入华求法僧和新罗之后的高丽时期的入华求法僧，适值中国南朝梁代经隋唐而至北宋前期，近600年间，朝鲜僧人入华求法请益可稽考者达200多人。

唐代以前，朝鲜三国的留学僧们求法请益的地点主要在江南地区。至唐代，留学僧们的活动区域则分布于以长安为中心，北至五台山和镇州（今河北省内），南至衡山，西南至成都，东至于海这一广大区域里，其中以长安地区为最多。新罗留学僧除了入住各大寺院，跟从中国高僧求法请益外，有的人还到一些佛教圣地巡礼圣迹。五台山是他们经常去的一处佛教圣地。在入唐的外国僧人中，最早到五台山巡礼圣迹的是新罗僧人。

新罗佛僧踏波蹈海，赴唐求法，代不乏人。回国后，他们为传播佛教文化，移植盛唐文化，促进新罗佛教的兴隆和文化的昌盛，作出了巨大的贡献。不仅如此，他们还努力开拓算学、历学、医学、律学、文学、建筑、美术、工艺等各个领域，通过佛教营造事业，使建筑、雕刻、绘画等得到了显著的发展。

新罗佛教大发展是在移植中国唐朝佛教的基础上实现的。一些学僧入唐求法，带回大量汉文佛经和著述。中国佛教各教宗宗派经入唐留学僧们的传承，在朝鲜半岛得到衍生发展。

汉文佛典在朝鲜半岛的流布，是中国佛教文化东传的一个重要内容。汉文佛典包括中外僧人用汉文翻译的印度佛典和中国僧人用汉文撰写的中国佛典。佛典东传，主要有两个渠道：一是官方的赐赠，朝鲜与中国历来通使频繁，历代朝鲜王朝间或向中国王朝求佛典，中国王朝都允其所请；二是大批入华求法请益僧，在游学时亦注意收集佛典章疏，回国时一同携回。这些来中国的新罗求法僧不仅寻师问道，而且竭力搜求经籍，或由自己抄写，或从大寺或朝廷请得，源源携归本国。

特别重要的是，唐代正是大藏卷帙开始固定的时候。唐贞观五年、九年、十一年、十六年，唐朝均写造大藏经，多有赐藏之举。唐贞观十七年（643），新罗入唐学僧慈藏回国时，向唐太宗请得经藏一部，共400余函。唐、五代间写本大藏经东传朝鲜半岛，可考者有三次。汉文佛典的东传，对于促进朝鲜半岛的佛教发展起到了重要的作用。

第九章 山川异域，风月同天

唐代是中日文化交流的一个高潮时期。中华文化向日本的大规模传播，日本以开放的态势全面地接受和吸纳中华文化，是这一时期中日文化交流的主要内容。日本通过向唐朝派出遣唐使，派遣留学生和求法请益僧，以及各种民间交流渠道，大规模地学习、移植和吸收盛唐文化，全面引进中国典章、文教制度，促进了日本社会的发展和文化的繁荣。

遣唐使的旷世壮举

和新罗的情况一样，唐代也是中日文化交流的一个高潮时期。

和新罗一样，日本通过向唐朝派遣使臣，发展与唐朝的密切关系。日本派出的遣唐使，在派出频率和人数上虽远不及新罗，但因为海路遥远，惊涛骇浪，所以他们的旅途充满着更多的惊险和传奇。

在7世纪初圣德太子执政时期（574—622），日本就与隋朝有遣使关系。在此之前，中国与日本已有长时期的官方的和民间的往来，日本朝野对中华文化有着深深的仰慕之情。圣德太子本人也对先进的中华文明倾心向往，并且具有较深的汉文化修养。圣德太子的一项重要事业就是积极开展与中国隋朝的交通联系，他几次派出遣隋使，恢复中日两国政府间往来。遣隋使的派出，不仅为中国隋代文化输入日本、增进两国关系的发展和文化交流作出了重大贡献，而且为日后盛唐时期大规模的中日文化交流、为十几次派出遣唐使的壮举开了先河。

圣德太子派遣隋使的主要目的之一，就是要大规模地学习和移植中国先进文化。自圣德太子派遣隋使以后，中日文化交流的态势发生了一个重要的变化，即由自然而然的文化传播转变为由日本方面自觉地、积极主动地从中国学习和移植、吸收先进文化。

由于圣德太子在推进引进、学习中华文化，推动政治革新和社会改造方面的历史功绩，他在日本文化史上具有突出的地位。有的学者称他为“日本国民开化之鼻祖”。

遣唐使是之前遣隋使活动的继续，但又不仅仅是简单的重复。无论是在规模、组织、活动范围，还是在所产生的影响上，遣唐使都远远地超过了遣隋使。

623年，当年随遣隋使一同赴华的留学生倭汉直福因和学问僧惠齐、惠光、惠日等搭乘新罗使船返回日本。惠日等人向朝廷奏言，主张与唐王朝加强往来，并建议把已经学成的留学生、学问僧召回国，让他们在国内的政治、经济、文化各个领域发挥作用，实现以“大唐国为蓝本来建立‘法式备定’的天皇制国家”的理想。这些留学生和学问僧的归国，进一步激起了日本朝野发展中日交通，全面学习和移植中华文化的愿望和热情，为遣唐使的派遣创造了社会心理氛围。惠日的上奏促使日本天皇下定决心派出遣唐使，并把派遣唐使一事视为事关国家兴衰的战略举措，予以高度重视。

日本第一次正式派出遣唐使是在630年，从这时起一直到894年停止派遣，前后历26代天皇。在这期间，日本朝廷共任命遣唐使19次。不过，在这19次任命中，因故中止的有3次，实际入唐的共计16次。这其中有一次仅抵百济，有两次系为送回唐使而任命的“送唐客大使”，另有一次为入唐日使久客未归，特派使团前往迎接而任命的“迎入唐大使”，名副其实的遣唐使共计12次。

对于日本朝廷来说，派出遣唐使是一件十分重要的事情，因为遣唐使们承担着左右当时日本国运的大业，所以每次派遣，都要慎重地挑选使节，并进行严密的组织和充分的准备。派遣的使团成员一般都是上层贵族和有学问造诣的人，使团经费以及乘坐的船只由朝廷拨付及专门督造。使臣的选任相当严格，人选均为才干出众的一流人才，因为他们是代表国家的，当时往往选任最通晓经史、长于文艺的人，甚至相貌风采、举止言辞亦出类拔萃。

每次遣唐使团的人数都很多。前四次，每次一两艘船，120—250人。到了8世纪后的唐代全盛时期，遣唐使团的编制随规模的扩大而臻于完善，仪容极为整齐，每次都是4艘船，人数多达四五百人。

唐朝历代皇帝都对日本遣唐使来华一事十分重视，优礼有加。遣唐使一行一般在华居留一两年。他们身处文化荟萃的长安，与各界人士广泛接触交游，并经常参列宫廷的各种仪式，他们还利用各种机会体验大唐文化的灿烂辉煌。他们担负的主要是一种文化使命，所以一抵唐都，便如饥似渴地拜求名师，虚心学习。

遣唐使回国后，带回大量唐朝的文化典籍、科学技术以及律令制度等方面的知识，对日本的政治经济发展起到了重要作用。遣唐使一般都受到日本朝廷的重用，有不少人位列公卿，进入权力中枢，在中央政府中发挥重要作用。有一些人虽未列入公卿，但担任中央或地方的文武官员。由于他们的社会地位和影响力，所以他们有充分的机会把他们在中国的见闻推广于日本。

遣唐使人员中还包括医师、阴阳师、乐师、画师以及玉生、锻生、铸生、细工生等专业人员和技术工匠。他们抵唐后，在各自的领域寻访名师，学习唐之先进技艺。医师是为了医治使团人员疾病而加派的，但同时也是趁入唐之机请教平素遇到的疑难问题。画师似乎是为了描画唐朝珍奇的风物跟去的，由画师临摹带回的作品，对于日本绘画、图案、建筑等的发展有很大的影响。乐师是为了在唐朝参与礼见、对见、朝贺、拜辞等仪式奏乐派去的，但与输入唐音乐有很深的关系。

遣唐留学生的任务

作为日本朝廷大规模学习和移植盛唐文化的重要举措，在派遣唐使的同时，日本还陆续派遣留学生和学问僧，赴唐进行较长期的学习。遣唐使大都有留学生、学问僧随行，遣唐使的重要任务之一，可以说就是迎送留学生和学问僧。但是，由于遣唐使平均20年才派遣一次，有些入唐求法心切的僧侣不待遣派而自行搭乘便船赴唐。

日本派遣来中国的留学者依其不同的研究目的，可分为两类：从事学问、技术、技艺的研究者称为留学生，以学习和钻研佛教为主的研究者称为学问僧。在日本史籍中还有“还学生”“还学僧”和“请益生”“请益僧”等称谓。所谓“还”，即去而复回的意思，是指随遣唐使去并随同一遣唐使回来。所谓“请益”，即已经受过教育但还要进一步请教的意思，是指在日本已经学完明经、纪传等专门学科的学生，或跟师僧已经学好一些经论的僧侣，为了进一步深造而去留学。他们都是遣唐留学生和学问僧的一种。日本朝廷对选送留学生和学问僧极其慎重，要求必须是爱好学问、潜心研究的硕学俊彦，以便在短期内学得唐朝的学术、制度。

据中日学者研究，有唐一代，日本来华的留学生和学问僧有二三百人。根据日本有关文献记载，名留史籍的学问僧有92人，留学生有27人。另外还有一些没有在史籍中留下姓名。

由于日本朝廷对于向唐朝派遣留学人员十分重视，所以，对留学生和学问僧赐给较多的绝、绵、布等物，以作他们入唐后的生活之资。另一方面，唐朝廷也对日本的留学生给予照顾和优待。一般情况下，留学生进的是国子监，即唐朝的最高教育机关，业师就是学馆中的博士或助教。学生在学，就住在学馆中，生活是比较安稳的。

遣唐留学生和学问僧在中国学习的时间或长或短，但他们以对盛唐文化的憧憬之情和彻底汲取盛唐文化精髓的坚定信念，勤奋努力，孜孜以求，回国后都在推广、移植盛唐文化，为促进日本文化的繁荣和发展作出了突出的贡献。

在留学生中，最杰出的人物有高向玄理、吉备真备、大和长冈、阿倍仲麻吕、橘逸势、菅原道真等，其中以吉备真备和阿倍仲麻吕最为著名。在当时日本人的心目中，他们二人是遣唐留学生的翘楚。

吉备真备和阿倍仲麻吕都是在717年随第九次遣唐使到中国留学的。当时阿倍仲麻吕16岁，吉备真备24岁。他们到达长安后，照例通过鸿胪寺的安排，进入国子监学习。经过三四年的学习，吉备真备在离开国子监后，继续在长安学习五经、三史以外的各种技艺，包括明法（法律）、算术、音韵、籀篆、天文、历法和兵法等，涉及范围极为广泛，同时他还刻意搜求书籍和工具兵器等。734年，吉备真备结束了在中国度过的18个年头的游学生活，随第十次遣唐使船回国。吉备真备是入唐留学生回国后最得重用的。他不仅是奈良时代有名的政治家，也是十分博学的学者。他在删定律令、整顿释尊仪式、实行新历等许多方面起了很大作用。

与吉备真备同期来唐的阿倍仲麻吕在结束国子监的学习后，经过

《吉备大臣入唐绘卷》（局部），作于12世纪。美国波士顿美术馆藏

科举考试，被留唐仕官。此后，阿倍仲麻吕不断受到擢升，天宝十四年（755）升任秘书监兼卫尉卿（从三品）。阿倍仲麻吕还广泛结交长安各界学者名流，和著名诗人李白、王维、储光羲、赵晔、包佶等人有密切交往，互相赠答诗文，结下了深厚友谊。阿倍仲麻吕留唐长达55年之久，出仕于唐朝亦在40年以上。阿倍仲麻吕在唐之时，仍不时有与其乡土通音问之举。而日本国人对阿倍仲麻吕竟能于唐扬名文化界，出仕唐室，蒙其恩眷，自然深以为荣。因此日本朝廷在其死后追赠勋位，以资矜式。

“入唐八家”与佛教东传

在中日文化交流史和中华文化东传史上，佛教文化的交流占有十分突出的地位。特别是在隋唐时期以后，一直到江户时代，在这个相当长的历史时期内，佛教文化的交流几乎成为中日文化交流的主要载体。在这个长过程中，经过中华文化改造的佛教及其典籍、制度、礼仪和信仰持续地传到日本，给日本人民的精神世界以巨大的影响。同时，中华文化的其他要素，包括文学艺术、书法绘画、造像雕塑、建筑技术、医药卫生、饮食习俗、饮茶文化乃至日常生活礼俗，甚至包括儒家思想等学术文化、汉文典籍以及雕版印刷，等等，作为一个巨大的文化丛，在很大程度上附着在佛教这个载体上，随之东渡，给日本人的生活和文化以巨大的影响。

佛教很早就传到了日本。圣德太子崇信佛教，对佛教经典有较深的造诣。他任摄政后，颁布兴隆佛教三宝的诏书，要求国民虔诚敬佛，明确将佛教作为治国施教之本。他建四天王寺，兴隆佛教，迅速掀起兴佛之风。在这个时代，佛教不仅仅是作为信仰的宗教，而且是包容一切新文化的广泛的文化体系。佛教的兴起，带动了整个文化事业的繁荣。特别是造寺、造佛的盛行，使艺术的发展最为显著。圣德太子大兴土木，广建寺院，从朝鲜半岛招聘大批掌握先进技术的中国、朝鲜艺人工匠，来从事艰巨宏大的工程。这些佛教建筑的布局、结构、形式和风格，具有典型的中国北魏和南朝的建筑特点，对后世日本建筑艺术产生很大影响。

到唐代，随着以遣唐使为中心的中日文化交流高潮的到来，佛教文化的东传掀起了第一次浪潮。在这一时期，有许多日本僧侣跨海东来，又有以鉴真为代表的大唐高僧负笈东渡，他们共同建立起佛教文化东传的生命之桥。

有唐一代，日本入唐的学问僧在史籍留有姓名的共92人，到达长安者40余人。当时入唐的日本僧侣有两种名称，即“学问僧”和“请益僧”。学问僧是来唐学习佛法的僧侣；请益僧则是已在本国学有专长，带着疑难问题来唐质疑问难的僧侣。

日本朝廷对于向唐派遣学问僧和留学生一样重视，提供给他们和留学生一样的待遇，发给必要的旅途之资。对不是随遣唐使入唐的学问僧，日本朝廷也发给一定数量的物品、黄金等。不论在唐时间多久，只要生活遇到困难，便可以向日本朝廷请求衣粮，朝廷马上便托人赠送黄金。唐朝政府也对这些日本学问僧、请益僧给予多方面的照顾，提供必要的生活待遇和条件。唐朝设有专门机构管理日本、新罗学问僧。日本僧人在寺院中的生活费用，由信徒施与；游历各地时，可在各州龙兴寺、开元寺求食请宿；如所在地无寺院，则由民家施与。

遣唐学问僧不远万里，西渡求法，入唐后便寻访名寺名师，刻苦研习佛教经典。当时的长安是中国佛教的中心，长安城内宏伟的佛教寺院、规模空前的译经事业、循循善诱的高僧，吸引着远道而来的日本学问僧、请益僧。

日本学问僧到达长安后，多在西明、慈恩、兴善、青龙、福寿、荐福、龙兴等寺和慧日道场学习，其中尤以西明寺为重。西明寺是长安城最大的寺院之一，也是唐代最先收藏佛教经典的宝库之一，史称“西明寺藏”，是当时研读佛学最理想之处，是长安的佛教文化中心，在中国佛教史和中外文化交流史上占有重要地位。日本学问僧永忠、圆珍、圆载、真如、宗睿等都曾在西明寺居止。空海到长安时，就先住进了西明寺的“永忠和尚院”。

学问僧们在中国潜心钻研佛教义理，广泛搜集佛教经籍，为中国佛教文化的东传作出了重要贡献。还有许多学问僧入唐后并不久居长安，而是长途跋涉，巡行各地，朝拜圣迹，寻师问道。洛阳、扬州、福州、越州、濮阳等地都有日本学问僧的踪迹，天台山、五台山更是他们巡礼朝拜的地方。

后期入唐的日本僧人以学习天台宗和真言宗的为多，这与朝廷的重视与提倡有关。奈良诸宗注重小乘戒，偏于个人解脱，而天台宗则持大乘戒，以镇护国家为宗旨，为国祈祷，护国安民，与国家利益联系起来，有利于中央集权制的推行。日本佛教著名的“入唐八家”，均属台、密二宗。当时的僧人入唐，巡礼天台、五台二山，归国后都立志摆脱都市尘俗，躲避城市的喧嚣浮华，在深山幽谷修建寺院，以便严守戒律，专心修行，日本的山岳佛教于是形成。

入唐学问僧中涌现出许多杰出的唐文化的传播者，其中自日本奈良朝至平安朝时期的“入唐八家”占有重要的地位，是这一时期入唐学问僧的杰出代表。这“八家”是最澄、空海、常晓、圆行、圆仁、惠运、圆珍、宗睿八人。其中最澄和他的弟子圆仁、圆珍属于天台宗；空海和他的弟子常晓、圆行、惠运、宗睿属于密宗（真言宗）。

“入唐八家”，自最澄、空海入唐始，至他们中的最后一位入唐僧宗睿，前后相隔60余年。他们归国后，用毕生心力弘传新教派天台宗和真言宗，为日本佛教界带来勃勃生机，其法脉绵延1000余年而不绝，至今仍是日本佛教的主要教派。不仅如此，他们从中国携回大量的经轨、佛像、法器，且各编有一部“请来目录”，为研究唐代佛教提供了很多重要的资料。他们将这一时期唐朝的佛教经籍、佛教艺术及文化引进日本，对促进中日文化交流和推动日本佛教文化作出了多方面的贡献。

佛教初传日本时，就已有汉文佛典传入，圣德太子曾对汉文佛典进行了研究和注释，并著《三经义疏》。此后入唐的学问僧把寻访汉文佛典作为一项主要任务，回日本时常常携带大量佛教经典。比如留学僧玄昉一次就曾携归佛教经论5000余卷。最澄从唐朝带回经典460卷，空海带回经典461卷，圆仁带回经典794卷，圆珍带回经典1000卷。

鉴真东渡与文化传播

日本人不仅派出遣唐使和留学生，前往大唐直接吸收并向日本引进唐文化，还邀请一些唐朝人士到日本传播文化。此外，还有一些唐朝的移民，也为中华文化的东传作出了贡献。

随着中国佛教文化的东传，日本的佛教逐渐兴盛起来。但是，至8世纪时，日本虽有戒律传入，但因国内没有德高望重的授戒师僧，无法受具足戒。国内也无统一正规的受戒制度，即“三师七证”制度。各地受法的仪律、戒相和所依经义各自为政。加上私度僧的大量出现，使僧纪益发混乱。因而，整肃僧侣戒行，建立合法的僧伽制度成为当务之急。733年，元兴寺隆尊奏请天皇，建议到大唐聘请高僧，也同中国一样，非经三师七证不能入道，不可取得僧籍。天皇立即准奏，将礼请传戒师的使命交付给荣睿、普照两位法师。同年，二人肩负着“随使入唐，请传戒师，还我圣朝，传授戒品”的使命，随第十次遣唐使一道入唐。

当时唐玄宗正住在东都洛阳，即令两位日本僧人禅居洛阳大福先寺，并由大福先寺住持定宾大师给他们二人授戒。三年后，荣睿、普照祈请洛阳大福先寺高僧道璿赴日本弘法传戒。

请去道璿以后，荣睿、普照仍感不尽人意，继续在中国游学，访求戒律名僧。唐天宝元年（742），到中国十年后，他们下扬州，礼请闻名江南的鉴真大师。

鉴真是当时独步江淮的律学大师。他有著名弟子35人，各自扬名一方，共弘师教，经他剃度得戒的共有4万余人。至荣睿、普照到扬州礼请时，鉴真早已是江淮一带远近知名的授戒大师。

从此，鉴真带领他的弟子祥彦、道兴、道航、思讬等人，开始了史无前例的历时12年的6次东渡之壮举。这时鉴真已年55岁。

6次东渡，备尝艰辛。在经历了前5次的失败后，唐天宝十二年（753），他终于踏上日本的土地，实现了东渡弘法的心愿。这时的鉴真和尚已经是67岁的高龄，而且双目失明了。

鉴真一行抵达奈良后，受到日本朝野的热烈欢迎。天皇命授鉴真“传灯大法师位”。自此，鉴真开始了在日本的传教事业。

鉴真对日本佛教的贡献，首先在于把律宗传到日本，使之成为日本奈良时代六大佛教宗派之一。鉴真还为日本佛教界建立了完备的传教制度，培养了一大批律学人才。757年，孝谦天皇施给鉴真园地一区，鉴真即在此建立了著名的“唐招提寺”。“招提”是在佛身边修行的道场的意思，“唐招提寺”就是表明这座寺院是为从唐朝来的鉴真和尚在此修行而建立的道场。758年，淳仁天皇题写寺名，并下诏要求凡出家人须先到唐招提寺研习戒律后，方可选择自己的宗派。此后鉴真便专心在唐招提寺传法。鉴真被称为“日本律宗之初祖”，唐招提寺相应被尊为“日本律宗祖庭”。

鉴真还对日本佛经的校订作出贡献。当时日本寺院中所用的经典，因为多是从朝鲜半岛传入，只凭口头相承而传袭下来的，所以各本间有相出入之处，错误也多。鉴真一行到达以后，日本政府就把校正经疏中的错误一事委给他们。

鉴真东渡时，随他同行的有弟子24人。鉴真一行不仅对日本佛教的发展作出了重大贡献，而且还把唐代先进的建筑、绘画、雕塑、医药等文化与技术介绍给日本，被后世称为“日本文化的恩人”。有日本学者说，鉴真是站在奈良文化最高峰的人，同时也是替以后平安文化开道的人。

鉴真精于寺塔建筑与造像技法，在国内曾先后主持建造了80余所寺院和难以计数的佛像。即使是在5次东渡受挫期间，仍在各地建造过寺院殿塔。他到日本后，根据唐代寺院建筑结构，亲自设计修建了唐招提寺。该寺的金堂是现存天平时代最大最美的一座建筑。金堂内的佛像，有的是完

鉴真坐像。日本奈良唐招提寺御影堂藏

成于鉴真生前，有的为鉴真弟子所创造，有不少都留存下来。其中卢舍那大佛坐像、药师如来立像和千手观音菩萨像，并为三尊古艺术品，是盛唐造像技法东传的杰出代表作。鉴真圆寂前由弟子们“模大和尚之影”塑造的鉴真像，不仅由于形似，更由于准确地表达了鉴真的意志、性格、情感而成为日本美术史上具有代表意义的作品。

鉴真把大批的唐代写经传入日本，给日本的写经书法，做了楷模。其中还有《王右军真迹行书》一帖、《小王真迹行书》三帖，被献入宫廷。唐代在中国民间，早就很难见到二王真迹了，所以鉴真将其带到日本后，极受重视。日本皇室盛行学习王羲之书法，蔚为一代风气。日本飘逸多姿的书道，即植基于这个时期。

鉴真通医学，尤精本草学，其东渡时带去不少珍贵药材。756年，圣武天皇七七忌时，光明皇太后将天皇遗物献给东大寺卢舍那佛，同时献上60余种药材，分装在21个柜橱中，其中绝大部分是鉴真携来的，包括麝香、犀角、人参、大黄、龙骨、肉桂、甘草等。鉴真在营建唐招提寺时，还辟出一大块田地为药园，栽培中草药。鉴真虽已双目失明，但在药物鉴别方面，他鼻之嗅气、口之尝味、耳之闻声、手之扪捏，竟能鉴别无误。鉴真“开悲田而救济贫病”，从事民间医疗活动。今天已失传的“鉴真上人秘方”，据说就是他处方的记录。其他如“奇效丸”“万病药”“丰心丹”等良药处方，相传都是鉴真所创制的，从此日本“医道益辟”。至14世纪以前，日本医药界都祀鉴真为始祖。直到18世纪的德川时代，日本包装草药的药袋还印有鉴真的肖像。鉴真的弟子法进、法荣，也是中医药学的传人，他们又将医术传给新的弟子。日本人在中医理论的基础上创立了日本的“汉方医学”（“东洋医学”），直至明治维新前在日本医学界占主导地位。

鉴真作为中日两国的文化使者，其涉及的文化方面相当广泛。在鉴真东渡之前，日本的饮食结构相当简单，直到鉴真带去了大量的中国食品，如干薄饼、干蒸饼、胡饼等糕点，还有制造这些糕点的工具和技术，日本饮食才开始丰富。日本人称这些中国点心为“果子”，并依样仿造。其中豆腐是影响日本饮食文化的珍贵物品之一，因此鉴真被日本人尊为“豆腐鼻祖”。砂糖也是鉴真带到日本的。在奈良时代，砂糖还被定性为药物，直至平安时代中期之后，人们才将砂糖作为甜味佐料使用。

衣冠唐制度，礼乐汉君臣

圣德太子的重大历史贡献，在于他进行了一系列引人注目的国政改革，为日本走向中央集权的封建专制制度奠定了基础。圣德太子改革的实质在于全面吸收中国先进文化，模仿中国的制度文化创建中央集权国家，促进日本社会向前发展。所以，圣德太子推行与隋邦交、派遣留学生、积极学习和移植中华文化的措施，是和他的政治实践密切联系着的，甚至可以说就是他的新政的重要组成部分。

圣德太子进行国政改革的一个重大举措是于604年制定《十七条宪法》。“宪法”这个名词是在这时首用的，但严格来说，当时所谓的“宪法”和现代法学概念中从“Constitution”一词译出的“宪法”的含义是不同的。不过，《十七条宪法》仍然可以看作是国家的基本法。它是日本历史上第一个较完整的关于建立中央集权的政治纲领，为后来的大化改新奠定了思想和理论基础。《十七条宪法》规定了人与人之间不同的名分等级、社会地位和权利义务，是必须遵守的封建政治法律制度和道德规范。

《十七条宪法》的制定不仅深受中国政治思想的影响，而且不少条文的遣词造句，亦直接引用中国的儒家、法家、道家等的文献典籍。

7世纪中期，日本进行了影响广泛的大化改新。这是日本历史上一次重大的变革，是以唐朝的政治模式和律令制度为样板的政治和社会改革，它在日本历史上产生了深远的影响。大化改新是以中国化为最高理想的，是一次使日本“全盘唐化”的运动。

大化改新发生在645年。这一年日本开始模仿中国建立年号，定名为“大化元年”，取“大变化”之意。次年正月，孝德天皇颁布“改新诏”，明确提出推行政治改革的具体内容，主要是废除大豪族垄断政权的体制，向中国的皇权体制学习，建立中央集权国家。

大化改新与明治维新并称为“日本历史上的两次重要变革”。大化改新之后，日本在经济方面废除了部民制，建立起封建土地国有制。在政治方面，废除了贵族的世袭特权，建立以皇权为中心的中央集权国家。在军事方面，实行征兵制，在京师设立五卫府，在地方设军团，所有军队一律归中央统一指挥。可以说，通过大化改新，日本的社会面貌发生了深刻的变化。

700年，日本颁布《大宝律令》，最后完成了大化改新，实现以唐朝的开元盛世为楷模，实行天皇制国家的理想。《大宝律令》是把大化改新的纲领以及其后50多年实施新政的经验和中国历代编纂律令的经验、教训融汇在一起，经仔细推敲而制定的一部完整的国家基本法典。《大宝律令》的制定，也主要是依据唐律，特别是参考唐朝长孙无忌所编纂的《唐律疏义》。在《大宝律令》颁布之后18年，即718年，日本又颁布《养老律令》，对《大宝律令》进行修订和补充，使体现封建中央集权国家体制的律令更加完善。

在大化改新中，日本人仿效中国，建立了一套复杂的中央集权的国家机构。同时，为了更好地适应日本情况，改革对中国的模式也做了一些改变。中国的中央政府设置三省六部，日本的中央政府则由二官八省一台组成。在地方行政组织方面参照唐朝的郡县制，将全国行政区域划分为国、郡、里三级，由中央派遣官员进行治理。在律令制下的官吏不仅是握有权力的统治者，而且还要担当以德行教化人民的责任。

日本历代天皇十分推崇唐朝完备的封建典章制度。圣德太子就曾仿唐制制定了宫廷用冠和参朝服。《大宝律令》规定制衣用冠仿效中国，确定了着装的服制。根据这些规定，无论男女，在仪典时悉用礼服，出入宫廷着朝服，无位者进宫穿制服。807年，天皇再次下诏："朝会之礼，常服之制，一准唐仪。"818年，嵯峨天皇在诏书中再次强调："朝服之礼、常服之制、拜跪之等，不分男女，一准唐仪。"嵯峨天皇还将宫殿各门的名字也改为中国式的雅名，挂上了匾额。清和天皇时仿照唐开元礼制，新修奠式制，颁行全国。吉备真备归国时带回《唐礼》130卷，将唐朝的礼仪广泛传授，对日本的朝廷礼仪制度产生很大影响。

在大化改新之前，日本的首都并不固定，国都随着天皇所在地而一代一代地变动着。凡有天皇宫殿处，就是京城（"宫所"），作为天皇住所的皇宫是国家政治中心。在与唐朝的交往中，日本深切感受到唐朝巨大的都城可以有效地显示国威，自大化改新后，日本朝廷开始接受了中国固定统治中心的思想，认为"京师乃帝王所居，万国朝宗之地，如不壮丽，将何以表德"。于是，日本仿唐长安样式着手建造自己最初的大都城。

藤原京仿造唐都长安和洛阳，是日本建造的第一个正规都城。从藤原京的建设到都城的格局，都体现对初期遣隋使、遣唐使所带回的隋唐文明的第一次具体的理解和应用。

由于藤原京存在着规模狭窄和城市功能上的某些不足等问题，所以在这之后日本又分别建都于平城京和平安京。710年，日本迁都平城京（奈良），开创了奈良时代。关于这次迁都的原因，许多日本学者认为，这与702年遣唐使栗田真人带回的有关唐长安城的最新资料有关，日本受大唐文化的强烈吸引而欲建新都。平城京也是仿照唐朝都城长安和北魏都城平城（今山西省大同市）及洛阳建造的。整个京城建筑颇为壮观，完全可以和长安城媲美。因而日本历史学家称平城京为"富有国际性的小长安"。

794年，日本再次迁都平安京（京都）。平安京的突出特点是，仿中国盛唐时期的都城格局宫殿建筑风格，城内朱雀大道将平安京分为左京、右京两个部分。城北中央为皇室所在的宫城，宫城之外是作衙署之用的皇城，皇城之外是一般官吏、平民居住的都城。全城面积约20平方千米，街道纵横，对称相交，是一座棋盘式的城市。从恒武天皇迁都平安京开始，直到明治时期迁都东京，平安京作为首都的历史几乎延续了近1000年。

唐长安城和日本平安京、平城京有很多相似之处，只是规模和比例各不相同。长安和平城京、平安京都是方形城郭和棋盘格式布局。宫城均位于城的北部，宫城内为庭院式布局。三座京城的南北大街和东西大街都正角相交，把全城划成整齐的城市。许多建筑物的命名也有一致之处。

汉籍与儒学在日本的传播

中国书籍很早就流传日本。欧阳修《日本刀歌》说："徐福行时书未焚，逸书百篇今尚存。"说的是徐福在秦始皇焚书坑儒之前把许多中国书籍带到日本。

在唐代中日文化交流高潮中，有大批中国书籍流传日本，成为中华文化东传的一个重要方面。

唐代汉籍的东传，主要得益于遣唐使、留学生和学问僧。他们作为文化交流的使者，来中国寻访书籍并将其带回日本。特别是那些以学习中华文化为主要目的的留学生和学问僧，更是自觉地承担起这一文化使命。最早来华的遣隋使小野妹子，就曾把搜寻中国书籍作为一件重要的事情。此后历次遣唐使都把求购中国书籍作为一项重要使命，跟随使节团赴唐的留学生和留学僧也把购求书籍作为主要目的之一。他们尽力节约本国朝廷和唐朝廷赐给的生活费用，"所得锡赉，尽市文籍，泛海而还"，而且都是"上敷文教，虚至实归"。获得书籍的渠道，除了他们自己在唐购买所得，还有唐政府的赐予。在唐政府对日本朝贡品进行回赐的物品中，包含有应遣唐使请求而赐给的书籍。此外，还有私人的馈赠。他们在唐朝交友广泛，许多友人都以书籍作为赠礼送给他们。如最澄、空海、圆仁、圆珍等均获赠很多书籍。

遣唐使和留学生购求书籍并不是特定个人或者群体的嗜好，而是体现日本朝廷即历代天皇意志的国家行为。他们寻求中国书籍，并不是顺手随便搜集，而是经过精心挑选，其中包括许多尚未传到日本的新译的经卷、优秀的著作、珍奇的诗集等。日本学问僧携回日本的书籍以佛教经典为主，但也有学术文化典籍。

由于中国文献典籍的传入，日本人开始抄写汉籍，从而使日本飞鸟奈良时代出现了当时在世界上罕见的抄书事业。当时，由政府设立的专门抄写汉籍的机构，称为“写经所”，由“写经生”专事抄录。中国文献典籍在日本的传播，使日本的书籍逐渐丰富起来。9世纪后期，当时主持教育的长官大学头藤原佐世奉敕编纂了《本朝见在书目录》，记录了9世纪后半期日本各公务机构，如图书寮、大学寮、弘文院、校书殿、太政官文殿等，以及天皇私人藏书处，如冷然院、御书所等实际收藏的汉籍目录，记载的汉籍共1568种，合计15516卷。如果将《本朝见在书目录》与《隋书・经籍志》《旧唐书・经籍志》作比较，那么9世纪在日本流传的汉籍，分别为隋代的50%、唐代的51.2%，即当时中国文献典籍的一半已东传日本。这在世界文化史上是十分罕见的。正是这时奠定的汉籍东传的基础，使日本成为中国本土以外保存汉籍最多的国家。

在大化改新时期，日本还移植了唐朝的教育制度，建立了以大学寮为主体、以学习儒家经典为主要内容的教育体制。大学寮隶属式部省，有“明经”“音”“书”“算”四道，明经道的教科书是儒家经典，而且必须使用规定的注释。依“学令”规定，教科书有“九经”，即《周易》《尚书》《周礼》《仪礼》《礼记》《毛诗》《春秋左氏传》《孝经》《论语》，又以《孝经》和《论语》为必修，另可选修其他两三种或五种经典。

从中央到地方的官方教育机构以及民间教育，都以儒学典籍为主要学习内容。这一时期日本的学校教育体系，实际上就是早期日本儒学的传播体系。在这几百年间，有数以万计的日本青年在各类学校中诵读《论语》《孝经》以及其他儒学经典。当时的日本上层社会一般视中国儒学为统治阶级必备的一种文化修养。这就使儒学知识从宫廷传播到更多官宦之家，扩大了儒学文化在日本传播和影响的范围。

这一时期日本接受和移植儒家文化，还带有明显照搬和模仿的痕迹，对其精神实质还缺乏深入的理解。尽管如此，儒学思想的大规模传播，对当时日本文化的各个领域都有一定影响。例如推古朝改革和大化改新，就是以儒学为改革的指导思想，并以中国的政治机构为蓝本建立官僚制度，确立了以儒学为基调的律令政治。

日本政府非常重视儒学思想的传播和推广。757年，天皇曾下达一道敕令：百行以孝为先，全国家家户户都要置备《孝经》一本，精读勤诵。另外，日本从701年开始在每年的二月和八月月初的丁日举行祭祀孔子的释奠典礼。

白居易在日本的文学地位

唐代是中国文学高度成熟与兴隆的时代，唐代文坛是古代世界文学艺术中独放异彩的东方艺苑。在这个时期的中日交往中，遣唐使和留学生、学问僧等从中国带回大量文学艺术作品，把唐文学移植到日本，并使其蓬勃发展。

唐代文学中，唐诗是最鲜艳的花朵。日本留学生、学问僧受到著名诗人李白、杜甫、白居易等人的熏陶，回国时，每每携回大量的唐诗文集。9世纪后，杜甫、白居易等唐代大诗人的作品大量传入日本。

唐代对日本文学影响最大的中国诗人是白居易，上至天皇高官，下至普通百姓，都对白诗津津乐道。在中国名声斐然的李白与杜甫虽然在日本很受欢迎，但却远远不及白居易的声望和影响。

白居易的作品传入日本的时间最早见于《日本文德天皇实录》上的记载，838年，由太宰少贰藤原岳守从唐商人带来的物品中挑出《元白诗笔》呈给仁明天皇。据《本朝见在书目录》记载，传入日本的有《白氏文集》70卷、《白氏长庆集》29卷。至9世纪末，白居易全部的诗文都已在日本流传了。白居易曾亲自参与编定《白氏文集》，他在唐会昌五年（845）所撰的《文集自记》中这样写道：“《集》有五本……其日本、新罗诸国及两京人家传写者，不在此记。”可见白居易也知道自己的诗集已广泛流传于东亚各国。

白居易的作品在承和年间不断地传入日本，一经传入，立即刮起了一阵“白氏旋风”。约894年成书的《大江千里集》摘取了115句汉诗将其翻作和歌，其中有74句是白居易的诗句。在平安文士大江维时编辑的《千载佳句》中，共收汉诗1812首，白居易一人之作品即占了507首，其次为元稹65首。该书在推广白诗方面影响深广，在稍后藤原公任编纂的《和汉朗咏集》，共著录日本汉诗人作品354首，中国诗人作品234首，其中以白居易诗的数量最多，共139首，约占中国诗作的60%，全部诗作的24%。

由于白氏诗文浅显易懂，反映了社会各阶层的生活，所以很快受到日本文人的普遍喜爱，成为平安王朝贵族、学者、文人等的必读教材。当时在日本凡谈及汉诗文者，言必称《文选》和《白氏长庆集》。嵯峨天皇当时藏有《白氏文集》，后来他要考验臣子有没有学问，就故意把白居易的诗念错，考考这个臣子是否熟悉白居易的诗句，若是熟悉，就代表这个臣子很有学问。一次他在召臣下小野篁试其才时，赋汉诗曰：“闭阁惟闻朝暮鼓，登楼遥望往来船。”小野篁奏曰：“圣作甚佳，惟‘遥’改‘空’更妙也。”天皇感慨道：“此乃白乐天句，‘遥’本作‘空’，仅使卿耳，卿之诗思已同乐天矣。”小野篁对白诗的熟记已达到背诵如流的程度，因此他也有“日本白乐天”之称。

白居易的诗在平安时代成为诗人们效仿的典范，被广泛地学习、模仿。在这一时期问世的《源氏物语》《枕草子》等文学作品中，处处可见对白诗的引用与活用。

白居易对日本文学的影响持续了近千年，直到江户时代，仍被当作“诗仙”供奉在京都一乘寺的“诗仙堂”里。

奈良平安时代的汉文学

日本汉文学是中国文学的派生物。在相当长的历史时期内，汉文学是日本的主流文学、官方文学、上层文学。从飞鸟、平安时代，一直到江户、明治时代，上自天皇、贵族，下至民间学者，都不断地写汉诗和汉文，创作了大量的汉文学作品。

空海对唐诗的格律作了深入系统的研究，写出了诗论《文镜秘府论》

6卷，把格律诗的写法介绍到日本。《文镜秘府论》这部著作在指导日本诗人把握唐诗的形式和技巧上，起到了相当的促进作用，具有“诗歌创作向导”的意义，被后人视为日本汉诗创作的指南，对普及汉诗的韵律知识、提高诗人创作水平，推动日本汉文学的进一步发展，起到了不可估量的作用。

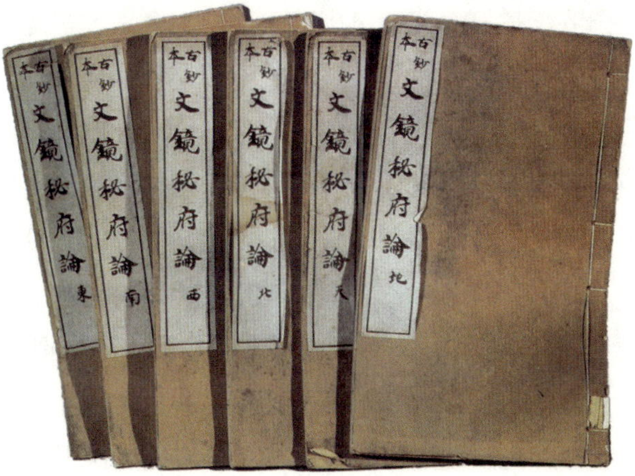

空海《文镜秘府论》古钞本

日本汉诗和中华传统文化有着直接的关联。许多诗人对中华传统文化十分熟悉，他们在诗歌中运用了很多中国古代诗歌里的历史典故，有的将日本人对自然、社会和人生的理解写入诗中。日本汉诗在其1300余年的发展史上，产生过数以千计的诗人和数十万首诗篇。据日本《汉诗文图书目录》统计，从奈良时期到明治时期，编印的日本汉诗总集、别集共有769种，2339册，收入20余万首诗。这是一组很庞大的数字，而且还不包括在历史上已经佚失的和未曾刊行的汉诗总集和别集。

日本汉诗源于中国古代诗歌。日本汉诗在发展中追随中国古代诗歌，不断受中国历代诗风的影响。以唐诗为主体的汉文学作品的大量输入，在日本文坛兴起学习唐诗的热潮。日本的平安文坛写作主流是写中国的文字与诗文。朝廷重要的典章制度也是用中文来书写，正式的聚会，吟诗弄文都要使用中国的诗文才能表现本事与才华。大江维时编辑的《千载佳句》

是当时学习唐诗的一种参考书。该书以两句一联的形式，共选唐诗七言佳句1813联，涉及作者153人，分为季节、天象、地理、人事、官事、草木、禽兽、宴喜、别离等15部、258门，句下注明作者及诗题，以便利日本文士写作汉诗时，依所欲咏诵内容而寻找其摹仿参考的对象。

汉诗写作是当时日本贵族和文人的一种基本修养。奈良时代汉诗写作蔚然成风。无论是贵族宴饮，还是迎接外国使节，都要赋诗。这时的汉诗文创作受中国齐梁体及唐初诗风影响较深，大多为五言诗，内容多为侍宴、应召、从驾之类的应景之作。比方说下面这首《咏月》，便是文武天皇在夜宴时所作："月舟移雾渚，枫楫泛霞滨。台上澄流耀，酒中沉去轮。水下斜阴碎，树落秋光新。独以星间镜，还浮云汉津。"此诗在早期的日本汉诗中，是最富诗情画意的一首。将月比作舟，将月下云霞比作舟楫，想象自然，诗中"酒中沉去轮"一句，优雅而有余韵。

751年，日本编成了第一部汉诗集《怀风藻》，共收录64位作者的117首诗，"远自淡海，云暨平都"，横跨了大约80年的作品。诗集名为《怀风藻》，意即"缅怀先哲遗风"。诗集主要作者有文武天皇、大友皇子、川岛皇子、大津皇子、藤原不比等父子、丹墀广成、淡海三船、石上宅嗣等人，都是当时的皇族显贵以及官吏、儒生、僧侣等。诗集著录的汉诗，题材以应诏、侍宴居多，以五言为主，也有几首七言诗。这些诗作大量模拟中国以六朝文学为中心的诗句形态，充满中国文人的情趣。

《怀风藻》的编纂，反映了日本奈良时代汉文学的勃发，标志着日本古代文学中汉文学创作系统的形成。

日本汉诗的发展高峰在平安时代。平安时代的诸多汉诗作者中，最为出名的有空海、嵯峨天皇、菅原道真、兼明亲王等人。而此时的诗开始以七言为主。

平安初期的嵯峨天皇是一位唐文化修养很高的天皇，精通经史，擅长诗文。在同时代诗人中，他的汉诗诗作流传下来的最多。他的一首七律写道："三春出猎重城外，四望江山势围雄。逐兔马蹄承落日，追禽鹰翮拂轻风。征船暮入连天水，明月孤悬欲晓空。不学夏王荒此事，为思周卜遇非熊。"诗的尾联用了两个典故，一个是夏桀亡国的典故，一个是周文王出猎遇吕尚的典故。诗人对中国历史的熟识由此可见一斑。

嵯峨天皇极力倡导“文章经国”，先后命小野岑守、藤原冬嗣等人编辑《凌云集》《文华秀丽集》两部汉诗集。《凌云集》收入了从782年至814年的24位作者的91首诗，成书于814年，距《怀风藻》已有半个世纪。《文华秀丽集》分为3卷，收入26位作者的143首诗，成书于818年。淳和天皇即位后，于827年命人编辑汉诗文总集《经国集》20卷，收入178位作者的汉诗文968首（篇），其中赋17首，诗917首，序51篇，对策38篇。

从“唐风”到“国风”

隋唐时期，即7—9世纪这一时期，中日文化交流达到了空前的高潮。这一时期，相当于日本史上的飞鸟时代、奈良时代，以至平安时代中期，是日本吸收中华文化最广泛、最快速，受惠中华文化最大的时代，也是日本文化空前活跃发展的时代。中华文化的各个层面，包括科学知识、生产技术、学术思想、文学艺术、宗教信仰、民俗风情和政治制度等，都大规模地、广泛地传播到日本，给日本文化的发展提供了丰富的材料和强大的推动力量，促使日本文化很快地发展到一个很高的水平。这个时期，是日本“百事皆仿唐制”的“全盘唐化”的时代，是“唐风”文化盛行的时代。

在这个时代的日本，由于大规模地吸收摄取中华文化，整个社会充满了浓厚的中华文化的氛围。不仅如此，当时的上层社会和知识界，甚至把中华文化当作了自己的文化，把中国的文化观念当作自己的价值尺度。对他们来说，唐朝是其本土，必然要滋生一切均以唐家的风仪为准绳的态度。

从9世纪下半期开始，日本对唐文化的这种主动摄取的热情开始减退了。这种变化以894年日本朝廷根据菅原道真的建议停派遣唐使为标志。停派遣唐使这一决定是由多种原因促成的。一方面，当时的唐朝在安史之乱以后，已显出衰微的征兆，文化也没有往日那样繁盛，行旅也有诸多不便。另一方面，遣唐使除了担当输入先进文化使命之外，还具有从事国际贸易的性质。而到这个时候，由于民间贸易的日益频繁，遣唐使所负使命的一部分，已由其完成。同时，日本国内经济力量出现减退，无力负担派遣经费，也是停派遣唐使的一个原因。但是，无论如何，停派遣唐使标志着中日两国官方的正式往来的中断，同时也标志着日本朝廷以国家的权力和力量大规模地吸纳和移植唐文化的工作的中断。因而，这种变化也意味着日本文化史的一个重要转变，即从“唐风”文化向“国风”文化的转变。在平安时代，外戚藤原氏掌握国政。藤原氏实际掌权的10世纪后半期到11世纪末，也是所谓藤原文化、“国风”文化的最盛期，其特点是贵族文化、宫廷文化的兴盛。这一时期的文化成了日本古代文化的象征。

从“唐风”文化向“国风”文化的转变，不是对唐文化的拒绝和排斥，也不是对前一时期大规模移植唐文化的否定，而是在这种大规模移植唐文化的基础上，进行消化、吸收和融合，使外来文化与本土文化融会贯通，从而把外来文化改造为日本的民族文化。因而，所谓“国风”文化，实质上是前一时期“唐风”文化的继续和深化。“国风”文化的形成和发展，也标志着日本文化走向成熟。日本文化就是从这时起，开始逐渐形成了自己的特点。

“国风”文化表现在多种领域。首先是假名文字的创造，这在日本文化史上具有重要的意义。“假名”就是“借字”，就是借用汉字以表达日本语言。日本应用汉字，不仅是借用汉字并加以简化，制成表音的假名，汉字作为表义符号的作用也被利用。日本大量采用中国语汇，这些语汇保留着汉字的原型。全部的中国古典古文语汇，尤其是唐人的语汇、宋禅僧的语汇，都通用于日本。汉字渗入日语，由于文法上性质的改变，也就日本化了，成为纯粹的日语语汇。

假名文字的创造为“国风”文化的发展提供了契机和有利条件。平安朝初期是汉诗、汉文的全盛时代，和歌居于次要的地位。到9世纪后半叶，在日本歌坛上出现了以“六歌仙”为代表的一批优秀歌人，迎来了和歌创作的繁荣时代。905年，根据醍醐天皇的敕令，由纪贯之等人选编《古今和歌集》，共收集继《万叶集》之后的和歌1500余首。它的完成，标志着和歌再次恢复了在诗歌创作中的主导地位。这些和歌大都表现了一种汉诗难以包容和表现的心情，并且以艳丽纤弱、幽雅缠绵的歌风为主。在散文方面出现了日记文学。平安朝时期的日记文学作家多为女性，她们自由地驱使假名文字，从心灵深处唱出了阴郁哀婉之歌。物语文学的出现是这一时期最突出的成就。“物语”即是小说。其中《源氏物语》代表了日本古典文学的高峰，在世界小说史上也是最早的长篇杰作。

最初的物语文学与唐代变文有种种相似之处，两者存在着密切的接受性亲缘关系，在物语文学中时常显露出中国文学的影响。《源氏物语》与中国文学的关系更是十分明显。从这部小说情节的演进中，透露出中华文化在作品中存在的普遍性，以及中华文化与作者的本土文化相融合的深刻性。可以说，《源氏物语》是平安时代日本知识分子接受中华文化的最具成就的典范。

在美术方面，这一时期出现了不同于“唐风”绘画的“大和绘”。大和绘一般以水墨画和色彩柔和为特征，主题多为描绘四季岁时活动的所谓“四季绘”。在书法上也和以前的“唐风”书法不同，出现了以人称“三迹”为代表的“和样”书法。建筑方面也趋向日本化，出现了“寝殿造”式宅邸，在精心布置的花园中有一座为家主预备的正厅（寝殿），其四周于一定间隔处有一些亭台楼阁，以走廊及小桥与寝殿相连。这种建筑已不同于中国建筑的风格，但在构造和布局上仍有中华文化熏染的痕迹。

中华文化在日本的大规模传播和广泛影响，日本对中华文化的学习、接受、移植和吸收，是世界文化史上文化传播与融合的成功范例。由于日本文化的开放性，摄取和移植外来文化本身即成为日本文化的一个传统，所以日本文化形成了一种有效地吸收和兼容外来文化的机制，即对外来文化不是简单地模仿复制，而是根据实际需要，对外来文化进行选择、改造和综合创新，即对其进行“日本化”的处理。平安时代“国风”文化的兴盛，亦即是对大规模涌入的盛唐文明进行消化吸收和民族化处理后实现综合创新的过程。

正是经过几百年的中日文化交流，日本进行大规模文化移植和融合，使日本文化得到一次重大的改造，并且很快地提高到一个新的、在当时的世界文化格局中也是很先进的水平。同时，中日文化交流也完成了把日本文化纳入东亚文化圈的过程。

第十章　胡人在唐代刮起的“胡风”

唐代丝绸之路有了新的发展，陆路与海路贸易的共同发展，使大量胡商和其他外国艺术家、旅行家、僧侣活跃在长安和其他城市，成为一道独特的文化风景。他们带来奇异的商品和风俗，使西域文明中的一些风俗文化，如胡服、胡妆、胡戏、胡食成为一种新奇时尚，风行一时，大唐王朝的空气中弥漫着“胡风”的气息，影响了唐人社会生活的各个方面，在一定程度上改变了唐人的生活风貌。

隋唐对外贸易的发展

隋唐时期，中国政府把对外贸易作为重要国策，驻使西域，遣使南洋，招徕互市，在海外贸易方面有一些新举措，积极发展与海外诸国的贸易往来，在对外贸易上有了进一步的发展。

为了更多地吸引外商，促进国际贸易，加强与周边各国的友好关系，隋大业六年（610），隋朝曾在洛阳东市举行集娱乐、贸易为一体的盛会，邀请诸蕃酋长、各国使者和胡商参加。据记载，隋炀帝因为各藩国首领都聚集在洛阳，便于正月十五在端门街举办各种戏曲演出。戏场四周长5000步，场内手执各种乐器的就有18000人，乐曲声传到数十里之外。盛会通宵达旦，灯火辉煌，照耀天地，整整一个月才结束。从此以后年年如此。隋炀帝批准各蕃国首领到丰都市场做买卖，事先下令整修装饰店铺，要求屋檐造型一致，店内挂满帷帐，堆积各种珍贵货物，来往的人也必须穿上华丽的服装，就连卖菜的也要用龙须席铺地。只要有外族的客人路过酒店饭馆，便令店主把他们请入店内就座，让他们吃个酒足饭饱再走，不收钱，哄骗他们说：“中国富饶，酒饭历来不收钱。”令外族客人惊叹不已。

到了唐代，随着农业和手工业的发展、内外交通的发达，商业更加繁荣。

唐代的海外贸易发展到前所未有的新高度。当时以长安为中心，设置驿路，贯通全国各地，进一步刺激了对外贸易的发展。唐代通往西域的陆

唐三彩胡人牵驼俑。西安大唐西市博物馆藏

路交通畅达，每年有大批波斯、阿拉伯等国商人、使节沿着丝绸之路来中国进行贸易。各国商人带着从西方贩运来的香料、药材、珠宝等，用以换回中国的丝织品和瓷器。安史之乱以后，陆上丝绸之路交通受阻，海上交通与贸易的发展显得更为重要。沿着海上航线，中国和亚非各国的商船往返不绝。阿拉伯商人苏莱曼曾到过印度和中国，并在《中国印度见闻录》中，描述了中国商船到北非的海路航线。当时，中国商船往往先把货物运到波斯湾口的西拉甫，然后换小船经红海运往埃及。在阿拉伯著名文学作品《天方夜谭》中，航海经商是重要题材之一，其中有不少故事就讲到与中国的贸易。

和其他朝代的情况一样，唐代往来的各国使节也都兼有官方贸易的性质。外国使节的“贡品”、唐朝廷的“赏赐”，除了外交礼仪上的需要之外，在大多数情况下，其实质是一种易物贸易。通过这种官方贸易形式，许多国外物产传入中国，大批中国物产也广泛传播于海外诸国。在朝贡使的礼仪接待和贡物的回赠酬答方面，唐政府对海外诸国也实行着与对周边诸蕃相同的制度和规定。就对朝贡物品的酬答而言，唐政府有着一套较为细致的制度。有很多外商是以朝贡使团的名义从事商业活动的。唐太宗贞观年间，“四夷大小君长争遣使入献见，道路不绝，每元正朝贺，常数百千人”。参天可汗道“置邮驿总六十六所，以通北荒”，“俾通贡马，以貂皮充赋税”。唐朝对朝贡使团有很多优待政策和措施，如根据路程远近给付资粮，安排住宿，馈赠物品，允许入市交易，邀请参加皇帝举办的“宴集”。

唐代的民间对外贸易也很发达，从陆海两途都有大批外国商旅入华从事贩运经营活动，也有中国商队和海舶远走异国。这种不以沟通政治关系为目的、专以经商牟利为目的的海外贸易称为“市舶贸易”。胡商的活跃，陆路与海路贸易的共同发展，是唐朝对外贸易的重要特色。

唐代进口商品，部分来自外国的“贡献”，多数来自外商的贩运。传统的进口商品如象牙、犀角、珠玑、香料等仍占相当比重，此外多为各国珍异特产。外商运进中国行销的商品种类主要是珠宝、玉石、香料、稀有珍奇动物、药材、马匹以及土特产品，运出的主要是中国的丝绸。唐中期以后，瓷器逐渐成为对外出口的大宗，海运的发展也为运输瓷器这类质重易损的商品提供了便利条件。

商贾胡貊，天下四会

唐代的长安是一个国际化的大都市，在长安，有许多外国人来来往往，甚至成为常住居民。

早在汉朝至南北朝时期，在长安、洛阳就有许多外国侨民。他们有的是官方的身份，后因为某种变故不得而归，而更多的是从事商业活动的商人，被称为“商胡”。到了唐代，由于交通便利，商贸发达，加上唐朝政府实行全面的对外开放，对外国人的进入和留居采取了优待政策，更由于中国经济社会的发达繁荣，吸引了更多的“外夷”“蛮人”“商胡”相继来到中国，从事外交、商贸、文化艺术等活动。大量外国人的涌入以及外国人在各个领域的活动和贡献，在大唐留下了自己的印象与记忆，成为盛唐文化的一个标志。正如史学大家陈寅恪所说，唐代之所以兴盛，就是因为它能够“取塞外野蛮精悍之血，注入中原文化颓废之躯，旧染既除，新机重启，扩大恢张，遂能别创空前之世局”。

据许倬云估计，从开元、天宝到唐末百余年来，先后迁移入华的族群，总数不亚于三五百万。唐末，胡人的总数可能有千万上下。他们的分布地区十分广泛，有长安、洛阳、番禺、扬州等大都市，还有内陆中小城市。全国三分之一的州郡，都有外国侨民的踪迹。

唐代的外国侨民群体，有外交使臣、质子、流亡者、商人、留学生、艺人等各种身份的人，活跃在外交、宗教、商业、科学、艺术等许多领域。他们住在中国的土地上，或数年，或二三十年，还有的终生居住，客死中国。在中国生活期间，很多外侨与中国社会融为一体，积极关心中国的时政，参与政治活动，还有人在政府为官。唐朝廷广泛吸收各族人员充当文武官员，如大食、波斯、突厥、安国、康国、天竺、高句丽、新罗、百济、日本各国人，有不少旅居长安，接受唐朝的职事。

唐墓壁画中胡人牵驼马出行画面

唐时的外国人，除了日本人、新罗人之外，往往不辨其国籍，概称为“胡”，商人曰“商胡”，或“贾胡”，僧曰“胡僧”，还有胡人、胡雏、胡儿、胡兵、胡客，等等。更多的情况下，“胡人”这种称谓是指当时与唐朝交往频繁的入华西域人，包括粟特人、波斯人、大食人，乃至来自拜占庭的东罗马人等。印度人也被称为“胡”，如“天竺之胡”。

唐代来自西域的“胡人”以粟特人居多。粟特人是属于伊朗人种的中亚古族，在中国史籍中被称为“昭武九姓”“九姓胡”“粟特胡”等。他们原来生活在中亚阿姆河和锡尔河之间的泽拉夫珊河流域，即古典文献所说的粟特地区，其主要范围在今乌兹别克斯坦。粟特商人大约从东汉后期开始往来于中国开展商业活动，到了5世纪的北魏时期，他们在东方的商业活动达到高潮，活动范围已扩展到长江流域。唐代仍有大量粟特商人活跃在丝绸之路上，成为连接中国与西域交通的主要商业民族。粟特人经商的范围遍及中亚及东亚、北亚，为了保障商队的安全，为经商活动提供便利，他们在交通要冲之地设立了驼队棚舍和一些自我保护性的组织，随着时间的推移，初期临时性的过客变成了停居的侨民，而驼队棚舍的所在地也就相应地成了粟特侨民的聚落。据陈寅恪研究，元稹《莺莺传》中的主角崔莺莺，其原型很可能就是与酒家胡有关的粟特女子。

在胡人中，商胡这个群体人数最多，活动地域最广，是外来人口中最活跃的一个集团。在汉代，就有“商胡贩客”活跃于边境地方，内地亦“商贾胡貊，天下四会”，其中明确有“西域贾胡”，外国使团中也有被称作“行贾贱人”的商业经营者。就一般情况而言，“商胡”多是指在中国境内从事商业活动的外来商贾，尤其是指以粟特人为主体的西域商人。他们有些已经入籍，有些则属于并未入籍的“客胡”或“兴胡”。在唐代载籍中，与“商胡”这个称谓类似的还有胡贾、蕃商、兴胡、客胡、海商、海胡、舶胡、西域贾等不同的名称。

唐朝商胡的分布及活动范围是相当广泛的。商胡活动最集中的地区，当属人口最盛，经济文化最发达，商业最繁荣的唐朝东、西两京。长安的商胡主要聚居在西市附近的地区。

唐东都洛阳地处天下之中心，交通便利，商业繁荣，与长安相比，更具世俗气氛而较少政治色彩，是商胡聚居的首选之地。在北魏时期，洛阳就有大批胡人聚居。与西京长安的西市一样，洛阳南市及附近诸坊也是商胡聚居之所。

唐代载籍中所见商胡，许多都与经营珠宝贸易有关。其实，在唐代，从事珠宝生意的不仅有西域来的粟特人，还有波斯和阿拉伯商人，以及南海的林邑、狮子国等国商人，甚至还有新罗和日本的商人。但是在唐代的文献中，许多有关珠宝商的记载多与西域、波斯和阿拉伯商人有关。他们在与中国人的贸易中，把外国特别是西方的珠宝输入中国。这些被称为“商胡”的外国商人，积极从事国际贸易活动，很多人成了巨商豪富。《太平广记》中汇集了不少唐人的关于波斯人及大食人动辄花费几千或几万缗的记录。在唐代蓬勃发展的对外贸易中，商胡们作出了巨大的贡献。可以说，在这个时代里，他们承担了物质经济交流的主要角色。

数量巨大的外国侨民，带来了他们本民族的文化，为中华文化的发展作出了贡献。他们之中有的肩负着国家的使命，作为国家的使节，直接联系国家之间的政治、军事、经济和文化关系；有的为着宗教信仰而传教或求法；更多的是那些不辞劳苦的各国商人，他们充当了物质文化交流的主要担当者。这些来华的胡人在中国日久，接受中华文化的沐浴熏陶，目睹盛唐文化的灿烂辉煌。在他们回国时，不仅把中国精美的丝绸等物品贩运回去，而且也会把他们在中国的所见所闻传播于自己的家乡。就是住唐不归的，也有可能通过种种间接渠道，向故乡转达有关中国和中华文化的某些信息。

唐代有人说到“胡风”流行的一个有趣的现象：“胡着汉帽，汉着胡帽。”“胡”和“汉”是身份，是本位，“帽”是文化，是风俗。胡人来到唐朝，见到了“汉帽”，见到了中华文化，他们羡慕并学习，心向往之，因而“华化”了，戴上了“汉帽”；唐人遇到了大批来华的胡人，见到了“胡帽”，接触到他们携带来的胡人文化、外国文化，惊奇而向往，因而“胡化”了，戴上了“胡帽”。不同的文化，通过这些远道而来的胡人，碰面、接触、交流，进而互相倾慕、相互学习，成为盛唐时期的文化景观。

这不是唐代仅有的现象，在历代都有许多外国人来到中国，元代也有一次外国人涌入的高潮，学术界对元代的“色目人”的“华化”问题有许多研究。明清之际的来华传教士，以及晚清来华的大批新教传教士，他们在文化交流上也承担了双重的角色。他们既把西方文化传播到中国，也向欧洲广泛地介绍了他们所了解、所认知的中华文化，为近代欧洲出现的“中国热”起到了重要的推动作用。

总之，这些来华的外国人成为中外文化交流的一座生命之桥。通过他们，既有中华文化向海外的传播，也有海外文化向中国的传播，他们在这个传播的过程中承担了重要的角色。

长安“胡风”盛极一时

在唐代，随着中西交流的扩大，大量的西域物产输入中国，成群结队的外国侨民涌入中国，在中国各大城市里生活，胡僧在寺院里传经，胡商在市场上交易，胡姬在酒馆里翩翩起舞，各国的使臣出入官府。他们将本民族的饮食、娱乐、服饰等风俗文化带到中国，也使与他们接触交往的汉地的人们了解他们的文化传统和习俗，从而使西域文明中的一些风俗习惯，如胡服、胡妆、胡戏、胡食成为一种新奇时尚，风行一时，“慕胡俗、施胡妆、着胡服、用胡器、进胡食、好胡乐、喜胡舞、迷胡戏，胡风流行朝野，弥漫天下”，影响了唐人社会生活的各个方面，改变了唐人的生活风貌。

唐代胡化之风弥漫于社会生活的各个领域，涉及日常起居、音乐舞蹈、诗歌绘画等。来自外国的各种商品以及它们的仿制品，成为唐人竞相追逐的对象。

唐人大规模地模仿穿戴外国异族服饰，从贵族到士庶皆好穿胡服，成为当时社会的流行时尚。隋及唐初，宫人骑马，多着幂篱。永徽以后，皆用帷帽。开元初遂俱用胡帽，民间因之相习成风。唐代妇女在发饰和化妆上也多有模仿外国样式，即所谓“胡妆”。早在梁代，徐摛《胡无人行》中就有“刻楹登鲁殿，拥絮拭胡妆”的描写；到了唐代，胡妆更为流行。白居易诗中对“胡妆”屡有描述：“风流夸堕髻，时世斗啼眉。”

早在汉代，就有许多来自西域的蔬菜瓜果和其他食物传入中国，走入

唐连珠花鸟纹波斯锦。
甘肃省博物馆藏

人们的日常生活中，丰富了中国人的饮食结构。汉代人把从西域传入的食品称为“胡食”。唐代仍有一些西域植物传到中国并得到推广种植。随着大批的胡人进入唐朝社会，胡食也在唐朝流行起来，成为当时社会生活的一个显著特点。在胡食流行的同时，外来调味品在唐朝也很时兴，胡椒已成为人们烹饪的主要调料。

除了制作或出售胡食外，胡人在饮食业中经营的项目还有酒店业。在各种胡人开设的店肆中，有许多酒肆。在长安西市以及春明门到曲江的道路两旁，酒肆鳞次栉比，胡商们为了招揽顾客，纷纷打出了美酒与胡姬的招牌。各家酒楼用葡萄酒招揽各色顾客，用从波斯进口的金杯银盏，或西域特产的琥珀杯、玛瑙杯，祁连山的夜光杯，斟满葡萄美酒，又有西域妙龄舞女在悠扬婉转的胡乐伴奏下翩翩起舞，全然一派摄人魂魄的异域文化情调。文人墨客、政府官僚、长安两市的商贾，乃至皇室贵族、军旅将士，都成为胡人酒肆的常客。

社会弥漫的异域风情，激发了人们的艺术想象力。这种对于异域的想象，这种对异域风情的赞颂、描写和期待，成为许多艺术形式表现的主题。如在音乐舞蹈方面，来自西域的乐舞，如胡旋舞、柘枝舞等，来自西域的舞蹈家和音乐家，广泛地活跃在长安以及其他大都市，给人们带来强劲的西域旋风。唐代胡风的流行，包括胡装、胡食、酒家胡、胡姬、胡舞等，常常通过许多诗人创作的诗歌来表现，其中充满了绚烂的色彩、奇丽的想象、浪漫的意境。他们的吟咏酬唱，恰是那个时代社会生活的具体反映，是那个时代社会风气和精神情调的诗意书写。

我们可以将唐朝盛行的“胡风”与16—18世纪欧洲流行的“中国风”做一比较，可以看出在文化交流中许多有意思、有规律的情况。在16—18世纪，由于中国和欧洲的海上交通发达，大批大量的中国商品销售到欧洲各地，又由于当时来华的传教士对中华文明满怀激情的宣传和介绍，以及启蒙思想家们的推波助澜，在欧洲各国普遍流行起“中国风”的生活时尚。在那个年代里，品种多样、制作精美、丰富多彩的中国商品走进了欧洲人的日常生活，丰富了他们的生活内容，提高了他们的生活品质，改变了他们的审美趣味，甚至在一定程度上改变着他们的生活方式和生活态度。所以，这些中国商品成为一种时尚、时髦，成为一种风向标，同时也成为个人品位、地位和身份的象征。此外，这种追求中国趣味，模仿中国样式的风尚还广泛流行于各个艺术领域，一切来自中国的工艺品，如瓷器、漆器、丝绸、餐具、陈设、家具、小摆件、小手工艺品等，都成为人

北燕鸭形玻璃注。辽宁省博物馆藏

们热烈追求的对象，同时出现了许许多多体现中国趣味、中国风格的仿制品。中国风格的造园艺术风靡欧洲，到处出现了中国式的或“英-中”式的花园和园林，“中国风”的装修设计也大为风行，出现了许多所谓的“中国房间”，铺中国地毯、贴中国壁纸、陈设中国漆绘家具、使用中国餐具、摆放中国瓷器。这种“中国风”还出现在德川幕府时期的日本和伊儿汗时代的伊朗。总之，正是新奇的、丰富的中国商品裹挟着中华文化，走进了那里人们的生活。

在唐朝，我们也看到了同一景象。除了大量的、大批的西域物产，包括植物、动物和奇珍异宝等输入中国外，还有众多的外国人来到中国生活，他们除了外貌体征与中原人不同外，衣食住行和言行举止等方面也表现得奇异独特。西域文化初看起来，可能被看作是奇风异俗、奇装异服，但来的人多了，就见怪不怪。久而久之，有一些民俗文化元素就会被中原人模仿，并经过改造加工，成为新的流行时尚。这种流行时尚，上至宫廷贵族，下至街巷百姓，都成为接受者、传播者，形成全社会趋之若鹜的局面，从而丰富了人们的日常生活。

唐代的音乐、舞蹈、绘画艺术和诗歌以及俗文学的创作，都受到外来文化主要是西域文化和印度文化的影响，唐人创作出许许多多具有新的艺术形式和内容的作品，极大地丰富了各个艺术领域的作品。正是这些“崇尚异国情调的艺术家”，为唐朝艺术文化的大发展作出了创造性的贡献。

后来，这种追逐外来文化的“胡风”消退了，人们再提起的时候只是将其作为一种怀旧的对象。并不是当时流行的这些东西没有了，而是经过中国人的接受、理解、变形和改造，进入到中国的文化系统之中，成为中华文化的一部分。比如，胡服的一些元素被汉服所吸收，就成了中国传统服饰的某些元素；胡食经过中国人的加工改造，变成了中国传统饮食的组成部分；西域歌舞则直接进入中国乐舞的系统之中，成为中国传统音乐舞蹈的重要成分。总之，唐代的“胡风”促进了中华文化，尤其是民间文化和艺术文化的发展，“胡风”也就变成了“中国风”。

我们还应该注意到，这个时代正是佛教大为流行的时期，主要在两个层面进行：一个是佛经的翻译和研究，在思想文化层面，引起了中国学术、思想和精神信仰世界的重大变化；二是在民间文化层面，佛教信仰及其推广活动的普及，包括各种庙会和其他佛事活动，塑造和改变着人们的日常生活。佛教这种外来的精神和信仰文化与“胡风”这种外来的日常生活文化，几乎是同时在中国流行的。它们之间存在着某种同构的关系。可以说，精神信仰方面的开放对于“胡风”的盛行起到了推波助澜的作用。这一点与16—18世纪欧洲的情况也有某些相似之处。当时的欧洲“中国风”盛行，在哲学层面则有莱布尼茨、伏尔泰等启蒙思想家们对孔子思想的热烈赞誉和吸收。这样，上层文化和下层文化、大传统与小传统、精神文化与物质文化，就都出现了全面开放的态势。在中国，宫廷和民间、士大夫和老百姓、宗教人士和文人学者，也都是这样怀抱着全面开放的心态，而这时的中国是向“西域”、向“胡风”开放的。

胡锦与异域奇珍的想象

唐代的胡人群体中，大多数是来自西域以及波斯、阿拉伯的商人。他们在丝绸之路上络绎不绝，相望于道，促进了物质商品的大交流。通过这样的官方和民间贸易的多种渠道，中国的瓷器、丝绸等大宗商品被运往西域各国，西域的多种物产也销往中国内地。

唐代输入中原的西域物产，品种繁多，五光十色。美国学者薛爱华（Edward H. Schafer）的专著《撒马尔罕的金桃》一书，对于唐代西域地区及西方各国输入唐朝的商品作了详尽的叙述。他将这些商品分为18大类，169种。

古代中国一向以纺织品的生产和销售著称，纺织业的发达在促进了唐朝产品输出的同时，也推动了外来同类产品的输入。

中国的养蚕缫丝技术传到西域后，丝绸织造业在各地逐渐发展起来。西域国家的有女蛮国所贡“明霞锦”，《杜阳杂编》说其“云炼水香麻以为之也，光耀芬馥著人，五色相间，而美丽于中国之锦”。另外也有关于“冰蚕锦”等夸张神奇的传说。唐元和八年（813），大轸国向宪宗贡献了神锦衾，据称这种被子是以冰蚕丝织成的。

《杜阳杂编》还记载了五彩氍毹、紫绡帐、金丝帐、却尘褥、龙绡衣、神锦衾、浮光裘、连珠帐、瑟瑟幕、纹布巾、火蚕锦、澄水帛等种种外国传来的、具有神奇性能的纺织品和织物。这些外来的纺织品明显带有虚幻、想象的色彩，甚至它们的出产国也可能为虚构。唐朝的纺织业越发达，人们就越希望能够得到更加神奇的织物。因而，这些来自外国的纺织品，不仅丰富了人们对于纺织品的认识和了解，更激发了人们的想象。

通过朝贡、商业渠道输入中国的异域珍奇物品，不仅极大地丰富人们的生活，也进一步激起了人们对于域外事物的向往和追求，更激起和丰富了那个时代人们的异域想象。这些物品来自遥远的地方，甚至是来自人们所不知道的地方，因而充满了神秘的色彩，并被赋予了许许多多奇异的功能。这和早期中国的丝绸传播到罗马的情况是一模一样的，那个时候的罗马人不知道丝绸是从哪里来的，因而就流传着许多关于丝和丝绸以及它的产地的神秘的传说。舶来品的真实活力存在于生动活泼的想象领域之内，正是由于赋予了外来物品丰富的想象，人们才真正得到了享用舶来品的无穷乐趣。

所以，在唐代的文学作品中，有许多关于来自异域的物品的神异故事，充满了各种各样的奇思妙想以及新奇怪诞的内容。写作于9世纪末叶稍前的《杜阳杂编》，它的内容是反映与外来物品传奇有关的主题。书中描写的来自域外的奇珍异宝，都具有非凡的神奇功能，看似荒诞不经，但却反映了唐代人们对异域事物的向往与想象。其中记载的带有浓厚的想象色彩的奇珍异宝中，有些是真实的东西，或者至少是根据真实的东西加工改写而成的。

商胡与香料贸易

在中国古代的对外贸易中，香料一直是进口的大宗货物。早在汉代乃至南北朝时期，从西域进口的多种香料，就成为中国上层社会生活中必不可少的内容。这种情况一直持续到明清时期，可以说贯穿了整个中国古代对外贸易史。从汉代以后，乃至唐宋时期，用香、识香乃至收藏香料成为许多人日常生活的组成部分，因而在中国形成了内容丰富的香文化。

唐代来华的商胡中有许多人专门从事东西方间的香料贸易。大食和波斯商人输入中国的香药，大多产自东非和阿拉伯地区。唐长庆四年（824），波斯大商李苏沙向朝廷进贡沉香亭子材，此“波斯大商”是以兴贩香材为业的胡商。又据记载，番禺牙侩徐审与“舶主何罗吉”是朋友，这位何罗吉也是从事香料贸易的胡商。他们临别时，何罗吉赠3枚鹰嘴香给徐审，据称可避时疫。后来番禺遭遇大疫，徐审全家焚香得以幸免，于是这种香就被称为“罗吉香”。

广州是唐代最大的香药集散地之一，鉴真在广州见到江面有婆罗门、昆仑等地驶来的海舶，装满了香药珍宝，堆积如山。唐代的扬州香药市场十分兴隆，鉴真由扬州东渡日本时，曾在扬州采购了麝香、沉香、甲香、甘松香、龙脑香、胆唐香、安息香、栈香、零陵香、青水香、熏陆香、毕钵、诃梨勒、胡椒、阿魏等近1000斤香料。此类由“波斯舶”贩运而来的香药，又多购自这里的“胡店”。日本多次派人来中国求香药，在正仓院珍藏的香药物品中，有相当大的部分产自阿拉伯地区，有从扬州购买去的，或经由扬州转运到日本的。

香料或香材也是外国政府向唐朝进贡的重要物品，据不完全统计，天竺、乌苌、耨陀洹、伽毗、林邑、诃陵等国都曾向唐朝“贡献”香料。有时将外国贡献的香料径称作“异香”，即在唐朝境内稀见的香料，而外来的香料也被赋予了种种神秘的特性。

汉通西域之后，东南亚、南亚及欧洲的许多香料通过丝绸之路陆续传入了中国，熏香之风开始在上层社会流行。在唐代，香料制作更加精细和考究，品类更为丰富，用香成了无处不在的礼制，出现了数量众多的咏香诗文，跳动的音韵、馥郁的氤氲融汇着蔚为壮观的盛世景象。

据载唐代宫中开花时，以重顶帐篷蒙蔽在栏杆上，使香气不散，称为“括香”。和花香的短暂易逝、不能随时随意取得相比，香药能长期储存的优点满足了人们对香气的渴望。当时还引进和开发了能用于各种场合的香具：镇压地毯一角的重型香炉、帐中熏香的鸭形香炉、悬挂在马车和屋檐上的香球、藏于袖中而动止皆香的香囊等。

五代花蕊夫人《宫词》写道：“青锦地衣红绣毯，尽铺龙脑郁金香。”据《旧唐书》记载，唐朝皇帝“宫中每欲行幸，即先以龙脑、郁金藉地”。《明皇杂录》载，唐玄宗在宫中置长汤屋数十间，银镂漆船及白香木船置其中，楫櫓皆饰以珠玉，汤中以绿宝石和丁香，堆叠成瀛洲、方丈（传说中的海上仙山）的模样。皇室之外，达官显贵也嗜香成风。杨国忠有“四香阁”，用沉香为阁，檀香为栏，以麝香、乳香和为泥饰壁，甚至比皇宫中的沉香亭更为奢华。长安富商王元宝在床前置木雕矮童二人，捧七宝博山炉，彻夜焚香。

唐代的文人普遍用香，也写出了很多关于香的诗词，王维、杜甫、李白、白居易、李商隐、李贺等都有此类作品。李贺诗中有对沉香的描述：“沉香火暖茱萸烟，酒觥绾带新承欢。”“归来无人识，暗上沉香楼。”“沉香熏小像，杨柳伴啼鸦。”据统计，涉及用香的唐诗有102首，其内容可分为皇宫用香、寝中用香、日常用香、军旅用香、释道用香、制香原料、合香种类、香品形式、香具类型、香笼的使用等，其中直接指出的长安宫殿名称就有红楼院、大明宫、日高殿、华清宫、长安东南角的芙蓉苑和城东的夹城，宫中在除夕夜傩戏逐煞、元旦朝贺、十五灯节酺宴、妃产子以及值夜、清晨上朝等不同季节与时辰，也都使用不同的香。其他平民百姓在一般日常生活中，无论晨起、更衣、宴饮、观舞、熏衣被也都点香、熏香。

唐代用香工具很多，其中熏笼更为盛行，覆盖于火炉上供熏香、烘物或取暖。在西安法门寺出土了大量的金银制品的熏笼，雕金镂银，精雕细镂，非常精致，都是皇家用品。

在佛教和道教的活动中，也把用香作为一项重要的内容。以香“浴佛”是重要的佛教供养。道教借鉴了佛教的很多仪式，其中也包括用香。此外，在人们的日常生活中，比如饮食、医药等方面，用香也是十分普遍的。

在这种社会风气的熏染下，唐朝香料或香材的需求量非常巨大，而本土出产又非常有限，所以进口香料就成了一个重要的来源。唐朝进口或使用的香料主要有沉香、紫藤香、榄香、樟脑、苏合香、安息香、哇爪香、乳香、没药、丁香、青木香、广藿香、茉莉油、玫瑰香水、阿末香、甲香等品种。

敦煌歌舞壁画画面

流行唐朝的西域乐舞

西域各民族的乐舞艺术十分发达。西域乐舞健朗明快的舞曲，轻盈的舞步，弹指击节、移颈动头的传神动作，急转如风的旋转技巧，使之很快就在民间流传开来。魏晋南北朝时期，西域音乐在内地已经十分流行，胡汉合舞已成为普遍的风气。士大夫都以胡舞、胡乐为时髦。

龟兹乐舞是西域乐舞的代表。早在北朝时，龟兹乐就已经传入内地。龟兹乐舞在西域以至整个唐朝具有特殊的地位，为“胡乐之首”，一直到唐开元、天宝之际，龟兹乐是中国诸乐中的主旋律，是传入中国内地的西域乐舞中影响最大的。尤其是龟兹乐中的“戭舞曲”，更是唐朝雅俗共赏的一种乐曲。羯鼓出自北方羯族，后西传，又经西域龟兹等地传入长安，大盛于时。

传入中原的西域乐舞，以胡腾舞、胡旋舞和柘枝舞最为有名，号称西域“三大乐舞”。早在北朝时，这三大乐舞就已经传入中国。

胡腾舞源于中亚“昭武九姓”之一的石国。大约在北朝后期，胡腾舞已传入中原。在唐代，胡腾舞盛极一时。胡腾舞的舞者为男子，身着胡衫，袖口窄小，头戴蕃帽，脚登锦靴，腰缠葡萄长带，在一个花毯上腾跳，长带飘动。

胡旋舞在唐代十分流行。《新唐书·礼乐志》说：“康居国乐舞急转如风，俗谓之‘胡旋’”，“舞者立球上，旋转如风”。史载康、米、史等国曾向唐朝贡献的“胡旋女子”，实际就是从事胡旋舞表演的专业舞蹈艺术家。胡旋舞传入唐朝之后，在宫廷内外盛行一时。武延秀在安乐公主宅中作胡旋舞，“有姿媚，主甚喜之”。安禄山以善胡旋舞著称，“至玄宗前，作胡旋舞，疾如风焉”。

柘枝舞亦源于西域石国。舞柘枝者多为青年女子，舞者头戴绣花卷边虚帽，帽上施以珍珠，缀以金铃。身穿薄透紫罗衫，纤腰窄袖，身垂银蔓花钿，脚穿锦靴，踩着鼓声的节奏翩翩起舞。婉转绰约，轻盈飘逸，金铃丁丁，锦靴沙沙，“来复来兮飞燕，去复去兮惊鸿”，当曲尽舞停时，舞者罗衫半袒，犹自秋波送盼，眉目注人。柘枝舞艺术性高，且具有很强的观赏性，引起了唐朝社会各阶层的极大兴趣和爱好，诗人刘禹锡、薛能、张祜、白居易、沈亚之、卢肇等都写过有关柘枝舞的诗歌。刘禹锡《和乐天柘枝》说“鼓催残拍腰身软，汗透罗衣雨点花”，说明柘枝舞是在鼓声伴奏下出场、起舞的，其舞蹈具有节奏鲜明、气氛热烈、风格健朗的特点。

西域龟兹乐舞、胡腾舞、胡旋舞、柘枝舞和高昌乐舞以其强劲的艺术魅力传入中原，风靡朝野，人们到处传习。大部分的西域乐舞是由来到唐朝的西域胡人带来的。唐代载入史籍的著名西域音乐家有龟兹音乐家白明达、疏勒琵琶高手裴神符等几十人。此外还有许多西域乐工、舞伎、歌手在教坊、梨园供职。至于远涉中原流落民间者人数更多。

裴神符是来自疏勒的音乐家，又名裴洛儿。大约在唐高祖李渊在位时，裴神符就已担任唐朝宫廷乐师；到太宗李世民时，裴神符依然受到器重。他以《火凤》为代表的三首名曲，是唐代中原音乐西化的标志。唐代汇集的名曲录中，裴神符的作品占据了一定的数量，尤以《火凤》影响最

敦煌壁画乐舞图中的三位乐伎，或弹琵琶，或吹筚篥，或吹笙，形象为高鼻深目，似为当时的外国乐队

大。《火凤》旋律起伏跌宕、节奏奔放豪迈，以琵琶独奏该曲时，仿佛是一支乐队在合奏。

见于唐朝载籍的外来音乐、舞蹈家，多为中亚昭武九姓胡人。曹国胡人曹保祖孙三代，均为琵琶名手，在唐朝声名很盛，人称“三曹”。尤以曹善才和曹刚的演奏艺术，受到当时诗人的特别赞赏。曹善才不仅精于演奏，而且善于教学，其门下亦有不少琵琶弟子。

唐代西域乐舞为文人学士所欣赏爱好，而且因其多姿多彩、新奇绚丽成为诗人的创作素材和描述对象。据不完全统计，唐代有50余位诗人，创作了描述或涉及西域乐舞的诗词达百余首之多。西域乐舞诗在文坛上具有相当数量和一定地位。

第十一章　东西方文明交往的纽带

唐朝与波斯、阿拉伯交往密切，活跃在唐朝的外国商人，多数为波斯人和阿拉伯人。这些不远万里来华的阿拉伯人和波斯人，不仅是中国与西亚地区经济贸易交流的主要担当者，而且是阿拉伯了解中国、认识中华文化的媒介，充当了文化传播和文化沟通的桥梁。中国与波斯、阿拉伯的交往也使东西方物种交流、商品贸易、宗教传播、文明传承和创新成为可能，是东西方文明交往的纽带。

住唐的波斯人和阿拉伯人

在唐的外国侨民，被称为“胡人”的，除了粟特人和其他西域人外，多数为波斯人和阿拉伯人。他们生活在欧亚大陆核心地带，成为世界文明的推动者。

波斯地处欧亚大陆的中部，扼丝绸之路的要道，一直是东西方文明交往的要冲。中国与波斯、阿拉伯帝国的交往使东西方物种交流、商品贸易、宗教传播、文明传承和创新成为可能，客观上是东西方文明交往的纽带，具有世界性的意义。早在汉代，中国就与安息有着比较多的来往。到了魏晋南北朝时期，中国与波斯的交往更加密切，双方的贸易和物质文化交流十分频繁。到唐代，中国和波斯的经济文化交流达到高潮。

7世纪以后，阿拉伯帝国崛起，中国文献中称之为“大食”。唐朝与大食来往很多，关系密切，两国民间的贸易关系也显示出前所未有的盛况。陆路和海路两途，往来商旅络绎不绝，在陆路，由于阿拉伯帝国雄踞西亚和中亚广大地区，所以在其境内，东西交通畅通无阻。阿拉伯帝国的驿递制度很完善，从首都到外地均有四通八达的驿路。沿途驿馆等设施不仅保证了政令的迅速传布，而且为运输物资、商旅往来提供了便利。他们在中原的主要大城市都有自己的商站，一个城市一个城市接力传递，将中原国的物产贩运到欧亚大陆的西部。

在中国与波斯、阿拉伯的交流高潮中，有大批的波斯人和阿拉伯人来到中国，他们或担负官方使命，前来通好；或为商贾，从陆路和海路前来贸易；或是僧侣教徒，前来传播袄教、景教、摩尼教文化；或是波斯亡国之遗民，或是大食援唐之兵士，还有的只是慕东方文化而踏波蹈海或翻山越岭的旅行家。可以说，在唐代出现了一次西亚人涌向中国的高潮。他们当中的有些人久居不归，定居中国，被称为“住唐”，就像汉人在海外逾岁不归者被称为“住蕃”一样。

唐代侨居中国的阿拉伯人和波斯人大都集中在广州和长安两地，其次是扬州、洪州、张掖等地。据阿拉伯文献记载，唐末黄巢军攻陷广州，遇难的大食人、波斯人、拜火教徒、基督教徒、犹太教徒等外国人就达12万人。这个史料被广为引用，数字虽并不一定准确，有可能被夸大，但也可见当时在广州的阿拉伯人数量之多。

侨居在长安、广州、扬州、泉州的穆斯林商人日益增加，专门划出了一个特殊居留区，他们聚居一处，称为“蕃坊”。

“蕃坊”之名始见于唐代。蕃坊内部除了有住宅、旅舍、市场和清真寺外，还设有“蕃长”，负责管理蕃坊内外国居民的日常事务，主持宗教活动。唐朝政府指令蕃坊中的穆斯林推选出“最有德望”的一二人，由唐朝政府委任他们作“都蕃长”，蕃坊中设立的管理机构叫“蕃长司”，他们有的还被唐朝政府授以勋官。

唐代蕃坊蕃长、都蕃长所掌的蕃坊公事，主要包括管理坊内商品交易活动、处理坊内的违法犯罪事件及主持宗教活动；其中还有招邀蕃商入贡，主要是指代理外商与唐朝政府进行商贸交涉。蕃长、都蕃长须由唐朝政府承认任命，实际上是代理唐朝政府对外商进行集中统一的管理，虽享有一定的权力，但必须对唐朝政府负责。另外，在蕃坊设立之前或不在蕃坊之内而在其他地方进行商品交易和商品流通的外商，也必须遵守唐朝政府关于商品交易和商品流通的管理制度。

蕃坊的设置对于虔诚地笃信伊斯兰教的阿拉伯、波斯商人来说，给他们提供了很大的方便。因为蕃坊不仅是外国商人集中居住的地点，而且由于他们在那里列肆而市，形成了一个繁华热闹的商业区。这个商业区不仅有特殊的经济地位，而且有特殊的政治地位，如蕃人犯罪不受中国法律制裁，由蕃长按照其本国法律惩处。可见，唐代住唐的阿拉伯、波斯商人，在中国各处城市里都享受到法律上的以及宗教信仰上的照顾。

蕃坊这种形式，对于阿拉伯、波斯蕃商经商是十分有利的。因为它使他们在全国宏观上“大分散”的情况下，在各城市的蕃坊里能在微观上“小集中”，形成密集的民族商业网点和繁华的商业区。

在广州的阿拉伯商人，有的娶汉女为妻，有的带来了自己的妻子儿女。那些穆斯林妇女，穿着鲜洁的衣裳，戴着珍贵的耳环，被中国人称为“波斯妇”或“菩萨蛮”。所谓“菩萨蛮”是波斯语“Mussulman”或其讹形“Bussurman”的译音，意为“穆斯林”。后世有《菩萨蛮》的教坊曲，其曲调本源自波斯，在融合中国本地音乐元素后形成一种新的曲风，其源头乃是出自于穆斯林妇女的来华。

伊斯兰教进入中国，起初就是这些蕃客在蕃坊内进行的宗教活动。他们把自己的宗教信仰和生活习俗也带到中国，并且在蕃坊中得以保持。从文化上来讲，这些来自大食、波斯的商人，最重要的贡献就是将在阿拉伯出现的伊斯兰教带进了中国，在中国人的信仰世界里、在中国人的宗教谱系中，又增添了伊斯兰教。

唐代的波斯移民以商人为最多。唐代典籍中所见商胡，相当一部分是波斯商人。在唐朝居住的波斯人数量相当大，被称为“波斯胡”“穷波斯”。他们中有很多是经营珠宝的，一旦遇到珠宝主人自己不识、也不珍惜的奇珍异宝，他们会不惜出惊人的高价购买。这类故事大都见于笔记小说之中，又都夹杂着许多神话成分。这些故事说明了唐代的波斯商人在中国内地生活和营商比较自由，行旅往来并不受限制。唐代有许多波斯的物产通过贸易渠道输入中国。中国与西方的海上贸易，其中也有相当大的部分是通过波斯商船进行的。这些不远万里来华的阿拉伯人和波斯人，充当了文化传播和文化沟通的桥梁。

萨珊王朝的流亡集团

阿拉伯帝国迅速崛起后，长驱东进，开始大举入侵波斯。651年，阿拉伯帝国发动了对萨珊王朝的最后决战，历时数百年的萨珊王朝最终灭亡，被纳入阿拉伯帝国的版图。

萨珊王朝末代君主伊嗣俟三世（Yazdegerd III）死后，其子卑路斯泚（Peroz III）继波斯王位，避居波斯东境，在吐火罗的支持下建立了流亡政权。卑路斯率领几千人的波斯残军和阿拉伯人周旋多年，大小交战数十次。由于阿拉伯人频年东侵，卑路斯在西域无法立足，只好继续向东逃亡。卑路斯带着皇室和士兵、百姓，一起穿越帕米尔高原，爬过险恶的雪山，辗转穿越了吐蕃、突厥的控制区。经过数年的长途跋涉，卑路斯和他的跟随者终于在675年抵达唐朝的首都长安。

唐高宗周到地安顿了这些流亡者，封卑路斯为右骁卫大将军（从三品），为唐朝十六卫将军之一。卑路斯以长安醴泉坊的波斯胡寺为中心，团结当地的波斯人，形成了颇具特色的波斯社区。卑路斯在长安终于开始享受安定生活，却在两年多后就去世了。据说，卑路斯临终前对围在身边的亲属和波斯人说："贡献你的才华，奉献给皇帝。我们不再是波斯人了。我们现在是大唐人。"

在唐高宗李治与武则天合葬的乾陵，有着名为"六十一蕃臣像"的雕像群，其中就有"右骁卫大将军兼波斯都督波斯王卑路斯"。

卑路斯的儿子泥涅斯随父来唐，唐朝册立其为波斯王，让他客居长安。唐永隆元年（680）左右，泥涅斯在唐朝军队的护送下回到了吐火罗。泥涅斯在吐火罗和河中地区召集旧部数千人，以吐火罗叶护国作为根据地，同时得到了西突厥十部和河中地区诸国作为后援支持，得以与阿拉伯军队对峙周旋，坚持抵抗了20多年。直到唐神龙二年（706），吐火罗被阿拉伯攻破，泥涅斯不得不重返长安，唐中宗授予他左威卫将军之衔（十六卫将军之一）。

萨珊王朝灭国，整个王朝迁移到唐朝避难，形成了一个规模庞大的移民集团。除了皇室贵族、军政人员、将军士兵之外，还有许许多多的商人、宗教人士和普通百姓。灭国战乱之际，大批难民背井离乡，流亡海外，是世界历史上一再出现的现象。

由于萨珊王朝的灭亡，大多数波斯人都留在唐朝，个别人如卑路斯等，被优养起来，而其他人则入仕唐朝，为唐朝效力。其中阿罗憾

（Abraham/Wahrām）名震西域，在帮助唐朝设置吐火罗诸羁縻府州的活动中发挥至关重要的作用，被唐人称为“波斯国大酋长”。显庆年间，唐高宗因阿罗憾“功绩有称，名闻西域”，派出使臣邀请他入唐。高宗封阿罗憾为右领使将军，后来又加封他为上柱国、金郡开国公，相当于正二品职位，成为高宗身边的重臣。阿罗憾在洛阳生活了半个世纪，唐景云元年（710）以95岁高龄于洛阳的宅第里去世。因为阿罗憾功勋卓著，故为其在麒麟阁画像，永记其功。

另外，波斯虽已亡国，但部众仍存，至少在8世纪上半叶，萨珊王朝遗民仍然在吐火罗地区活动，而里海南岸的陀拔斯单出自萨珊王室，也一直保持独立到765年。因此，唐朝史籍中仍不断有波斯贡使的记录。史载仅开元、天宝年间，就有19次，其中甚至还有波斯国王遣使的记载。也有的研究者把这些使者看作是冒充使者的波斯商人。

唐朝流行的“波斯风”

胡服、胡妆、胡戏、胡食成为一种新奇时尚风行一时，影响了唐人社会生活的各个方面。所谓“胡风”，有相当大的成分就是“波斯风”。

传播到中国的波斯文化，不仅有大量的“波斯货”，还有萨珊艺术风格，可以看出波斯文化的广泛影响。

萨珊金银器的输入对唐朝金属制造业，特别是对中国金银器皿制造业的大发展产生了一定的影响。萨珊王朝金银器艺术从题材上讲可以分为两类：一类是表现世俗题材的宫廷艺术，另一类是具有一定象征意义的宗教题材艺术。萨珊王朝的金银器受到中国上层社会的喜爱与欢迎。唐高祖赐秦琼“黄金瓶”，唐太宗赐李大亮“胡瓶”，即萨珊金瓶或银瓶。唐代金银器制作与使用之盛，不限于宫廷、官府，也波及民间的茶楼酒肆。杜甫诗说：“马上谁家白面郎，兴轩下马坐人床。未通姓名粗豪甚，指点银瓶索酒尝。”诗中说的银瓶即胡瓶，当时酒家多用之盛酒供客。

日本正仓院所藏唐代的漆胡瓶，其形制显然受到了萨珊王朝的金银器皿风格的影响。中国传统的盛酒容器是与盆相近的樽。唐代前期，开始兼用酒樽与胡瓶。洛阳出土的高士饮宴纹螺钿镜和日本正仓院所藏唐金银平

萨珊王朝金盘，镶嵌水晶和石榴石，中心为波斯末代国王伊嗣俟三世坐像

文琴上的图纹中，饮酒者面前，除酒樽外，还摆着胡瓶。胡瓶为中唐以后的酒具注子和偏提提供借鉴。古代的酒注与偏提等物，又是近代酒壶的先型。高足杯在唐代上层官僚贵族生活中的使用也非常普遍。

萨珊王朝金银器物的捶揲工艺、造型艺术和装饰纹样大量传入，逐渐与唐代的本土器物融为一体，使中国古代金银器风格突变，呈现出了浓郁的异域色彩与前所未有的多样性。唐代金银器数量众多，类别丰富，造型别致，纹饰精美，金光闪闪，银光熠熠，成了显示唐王朝富丽堂皇、灿烂夺目的标志之一。

萨珊王朝的工艺对唐代中华文化的影响相当广泛，在织锦、宝石镶嵌、玻璃烧造、马具、乐器，以及服饰等方面都有它的痕迹。唐代绘画、雕刻、织物及其他各种工艺品都有显著的波斯风。特别明显的是波斯风格的纹样，有立鸟纹、翼兽纹、缠枝鸟兽纹、连珠纹、摩羯纹等。

织造锦缎与地毯是伊朗的一项传统工艺。波斯锦起初使用的原料是亚麻与羊毛，后来中国的丝绸传入西方，中国丝加上波斯独特的工艺，就能织出五彩缤纷的波斯锦缎。萨珊王朝的艺术发展最精彩的就是丝织品，色彩和图样十分丰富。波斯锦主要有两个特点：一是织造技术上采用斜纹组织和纬线起花，这与中国主要以平纹组织和经线起花的织造法不同。二是其花纹图案独具风格，以联珠动物纹最为典型，在图案花纹上用联珠圆圈分隔成花纹单元，其形式是联珠对兽纹、对鸟纹，常见的有对鸭、对狮、对羊、对雁等图案。波斯锦大致在6世纪进入中国内地，其织造技术也传到中国，中国的许多纺织品都受到波斯锦的影响。波斯锦还通过中国传到了日本，日本法隆寺里现在还收藏有7世纪的萨珊式织锦。

由萨珊王朝传入中国的艺术风格，经唐人的接受和吸收，融入唐代的各种工艺艺术之中，并经过唐朝传播到新罗和日本，对那里的艺术也产生了一定的影响。如7世纪风行于中国的连珠纹装饰，也被新罗普遍使用在砖和瓦当上。在日本，7世纪后半期，连珠纹也很流行，在瓦当、铜器上都有这种纹饰。

陕西法门寺地宫出土的仿萨珊王朝金属器风格的玻璃瓶。陕西法门寺博物馆藏

萨珊王朝的银碗。广东湛江遂溪县博物馆藏

怛逻斯战役与造纸术的西传

唐天宝十年（751）七月，唐朝与大食在中亚地区发生战事，即著名的怛逻斯战役。

怛逻斯战役是唐朝和阿拔斯王朝之间的一场大战，是一场在世界史上有着重要影响的战役。这场战役对于中华文化的西传，特别是造纸术向西方的传播，起到了至关重要的作用。在这场战役中，被阿拉伯人所俘的唐军兵士中，有一些是造纸工匠。他们把造纸术传入撒马尔罕，在那里建立了一座造纸工场，把完整的造纸术带到那里，成为阿拉伯帝国造纸业的开山始祖。

撒马尔罕在唐时称为康国，后来成为阿拉伯帝国的东方重镇。撒马尔罕有丰富的大麻和亚麻植物，加上灌渠中充足的水源，为造纸业提供了自然资源。撒马尔罕的造纸业因为有技术熟练的中国工匠操作，所造纸张十分精良，成为远近闻名的商品。直到11世纪初，“撒马尔罕纸”仍在阿拉伯世界中保持很高的地位。

撒马尔罕很快就发展成为重要的造纸业中心。在撒马尔罕的造纸业发展起来后不久，阿拉伯世界又涌现出几处造纸业基地。794年，阿拉伯帝国的首都巴格达建立了新的造纸厂。当时的巴格达是伊斯兰教的宗教和文化中心，是当时世界上最富庶、繁荣的城市之一。巴格达纸厂的建立由于与呼罗珊总督密切相关，所以其主要技术力量是由撒马尔罕纸厂所提供的，据说其中就有中国工匠。纸厂投产后，阿拉伯帝国哈里发便明令政府公文正式采用纸张，以代替耗资巨大的羊皮纸。

9世纪，由于纸的需求量急剧上升，西亚又陆续出现了两个新的造纸厂。一个是在阿拉伯半岛东南的蒂哈玛建立的纸厂，另一个是在大马士革设立的规模宏大的纸厂。在此后的几百年间，大马士革成为向欧洲供应纸张的主要产地，所以欧洲一般称纸为“大马士革纸”。叙利亚的另一城镇班毕城也以制纸著称，所以欧洲人也曾把纸称为“班毕纸”。

在当时，非洲北部也在阿拉伯帝国的统治之下，所以纸和造纸术在中亚和西亚传播的同时，很快传播到埃及。900年前后，在今埃及的开罗已经建立了造纸厂。埃及自古以来以生产纸莎草闻名于世，并长期向地中海

《天工开物》中的造纸工艺插图

地区输出纸莎草。但是，当中国发明的纸和造纸术传到这里以后，纸莎草便遇到了强有力的竞争对手，开启了它最终被淘汰的时代。10世纪中叶以后，纸莎草文书便已告绝迹，纸最终代替纸莎草成为最重要、最常用的书写记事材料。

大约在11世纪的下半叶或1100年，造纸术传到北非的摩洛哥，摩洛哥的非斯城成为当时另外一个造纸业的中心。

造纸业的发展，纸的推广和普遍应用，推动了阿拉伯科学和文化事业的进一步昌盛和繁荣。830年，巴格达建立了“智慧宫”，其由科学院、图书馆和译学馆联合组成，系统地和大规模地开展翻译事业。撒马尔罕纸厂和巴格达纸厂生产的纸，为翻译事业的发展提供了最便利的条件。译学馆网罗了大量的科学者和翻译家，包括伊斯兰教、景教、犹太教的学者，翻译希腊文、叙利亚文、波斯文、梵文的各种专门著作，广泛地吸收世界各国科学文化遗产。而古希腊的许多科学著作得以保存下来，几乎全赖阿拉伯文的译本。纸的应用，使8—9世纪的翻译事业有了发展的可能，并为

10世纪以后阿拉伯科学的创造性发展铺平了道路。

之后，造纸术又由阿拉伯人传到西班牙，进而传入欧洲各国。

苏莱曼的中国见闻

唐代中国与阿拉伯的人员往来频繁，一些来过中国的使节、商人、教徒和旅行家，在回国之后，必定把他们在中国的所见所闻和中华文化带回故里。其中有些人还可能把这些见闻记录下来，广为传播。另一方面，8世纪以后，阿拉伯的地理学迅速发展起来。由于当时的阿拉伯是一个世界性的大帝国，阿拉伯人的地理眼界比以往大为拓宽。当时阿拉伯人的地理学著作所述的内容往往涉及他们所知的整个世界，其中也包括对中国地理和文化的介绍。这些旅行家的见闻录和地理学家著作中对中国的记述，展现了当时阿拉伯人关于中国的知识。实际上正如许多中华文化的成果如造纸术、炼丹术、中医药学等是通过阿拉伯人传到欧洲一样，欧洲人关于中国的知识在许多方面也都得自于阿拉伯人。

阿拉伯人关于中国的著作《中国印度见闻录》成书于851年，作者已不知为何人。书中记述了阿拉伯商人苏莱曼（Sulayman）在印度、中国等地行商的东游见闻。

《中国印度见闻录》叙述了赴中国的海上航行。书中叙及从波斯湾经印度和马六甲海峡到中国的航线上，有哪些地方可以泊港，需要航行多少天，在何地补充淡水；而且还涉及浅滩和礁岩、强风和龙卷风、吃人种族居住的岛屿等。书中还记载了各地的土特产以及当地的货币和交易方式。因此有人认为，对于当时的阿拉伯商人来说，此书“堪称是一部通俗的南海贸易指南”。

此书对中国风俗文化的记载饶有兴味。书中的陈述者苏莱曼说，中国人无论贵贱，都穿丝绸，王公穿上等丝绸，以下的人各按自己的财力而衣着不同。女人的头发露在外边，几个梳子同时插在头上；有时一个女人头上，多达20个象牙或别种材料做成的梳子。他说到中国的食物：中国人的粮食是大米，有时，也把菜肴放入米饭再吃。王公们则吃上等面包及各种动物的肉。他们喝自己用发酵稻米制成的饮料。在中国，人们用米造醋、酿酒和制糖及制作其他类似的东西。缔结姻缘时要先送聘礼，一个男人可以娶几个妻子。人死后有停棺数年不葬者。书中还讲到中国人的宗教信仰，说中国人崇拜偶像，他们在偶像前祷告，对偶像毕恭毕敬。中国人有宗教书籍。中国人以铜钱为货币。在商业交易和债务上，中国人讲究公道。本书对中国丰富的物产十分感兴趣，提到了黄金、白银、珍珠、锦缎、丝绸和瓷器等。

苏莱曼对中国的政治文化也颇感兴趣。他说，据说中国有200个府城，每个府城有其王侯和宦官，并有其他城市隶属于它。中国政府在每一个城市都设立学校，对穷人及其子女进行教育，由政府供给一切。不论贫富，不论老少，所有中国人都学习认字、写字。中国的政治公平，有条不紊。官吏等级，序列详明。公事商业往来，皆用笔书写后而行之。递呈官府，文辞格式，尤须讲究。

苏莱曼还记述了中国的饮茶风俗，称茶为泡开水喝的一种干草叶。在各个城市里，这种干草叶售价都很高。此种干草叶比苜蓿的叶子还多，也比它略香，稍有苦味，用开水冲喝，治百病。这可能是外国文献中第一次记载饮茶风俗。他还介绍了中国的医药学，说中国也有医学，中国的医学主要是“灸”。有一块石碑，上面刻有各种疾病和药物，某种病用某种药物医治。如果一个人很穷，他还可以从国库中得到药费。

《中国印度见闻录》是目前所知最早的阿拉伯人的中国游记，是那个时代国外关于中国知识的最重要文献之一，是先于《马可·波罗游记》约4个半世纪问世的关于远东的一部著作。全书内容丰富，资料翔实，反映了唐代东西海上交通日益发达，中国和阿拉伯之间的商业往来频繁；阿拉伯穆斯林来华人数日趋增多，他们与华人和睦相处，对中阿之间的经济文化交流起到了促进作用；中国官方对伊斯兰教持宽容态度，不仅不干涉外籍穆斯林的宗教信仰和生活习惯，而且在他们比较集中的地区，如广州，还授予他们自行管理自己内部事务的权力，从而使伊斯兰教在广州及其他地区得以传播。

第十二章 玄奘向西，梵僧向东

唐代是佛教文化在中国传播的高潮时期。以玄奘为代表的唐代西行求法运动，“开元三大士”等印度高僧的东来，标志着佛教在这个时期的蓬勃发展。来往于印度和中国之间的佛教徒扮演着文化传播者的角色。作为都城的长安成为全国的佛教中心，并且进一步发展成为世界的佛教中心，成为中国佛教文化发展史上的一座高峰。也正是在这一时期，佛教完成了中国化，成为中华文化的组成部分。佛教是一个包含着丰富内容、多种形式的文化集合体，它在中国广泛和持续的传播，对中华文化的许多方面都产生了很大的影响。

玄奘西征，大开王路

玄奘，是汉传佛教史上最伟大的译经师之一，也是法相唯识宗创始人。梁启超说：“唐玄奘三藏孤游天竺，十有七年，归而译书千三百卷，为我学界第一恩人。”

唐贞观三年（629），玄奘28岁这一年，他从长安出发，“冒越宪章，私往天竺”，冒着违抗朝廷禁止国人出蕃的禁令，昼伏夜行，从凉州出玉门关，终得偷出国门。玄奘孤身涉险，一路上历尽了艰辛，以超于常人的意志，越沙漠，翻雪岭。他心中只有一个信念：“去伪经，存真经，不至天竺，终不东归一步！”经过艰难的旅程，玄奘抵达印度，游历各地，巡礼佛教胜迹，广泛学习大小乘佛教，后在当时最大的佛教大学那烂陀寺学习五年，被选为通晓三藏的十德之一。

玄奘游学印度期间，享有盛誉和优厚的生活待遇，印度诸国等多国王室曾多次盛情挽留他，但玄奘为了故土的众生能够得到无上佛法的甘露滋润，义无返顾地返回祖国。贞观十九年（645），玄奘回到长安，结束了历时17年、跋涉5万余里、周游参学100余国的艰难历程，时年44岁。

玄奘回国后，专心致力于翻译佛经事业。他从印度带回的600多部佛教经典，大大丰富了中国佛教典籍的宝库，也为唐代的译经事业的辉煌成就提供了梵本基础。在唐太宗的支持下，宰相房玄龄选取高僧20余人，组织宏大的译场，协助玄奘翻译佛经。这是中国佛学史上一次著名的译经活动。玄奘在佛经汉译的历史上开创了一个新的阶段，被后人尊为伟大的翻译家。

玄奘归国后，将沿途各国的风土习俗以及政治、历史、宗教上的遗迹轶闻，写成《大唐西域记》。此书以其丰富的知识，大大扩展了中国人对西域和印度等地的认识，丰富了中国关于西域和印度的知识系统，进一步开阔了中国人的眼界，为当时大唐中央政府经营西域提供了确切的资料。同时，这本书也成为后世研究古代南亚次大陆和中亚诸国历史、地理的经典性著述，更成为各国的学者研究古代中亚各国和7世纪前印度历史的重要依据。

玄奘不畏艰险西行取经的壮举，也给后代的佛教学者们以极大的鼓舞。在他之后，陆续有其他中国僧人赴印度开展求法取经活动，其中以义净最为著名。

义净深为法显、玄奘的事迹所鼓舞。《宋高僧传》称其“仰法显之雅操，慕玄奘之高风”。玄奘与义净是同时代人，年长义净30多岁，其西行求法的成功及回国后的声名对义净的鼓舞更大、更直接。在义净11岁时，即贞观十九年（645），玄奘回到长安，这在当时是一件轰动朝野的事。26岁那年，义净来到长安恰逢玄奘在长安著述讲学，有了可以面见玄奘并听其讲学的机会。唐麟德元年（664）二月五日，玄奘在长安示寂，其葬礼极为隆重。此

玄奘三藏像（局部）。日本东京国立博物馆藏

时义净很可能就在长安，应当参加了玄奘的葬礼，在送葬的“百余万人”之列，更甚或是在夜宿的“三万余人”之中。玄奘的葬礼给义净留下了很深的印象，促使他更加坚定西行求法的决心。正所谓“玄奘西征，大开王路，僧人慕高名而西去求法者遂众多”，义净便是其中之一。

唐咸亨二年（671），义净经扬州到广州，乘波斯商人的船南行，到达室利佛逝，再乘船北行，最后于唐咸亨四年（673）到达印度。义净在那烂陀寺学习佛教，前后停留近12年，还远到印度南部和东部二三十个小国家访问，拜访僧俗各界人士，探讨学问。唐垂拱元年（685），义净离开那烂陀寺，取道海路回国。他在室利佛逝停留6年，从事译经工作，最后在武后唐长寿三年（694），也即延载元年的夏天，从室利佛逝回到广州。

义净回国时，带回梵本经律论各种著作近400部。他集中全部精力投入到规模浩大的翻译经书工程中去，译经工作长达18年之久。据现存资料可知，义净共翻译梵文经书56部230卷，但实际翻译数字可能还远不止这些，成为中国佛教界最著名的翻译家和翻译佛教经典最多的高僧。

义净在室利佛逝时，写下的《大唐西域求法高僧传》和《南海寄归内法传》，是可以与法显的《法显传》、玄奘的《大唐西域记》相媲美的。因为两部著作均为作者的耳闻目睹和亲身经历，其史料价值和真实性甚至要超出一些正史，成为后人研究中印关系史、中西交通史、印度史、南洋史、宗教史和文化史的宝贵典籍。

唐代，许多僧人西行取经，是中国僧人“留学印度”最热烈的时期。求法僧们不畏艰险，勇于牺牲，在中国佛教文化史上写下了光辉的一页。他们所体现的不仅是对宗教信仰的热忱，更反映了积极学习、吸收外来先进文化的强烈愿望。

在玄奘、义净等人奋力西行、刻意求法的同时，也有许多印度的高僧来到中国，传播佛法。佛教进入中国之初，首先是由来自西域和印度的僧人到中国来传教。从汉代开始，一直到魏晋南北朝，入华的西域高僧代不乏人，成为那个时代的文化使者。到了隋唐以后，仍然陆续有许多印度和西域僧人来到中国传教，翻译佛经，为在中国境内流行已久的佛教不断输入新鲜血液。这种情况与前代略有不同。最初来华的外国僧人以西域各国居多，而印度作为中国佛学源泉的核心地位，是其他国家难以取代的。这些印度僧人在唐朝的生活以传译佛经为主，许多僧人携经而来，他们或介绍传译中国未流行的佛经，或根据梵本重新翻译旧有的经典，为唐代佛教文化增添了新的内容。同时，他们与中国的佛教僧侣和文人学士广泛交游，结下了深厚的友谊。

在唐代来华的印度高僧中，善无畏、金刚智与不空最为著名。他们都是玄宗时期入华的，并称“开元三大士”，也都为佛经汉译作出了很大贡献。特别是与玄奘、义净并称为唐代三大译经家的不空，一生致力于密典的宣译，也取得了很大成就。

长安：世界的佛教中心

唐代西行求法运动的高潮，“开元三大士”等印度高僧的东来，标志着佛教在这个时期的发展，达到了一个辉煌的时期。

佛教的兴盛繁荣，除得力于佛教本身在南北朝所奠定的稳固基础外，更有赖于国家的统一强盛及护持提倡。唐代佛教有了很大的发展，而这种发展在很大程度上得益于朝廷对于佛教的鼓励、扶植和支持。唐历代皇帝，除了唐武宗以外，大都对佛教给予庇护和支持，并且采取一系列有利于佛教传播发展的政策。从历史的经验来看，从佛教在中国传播开始，其发展就与当时的朝廷态度有密切关系。汉明帝梦见金人、派人去西域请高僧传法，被认为是佛教传播到中国的开始，也就是说，佛教进入中国一开始就是由皇帝和朝廷倡导的。到两晋南北朝时期，佛教在中国广泛传播，与许多帝王的大力倡导和扶植有密切关系。而佛教发展中遭受到的打击和挫折，也是由帝王发动和组织的“毁佛”事件造成的。两千多年的佛教传播和发展史，证明统治阶层特别是拥有决策权力的皇帝支持与否，是佛教兴衰的关键。东晋道安有一句名言：“不依国主，则法事难立。”这一点在隋唐时期尤其突出。正是由于隋唐两朝的奉佛政策，使得佛教在这一时期获得了广泛的传播与发展，并且形成了宗派林立的兴盛局面。

随着佛教的大发展、大繁荣，作为都城的长安成为全国的佛教中心，并且进一步发展为世界的佛教中心，成为中国佛教发展史上的一座高峰。

长安作为丝绸之路的起点，正是佛教向中国内地传布的中心站。西晋时期，著名的译经家竺法护自敦煌来到长安，从事佛经翻译与弘法活动，直接推动了长安佛教的兴起。前后二秦时代，佛教在长安尤为兴盛。二秦佛教及其代表人物道安和鸠摩罗什在中国佛教史上占有重要的地位，他们在长安的佛教活动，为长安成为北方乃至全国的佛教中心奠定了基础。两晋、南北朝时期，得力于竺法护、道安和鸠摩罗什三大僧团的译经和弘法活动，长安三度成为北方佛教译经中心和弘法中心。

唐代京都长安，文化炽盛，经济繁荣，成为中国佛教的僧才凝聚、经典翻译、宗派创立、佛教弘传和文化交流的主要中心，是中国佛教走向高度繁荣和全面发展的宗教圣地。长安城里寺院林立，城郊各地塔刹相望，终南山里楼台点缀，皇室和大臣竞相献宅立寺或新建塔庙，商人和一般民众也争相供养。长安一带拥有了全国最多的皇家寺院，也聚集了全国规模最大的寺院。这些寺院有皇家和官府划分的土地，往往占据长安城中的重要位置，而且占地面积较大，如大兴善寺，“月给恒料”，“为国行道”，享受“国家供给”。僧人日常生活和宗教活动条件优异，佛教弘传效应显著，社会影响强大。

长安有佛教生存的良好条件，是佛教发展的广阔天地，吸引了一大批高僧、名僧、学问僧、禅僧、大德前来长安弘扬佛法。印度僧人或沿陆路由西到东，或沿海路由南到北，聚集于长安，西域僧人沿河西走廊进入长安，日本、朝鲜的僧人则自东向西来到长安。以玄奘为代表的出国留学取经的僧人也回到长安弘扬佛教。国内各地的优秀僧人云集长安学习、弘教。由于他们的积极宣化，推动了佛教传播事业的大发展。他们或转梵译经，播扬法音；或解经疏论，转识成智；或直指人心，破相显性；或念佛极乐，净土往生；或口诵真言，成佛即身；或明律习诵，正法久住。高僧弘法活动蓬勃开展，其受业弟子成百累千，或云游诸方，或住持名寺，使佛法遍布州县各地。

在唐王朝的直接支持下，以大慈恩寺、大兴善寺、大荐福寺三大译场为支柱的众多译场的译经事业兴旺发达，使长安成为当时中国最大的佛经翻译中心和中国古代历史上翻译国外经典数量最多、流传最盛的地方。唐代译经基本上由国家主持，从唐太宗时开始组织译场，历朝相沿，直至唐宪宗年间。隋唐译经事业开辟了佛教传播的新途径、新天地，为创立佛教宗派提供了新动力、新根据。长安是历史上佛经汉译的最大基地，在这里翻译出来的佛教经典占全部汉译佛教经典总数的一半以上，中国最流行的经典如《金刚经》《阿弥陀经》《法华经》《维摩经》《心经》等绝大部分出自长安。截至唐代，印度大乘佛教的精华几已全部译介，而且所译经论较之前朝，更具选择性、系统性与完整性。

长安也是最具神圣意义的弘传佛教的最大中心。佛牙舍利、佛顶舍利、佛指舍利等具有重大影响的佛教圣物聚集长安，阿弥陀佛、观音菩萨、泗州大圣、密教仪轨等信仰形态由此彰显并走向全国。

在唐代文人中，普遍流行崇佛之风。著名诗人王维终身崇佛奉佛，有“诗佛”之称。他取字摩诘，就是由于崇佛而取典于佛教维摩诘居士。人们评价他是“当代诗匠，又精禅理”。唐代士大夫中也有一些人研读佛典、探讨佛理，甚至是仅次于佛门高僧的佛教典籍研究者。有的士大夫，佛学造诣甚至远超过高僧。他们不但数十年如一日地孜孜以求，把佛学理论理解得十分透彻，而且还比较内学外学的同异，找出其渊源和交叉渗透的成分。柳宗元自称“吾自幼好佛，求其道积三十年”。白居易曾多次表示自己的佛教信仰，在自撰的《醉吟先生墓志铭》中记述自己生平的志行：“外以儒行修其身，中以释教治其心，旁以山水风月、歌诗琴酒乐其志。”对于唐代文人来说，佛教不只是作为信仰，更深入到他们的意念、感情、情绪、生活方式、处世态度等精神生活和人生践履的各个层面，在一定程度上成为他们人生和意识的有机组成部分。这些文人对佛教的接近和推崇，也进一步促进了佛教对当时社会生活产生广泛影响。

在长安，人们的日常生活也充满着浓厚的佛教文化气氛。民俗性佛教活动十分流行，是直接与群众生活相联系的。如佛寺在节日里举行的俗讲，用通俗的言词、生动的故事进行宣传，并形成各种讲经文或变文。由于长安俗讲流行，创作了很多变文作品，各种佛教应验故事、传奇小说等在民间流行起来。而唐诗中的佛教题材也急剧增加，佛教成为唐代文学的重要精神源泉。在艺术方面，佛教绘画、雕塑、音乐、建筑、书法、纹饰等相当繁盛，佛教艺术呈现兴盛的景象。长安城内的大小雁塔以及许多著名的佛教碑刻都凝聚着佛教艺术的深厚底蕴。

长安的佛寺不但是当地宗教文化的活动中心，更发挥出世俗的社会文化功能，成了城市中重要的文化活动场所，在当时的社会文化领域起到巨大的积极作用，构成唐代社会繁荣、华丽的文化生活中极其重要的部分。在长安，佛寺经常开展赈灾和以一般僧俗为对象的平等施食活动。招提院或普通院还会开放宿坊，设有供住宿的免费客房。当时长安的所有寺院，每届考季，都充当来自全国各地的科举考生的宿舍。

在佛教文化交流的带动下，长安成为世界性的文化交流中心。7世纪以后，佛教在印度开始衰落，佛学的研究中心与佛教的传播中心也由印度逐渐转移到了中国。来自南亚、中亚、东亚、东南亚的弘法僧和求法僧云集长安，相互交流，彼此激发，使长安成为一个空前绝后的国际化佛教交流中心。

佛教传播与文化交流

佛教在中国的传播和发展，是中外文化交流史上的大事，也是中国文化史上的盛事。佛教在中国广泛和持续的传播，对于中国的造型艺术，包括造像、绘画、石窟和建筑艺术，以及对于中国的音乐舞蹈艺术、科学、医药学等多方面，都产生了巨大的影响，对于中国语文和文学中以及日常生活和风俗习惯，也产生影响。

佛教成为中国与印度文化交流的主要载体。或者说，在佛教传播的大洪流中，印度文化被裹挟着涌向中国，这成为历史上中国和印度文化交流的主要特征。李约瑟曾指出，来往于印度和中国之间的佛教徒扮演着文化传播者的角色。

中印之间的文化交流，以印度文化向中国的传播为主要内容。中国和印度都有着悠久的历史传统，创造了各自的丰富多彩的民族文化。同时，它们以自己的本土为中心，把自己的文化向周边国家辐射和传播，泽被四邻，形成了各自的文化圈，如东亚文化圈和印度文化圈是世界上四大文化圈中的两个。它们又同属于更广义的东方文化体系，并且由于地理环境的关系，两大文化圈时有碰撞、交流和融合。不仅如此，中国和印度还是近邻，在文化上有着漫长的直接交流的历史。

中国和印度的交通很早就已开辟。甚至在远古时代，两地就可能有了一定的文化联系。沿着中印两国交通的古老通道，中国与印度进行着丰富的物质文化交流。西南丝路的起点是四川的成都。成都是当时西南地区的贸易中心，其中包括对印度的贸易。汉代张骞通西域时，带回了有关身毒即印度的一些传闻。

唐代，中印经济文化交流全面展开，规模较从前更大。两国使者在交通路上往来频繁，五天竺国曾27次遣使来中国；唐太宗、高宗、武则天等也数次派使者去印度。这样频繁的使节往来，不仅密切了双方的政治关系，而且扩大和发展了经济贸易活动，同时也使双方的文化交流达到了高潮。交流的内容并不限于宗教，还包括政治（外交）、经济、哲学、科学技术、文学艺术等，是全面的文化交流。唐代为中印文化交流活动的鼎盛时代。

在长期的中印交往中，商业贸易一直承担着主要的角色。中印之间的主要通道，多是由商人们开辟的，承担着商贸运输的功能。在双方的物质文化交流中，中国的丝绸等物产输入印度，也有许多印度物产输入中国。印度具有悠久的航海通商传统，对外贸易发达，在这个过程中，不仅有印度物产输入中国，印度还充当了西方物产输入中国的媒介。在中国汉代及以后，有许多波斯、阿拉伯以及地中海地区的奇珍异物，如钱币、玻璃器和其他艺术品等在中国被发现，很多都与印度的转口贸易有关。

唐代，中国与印度的海路交通也很发达。在笈多时期（4—6世纪），印度就与马来半岛以及毗邻各岛有了密切的接触。通过商业和殖民活动，印度将其宗教和文化带到了爪哇、苏门答腊、高棉以及周围的其他岛屿。后来这些地区逐渐发展成庞大的土邦和帝国，他们重视贸易，控制海上航线，互相争雄。直到9—11世纪，南部的注辇王朝一直是一个强大的海权国家。他们派遣一支海军远征队，征服了塞林德罗帝国（即室利佛逝）。印度人的移民与文化传播，让东南亚进入了一个影响深远的“印度化时代”。唐朝与南海诸国的交往频繁，这些国家之所以在中西交流中很重要，很大程度上是因为它们是中国与印度交通和文化交流的中转站。

印度医药学在中国的传播

古代印度的医药学很发达。印度医药学的许多内容是与佛教结合在一起的，所以在很多情况下往往把印度医药学称为“佛教医学”。佛教医学是东方医药学文明的重要宝藏。在佛教东传中国的同时，印度医药学也传播到中国，为中国佛教僧医乃至中医医生接受和应用，并且将其融入中医药学之中，成为中医药学的一个组成部分。印度医药学在中国的传播，是佛教文化东传的一个重要内容，也是印度文化东传并发生影响的一个重要方面。

佛经中最著名的治疗案例就是医王耆婆的医疗事迹。耆婆是一个有神话色彩的人物，被称为“医王”和“药王”。许多治疗方法和药方都假托于他的名下，他的医疗事迹也常常被当作经典医案来看待。在汉译佛经以及注疏中，耆婆的医疗事迹有80多种，所治疗的疾病涉及外科、内科、小儿科、皮肤科等多种，列在他名下的药方也被中医药学广为采用。

随着佛教的传入，印度医药学对中国医药学产生了广泛影响。在这一时期，西域来华僧人带来了西域，特别是印度的医药学知识；大量佛经的翻译，以文字形式将印度医药学知识介绍了进来。随着佛教典籍的翻译和传播，中国人对于印度医药学已经有了比较多的、比较全面的了解。印度古代的医学理论在佛书中保存了不少，随着佛经的翻译，印度的一些医学理论也传入了中国。

佛教及其佛教医学传入中国之后，中国的高僧不仅翻译了许多佛教医学典籍，而且还结合中国、印度及西域各国的医学知识编著了不少医学著作。其中，既有结合佛教教义的著作，也有纯粹的医学论著，他们为中国古代医学的发展作出了重大贡献。

佛教医学著作的翻译以及中国佛教学者的相关研究，使中国人对印度医药学的理论及医疗实践有了比较深入的了解，并结合相关的内容，与中医药学相结合，丰富了中国医药学知识和理论。一些中医学家自觉地研

元赵孟頫《红衣西域僧图卷》。辽宁省博物馆藏

习、吸收这些来自印度的医学知识、治疗方法和药物药方，将其作为丰富和发展中医药学的重要补充。

精通医道的传法僧人的医疗实践，是印度医药学向中国传播的一个重要渠道。在来华的僧人中，有一批懂得医药学知识并能为人用药治病的僧人，成为中国古代医疗队伍中的一支力量，为中国医药学的发展作出了贡献。

印度医药学著作及其理论在中国的传播，以及印度和西域僧人的医疗活动，对中国传统医药学也有很大的启发和刺激，许多中医药学者都热心地学习印度医药学知识，并且将其吸收到中医药学并运用在医疗实践中。印度医药学的理论和实践被中国医药学家收入他们的著作中，成为中国医药学的一个组成部分。

印度的一些药物也在汉代传入中国。《后汉书·西域传》中说到身毒的特产，提到诸香、石蜜、胡椒、姜、黑盐等，皆有药用价值。这些特产当时已经传入中国，并为中国医生所用。比如石蜜也就是蔗糖，以之入药是印度医学传统，汉代医药学著作《神农本草经》已经把石蜜列为“上品”药物。《神农本草经》成书于东汉时期，其中记载了许多从外国传入中原的药物，这里面包含了当时从印度引进的药物。东汉名医张仲景《金匮要略》记录的来自域外的药材，就有原产于印度的。传入中国的印度药物还有补骨脂（又作婆固脂、破故纸）、青黛（靛花）、郁金香、婆罗、天竺桂等。龙脑、木香、豆蔻、乳香、没药、郁金、诃黎勒、返魂香等数十种药物，原产于印度和东南亚等地，传入中国后，成为中药的重要组成部分。

印度医药学在中国的传播有多种渠道，比如佛教交流的渠道、商业往来的渠道、官方交往的渠道，等等。如王玄策出使印度，就曾携印度医生回国。在双边的贸易关系中，印度的药物包括香料，和其他国家如波斯、大食等的药物一道，是进口的大宗货物。在这一时期来到中国的印度高僧，有行医的记录；而中国高僧赴印度取经求法，对印度的医疗事业也有许多考察。所以，印度医药学在中国的传播比前代更为深入，并对中国医药学的丰富和发展产生了重大影响。

中国的医学自成体系，独立发展，很早就达到比较成熟的状态，在世界医学史上独树一帜。中国的药学也博大精深，内容十分丰富。但是，说中国医药学是独立发展、自成体系的，并不是说它是完全封闭的，与其他民族的医药学没有交流的。恰恰相反，在漫长的历史进程中，中国医药学不断吸收国外其他民族的医药学成就，并且接受、应用和吸收到中医药学的体系中，使之成为中国医药学文化传统的一部分。在这个过程中，印度医药学在中国的传播最多，影响也最大。

隋唐时期的著名医药学家孙思邈在吸收印度医药学以及来自西域的阿拉伯、波斯医药学知识，将其补充到中医药学方面作出了重要贡献。

孙思邈的两部著作《千金要方》和《千金翼方》，是唐代医学发展中具有代表性的巨著，是我国最早的医学百科全书，对后世医学特别是方剂学的发展，有着显著的影响和贡献，对日本、朝鲜医学发展也有积极的作用。孙思邈不仅广泛地接受了印度医药学的知识，也对阿拉伯、波斯的医药学有着深入的了解。这两部著作吸收了许多印度医药学和阿拉伯等西域国家医药学的成果及一些来自印度和西域的药方。这样，来自印度和西域的药方就进入中国医药学的药典之中，成为中医治疗疾患的用药方法。更重要的是，印度和西域医药学理论在取药规则、组方规矩、实际行用等方面都对孙思邈有影响，在一定程度上促进孙思邈带来“医道之一大变”，并影响到以后中国医学的发展。

“天竺三家”与天文历算知识的传播

纵观几千年的中外文化交流史，我们会注意到这样一个现象，即天文历算领域是中外交流最多和最活跃的领域。中国自古天文历算就很发达，但同时也积极引进外国的先进成果。在唐代主要是与印度交流并有所发展，在元代主要是引进阿拉伯的天文学成就，而在明清及以后，主要是引进欧洲的天文学成果。

古代印度天文历算知识发达，早在汉代就已传入中国。根据《隋书》卷三四《经籍志》著录，隋代以及之前已经译出印度天文历法书籍7种60卷。在唐代的中印交往中，陆续有印度的天文历算著作传入中国。

由中国前往印度取经的高僧和印度来华的高僧所携带的佛经中，也有不少关于天文历算的书籍。玄奘在《大唐西域记》中，对印度的长度单位和印度岁时有比较详细的记载；义净的《南海寄归内法传》中载有印度佛寺以漏法计时的情况。

上述所译佛经中，有关天文历法方面最重要的是不空在唐乾元二年（759）所译的《宿曜经》，详细介绍了印度的占星术、七曜、二十七宿和十二宫方面的知识。其中“七曜历”对唐代历法影响很大。

唐朝传入的印度历法还有瞿昙悉达翻译的天竺《九执历》。《九执历》是当时较为先进的印度历法。印度天文学曾经受到希腊天文学的影响，在计算天体运动时采用了黄道坐标系和几何学方法，和中国采用赤道坐标系及代数方法大不相同。《九执历》中的基本天文数据中有若干较之中国略有逊色，但其方法和概念也有许多长处。例如，中国古代历法一直没有分辨出太阳运行的近地点和冬至点、远地点和夏至点的区别，而《九执历》则定出远地点在夏至点之前10度，这是符合当时天文实际的。又如，中国古代历法不考虑日、月和地球之间直线距离的远近变化问题，所以在日、月食的计算中是有局限的，《九执历》则有推算月亮视直径大小变化的方法，较中国古代历法有所进步。此外，《九执历》引进了三角学里的正弦函数算法和正弦函数表，这对于中国古代数学也是一个新事物。

总之，《九执历》的传入乃是中国与印度科学交流史上的一件大事。

唐代天文学家中，一行是一位重要人物。一行所撰《大衍历》也是受到印度天文学知识影响而编纂的。唐开元九年（721），一行开始草拟《大衍历》，至开元十五年（727）完成。一行曾参考《九执历》，在《大衍历》中写入了“九执”的内容。《大衍历》较为准确地阐明了地球围绕太阳运行速度的规律，提出了正确划分二十四节气的方法。一行还有许多涉及天文历算的著作，似乎都受到印度学说的影响。

上文提到的翻译编纂《九执历》的瞿昙悉达在唐朝任职于太史监，这是秘书省下“监掌察天文，稽历数”的专门机构，后来在唐乾元元年（758）改为司天台。太史监监正是唐代以“本色出身”的技术官僚能够达到的最高官职，可知瞿昙悉达的天文历算技艺是相当高超的。来自印度的瞿昙家族在唐朝世代从事天文历算职业，这一家族四代供职国家天文机构，先后在太史监或司天监工作近110年。因此，当时人们称瞿昙悉达为“瞿昙监”，称这一派的天竺历法为“瞿昙历”。睿宗景云二年（711），瞿昙悉达奉敕作为主持人，参加修复北魏晁崇所造铁浑仪的工作。

瞿昙悉达身为皇家天学机构负责人，得以利用皇家秘藏之古今星占学禁书，编撰《开元占经》。此书集唐以前各家星占学说之大成，为古代中国星占学最重要、最完备之资料库，保存了中国最古老的恒星观测资料，其中甘、石、巫咸三氏之星表，成为今人研究先秦时期中国天学的最重要史料之一。

当时唐朝有著名的“天竺三家”，都以天文历算著名。瞿昙氏在“天竺三家”中最为显赫，是史籍中有关记载较多的家族。“天竺三家”其余两家为迦叶氏、拘摩罗，也是以天文历算知名的天竺人。

第十三章 中国的海洋世界与南海贸易体系

宋代是海上丝绸之路蓬勃发展的时期。宋朝积极鼓励发展海外贸易，航海业呈现千帆竞发、百舸争流的兴盛景象。至宋代，中国已经完全实现了对外贸易重心由西北陆路向东南海路的转移。北至东北亚，南到东南亚，形成了一个“贸易世界”，或称为“南海贸易体系”。宋代海上交通的繁盛，为元代和明代的海上交通进一步发展、海外贸易进一步繁荣铺平了道路。

海上丝绸之路

中国有着漫长的海岸线，蔚蓝的大海引发人们无限的遐想，也激起人们征服大海，由大海走向世界的愿望。大概在很久以前，我们的古代哲人就有“乘桴浮于海”的向往。与此同时，人们逐渐在海上开辟出一条下南海、入印度洋进而通往西方的海上商路。至迟在公元前2世纪，中国丝绸等物产便已通过海路向外传播，并从海路引进国外丰富的物产。这条途经南海传播丝绸的贸易商路，被称为“海上丝绸之路”。

海上丝绸之路是古代中国与外国交通贸易和文化交往的海上通道，是已知最古老的海上航线。秦汉之际中国已有可能与东南亚，甚或南亚建立了航海贸易关系。到汉武帝时代，国力雄厚，武帝亲自七次巡海，鼓励海洋探险与交通活动，大力开拓南海对外的交通与贸易活动，扩大汉王朝与海外各国的政治、经济与文化联系。

欧洲人乘船从海上西来，中国积极开拓海域，双方开辟的航线在南亚一带交汇，便成了东西海上交通的大通道，成为古代中西物质文化交流的大动脉，逐步建立起海洋世界的全球秩序。在它的西端，以地中海为中心，其触角延伸到西非、西欧和北欧；在东端，从中国的东南沿海城市，向东亚、东南亚延伸。这样，这条海上丝绸之路与中国至地中海东岸的陆上丝绸之路，形成了早期世界的国际贸易网络，共同担负起世界经济文化交流的任务。随着航海事业的发展，这条航线不只是把举世闻名的中国丝绸，而且把中国古代的灿烂文化和伟大的发明创造，传播到世界各地。它在促进中国和世界各国的海上交通、经济文化交流、友好往来等方面超过重要的作用，乃至对各有关国家的历史发展产生了重要的影响。

唐代前期，陆路和海路都很畅通。特别是唐朝对于西域的经略，扫除了突厥和吐谷浑对于丝绸之路的障碍，中西之间的交通往来频繁畅通。但是到唐代中期的安史之乱以后，唐朝的势力退出了西域，吐蕃、阿拉伯人乘势而起，在西域割据争霸，使得唐朝在西北陆路的对外通道基本被阻绝，中西交通转以东南海路为主，促进了海上丝绸之路的繁荣发展。

随着航海技术进步、造船技术提高和东西方航海活动的增多，海上贸易大为发展，宗教传播、文化交流也随之增多，形成了南海交通繁荣的局面。

贾耽在《皇华四达记》“广州通海夷道”中，记述了从广州经越南、马来半岛、苏门答腊，跨越印度洋，至印度、斯里兰卡，直到波斯湾沿岸各国的航线、航程，以及沿途几十个国家和地区的方位、名称、岛礁、山川、民俗等内容。广州通海夷道途经90余个国家和地区，航期89天，是8、9世纪世界上最长的远洋航线，也是唐朝最重要的对外贸易海上交通线。贾耽所记的这条航线，所及地方已不仅仅是东南亚和南亚，而是将东亚、东南亚、南亚、波斯湾与北非、东非都联结起来了。这条航线的航程之长，航区之广，以及所体现出来的航海实力，在当时是许多擅长航海的民族也难以开辟的。

7世纪以降，阿拉伯、印度、中国及东南亚各国以“印度洋—南海”为中心，展开波澜壮阔的海上交通与贸易活动，东西方进入一个全新的海洋贸易时代。广州通海夷道是沟通东西的重要纽带和桥梁。它一头联结海外世界，一头通向中国内地，循着四通八达的水陆交通网络，可以前往长安、洛阳和其他通都大邑。

唐代中国与东南亚、南亚甚至西亚的海上交通是十分便利和频繁的，往来商舶络绎不绝。义净赴印度求法，走的就是海上路线。他撰写的《大唐西域求法高僧传》记载，中外西行求法僧人搭乘海舶，或从广州，或从交趾，或从占婆起航，出海后或经室利佛逝，或经诃陵，或经郎迦成，或经裸人国而抵东印度耽摩立底；或从羯荼西南行到南印度那伽钵亶那，再转赴狮子国；或复从狮子国泛舶北上到东印度诸国，或转赴西印度。

据中外史料记述，唐代从广州出发到波斯湾和东非以及欧洲的海上航线，全程约14000千米。这不仅是当时世界上最长的远洋航线，也是16世纪以前世界上最长的远洋航线。

随着海上丝绸之路日益重要，海上贸易大发展，唐朝致力于海上丝绸之路的开发与经略。

唐代海上交通的发达和贸易的繁荣，与造船技术的发展和航海技能的提高是分不开的。隋代，造船技术已经具备了相当高的水平。唐代，造船技术进一步得到发展，造船工艺（黄底龙骨，水密舱结构、大腊与防摇装置、漆涂防腐技术、金属锚的使用）已领先于世界水平。造船地域遍布今江、浙、皖、赣等省，数量动辄数百上千，唐朝制造海船的能力由此可见一斑。唐天宝二年（743）鉴真第二次东渡日本，从扬州出海前，用80贯钱从岭南采访使刘巨鳞处买得“军舟”一艘，船上所载除了大量什物外，还有船工18人、僧人17人、工匠85人，可知唐代军船已经具备了一定的规模和远程航海的能力，是当时比较先进的海船。造船技术的提高，为远洋航行和海上贸易的发展提供了必要的条件。

宋代的南海贸易体系

宋朝积极鼓励发展海外贸易。中国海商数量庞大，在造船技术、航海技术和商品结构上有优势，在亚洲海上贸易中发挥着主导作用。南宋时，与中国有外贸关系的国家和地区增至60个以上，范围从南洋、西洋直到波斯湾和东非海岸。作为来华贸易主要力量的阿拉伯商人，在宋代基本上都从海路来华贸易。宋朝政府也鼓励来华商旅使节选择海路。所以，至宋代已经完全实现了对外贸易重心由西北陆路向东南海路的转移，与海上贸易相比，西北陆路就显得不那么重要了。

宋代海外贸易繁盛，对外贸易港口众多。唐代的主要贸易港有交州、广州、泉州和扬州四大港口，而宋代北至京东路，南至海南岛，与外洋

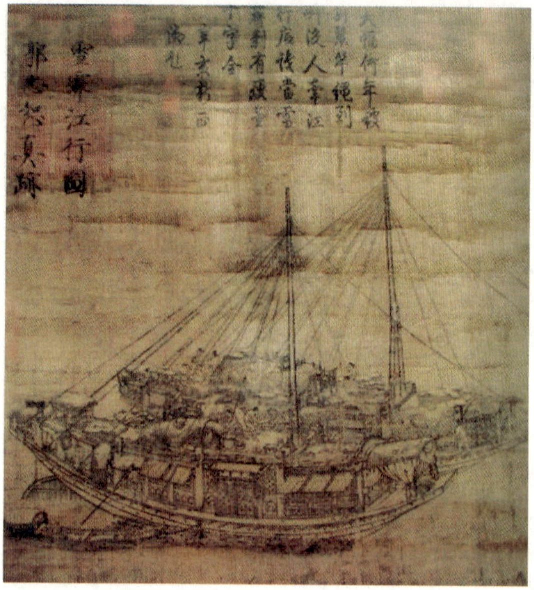

宋《雪霁江行图》中之宋代海外贸易船。台北故宫博物院藏

通商的港口已近20个。其中广州、泉州、临安、明州等大型海港相继兴起，还兴起了一大批港口城镇，形成了北起淮南，中经杭州湾和福州、漳州、泉州“金三角”，南到广州湾和琼州海峡的南宋万余里海岸线上全面开放的新格局。

美国社会学家珍妮特·L.阿布-卢格霍德（Janet Abu-Lughod）认为，在11世纪之后存在着一个世界体系，这个体系将亚洲和中东的农业帝国和欧洲独立的城市连成了一体，至13世纪达到了高峰。她指出，在18世纪以欧洲为中心的“全球经济体系”出现之前，在13世纪及此前很长时期，由于长期的贸易往来以及文化、技术与人口的交流，阿拉伯海、印度洋和南中国海已形成三个有连锁关系的海上贸易圈：最西边是穆斯林区域，中间是印度化地区，最东边是中国的“天下”，即朝贡贸易区。这三个贸易圈在宋代已经成为一个整体的贸易体系。宋代经济重心南移和鼓励海外贸易发展的政策导致海上贸易繁荣，中国对外贸易重心由西北陆路完全转移到东南海路，亚洲海路贸易空前繁荣，促使南海贸易体系最终形成。这是“第一个全球性经济体系”，这个经济体系对当时以及往后很长一段时期世界政治经济格局演变产生了深刻影响。

南海贸易体系在地理空间上北到中国、高丽和日本，西到印度洋沿岸地区和西亚。东南亚是这个贸易体系商品和人员流动的枢纽，其中三佛齐最处“诸蕃水道之要冲”。这个贸易体系是以朝贡贸易体系为基础的亚洲经济圈，是以中国和印度为两个轴心、以东南亚为媒介的亚洲区域市场。在这个贸易体系中，南海是最重要的中心，中国是推动贸易发展最主要的力量，东南亚是联系这一区域贸易的枢纽。

由于宋朝重商政策和贸易发展的推动，10—13世纪海运贸易繁荣，北至东北亚，南到东南亚，形成一个“贸易世界”，东北亚第一次被深入地整合到国际贸易网络中，东南亚进入“商业时代”，贸易和国家发展发生根本性转变。

有学者概括南海贸易体系在宋代的形成有三个明确标志：一是形成了稳定的商品结构和互补性的市场关系，即以中国瓷器和丝绸为主的手工业品与东南亚和印度洋沿岸地区的香药珠宝为主的资源性商品的交换；二是形成了稳定的贸易力量，即作为基本力量的中国商人和阿拉伯商人，以及日益增长的亚洲其他地区的商人；三是形成了有稳定贸易关系的市场区域。

器物华丽，香艳宋朝

宋代海上交通十分发达，往来各国的商船络绎不绝，官方和民间的贸易繁荣兴旺。宋代出口的商品以金银、络钱、丝织品和瓷器为主。同宋朝进行海路贸易的各国，都以其本国的特产交换中国的金银、瓷器等。特别是宋瓷，不仅是大宗的出口商品，而且还曾作为交易外货的手段。宋代外国使节来访，往往搭乘中国商船；许多从事海外贸易的中国商人，还充当了中国与其他国家建立官方关系的联系人。

从中外文化交流史的角度来看，从总体上说，宋代的文化交流更为广泛和普遍。虽然宋代不具备唐代那样广泛的官方国际交往，但民间贸易，特别是海上贸易的规模却不断扩大；大量输入中国的外国商品渗透到人们的日常生活中，改变着人们的生活意识和审美情趣。

自汉唐印度佛教及其文化在中国大规模传播之后，宋元时期所面对的、所接受的外国文化，主要是阿拉伯文化。自7世纪阿拉伯帝国迅速兴起之后，阿拉伯文化在广泛吸收波斯文化、印度文化、古希腊文化的基础上，成为当时世界先进文化的集合和代表，并出现了向四周广泛传播的态势。在中国，对外贸易尤其是海上贸易，基本上由阿拉伯商人所垄断，阿拉伯商人、波斯商人取代了汉唐时期的印度商人、粟特商人的地位。他们把大量的阿拉伯商品以及经他们转手的非洲、欧洲和南洋的商品运到中国，把中国的丝绸、瓷器等物产运销海外。

在宋元时期，中国的对外贸易比以往有很大的发展，进口国的范围大大地扩展了，进口商品的种类和数量大大地增加了。在广州、泉州等港口城市，出现了比以往更加繁忙的贸易景象。这些进口的商品，包括香料、药物、珠宝以及工艺品和地方特产等，丰富了人们的生活。特别是从宋代以后，许多在前代仅为上层社会所享用的奢侈品，由于数量巨大，已经不再是少数上层社会成员的专用品，而是走进普通百姓的日常生活之中。所以，从日常生活的角度看，宋代比唐代更为精致、更为时尚，也更为丰富多彩。这是一个物质交流的大时代。来来往往的各国商人，络绎不绝的各国使节，碧海扬波的商船，大漠流沙上的商队，都充当了世界各地物产的“搬运工”。

据统计，宋代从海外进口的货物在410种以上，分为珍奇异宝、珍禽异兽、役畜、纺织品、文化用品和香料6个大类。其中，珍奇异宝包括犀角、象牙、玳瑁、真珠、北珠等；珍禽异兽包括驯象、驯犀、红鹦鹉等；役畜则包括马、牛、骆驼等；纺织品主要来自高丽和大食诸国，有高丽纻布、大食锦和火浣布等；文化用品则主要来自高丽和日本，分别以高丽扇、高丽纸和日本扇为代表；香药是外来物品中种类最多、数量最大、使用最为广泛的品种，以沉檀龙麝“四大香”为主要代表。中国古代对外贸易的结构性特点是，进口的商品以资源性产品为主，主要是满足上层贵族社会的奢侈品消费。到了宋代，这种情况有所改变，许多进口商品的消费不只是局限于上层社会，而且深入普通民众的生活，特别是京城和大都市居民。对大量进口商品的消费，催生了弥漫于全社会的香艳梦华的奢侈之风。珠宝业的发展，香药的流行，成为那个时代流行时尚的文化符号。令唐代人所惊之华丽器物，在宋代已是百姓寻常之物，宋人甚至嘲笑唐人乃

"贫眼"没见过世面。

物质文化的交流是各民族文化交流的强大推动者和主要载体。不仅如此，交流的物质不仅是一件商品、一件有使用价值的东西，还包含着其背后的文化理念、审美情趣、价值取向以及科学技术等的隐形内容，这些都对接受方的民族文化有着潜移默化的影响。宋元时期是中国科技文化大发展的时代，在天文学、数学、医学、化学等领域都有了长足的发展，有些可以有明显的证据证明是受到阿拉伯文化的影响，还有一些很可能是在这种文化交流中受到激励与开发而引起自身的发展。

在这种广泛的物质文化交流中，中国人的世界视野也比前代大为扩展。中国对于西方的认识已不仅限于"西域"，不只是有一些关于"大秦""拂菻"的遥远的传说。这时候中国人对于世界的认知，包括对于其他一些国家和地区的物产、政治、经济和文化风俗的了解，都比较具体和切合实际。对外部世界知识的扩大实际上也在改变着中国人的世界观，改变着中国人对于外部世界的看法，同时也潜移默化地改变着他们对于自己和自己文化的看法。

与此同时，有更多的阿拉伯商人、波斯商人滞留在中国，成为宋代的所谓"蕃客"，并出现了集中的聚居区"蕃坊"。到了宋代，随着对外贸易的大发展，来华的外国人更多了，除了唐以来的西域人、波斯人、阿拉伯人等以外，甚至还出现了开封犹太人社区。这样广泛的人员交流，形成了前所未有的文化多样性景观。在宋代，中外文化交流出现了空前广阔的态势，其盛况远超过盛唐时期。

但是，另一方面，这一时期的文化交流主要是在物质层面和技术层面的，是一种补充式的传播和交流，是一种潜移默化的接受和融合，而不是冲击式的、震荡式的。这是因为，这一时期的海外文化在中国的传播，特别是阿拉伯文化在中国的传播，并没有触动、冲击到中华传统文化的核心价值，因而也就没有，也没必要引起中国文化体系相应的回应和改变。

所以，尽管宋元时期文化交流的范围很广泛，人员的往来很频繁，但没有对中华传统文化的体系产生实质性的影响。我们在那个时代的文人中，既没有看到佛教进入中国时所引起的轰轰烈烈的震动和争论，也没有

北宋《清明上河图》（局部）之东京城内一处繁华的十字街口。故宫博物院藏

李白、白居易那样的诗人对“胡旋舞”“胡姬”“酒家胡”如醉如痴的赞颂，更没有晚清时期李鸿章那样振聋发聩的惊叹“三千年未有之大变局”。有时候甚至觉得奇怪，宋元时期的那些知识分子们，那些文人学士们，对于满大街的外国人，对于满大街的奇装异服，对于琳琅满目的外国货，对于遍布各地的清真寺和景教寺，居然见怪不怪，没有留下多少值得注意的记载和评论，更没有唐诗中那样多以“胡风”为主题的诗词歌赋。而且，在艺术和文学领域的文化交流，也没有令人特别注意的东西。

这也许是宋代中外文化交流的一个时代性特点。

海上丝绸之路的中转站

中国很早就与东南亚有着交往和文化交流。早在新石器时代，一直到秦汉时期，不断有中国人向东南亚移民。中国培育的水稻和稻作文化就是由这些移民带到东南亚的。已经成为世界文化遗产的菲律宾梯田文化，就与中国南方的梯田文化有相似相同的关系。

中国与东南亚的交往和文化交流，更重要的意义在于，东南亚位于海上丝绸之路的要冲，是海上丝绸之路的中转站，是中华文化与印度文化、阿拉伯文化乃至西方文化交流的中转站。

古代中国文献记载的与中国交往的东南亚国家，首先是扶南国。“扶南”（Funam）一度读作B' in-nam，是古代中国人对位于今柬埔寨境内、朱笃和金边之间的湄公河沿岸的一个王国的称呼。扶南雄峙半岛，威镇海疆，从2世纪到6世纪的400年中，始终是东南亚势力强大、物产富饶的国家。它不但在政治上、军事上、经济上执东南亚之牛耳，而且在地理位置上处于中国与印度、东方与西方的海上交通要冲。扶南的港口是奥克·艾奥，位于暹罗湾畔湄公河三角洲沿海边缘地区，今越南南部西海岸迪石以北。奥克·艾奥是工商业的中心，在它的遗址中有和暹罗湾沿岸、马来亚、印度尼西亚、印度、波斯乃至直接或间接地和地中海地区通航的遗迹。它位于当时中国与西方之间航海大道上。扶南南界3000余里的属国顿逊（其地在今缅甸的丹那沙林）是一贸易中心，“东界通交州，其西界接天竺、安息徼外诸国，往还交市”，“其市东西交会，日有万余人，珍物宝货，无所不有”。来自印度、安息以及中国的商人在这里交换来自东西方的货物。

中国与扶南的最初交往，可考者为东汉章帝元和元年（84）。有学者认为，《后汉书》记载这年“日南徼外献生犀、白雉”，此“日南徼外”即指今柬埔寨地区。在244—251年，孙吴曾派宣化从事朱应、中郎康泰出使扶南，受到扶南王范寻的热情接待。东晋时，道教学者葛洪曾经到扶南游历。在3—5世纪，扶南与中国的使节往来一直很频繁，两国关系也比较密切。

扶南位于中国和印度两大文明之间，深受两种文化的影响。特别是佛教在印度兴起以后，扶南“为佛教东被之一大站”，成为中印两国文化交流的一座桥梁。有一些佛教高僧就是从扶南往来中国的。南朝梁特设扶南馆，以接待扶南来华的翻经沙门，可见当时的扶南佛教文化，受到中国朝廷的尊重。

海上丝路的另一重镇是室利佛逝。室利佛逝是7世纪后半期在印度尼西亚西端兴起的一个新的海上帝国。它控制着马六甲海峡和克拉地峡交通要道，成为东南亚的海上强国和中西交通必经之地。室利佛逝对全球贸易起了重要作用，是东方的全球贸易的一个中心。

室利佛逝在唐代南海交通中的地理位置十分重要，是阿拉伯、印度和中国之间贸易的一个重要会合点，在中国与印度、与阿拉伯的交通贸易中起到了居间的作用。唐代佛教僧侣西行印度求法，有一些人走海路，其中大部分都途经诃陵或室利佛逝。有些僧侣在那里逗留很长时间，甚至终老不归。例如唐代义净在国外游历和生活了24年，其间3次旅居室利佛逝，前后共达10年之久。唐代中国对外贸易的发展很大程度推动了室利佛逝的兴起。

10世纪初开始，中国文献称室利佛逝为三佛齐，此后一直沿用到14世纪末。三佛齐与宋朝的交往比较多，保持了密切的友好关系。在阿拉伯通往中国的海路上，三佛齐为中国与阿拉伯贸易的中转站，无论是阿拉伯商人来华，还是宋朝商人去阿拉伯，都要经过这里。三佛齐是一个大的国际贸易集散地，阿拉伯商人常常将阿拉伯货物运载到三佛齐进行贸易，把其中的一部分商品在此出售，然后购买本国所没有的商品，前往宋朝进行贸易。而三佛齐亦将从阿拉伯商人手中得到的商品贩运到宋朝销售。所以在三佛齐运销到中国的货品中，有许多是阿拉伯特有的商品。

狮子国即现今的斯里兰卡，中国史籍对斯里兰卡早有记载，说这是一个充满了奇瑰异宝的“大洲”，出产珍珠、琉璃、火浣布等。斯里兰卡居于海上交通要冲，所以其奇瑰异宝中的物货有许多是从印度乃至西方贩运到中国的。斯里兰卡一直充当中国通往印度的海上丝绸之路的中转站。也正因商业上的特殊地位，狮子国成为中国“蕃船”的远航目的地。古代中国人前往南亚次大陆，除了沿今安达曼海东岸的路线航行外，斯里兰卡是必经之地。根据中国文献的记载，在唐代繁荣的海外贸易中，最大的商船是“狮子舶”。这些商船长达200英尺，可以装载六七百人，许多船只还拖着救生艇，并且配置了信鸽。

斯里兰卡在历史上与印度关系密切，因此，斯里兰卡也成为佛教东传的一个中转站。东晋义熙六年（410），法显经印度到达了狮子国，在那里旅居二年，然后搭商船回国。来中国传播佛教的也有一些狮子国僧人。入唐之初，斯里兰卡与中国来往更为频繁，多有僧徒从狮子国来华的记载。

入宋以后，海上交通繁盛，斯里兰卡的地位更为重要。从泉州或广州前往今孟加拉国国湾沿岸、波斯湾沿岸以及东非各港口，都是将斯里兰卡作为中转点的。

第十四章　岭南华风，形同内地

在唐代以前，越南是由中国中央政府直接管辖的一部分。它的文化是在中华文化内部发展出来的，是中华文化本身的一部分。越南独立后，与中原的关系仍然十分密切，贸易活动频繁持久，文化交流广泛深入，中国的学术思想、文学艺术和科学技术，源源不断地传播到越南。在东亚文化圈诸国中，越南是受中华文化影响最深的国家。

瓯雒国与东山文化

唐代以后，从宋元直到明清的一千多年间，东亚各国，包括朝鲜、日本和越南，都处在东亚文化圈的范围内，处在中华文化的强大影响之下。这期间的文化交流，仍然是以中华文化向这些国家传播并产生影响为主要内容。

越南也是东亚文化圈的成员，长期以来深受中华文化的影响。不过，它与朝鲜、日本的情况又有不同。朝鲜、日本一直是独立的主权国家，虽然在汉代有过在朝鲜北部建立郡县、由汉朝政府直接统治的经历，但时间也就是几百年，在几千年的历史上并不占主导地位。中华文化对于朝鲜、日本的影响是一种外来文化的影响，是对于它们本民族文化的激励、补充和丰富。越南的情况则不同。在唐代结束以前，越南一直是在中国中央政府的直接统治之下，和内地实行同样的政治制度和文教制度，越南历史上称之为“北属时期”。它的文化是在中华文化内部发展的，是中华文化本身的一部分。到了越南独立建国时，其文化形态已经不是初创时期，而是比较完备、比较成熟的了。在东亚文化圈诸国中，越南是受中华文化影响最深的国家。所以，历史学家冯承钧说：“昔之四裔，浸染中国文化最深者，莫逾越南。”

中国与越南是山水相连的邻邦。在地理位置上，越南北部地区东临北部湾，与广东隔海相望，陆上又同云南、广西相毗连。便利的海陆交通使这里和中原地区有着悠久的历史文化联系。从上古时代直至先秦，中原文化已直接或间接地传到今越南地区，影响了那里的文化发展。在漫长的中越两国交往史上，中华文化广泛南传，对越南民族文化的发展产生了相当重要的影响。越南人在接受和移植中华文化的过程中，进行了持久的文化融合和创造，使其民族文化独放异彩。

和朝鲜、日本的情况一样，越南的文明开发也与中原南下的移民有很大关系，在越南也有关于早期移民南下的故事。这个故事说，在公元前3世纪中叶，蜀王子带领的移民集团进入今越南地区，征服了以雄王为首领的雒越部落联盟。

蜀国是一个有着悠久历史的国家。我们从三星堆遗址和金沙遗址中可以看到，早在殷商时期，早期的古蜀国已经有了比较完善的方国体系，古蜀国是在商之外的一个很发达的国度。西周时，古蜀国作为诸侯国之一，逐步成为西南地区的强国，到战国时代，古蜀国已成为一个幅员辽阔的强大国家。战国末期，古蜀国灭亡，其后裔辗转流亡，到公元前257年，蜀王子开明泮率领3万余人沿泸江上游进入越南北部宣光地区，自称“安阳王”，建国名“瓯雒”，都城为古螺城（今越南河内东英县）。其国疆域主要包括今越南北部一带，后一度扩张到广西、云南部分地区。

蜀开明氏子孙南迁是中原民族进入中印半岛之先驱。蜀王子率众南下越南之地，是一次大规模的移民行动。当时蜀国的经济社会发展水平和文明开化水平远远高出越南之地。这样一个庞大的移民集团南下，必然携带着先进的生产技术、生产工具以及社会文化等，并且具有先进的社会组织形式和生活方式。这些大的移民行动都是有组织、有计划的，经过精心准备的，其移民集团中包括各方面的专业人员（百工）和管理阶层（官吏）。这样的移民对于文化的传播具有自觉性、全面性和有效性。蜀王子建国时间虽然短暂，但对于越南文明的开发作用是不可低估的。

1924—1928年，河内远东博古学院在涵龙附近马江流域的清化省东山村进行了一次考古发掘。该处居民居住的竹木结构的干栏式建筑，屋顶苫草，屋脊成马鞍形翘起。墓葬种类较多，有土坑墓、船棺葬，也有火葬或仅将头颅葬于铜缸之中的葬俗。人们发掘了许多较浅的土坑墓葬，采集到489件铜器，少许石器和陶器。1935年，瑞典考古学家在东山及附近遗址进行发掘，仅在东山一处就采集有铜器约200件，一般认为年代在公元前3世纪至1世纪。从这些器物中人们发现了一种很有特色的铜器文化。考古学家们将这种文化命名为“东山文化”。

根据考古的发现，越南东山出土的青铜器都具有中国秦汉时期的样式和风格，说明越南东山文化正是受中国古代文化的影响成长发育起来的。作为越南历史上最重要的古代文化之一，东山文化的文化成就对越南文明的发展产生了深远影响。

中越千年：华风南渐与文明开化

公元前2世纪以后，从秦、汉直至隋、唐，在今越南的北部和中部地区置郡设县，使其一直在中国各朝中央政府的直接管辖之下，延续了千余年，越南史上称之为“内属时期”或“北属时期”。随着中原军事、政治力量的南下，汉文化也广泛南被，促进了当地的开发与文明的进步。越南人在接受和移植中华文化的过程中，进行了持久的文化融合和创造，使其民族文化独放异彩，成为东亚文化圈的重要组成部分。

秦汉王朝开始经略交趾以前，与中原相比，当地的生产技术和经济生活水平还相当落后，基本上还处于刀耕火种的原始农业和渔猎经济阶段。随着中原王朝在今越南地区的直接统治的建立，陆续有中原的官吏、文人、兵士和其他移民南下。这些移民中，有许多是具有生产技能、生产经验的劳动者，如农民和手工业者，还有一些商人或具有一定知识和才干的犯罪官吏。他们来到岭南，带来了先进的生产技术（如牛耕方式）和生产工具（如铁制农具），带来了先进的生产关系，使岭南的农业、手工业发生了很大的变化。在这个时代，原来刀耕火种的原始耕作迅速地被铁具牛耕所代替，农业生产经济结构迅速改变，水稻开始了大面积的推广种植，并且人们掌握了选择、培育和引进优良稻种的技术，以适应本地发展的需要。这促进了当地经济开发，使社会生产力水平迅速提高，成为经济繁荣发达的地区之一。

不仅农耕技术，而且中原的许多手工业生产技术也传入今越南地区。秦代及以后，许多铁器在岭南开始使用。据不完全统计，属于南越国时期

越南青花加彩狮戏纹大盘，15世纪晚期。台北故宫博物院藏

的铁器已经出土有700余件，出土的铁器有农具、手工业工具、炊具、武器和杂具等。中原的养蚕缫丝技术很早就南传交趾，出现了所谓“八蚕之绵”。中原的造纸技术、制瓷技术等也传入今越南地区。

自秦汉至唐，中原王朝对今越南地区进行直接统治，推行“车同轨”“书同文”“行同伦”的政策，汉文化成为越南地区早期文化的主流，并且奠定了越南独立建国后文化发展的基础。

秦汉以降，陆续有中原人士迁徙至交趾，带动了那里民俗文化的变化。历代被派往交趾的官吏都很注意用中国儒家伦理和汉民族风俗改造当地居民的生活风俗。如锡光、任延二守，建立学校，以礼仪教育人民，制定婚娶礼法及衣服式样，移风易俗。《后汉书》记载：锡光、任延“教导民夷，渐以礼义”，即所谓的“岭南华风，始于二守”。中原王朝派往今越南地区的官吏执行这种改变风俗文化的政策，促进了当地社会的进步和文明的开化。

中国历代官吏和移民与当地居民杂居相处，广泛传播了汉字、汉语、汉学，使当地居民“稍知言语，渐见礼化”。据语言学家们调查，在越南语汇中所保存的中国词或发源于中国语的词，占总数的一半。名词、形容词、动词与术语，汉语词汇几乎占70%。汉字被越南人称为“儒字”和“咱们的字”，是越南使用的第一种文字，在社会上占主导地位。至唐代，越南人中已经有不少人能熟练地掌握汉语和汉文。汉字汉文的广泛应用，为中原文化的广泛传播创造了有利条件，同时也推动了越南汉文学的产生和发展。

唐代有不少中原文人流寓安南，给那里带去唐朝诗风。如唐上元二年（675），著名诗人王勃前往交趾省亲，乃父王福畤当时任交趾令。著名诗人杜审言是杜甫的祖父。唐神龙元年（705），他被流放峰州（今越南山西、兴化一带），曾写题为《旅寓安南》诗，描写交趾地区的特点：“交趾殊风候，寒迟暖复催。仲冬山果熟，正月野花开。积雨生昏雾，轻霜化震雷。故乡逾万里，客思倍从来。”

神龙二年（706），著名诗人沈佺期流放驩州（今越南河静一带），曾写下《初达驩州》《驩州南亭夜望》《度安海入龙编》《题椰子树》等诗篇。另外，还有韩偓写的《南安寓止》诗，张籍写的《山中赠日南僧》诗。北上中原的安南人士也浸染唐风，与中原学士文人酬酢唱和，留下不少脍炙人口的诗篇。

孔子的儒家学说很早就传入今越南地区。锡光、任延分别在交趾和九真“建立学校，导之礼义”，在传播儒家思想上起到重要作用。东汉末年的交趾太守士燮精通儒学，尤其专长《左氏春秋》和今古文《尚书》。他治理交趾40年之久，致力于传播儒学思想。越南人对士燮十分推崇，尊之为“士王”，认为越南为“文献之邦”自士燮开始，其堪称“南交学祖”。越南的《四字经》说：“三国吴时，士王为牧，教以诗书，熏陶美俗。”其时正值中原扰攘之际，许多中原名士南下避难，其中包括一些著名的儒家学者，他们都是饱学之士，都曾协助士燮传播儒学文化。

唐王朝多次派精通儒学的人到安南为官，以传播儒家思想，振兴儒学教育。交趾人士也多北至中原，学习儒学，还有的因被举为茂才孝廉而在中州为官。盛唐时期，中央政府在安南推行与内地相同的文教制度和人才选拔的政策，在安南开办学校，讲授儒学，发展文化教育。唐朝还专设“南选使”，遴选安南人在当地或入朝做官。当时有许多安南人游学中原，参加科举考试。

在漫长的历史过程中，越南人学习和接受儒家的思想学说，使之逐渐成了越南传统文化思想的渊源之一，成了越南民族传统文化的组成部分，对越南历史的发展进程产生了巨大的影响。

越南的崇儒之风

从唐末经五代至北宋初年，中原政局动荡不安，对周边地区鞭长莫及，越南地方势力乘机而起，自立国家，开始摆脱长达千余年的中国直接统治。

越南独立后，与中原的关系仍然十分密切，其间不仅有边衅和战争，亦有册封与朝贡。另外，宋、元、明、清各代交替之际，先后有大量中国人避乱南下。他们为保存宗邦故国的文化，往往携典章文物而俱至，从而成为中华文化向越南传播的一个重要渠道。另一方面，越南历代王朝也积极主动地学习和吸收中华文化，移植和推广中国的政治制度、法律制度和文教制度。

越南历朝都推行崇儒政策，孔子儒家思想逐渐发展成为占统治地位的官方思想。历代王朝的君主和知识分子不但尊重中华文化，醉心儒学，而且还努力效仿。

11世纪初建立的李氏王朝，改变了以前儒、道、佛并立的局面，大大提高儒学的地位。1072年，李朝在首都升龙建文庙，“塑孔子、周公及四配像，画七十二贤像，四时享祀”，越南开始走向儒教化，并采取了一系列推广儒学的举措。1076年，李仁宗在京都设立国子监，作为皇太子及文职官员传习儒学之地。1086年，仁宗又在朝廷设立翰林院。1087年，再造秘书阁。1126年，在京城举行《诗》《书》《礼》《易》《春秋》的庆贺仪式。

李朝之后的陈朝也加强了尊孔活动。1253年，陈朝建立国学院，除了奉祀孔子、周公、孟子以及七十二贤之外，还以历代越南著名儒者如朱安、张之超、杜子平等从祀文庙。

后黎朝时代是儒学在越南达到全盛的时期。在祀孔活动方面，规模越来越大，孔子被尊崇到了极高的地位。后黎朝开国之君便以太牢之礼祭祀孔子，以后历代皇帝无不年年祭孔。孔庙几经修葺、扩建，规模愈加扩大，殿堂愈加壮观。到18世纪中期，文庙改用王者之服衮冕服，开始以王者之礼尊孔子。1794年，又重修文庙，规模宏大。儒学在后黎朝300多年中，空前隆盛，被推崇到独尊的地位，儒家思想广为普及，在社会伦理风化、典章制度、生活方式等方方面面都产生了深远的影响。朝廷以儒学作为建国治民的指导思想，孔子思想成为建立社会政治经济制度的理论依据，儒家的学说被看作规范社会生活各个领域的金科玉律。儒学已在后黎朝被推崇为国教。

后黎朝还特别注重儒学的道德实践方面的作用，积极推广以儒家伦理观念和道德规范为主要内容的社会教化活动，使儒教思想渗透到民间社会。黎圣宗参照隋唐律例，编纂《洪德法典》，颁布《二十四训条》，将儒教教化具体化为法律法规。1663年，黎玄宗进一步申明教化四十七条，颁布天下，“各处承宪府县州等衙门，各抄一本，挂于视事堂。仍转送所属各社民，各书于匾，留挂亭中”。

阮朝尊孔活动更是有增无减。建国之初，阮朝便命各地立文庙。后又在京师重修文庙。阮朝也很重视儒学的社会教化作用。阮圣祖所颁的《政要目录》，其中教化条载：“举贤良方正，以表德行。旌孝顺节义，以明人伦。”儒家推崇的忠孝节义、贤良方正、和睦礼让等伦理纲常都在朝廷的《政要目录》中体现出来。

越南历朝还大量输入和翻刻儒家经典。中越之间的贸易往来频繁，从中国运往越南的货物中，书籍是重要的组成部分。每当中国商人运书到越南，越南人则不惜重金争相购买。越南人还会到中原采购儒家经典，或者以朝贡方式用土产换取中国典籍，或者直接向中国朝廷请赐。历代出使中国的使臣也把搜购中国书籍作为一项重要任务。

宋元以来，越南有关中国教化方面的基本书籍，大体具备。当中国印刷术传到越南以后，越南人从15世纪开始翻刻儒家经典，“四书”“五经”等大量印行，广为流传。1435年，“新刊四书大全版成”，为官方正式出版儒书之始。1467年，“颁五经官板于国子监”，并诏求遗书，藏诸秘阁。1734年正月，颁《五经大全》于各处学官。又令阮僘、范谦益等人分刻“四书”、诸史、诗林、字汇诸本刊行。1835年，明命帝将“四书”“五经”《小学集注》三种儒学入门书印刷，颁给国子监50部。1837年，“颁官书于学臣，五经四子备考”。不久，又颁印《通鉴辑览》给各省学堂。1846年，绍治帝命各地镌刻《四书大全》《五经大全》，大量印行，流布民间。

越南历代王朝不仅开展尊孔活动，提倡崇儒之风，而且全面移植中国教育制度和科举制度，广泛开展儒学教育。

1075年，李朝首次以科举取士，选拔文学之士入朝做官。这是越南历史上最早的一次科试，选中10人。科试的内容都是儒家经典。士人欲以科举为进身之阶，便应埋头儒家经典。儒学通过科举制度与仕途相结合，获得了更高的地位。1076年，李朝立国子监，延请文学之士任教，建立起以儒家学说为核心内容的正规教育，从而在社会上形成了一个按照儒家思想培养出来的儒士阶层。越南的科举制度一直持续到20世纪，直到1919年，才最终停罢，比中国清朝废科举还晚了10多年。

越南儒学是由中国直接传入的，而且在千余年间越南曾经成为中国行政区域的一部分，因此越南儒学和中国儒学联系最为紧密。从思想体系、基本内容和表现形式等来看，越南儒学和中国儒学大体一致。在理论体系和思想学说上，越南儒学总体上效仿中国，没有大的创新，没有形成有别于中国儒学的独立的、系统完整的、自成体系的学说或学派。越南儒家所写的有关儒学著述，大多是对中国儒学经典的注解、阐释和发挥。“述而不作”，是越南儒学的一大特征。而且，越南儒学的理论学术和思想观点，大量地表现在各种史学、文学、宗教著作中，纯粹的理论著作和专门的哲学著作较为少见。越南儒家最为注重的是治国安民的方略及其实际功效，不大注意理论思维的训练和对宇宙人生哲理的探究，因此哲学相对薄弱。

但是，另一方面，越南接受中国儒学，并非原封不动地照抄照搬，而是经过了一定的改造和发挥，有所发展，有所发明的。越南人在接受中国儒学的时候，具有简约化、实用化和功利主义的倾向。所谓简约化，就是对儒家经典进行篇幅压缩和内容精简，取其精粹或主要部分，重新加以编排整理，刊刻印行，供人们阅读研习。越南典籍中，有许多“撮要”“节要”“史约”之类的著作，其中不少属于儒家经典或与儒家经典有关。朱文安曾经把“四书”简化，写成《四书总约》。裴辉璧也把明朝的《性理大全》简化为《性理撮要》。由于越南往往把中华文化加以简化和实用化，所以在学术上形成了一种简约、明快的风格。越南儒学的实用化和功利主义特征也很明显。越南人常常根据本国的国情和现实生活的需要，有选择地接受儒学，决定对儒学内容的取舍，或者对儒家经典作出自己的新解释。

儒家学说在越南的推广，儒家典籍的流布，以及儒学教育的发展和科举考试制度的推行，使越南涌现出许多杰出的儒家和以儒学思想为其主导思想的作家、学者，其中著名的有阮秉谦、吴士连、黎贵惇等。

越南的汉文学

越南很早就开始使用汉字。在长达千余年的北属时期，汉字一直作为官方书写语言，得到广泛的推广和运用。越南独立建国后，历代王朝仍然把汉字作为官方书写语言来使用。由于历代王朝都推行儒学教育和科举制度，每一个读书人都必须学习和使用汉文，而且文化教养和社会地位越高，就越要熟练地掌握和运用汉字。

在越南建国以后，历代都派出多批使臣出使中国，求封、进贡、谢祭、告哀等。越南各朝代推行科举制，在科举制度下培养的一大批进士、举人、秀才，成为越南汉文学创作与传播的中坚力量，而被派往中国的使臣往往由其中的佼佼者担任，是越南最优秀的学者或诗人。这些使臣在中国期间，同中国文士所进行的赠答唱和、请序题词、鉴赏评点等文学活动，推动了越南古代文学的发展，创造了“北使诗文”这一特殊的文学品种。

“北使诗文”指的是越南使臣出使中国时所作的各体诗文。据有关专家考察，传世的北使诗文至少在80种以上。大部分北使诗文集都是中越诗人共同创作的成果。越人北使，路途遥远，每到一站都有中国官员接待。中越文人互相交往，诗歌唱和，成为两国文人开展文化活动最主要的方式。越南使臣们将其编辑成各种诗文集，有的集子直接以“唱酬”“酬应”等体现交际、唱和的主题为书名，如《中州酬应集》《大珠使部唱酬》。这些作品也获得了中国文人的关注。

以使臣为中心的文化交流，在整个东亚文化圈中是一个普遍现象。当时的中国文人与朝鲜使臣、越南使臣之间都有交往。此外，渤海国使臣与日本文人的诗文唱和，朝鲜通信使与日本文人的诗文唱和，都留下许多汉文诗篇，成为汉文学的组成部分。越南使臣出使中国期间，多与朝鲜使团成员相遇相识，并且结下了深厚的友谊，他们之间的汉诗文唱和，也为汉文学留下了重要的篇章。

越南汉文学也有很大发展。前黎朝时，有法顺和匡越两位禅师，为汉诗文之巨擘。法顺的五绝《国祚》是越南现存最早的汉诗：“国祚如藤络，南天理太平。无为居殿阁，处处息刀兵。”

李仁宗时，工部尚书段文钦的《挽广智禅师》是这一时期写得最好的一首七律：“林峦白首遁京城，拂袖高山远更馨。几愿净巾趋文席，忽闻遗履掩禅局。斋庭幽鸟空啼月，墓塔谁人为作铭。道侣不须伤永别，院前山水是真形。”

匡越禅师吴真流受皇帝之命为宋朝使者制曲饯行，即席作《饯别曲送来使李觉》：“祥光风好锦帆张，遥望神仙复帝乡。万重山水涉沧浪，九天归路长。情惨切，对离觞，攀恋使星郎。愿将深意为边疆，分明奏我皇。”把对使者依依不舍的眷恋之情，对大宋皇帝的无比仰慕，以及决心维护边疆安宁的意愿，表达得深沉婉转而又淋漓尽致。

李朝初期的诗文，存清逸朴拙之风，中期后转求工整绚丽，散文则朴实无华，古风犹在。当时禅宗佛教盛行，万行、满觉、宝鉴诸位禅师和惠生僧统以及其他诗僧，借诗言禅，以禅入诗，创作了许多禅诗，形式多为七言绝句或五言绝句，为汉文学的发展作出很大贡献。

陈朝完善科举制，对汉文学的兴盛起了推波助澜的作用。陈朝国君和宗室朝臣不少人跻身文坛。文学作品的形式和体裁也更为多样化，诗词文赋都有。

后黎朝时，越南汉文学达到全盛。后黎朝开国元勋阮廌的《平吴大诰》，气势磅礴，堪称一代雄文。阮廌追求脱离唐律诗体严格的韵律规定，创造出了有别于中国的民族诗体。他的创新明显地表现于在唐律体的七言诗中插入一句或多句六言和首尾吟。阮廌诗歌的特点被后世越南诗人采用。阮廌的汉诗感情深沉饱满，语言清新流畅。

黎圣宗之世大兴孔孟之学，他自己也爱好文学，曾邀集东阁大学士申仁忠等28人，号称“二十八宿”，组成名为“骚坛”的文学团体，圣宗自称“天南洞主骚坛正元帅”。圣宗的汉文作品有《琼苑九歌》《明良锦绣诗集》《珠玑胜赏诗集》等，均是名篇佳构、妙手文章，在格律和技巧方面历来为人称道。

圣宗时代除“骚坛”气象峥嵘外，散文方面亦出现“洪德文体”。其特点是尚雅赡，信手拈来，随意用字，四六参用，开创一代新文风，驰誉文坛。

后黎朝末年，黎贵惇、阮秉谦、范庭琥、武芳题、红霞女、阮辉嗣、邓陈琨、阮嘉韶等人，都是汉文学的代表人物。阮秉谦著有《白云诗集》，诗作达千余首。邓陈琨创作的七言乐府诗《征妇吟曲》，长477句，写出了一位征妇遭受战争之苦，饱尝与亲人离别之痛，最终红颜消逝，孤独终老的故事。诗中饱含征妇对残酷战争的血泪控诉，对出征的丈夫的无尽担忧和对自身命运的哀叹和惋惜，被视为“越南第一流奇书”。《征妇吟曲》同阮嘉韶的《宫怨吟曲》、阮攸的《金云翘传》、阮辉嗣的《花笺传》一道被列为越南古典文学“四大名著”。

阮朝一代，汉文学尤为兴盛，朝廷也大加推崇。阮初明命、绍治、嗣德三帝诗文造诣俱深，御制御题诗甚多，尤其是明命帝擅长汉文诗，以好学博览见称。阮初有郑怀德组“平阳诗社”，后改称“嘉定山会”，诗友中以郑怀德、吴仁静、黎定光最负盛名。阮朝还涌现出阮文超、高伯适、松善王、绥理王等汉文学大家，嗣德帝称赞：“文如超适无前汉，诗到松绥失盛唐。”

越南的汉文赋创作是越南汉文学的一种形式。越南汉文赋借鉴了中国赋的各种体裁，从骚赋到俳赋、律赋、文赋，这些赋的特点在越南汉文赋中都有所体现。在艺术手法方面，越南汉文赋借鉴了中国赋的描写、虚构、夸张、渲染等基本表达手法。在题材方面，它吸收了中国赋原有的咏物、纪行、抒情等重要题材并根据自身客观的创作环境进行了不同程度的内化。越南汉文赋中有大量跟汉文化相关的内容。其中有一部分篇名所表达的意思就源于中国诗歌和典籍，还有一部分不仅篇名与中国文化相关，内容上也或多或少地直接谈到中国历史文化的故事或者人物。越南汉文赋也展现了鲜明的个性特色，成为独立的文学体裁。

古代中国小说对越南社会的影响极为久远。中国小说长期的刊刻流行，使得小说的故事情节被越南的千家万户所知晓，中国小说中的道德伦理精神，千百年来也渗透到了越南民众日常生活的各个方面。大量中国文学作品在越南的流传，对于越南的文学发展产生了深刻而广泛的影响，涌现了许多汉文小说。越南文人撰写的汉文小说，其作品类型与中国小说基本相同，小说的主旨和意趣与中国小说甚为接近，小说题材和描写角度也没有太大的区别。但是，在域外汉文小说中，越南汉文小说有很强烈的本土特色。越南汉文小说虽然有部分直接从中国文学中移植过去，但这些汉文小说并不都是对中国作品的因袭，它们更多的是越南本土作家通过揣度中国作家的作品而自我创作，或根据中国文学作品而改写，或与本土的故事传说相糅合。这部分作品在吸收中国文学文化因素的同时又对之进行了本土化的改造。所以古代越南汉文小说写的都是发生在越南本土的故事，有很强烈的民族意识，甚至出现将中国小说人物、时间、地点越南化，变成越南作品的例子。

第十五章　朝鲜半岛的慕华之风

继新罗之后，朝鲜半岛的高丽王朝和李氏朝鲜，社会上下仰慕、崇尚中华文明，为一代风气。中华民族在这一时期创造的优秀文明成果，几乎毫无保留地传播到朝鲜半岛。高丽和李氏朝鲜还结合本国的具体情况，在政治制度、经济制度、文教制度以及社会意识形态领域，吸收和移植中国制度和文化传统，促进了朝鲜半岛的文化繁荣发展。

高丽和李氏朝鲜的崇儒之风

在朝鲜半岛的历史上，新罗之后是高丽王朝。高丽王朝自918年创立，至1392年被李氏朝鲜取而代之，延续了4个多世纪。这一时期相当于中国的五代后期、经宋元而至明代初期。

高丽从立国之始，继承了新罗时代的传统，一直把学习、引进和移植中华文化作为国家基本的文化政策。高丽通过密切的官方往来、贸易交往、派遣留学生和留学僧，以及欢迎和安置中国移民，从多种渠道广泛吸收中华文化。高丽王朝的创建者太祖王建曾作《训要十条》，以为永世之龟鉴，其中第四条说："惟我东方，旧慕唐风，文物礼乐，悉遵其制。"

不仅如此，高丽朝廷还结合本国的具体情况，在政治制度、经济制度、文教制度以及社会意识形态领域，吸收和移植中国制度和文化传统。如《高丽史》说："高丽一代之制，大抵皆仿乎唐。"在高丽朝这400多年的时间里，中华文化向朝鲜半岛的传播，呈现出一种全方位的态势。中华民族在这一时期创造的优秀文明成果，几乎毫无保留地输出到朝鲜半岛，给高丽文化的发展注入丰富的营养和刺激动力，对高丽文化的繁荣和发展起到了相当大的影响和推动作用。

高丽朝廷视儒学为"齐家治国"之学，大力倡导和推广传播。宋代的马端临曾说："高丽，海外诸夷中最好儒者。"高丽时代以儒教治国的理念有相当广泛的影响。如高丽成宗认为，自古以来，君王治国都要用"五常"之义去教育臣民，以"六经"所载为制度规范。他要求"取则六经，依规三体，庶使一邦之俗，咸归五孝之门”。同时下令于全国“求访孝子顺孙，义夫节妇”。

高丽朝廷模仿唐宋制度，设立御前经筵。一次经筵讲解儒经的一两个篇目，讲完后还要进行讨论。所以，一次经筵就相当于朝廷的一次高级儒学研讨会。

高丽实行以儒学为主要内容的教育制度，高丽的国子监是仿唐制设立的国家最高教育机构。睿宗时代，振兴官学，扩充国学，设置“七斋”，其中一至六斋统称“儒学斋”，实际上是六项儒学专题讲座。国子监内设有文庙和明伦堂，文庙和明伦堂作为祭祀孔子和讲学的场所。除国子监外，京城内还设有东西学堂和五部学堂，接收那些不能入国子监的庶民。高丽在地方设置乡校，

朝鲜《华城圣庙展拜图》（局部）

是相当于中等程度的地方教育机构。乡校一般都设有文庙和明伦堂，向地方群众传播儒学。

从国子监到学堂和乡校，构成了高丽的国家教育体系。上至国王贵族，下至闾巷儿童，所受正式教育，都以儒家经典为主。高丽王朝的官学，从办学宗旨、教育内容、课程设置、教材选定到师资的选拔和晋升，处处都体现了崇尚儒学的特征。历代高丽国王把儒学教育放在首位，并多次下诏强调儒学教育的重要性。

李氏朝鲜的学校教育也是以儒学为主。李氏朝鲜的学校教育体系是：中央有成均馆，地方设有中学、东学、西学、南学四学，每个道和邑设有一所乡校。成均馆原则上是招收生员和进士的大学，分设“四书五经”斋、“大学”斋、“论语”斋、“中庸”斋、“礼记”斋、“春秋诗书易”斋。六斋即为六级，生徒读完一斋升一级到另一斋。李氏朝鲜时期不仅官学有所发展，而且由各儒学家创办的私塾或书堂也有显著发展。私塾或书堂的课程与官学相同，主要是儒学。

高丽朝廷采取多种措施来推广儒学，提高孔子和儒学的地位。992年建国子监时，在其中特建文庙以祀孔。1091年在国子监里挂起七十二贤人的画像，之后，还将孔子像由新罗时期的画像改为塑像，并仿中国尊孔子为“文宣王”，加谥“玄圣”“至圣”“大成”。高丽文宗亲临国子监祀孔，称孔子为“百王之师”。1267年又将颜渊、曾子、子思、孟子的画像改为塑像，供奉于文庙。同时，民间也开始了祀孔活动。

高丽朝廷于958年始行科举制度。高丽始设科举试时，大抵采用唐制，其科举科目、策试内容、命题教材等，多“拟诸中华”，仿效宋朝。1139年，按照北宋范仲淹对科举考试的主张，高丽对科举法作了详细规定，使科举科目更为全面、系统。不久又仿北宋之制，行弥封誊录之法。高丽时代科举考试制度已十分完备。李氏朝鲜建立之后，制定了相应的规定，把科举制度作为选拔和任用官吏的主要制度，实行以儒学典籍为主要考试内容的科举制度，使儒学与仕途相结合，使儒学具有特殊的地位，从而吸引众多学子埋头攻读，对于推动社会形成学习儒学的风气起到很大作用。

高丽朝廷的大力提倡和儒学教育的发达，促进了学术文化的发展，涌现出不少有名的儒学者。在高丽前期，有郑沆、郭舆、崔沆、崔冲、黄周亮、金富轼和金宽毅等人，在高丽后期，有安珦、白颐正、禹倬、权溥、李齐贤、李穑、郑梦周、郑道传等人。他们是著名的儒学大家，以文章著称于世。

在李氏朝鲜时期，儒家思想在朝鲜达到鼎盛，被宣布为国家的正统思想。李氏朝鲜500年间儒家思想在社会思想领域里占据着统治地位，孔子被称为"素王"，儒学无异于国教，儒家思想得到空前的普及。因此，李氏朝鲜有"儒教王朝"之称。

朝鲜的朱子学

高丽时代儒学发展的一个重要动向，是引进了中国的宋学即理学。高丽引进的理学主要是朱熹的学说，所以称为"朱子学"。高丽时代是朱子学在朝鲜半岛的初传期，到16世纪李氏朝鲜时，朝鲜朱子学基本发展成熟，形成了独具特色的朝鲜朱子学派。

最初将朱子学传入高丽的是13世纪末的高丽儒学者安珦。其时，正是元灭南宋统一南北之时，程朱之学在北方也开始得到了儒者们的重视和发展。1289年，安珦随忠烈王赴元，在元大都第一次见到《朱子全书》，认为是"孔门正脉"，欣喜异常，于是全部抄录下来。他回国后致力于传播朱子学，亲自到太学讲授，"以兴学养贤为己任"。1297年，安珦贡献出自家房屋，建造当时的国立大学"泮宫"。1303年，安珦派国学学正金文鼎到中国，奉孔子及七十子塑像，购祭器、乐器、六经、诸子、史、朱子新书。

安珦的弟子白颐正曾随忠宣王留居元大都十多年。当时，程朱之学在燕京流行起来，白颐正精心钻研朱子学，回国时携回多种朱子著作，并到太学讲授朱子学，收李齐贤、朴忠佐等为门生，使高丽开始更多地接触到宋代理学。安珦的另一门人权溥在得到白氏带回的朱熹《四书集注》后，镂板刻印，广为流传。相传为安珦门人的禹倬博通经史，尤其是易学方面的专家，对朱子学有较深的理解和研究。当程氏《易传》刚刚传入时，学者们都理解不了，他专心研究后，很快就弄明白了，并向学生们教授。

高丽朱子学者郑梦周（圃隐）先生画像

高丽时代致力于传播朱子学说的还有李齐贤以及他的弟子李縠、李穑，再传弟子郑道传等人。

高丽末年大力提倡朱子学的还有郑梦周。他长期在成均馆讲学，言传身教，具有很大的影响。后来朝鲜的朱子学家在追溯朱子学源流时，往往尊郑梦周为宗祖。

郑梦周的学问广博精深。他对于朱子《四书章句集注》有独到的心得和深刻的理解，对于“五经”也能各得其精要，而其中于易理和诗道钻研尤深。

据高丽学者郑道传回忆说，他自己年轻时是学诗文词章的，后来一位朋友告诉他说，郑梦周说词章之学只是“末艺”，应当学身心之学，而身心之学就在《大学》《中庸》二书中。同时，他的朋友还告诉他说，现在郑梦周正与朋友们研究这两本书。于是，郑道传立即找这两本书来读，日后又专门去拜见他，得到郑梦周的赐教，日闻所未闻。相别时，郑梦周更送他《孟子》一部。郑道传还对郑梦周在“四书”方面的心得及其讲论的要旨，作了一个简明的介绍。他说郑梦周从《大学》《中庸》中，把握了儒学为身心之学和程朱性理学传承此身心之学的宗旨，而从《论语》

《孟子》中获得了修养身心的方法。

郑梦周是一位造诣极高的诗人，他的诗受到了时人的极高评价。被选入中国文人编的诗集中的高丽朝文士的诗作，亦以他的诗作为最多。

《高丽史》说，郑梦周“倡鸣濂洛之道，排斥佛老之言”。他继承程朱的学统，对儒佛严加判别，认为佛教是贻害众生、妨碍儒学性理传播的异端邪说。在一次经筵上，他对儒佛的区别作了十分简要的说明。他认为，儒学性理学所讲的只是日用平常之事，所求的只是饮食男女之理，并无奇特之处。然即由此平常之事之理，行而可明君臣、父子、夫妇、长幼、朋友等人伦之事，推而极致则可穷天地万物之理，从而达到物我一体无表里。相反，佛教则要出离饮食男女这些日用平常之事，而去悬空侈谈玄理，从而以饮食男女、天地万物为幻妄，以追求寂灭解脱为宗旨。在郑梦周等儒学性理学者看来，佛教的这种教理，是与性理学理论根本对立的。高丽王朝崇尚佛教之风甚盛，随之而来的种种流弊，常常成为严重的社会问题，而遭到儒者的批评。随着性理学的兴起，对佛教的批判也就越发的尖锐和深刻。

郑梦周不仅在性理学上为时人所推崇，而且在经世才能与事功方面也为人们所称道，说他是“天人之学，王佐之才”。郑梦周的忠义节烈，也是他被尊为东方理学宗祖的重要原因之一。在高丽末期“李氏革命”之时，郑梦周并非不知高丽朝大势已去，人心已向李氏。当时，有不少人劝他归向李氏朝鲜。然他主意已定，绝无二心。他所作的《丹心歌》，相传是他对李氏朝鲜试探其有无改变立场可能的回答，歌曰：“此身死了死了，一百番更死了。白骨为尘土，魂魄有也无。向主一片丹心，宁有改理也欤！”郑梦周正是由于平日讲求程朱理学，把君臣父子的伦理关系放在第一位，以践履忠孝为人道之根本，所以在尽节的关键时刻能够从容不迫。

由于李氏朝鲜官方的大力推崇和积极扶植，儒学得到广泛传播和充分发展。李氏朝鲜儒学发展的最主要方面，是朱子学的兴盛。早期朝鲜朱子学为李氏朝鲜创制立国和制定内外政策提供了理论基础。因此，李氏朝鲜开国伊始，统治者便对朱子学高度重视，确立其为官方哲学思想。此后500年间，朱子学在李氏朝鲜始终是居于统治地位的正统思想。

李氏朝鲜初期的朱子学家们大多开始消化吸收中国朱子学思想，并在此基础上提出自己的独立见解，用朱子学的观点著书立说，进而解决现实的社会政治问题。他们要求以三纲五常作为理乱治世的根本，革除弊端，重整社会秩序，强化中央集权的王权政治；坚持“大义名分”，主张“亲明事大”，即奉明朝为“天朝上国”，朝鲜作为小邦应臣服尊奉大国；竭力维护儒家“道统”，排斥“佛老异端”，等等。李氏朝鲜一代的性理学者都是儒学义理的理想主义者、节义精神的推崇者，以儒家王道理想，对现实政治进行批判。

李氏朝鲜儒学义理学派心目中的标准是，进则行道，即是要全力推行儒学的王道政治理想和原则；退则垂教，即是要以天理性命之学教化万民。由此，李氏朝鲜儒学义理派十分重视儒者的经世事功和节义精神。朱子学家们继承了中国儒学特别是朱子学的思想传统，对朱子学的理论有深切的体会与继承和进一步发挥，在一些方面深化和发展了朱子学的思想，对当时和以后朝鲜哲学思想的发展产生了很大的影响。

忠宣王的万卷堂

高丽忠宣王名王璋，是元世祖忽必烈的外孙。为世子时，他曾长期住在元大都。1308年即王位后，他对国内政事只是通过传旨处理。高丽臣民及元朝廷一再力促他回国，即位5年后即征得元仁宗允许，让位给世子（忠肃王），自己继续居住在大都，元延祐元年（1314）以“上王”身份设“万卷堂”，广泛收集古今书籍，与元朝儒学家一起深入研究儒学、历史、文学、书法等。

万卷堂集当时中国、高丽两国名儒于一堂，相互探讨考究学问。著名性理学者姚燧、赵孟頫、虞集、阎复、洪革、元明善、张养浩等是其中的中心人物。高丽朝的名儒则有白颐正、崔诚之等，高丽大儒李齐贤也被召到大都，一同讲论诗书。这些高丽文人把当时从元朝得到的新知识和文艺风气带回了高丽，其中包括朱子性理学、赵孟頫的“松雪体”等等。

忠宣王好贤嫉恶，以儒家的王道仁政为理念，常与儒士讲论前古兴亡、君臣得失，尤喜大宋故事。常命僚佐读《东都事略》，听到王旦、范仲淹、富弼、欧阳修、司马光诸名臣事，必举手加额，以表景慕。谈到丁谓、蔡京等奸臣事，无不切齿愤慨。

忠宣王还根据姚燧的说法，建议元朝设立科举，得到元仁宗的赞许。而在元皇庆二年（1313），元仁宗正式接受宰相李孟的建议，下诏颁布科举法，规定考试程式中，“经问”用朱熹《四书章句集注》等。同年，又决定以周敦颐、程颢、程颐、张载、邵雍、司马光、朱熹、张栻、吕祖谦及许衡从祀孔子庙庭。这两件事，不仅在中国性理学发展史上具有重要的历史意义，而且对推动性理学在高丽的输入与迅速传播也具有重要的作用。

忠宣王的万卷堂里，性理学的气氛是相当浓厚的，以至于一些武将也受到感染对性理学产生了浓厚的研究兴趣。这里最值得一提的是崔文度。崔文度的父亲崔诚之是忠宣王住元时期的重要辅臣，崔文度当时为护军将官，随侍于忠宣王燕邸。李齐贤说崔文度“出则手剑，入则目简编，濂溪、二程、晦庵之书，皆汇而观之”。崔文度“尽于己而信于人”的道德品格，在当时可说是“绝无而仅有者”。

李齐贤随忠宣王到元大都多年，是万卷堂学术活动的主要人物之一。李齐贤官至侍中，称“鸡林君”，诗书画三绝，以擅长汉诗著称于世，与崔致远、李奎报并称朝鲜半岛古代的三大诗人。1315年，李齐贤以忠宣王侍从身份入元，这年他26岁。他于1341年回国，在元生活了26年。他在文学方面的兴趣和成就超过他在性理学方面的兴趣和成就，但他对性理学十分推崇，他的史论、政论、文学作品深受性理学的影响。他曾说过，他读屈原《天问》和柳宗元《天对》，感到艰涩难明，后来读到朱熹的注，才涣然冰释。

李齐贤在元生活期间与元朝名士交往所创作的诗、书、画等至今仍大量留存。由于李齐贤等人的提倡，高丽朝末期和李氏朝鲜初期，很多文人都喜爱临摹赵孟頫的字体，并出现了一些赵体书法家。

忠宣王对赵孟頫特别宠遇，从赵孟頫那里学到了不少书画技巧。忠宣王还是王世子的时候从元朝带回了4000卷书画作品。到忠肃王时期又有1800余册书籍流入了高丽。万卷堂作为中国与高丽两国文化交流的重要孔道并没有因忠宣王的去世而断裂，恭愍王妃鲁国大长公主入京时也以万卷堂为中心，广泛收集许多图书和作品，并收集书画、器物、简册等，带回高丽。万卷堂成为高丽在元大都设置的文化交流机构，是元代中国与高丽文化交流的一个缩影，可以映照出中朝文化交流的繁盛。

宋元在高丽的移民

葛剑雄在《中国移民史》中说道：“移民的历史与中国的历史、世界的历史共同开始，移民的作用和影响无所不在，无时不在，中国史和世界史的研究都离不开移民史的研究。”中国移民是向朝鲜半岛传播中华文化的重要力量。在高丽时代，有大批中国移民迁移到朝鲜半岛，并把中国先进的生产技术和优秀文化传播到那里，对当地的社会进步和文化发展起到很大的推动作用。

早在中国五代时期，就有一些中国人移居高丽，其中不乏杰出人士。956年，后周武胜军节使巡官双冀随后周册封使薛文遇赴高丽，因病而留居高丽。高丽国王光宗对双冀十分器重，表请后周准予其留在高丽，授为翰林学士。958年，光宗接受双冀的建议，始开科举。双冀对于高丽移植中国的教育制度，推广儒家学术文化起了很大作用。

至北宋时期，流寓朝鲜半岛的中国移民数量也很大，且颇为精英化。北宋时期到高丽定居的有许多文人、武士、医生、术士、画工等，大多才艺出众，为社会中高阶层人士。

在北宋赴高丽的移民中，有刘荃等八人最为著名，被称为“八学士”。刘荃是彭城人，出身官宦世家，其祖父刘迪，官至吏部尚书，其父亲刘采为金紫光禄大夫。刘荃学问精粹，自九经、百家及天文、地志、卜筮、医药，亦皆究之，世称“经世之通才”。他少年出仕，骤升清要之职，曾在朝廷决策中起着一定的作用。宋神宗时，王安石变法，刘荃遭到排挤被贬，使萌生了浮海遁世的想法。北宋元丰五年（1082），刘荃与翰林学士林八及等八位志同道合的宦游人士集体东渡高丽。这八人除了刘荃和林八及外，还有薛仁俭、许董、宋圭、崔沔、权之奇和孔德狩。

刘荃一行到高丽后，受到朝廷和文人的一致推重和欢迎。他们在高丽交游广泛，结交了王室贵族、乡村士绅、僧侣隐士等各阶层人物，在上至朝廷盛典下至乡野结社等各种社会活动中都有其身影。高丽朝廷屡次请刘荃等出仕，但刘荃累征不就，专心隐居修德，直到肃宗在位时，才“应征辟补”，致力于“补导圣治”。据说他辅政效果显著，使得“圣贤之风复见于殷师之后”，“续千载之绝绪”。八学士中的其他几位，林八及、权之奇为翰林，薛仁俭、许董为学士，宋圭为御史大夫，崔洹为吏部侍郎，孔德狩为太中大夫中郎将。刘荃去世后，高丽朝廷因其功绩，将其厚葬于北明川面德谷山下继良洞，以后子孙多居要职和封有爵位。此后刘姓家族显赫，历史上人才辈出，亦为名门大族。

高丽朝廷还主动向北宋要求引进各种专门人才。1074年，高丽向北宋请求“医药、画塑之工以教国人”，宋神宗遂令福建转运使罗拯“募愿行者”，有医士、画工数人赴高丽。画塑工至高丽后，对高丽雕塑造像艺术的发展起到很大作用。高丽浮石寺的木雕释迦如来和寂照寺的铁铸释迦如来，明显带有宋代雕塑之风格。

宋神宗熙宁年间，高丽遣使向宋“请乐工”。宋朝派乐工前往，“数年乃还”。其后，高丽朝多次“请乐工”，演成惯例。据《高丽史》记载，1072年，宋朝派到高丽的乐师女弟子真卿等人在开成教《踏莎行》歌舞；同年，女弟子楚英传《抛球乐》《九张机》。1075年，高丽又通过泉州商人傅旋来求借乐艺等人。宋神宗批示教坊按试子弟中选取10人赴高丽传艺。元祐、政和、宣和年间，高丽又请求“大晟雅乐”和“燕乐”，宋朝允其所请，派乐工前往传授，并带三乐谱和乐器。

在医药学方面，高丽引进中医药学的一个重要措施，是从中国延请医学人才，为高丽王族治病和传授医术。据史书记载，宋朝曾8次共116人赴朝从医或教医，其中绝大多数是朝廷遣派的医官。如1078年，高丽文宗因患风痹，上表宋廷请派医官。宋使即携诏书慰问并赐贵重物品，次年宋廷派翰林医官邢恺、朱道能、沈绅等共88人组成的庞大医疗团前往高丽，携带药品100种，另有龙脑80两、朱砂30两、麝香50脐、牛黄50两、杏仁煮法酒10瓶等贵重名药，用以为文宗治疗。1118年，高丽世子又来求请，宋再派阁门祇侯曹谊为使，率医官杨宗立等6人赴高丽，同时携去了一批药材。高丽“自后通医者众”，并在普济寺之东设立药局，建官三等，正式建立了医药、医官制度。继宋之后，元朝也曾数次派医生到高丽。

可以想见，北宋时有这样多的文人和医、画、乐等专门人才移居高丽，并且大多被委以官职，有的甚至进入中央政府担任重要职务，对于向高丽介绍、传播和推广先进的中华文化，起到了相当大的作用。

南宋时期赴高丽的中国移民不多。至元代，又出现移民高丽的高潮。据估计，13—14世纪有数以万计、十万计的元朝各族人民移居高丽。元代移居高丽的有文人、武士、商人、工匠等，为高丽社会文化的发展作出很大贡献。如火药制作方法就是在这一时期由赴高丽的元商李元介绍过来的。在文人中，有孔子五十三代孙孔院之次子孔昭（绍），受元朝之命以翰林学士身份，随嫁给高丽恭愍王的元大公主宝塔失里一起来高丽。孔昭定居水原中逵面九井村，建阙里庙，供奉孔子像。自孔昭之后，高丽民间始有祀孔。

高僧义天云游宋朝

高丽王朝从创建之始，就奉行护佛政策，大力保护和推崇佛教，以佛教作为护国的根本，企图依靠佛的力量使高丽王朝万年平安。镇护国家、裨补山川（地德）的信佛思想占有很大比重。它与地理图谶说的俗信一起，形成了佛教的祈福、禳灾倾向，从而使高丽时代的佛教世俗化，上下一致，以之为国教。

和在新罗时代的情况一样，高丽佛教的发展，宗派的演进兴衰，与宋元佛教发展有着密切的联系。宋元佛教的传入，直接影响了高丽佛教界的变迁和发展趋向。中国佛教界产生的新教派、新撰述的佛教章疏，持续传播到朝鲜半岛，并对高丽佛教的发展产生了很大的直接影响。

推崇佛教的另一项重要措施，是继续向中国派遣留学僧。如光宗一朝，就向宋派遣留学僧36名。留学僧是高丽时代一支入华学习中华文化的队伍。朝鲜佛教僧侣入华求法请益活动的高潮是在新罗时代，高丽早期的入宋僧是这一连续性活动的尾声。这些人大部分游学于中国南方的福州、金陵、四明、明州、杭州等地，分别习禅宗、天台宗、华严宗等。入华的高丽僧人，多数学成归国，其中不少人是高僧大德，继承或开辟了高丽佛教的宗派，在传播佛教文化方面作出了很大贡献。

在高丽入宋僧中，最著名的是义天。义天是高丽文宗的第四子，俗名王煦。义天11岁时，入微灵通寺出家，15岁时被封为“祐世僧统”。义天早有入宋留学求法之志。1084年，义天表请越海求法，当时中国北部有辽朝，高丽与辽有宗藩关系，高丽众臣恐得罪辽朝，以义天贵为王子，不宜越海为由，致使义天几次奏请均未获准。而义天求法之心益坚。1085年，义天趁宣宗外出巡察，遂择四月八日佛诞节之吉日，连夜携侍者寿介等人微服至贞州（今金浦），搭乘宋商林宁的船越海而西。宣宗知道后，甚为惊诧，一方面差遣元景、慧宣、道邻随后渡海入宋陪侍，同时又遣礼宾丞郑仅等问过海安否。其中元景以前曾为入宋僧，对宋的情况比较熟悉，僧俗朋友也比较多。

当年五月二日，义天越海到达宋密州，在板桥镇登陆，立即向密州及高密县两级地方政府致状，并上表宋廷，具述入朝之意。在等待朝旨期间，知密州朝奉郎范锷热情接待，先后安排义天于板桥镇圣寿院、密州资福寺斋宿。宋廷知义天来求法，非常重视，特为其制定迎接之礼仪，并派官员一路陪伴义天进京，由主客员外郎苏注廷奉诏前来引导入京，秋七月抵京师启圣寺，中书舍人范百禄为馆伴。数日后宋哲宗在垂拱殿接见义天，礼遇备至。

在哲宗的批准下，义天在中国云游四方，遍参名德。义天在京师先后参谒了相国寺圆照宗本禅师和兴国寺西竺三藏智吉禅师。宋廷推荐华严宗法师有诚为义天传授华严学。有诚是当时京城高才硕学，义天向有诚执弟子礼，从其习法。

义天在华仅14个月，足迹及于山东、江苏、安徽、河南、浙江五省，参遍中国当时各宗名德50余人。同时广求经书章疏，回国时带回经书1000余卷。

北宋元祐元年（1086）五月十九日，义天自定海随高丽国朝贺回使船还国，至二十九日还至礼成江。义天求法还国后，奉国王命任兴王寺住持，宣经说法。同时与在宋时结识的高僧大德保持密切联系，互有书信往来，继续交流佛教诸宗章疏典籍。1097年，国清寺建成，义天被任命为住持，并在此初讲天台教，从而开创了朝鲜天台宗。在义天的努力下，天台宗在高丽传播甚盛，成为当时影响最大的教派，据说门下弟子千人，有名者160余人。

义天一面弘传佛法，一面从事佛典刊印事业。1090年，义天在宣宗的支持下，在兴王寺设教藏都监，从宋、辽、日本等地购进佛典，并从国内收集元晓、义湘、大贤、圆测、谛观等人的著作，逐一进行注释、校对、补遗和整理，刊正舛谬，交由设在兴王寺之教藏院刊刻流通。他在刊行教藏之前，就编写了自己收集佛典的总目录，名为《新编诸宗教藏总录》，内题称“海东有本现行录”。义天编写的内外佛典目录，并按次序予以刊印的藏经，即为《高丽续藏经》。

从中国求赐、购买经籍图书，是朝鲜历代学习中华文化的主要方式之一。换句话说，中国古代典籍在朝鲜的流布，是中华文化传播到朝鲜半岛的一个重要内容，也是一个重要的渠道和形式。中国印刷术发明后，有大量的印本书，甚至还有雕版，作为礼品或商品流入朝鲜。在两国的贸易关系中，中国书籍在很长的时期内是朝鲜需求的大宗商品。

与此同时，中国发明的印刷术也传到朝鲜。朝鲜人仿照中国技术，利用本国产的优质纸墨，开始雕版印书，并且在借鉴中国活字印刷术的基础上，有所发展和创新——大规模地制造和使用铜活字，同时最先使用铅活字。

朝鲜半岛的刻书事业大约起源于10世纪末。到11世纪初，朝鲜的雕版印刷已经有了较大的发展。高丽王朝建立以后，在中央设置了负责缮写、出版各种书籍的秘书省，印刷了大量的儒学经典、历史和医学等各种书籍。

高丽王朝把引进和刊印佛经作为一项重要事业。北宋初期的30年内，高丽从中国请去3部印本《大藏经》。后来辽朝分别送给文宗、睿宗、义天和尚各一部，以及慧昭和尚买回辽本《大藏经》3部。

朝鲜印刷史上最重大的事件是11世纪初刻和13世纪再刻的工程浩大的《大藏经》。1251年刻成的《大藏经》，共6791卷，刻版81258块，因此号称“八万《大藏经》”。八万《大藏经》是现存大藏经中历史最久、内容最丰富、举世公认的标准《大藏经》和佛教全书。高丽刻印八万《大藏经》，是世界佛教文化史上的一件盛事，也是世界印刷史上的一件盛事。

燕行使五百年

李氏朝鲜是朝鲜半岛上的最后一个封建王朝，延续500多年，几乎与中国明朝和清朝相当。在这500多年中，李氏朝鲜与中国明清两朝保持着密切的关系和频繁往来，朝鲜举国上下，对中华文化极为推崇仰慕，大力学习和移植中华文化，在学术文化、文学艺术和农医科技以及政治经济制度等方面广泛接受中国明清文化。在李氏朝鲜，这种慕华之风不仅限于朝廷，而且成为一种社会时尚。李氏朝鲜著名学者金正喜在一首诗中就曾写道："唐宋皆伟人，各成一代诗"，"寄言善学者，唐宋皆吾师"。

李氏朝鲜与中国明清两朝始终保持着密切的友好关系和频繁的交通往来。1392年，李成桂发动宫廷政变，废除高丽幼主，自立为王，建立李氏朝鲜政权。推翻高丽王朝的一个理由，就是高丽王朝与明朝关系恶化，是"以小逆大"。李氏朝鲜建立之后，便与明朝建立了藩属关系，"事大至诚"，以"藩邦"自居，谨修"臣节"，使两国关系始终处于友好状态。

李成桂开国之初，就显示其对明朝亲附的态度，不久即以"权知国事"的名义，派使臣韩尚质以"和宁"（李成桂出生地）"朝鲜"请国号于明朝。朱元璋以为"东夷之号，惟朝鲜之称美，且其来远，可以本其名而祖之"，乃赐其国号为朝鲜，是为朝鲜王朝。请求中国皇帝赐予国号，在朝鲜半岛历史上也仅此一次。

明代的中朝朝贡制度不仅内容完善，而且影响深远。明朝与李氏朝鲜的官方使节往来十分频繁。在明代前期，李氏朝鲜每三年派遣一次纳贡使节，后来增加到每年三次，明朝也常遣使赴朝鲜。此外还经常有一些临时性使节往来。在一些特别的年头，两国的使节往来更是繁忙。朝鲜使者"岁辄四五至焉"，明朝政府每次都"待以加礼"，"他国不敢望也"。

至清代，这种频繁往来的通使仍如前朝，清朝和李氏朝鲜用多种名义互派使节团。每年元旦、冬至和中国皇帝生日，朝鲜都定期派遣使者到北京祝贺。对中国皇帝登基、上尊号、册封皇后、建储、平叛等大事，朝鲜也派使问候或祝贺。朝鲜使节将出使清朝视为燕京（北京）之行，所以使节又称为“燕行使”。朝鲜使团在清朝的待遇比在明朝还高，明朝规定使团在京驻留期限只有40天，而清朝无时间限制，一般在60天左右。中国对朝鲜国内的国王继位、立储、封后、吊祭、赐谥等重大事务也同样关心，常派使者前去致贺、慰问。

频繁地与中国的使节往来，对李氏朝鲜的文化和社会发展产生很大的影响。这些频繁往来的使节团，不仅担负着外交使命，密切了两国的政治关系，而且加强了两国的文化交流。双方派遣的使臣，多是博学多才的文人儒臣，他们与彼国文人学士广为交游，切磋学问，结下了深厚的友谊。朝鲜使团人员也以私人身份与中国官员、学者甚至西方传教士接触，游览书肆以及名胜古迹。他们在中朝文化交流中起到了重要的桥梁作用。

朝鲜的燕行使的规模比日本遣唐使要大得多，出使的次数也多得多，而且持续的时间长达500多年。

朝鲜十分注意了解中国的政局动态。出使的使节通常都负有了解中国政治、社会文化等方面的任务。到清代，入华的朝鲜使团规模更大，逗留的时间也更长，因而他们的记录更全面。来华使臣们回国后往往要由国王召见，汇报有关中国的情况。尤其是书状官，必须将途中的见闻记录禀报国王；使团中的其他人员也私撰有关出使中国的记闻，它们多是用汉文写成，也有个别是用谚文（即朝鲜文）写作的。这些燕行之作，统称为《燕行录》。《燕行录》按其内容可分两类：一为朝鲜使节出使中国时，由书状官写给朝鲜官方，作为公文使用的誊录，相当于当时的情报。它的内容具固定格式，写得较为简略；二为其他参与燕行者私人撰写的游历记录。这部分以“刊本”“写本”的形式出现，多出于私人文集中，其内容则较为多彩。《燕行录》也被称为《宾王录》《朝天录》，其中元代高丽使节留下的记录称为《宾王录》，明代多称为《朝天录》，清代多称为《燕行录》。

《燕行录》据估计总数应有1000多种。目前在韩国和日本发现的具有独立性的《燕行录》有400多种。其中有不少中国人习以为常而没有记录下来的内容，也有当时中国人忌讳而不敢记录的内容，最多的是朝鲜人以自己角度打量中国的观察日记。

燕行使进入山海关。河北山海关长城博物馆藏

《燕行录》在内容与时间上覆盖极广。除了记载路途、使行人员、贡品和沿路所见的风景外，对于中国当时的政治、经济、文化、社会风俗都有详略各异的记述，尤其对于中国的时政、著名人物、藩属外交、边境贸易、商人市集、士人科举以及婚丧风俗记述较多。从这些内容也可以看出，当时的朝鲜学者对中国社会文化各个方面都非常感兴趣。

洪大容的京师之行

16世纪末17世纪初，朝鲜学术界出现了一种新的思潮，即“实学”。

实学是自明朝中叶到清朝中叶的持续300余年间，在中国学术界出现的一个独立的学派，并逐渐成为主导的学术思潮。实学继承了儒家的经世传统，反对理学末流的“空谈心性”，主张“由虚返实”“崇实黜虚”，提倡实学、实习、实用的“崇实”精神，开一代新的学风。明清实学不仅给中国社会的精神文化以深刻影响，而且传播、影响了朝鲜、日本的学术思想领域，启发和刺激了朝鲜、日本实学的产生。

实学是李氏朝鲜后期一种独特的思想体系。它是一种以儒学思想为基础，与儒学有着密切联系的思想，这种思想同时受到先秦时期儒学的智慧和诸子百家思想的影响。但它又是与朱子学判然相异的学问，是为克服朱子学末流的弊端而独立发展起来的。18世纪后半期以后，朝鲜实学的发展进入兴盛时期，涌现出许多杰出的学者和学派，其中“北学派”是实学兴盛期的代表。所谓“北学派”，即以“利用厚生、北学中国”的实学思想为中心，主张为了提高文化和增强国力，必须大力学习“北学”，即当时中国的清代文化和经中国传入的西方文化。北学派的主要代表人物有洪大容、朴趾源、朴齐家、李德懋、柳得恭等人。他们大都来过中国，考察过中国的社会经济、政治、科学和文化，对中国的繁荣有了深入的认识。他们与中国学者广泛交流，切磋学问，结下了深厚的友谊，深受中华文化的影响。北学派实学活跃的时期，正值中国的康乾盛世。通过两国的使节交往，中国的经济、政治、科学、文化明显地影响着朝鲜，北学派进行社会改革、利用厚生的思想在这些条件下日益成熟。他们主张学习当时中国的先进文化，力主“北学中国”，进而改革朝鲜的政治、经济、文化。同时，在北学派实学家的著作中，引用了不少顾炎武、黄宗羲、颜元、戴震、章学诚、毛奇龄、梅文鼎、袁枚等人的社会改革思想。他们为发展朝鲜实学，也为中华文化特别是实学思潮和科技文化传播于朝鲜，作出了很大的贡献。

洪大容是朝鲜实学中北学派的主要代表人物之一。北学派的兴起就是起源于洪大容的京师之行。

1765年冬，35岁的洪大容以洪杞（使节团的书状官，洪大容的叔叔）的“子弟军官”身份随朝鲜使节团来到北京，翌年四月回国。在此次京师行之前，洪大容曾以“使行子弟从者”“大人子弟”“公子”即燕行使正使、副使、书状官之子等身份，怀着“为游观入燕”的目的往来北京数次，因此对中国的文物风俗并不陌生。而他这次中国之行的目的，是希望与中国知识分子直接交往，进行思想学术方面的交流。所以，在京师行之前，他花费多年时间，阅读了关于汉语会话方面的多种书籍。一进入中国，他也努力地尽量使用汉语。他在沈阳与拉助教（拉永寿）交谈，是直接用汉语交谈的方式进行。洪大容在沿路及京师各处一直探访“中国的奇士”。正月元旦他参加紫禁城举行的正朝仪式之际，看到有两人注视

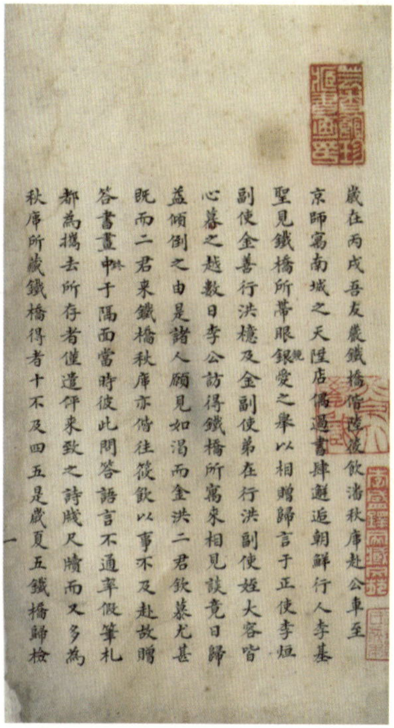
歲在丙戌吾友嚴鐵橋偕陸筱飲潘秋庫赴公車至
京師寓南城之天陞店偶遇書肆邂逅朝鮮行人李基
聖見鐵橋所帶眼鏡愛之舉以相贈歸言于正使李烜
副使金善行洪檍及金副使弟在行洪副使姪大容皆
心慕之越數日李公訪得鐵橋所寓來相見談竟日歸
益傾倒之由是諸人願見如渴而金洪二君欽慕尤甚
既而二君來鐵橋秋庫亦偕往筱飲以事不及赴故贈
答書畫中于隔而當時彼此問答語言不通率假筆札
都為攜去所存者僅遣伻來致之詩牋尺牘而又多為
秋庫所藏鐵橋得者十不及四五是歲夏五鐵橋歸檢

洪大容《医山问答》

着朝鲜的衣冠，并听到他们谈论相关话题，于是他主动与两人寒暄，寻找相识的端绪。当他得知两人是翰林院庶吉士吴湘和彭冠时，立刻派人去庶吉士馆打探两人详情，并特意借购买《缙绅案》（《缙绅全书》）之机，彻底调查了两人的情况。最终，洪大容找到了彭冠的家，并过访其家，与之笔谈。洪大容在北京期间，多次到琉璃厂书店街购买各种书籍，著名的“洪严之交”便是起自琉璃厂的市集上偶遇，洪大容与中国文人严诚二人因之结识后在不断的交流中产生了深厚的友谊。

洪大容的中国之行，在朝鲜与清朝的学术文化交流史上具有划时代的意义。清朝建立以来，由于皇太极入侵朝鲜，两国几乎断绝知识分子的交流。清入关后一直到17世纪前期，除了极其稀少的特例外，朝鲜知识分子与中国知识分子无任何密切的交流。

洪大容的京师之行成为两国文人重开交流的契机。李德懋、朴齐家两人因深受洪大容的影响，在洪大容京师行13年后的1778年启程去京师。两年后，朴趾源也于1780年启程去京师。在此基础上形成了“北学派”，极大地推动了朝鲜学术文化的进步。以洪大容京师行为契机，北学派之外的很多朝鲜知识分子也先后走访中国，并将各种中国书籍带入朝鲜，引入了正在清朝流行的新的学术思想。

洪大容反对当时占据意识形态统治地位的朱子学，提倡研究实用之学。他最先系统地阐述了实学的学说，号召人们学习中华文化以及通过中国传入的西方文化。洪大容有渊博的自然科学知识，对天文、地理、历书、数学、兵学、音乐有深入的研究。他批评朱子学拘泥于理气论而不去研究宇宙的自然规律，反对朱子学的空疏学风。

朴趾源是北学派的另一位杰出的实学思想家。1780年，李氏朝鲜为祝贺清朝乾隆皇帝的70寿辰而派遣使节团，朴趾源作为使节团正使朴明源（朴趾源的堂兄）的随从人员参加使团。适逢乾隆皇帝驻热河行宫，使团又转赴热河，往返4个月。朴趾源回国后，用了13年的时间整理编写了他在中国的见闻记录《热河日记》。《热河日记》共26卷，记述了作者一行人从渡江起直到中国之行结束为止的全部见闻，包括政治、经济、天文、地理、哲学、历史、科学、技术、宗教、美术、音乐、戏剧、语言、医学、书志学、名胜古迹以及人情世故等各个方面，描绘了当时清朝社会的全貌，还大量记录了他与清朝士大夫讨论经史诗文、琴棋书画、天文历法等问题的谈话内容。《热河日记》出版后在朝鲜广为流传，产生了深远的影响。

朴趾源在这部书中提出，为了自己祖国的繁荣昌盛，必须向中国学习，大力引进和吸收中国的先进技术和文化。朴趾源在中国期间，仔细考察了中国的农业、畜牧业、商业、建筑业、修路、筑城、造船、造车、烧煤等各方面的情况，介绍到朝鲜，并提出改革方案。

由于北学派实学家们的大力提倡和积极引进，中国明清时期的科学知识和生产技术有很多传入朝鲜，在天文学、历学、算学、医学以及农耕技术等生产技术领域产生了一定的影响，对于推动朝鲜科学技术的发展和社会进步起到一定的积极作用。

通俗小说在朝鲜的流传

朝鲜历代都多渠道从中国输入汉文典籍。李氏朝鲜也继承了这一传统，并以更大的规模输入中国书籍。

输入汉文典籍的一个主要渠道是中国朝廷的赐赠，由往来使节携至朝鲜。除此之外，来华的朝鲜使节还在中国购书带回国内。他们购买的书籍数量更为巨大，种类也更为广泛，通常为朝鲜王朝需要的天文、地理、历史、政典等方面的书籍。李氏朝鲜国王还曾给前去朝贡的贡使及随员开列购书清单，称《访书录》。《访书录》是当时的待购书目，就是要求到北京的使臣官员按照这个目录购买。奎章阁内有一官职名检书官，职责是协助阁臣校订图书等。检书官有时作为朝鲜使团的随员，乘出使中国之便，在北京采购图书。

李氏朝鲜除在中国采购或向中国朝廷求赠图书外，有时也自行刊印。正祖朝时建立奎章阁后，所印汉文典籍更多。

明清小说传到朝鲜，主要是通过贸易的渠道。朝鲜来华使团的成员也大量购置中国文学作品携带回朝鲜，而且对当时流行的文学作品多有评论和介绍。《三国演义》《水浒传》似乎是使臣们最熟悉的小说，各种《燕行录》中经常提及。

明清文学作品传入李氏朝鲜的品种和数量很大。李氏朝鲜时代初期，《剪灯新话》大量流传于朝鲜各地，其影响非常大，至今在韩国各图书馆还藏有多种版本的《剪灯新话》。《剪灯新话》在明朝似乎并不太受重视，但是传入周边国家后却大受欢迎。朝鲜的李氏王朝、日本的江户时代、安南的黎朝都多次刊印这部小说，并出现了许多注释本，甚至是改编本，创下了东亚汉文小说传播史上的盛况。

《太平广记》在高丽高宗时期已经输入朝鲜，后来在李氏朝鲜时期频频被学者提及。一些文人在观念上虽然轻视小说，但是实际上这些野史小说大受欢迎。由朝鲜文人成和仲将原著简缩而成的《详节太平广记》，刊印后大受欢迎，此后又有好几部《太平广记》的删节本、改编本在朝鲜刊印出版，对于朝鲜汉文小说的发展起到了明显的促进作用。

到了朝鲜英祖、正祖的时代，从中国流入的通俗小说的数量更多，种类也更多了，而且对当时文人的影响也是非常深远的，因此朝廷数次论议禁止输入及阅览通俗文学。虽然朝鲜朝廷数次要禁止流传和阅读中国小说，但是难以抗拒洪水般的趋势。19世纪以后更多的中国小说流入朝鲜，甚至在士大夫或者朝廷大臣中也出现积极赞同小说的读者。据有关学者的估计，在整个李氏朝鲜时代，传入的中国小说不下数百种。

李氏朝鲜不仅从明朝引进了许多小说，还大量翻印，使之广为流传。如《剪灯新话》《贯华堂第一才子书三国演义》《剪灯新语句解》《世说新语补》等其他坊刻本小说纷纷出现。

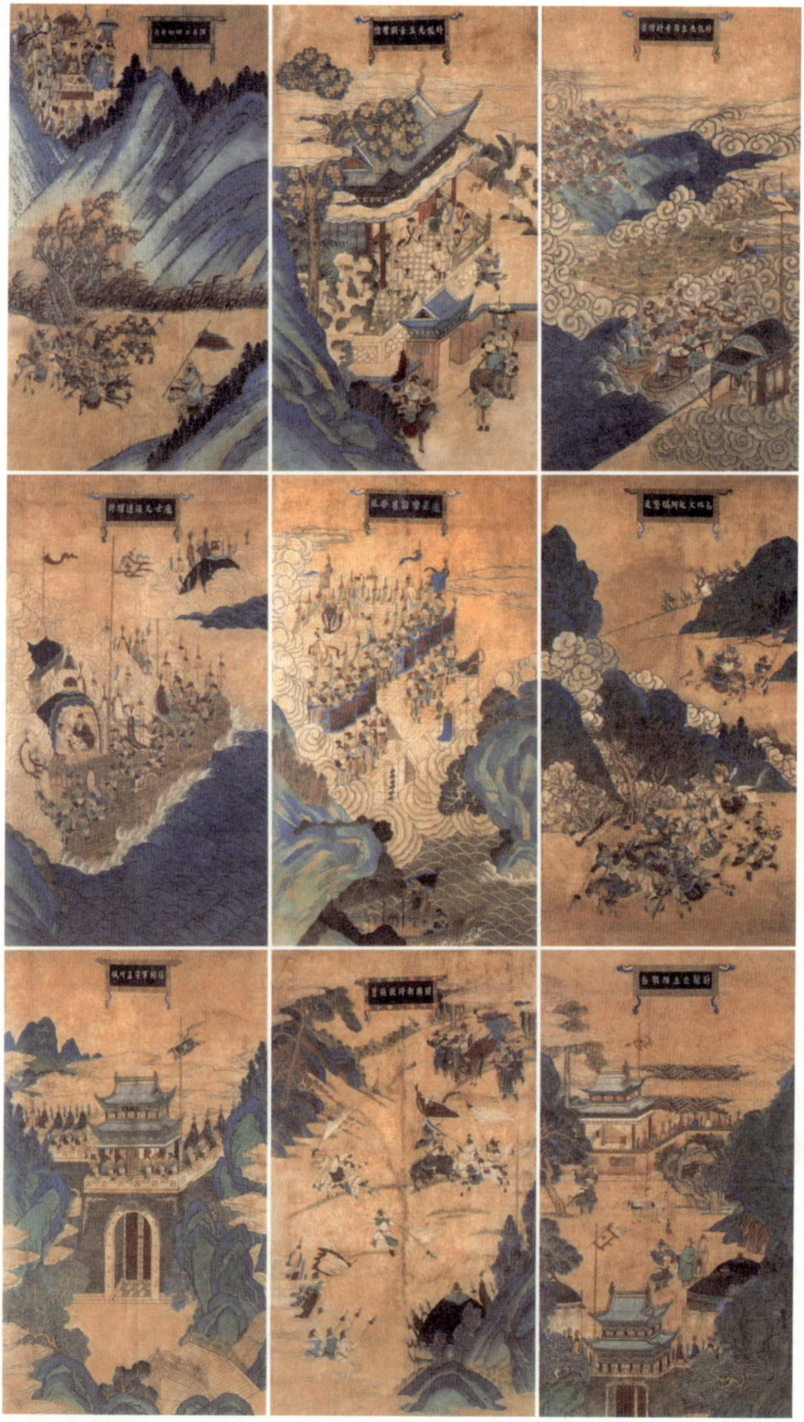

朝鲜《三国志演义图》，19世纪

在明清小说大量流传的同时，朝鲜还利用创制的训民正音，翻译了不少小说。训民正音创制以后，虽然大部分的文人仍然长期采用汉文，但在庶民阶层和女性阶层渐渐开始出现新的文学现象，这就是平民阶层文学和女性阶层文学的形成。特别是中国古典小说中通俗演义类小说的传入更使小说读者群扩大到平民和女性的层面。他们的读书热情更促进了“汉文谚解”的出现。所谓谚解就是以朝鲜文解释、表达汉文作品内容，也就是一种翻译。

17世纪以后，中国通俗小说大量传入朝鲜，读者层也随之扩大，特别是中国古典小说的翻译现象甚为兴盛，且与后来贳册业的出现和坊刻本小说的出现（约18世纪前后）有密切的关系。据韩国学者研究，传入朝鲜的中国古典小说，被翻译的作品有59种，其中大部分是在17—19世纪翻译的作品。

大量中国明清文学作品的传入，给朝鲜的文坛带来很大的影响和强烈的刺激。它不仅给朝鲜文人以启迪，还使朝鲜出现了小说这一新的文学形式，也产生了不少名作与卓越的小说家。

第十六章 禅宗东渡与文化传播

宋元时期及以后，中日往来的佛教禅僧充当了文化交流的主角。佛教尤其是禅宗文化的交流，往来的两国僧侣，成为中华文化向日本传播的主渠道。随着禅宗的东渐，宋代理学和其他文化形式也源源不断地流传到了日本，对镰仓时代及其后世日本文化产生了广泛而深刻的影响。

日本入华禅僧

佛教在6世纪中期传入日本，但在佛教相当盛行的镰仓时期禅宗才由日中两国禅僧正式传入日本。平安时代后期，是日本古代政治史上的一个重要转折时期。大化改新建立起来的律令制度多被破坏，外戚藤原氏势力不断膨胀并建立起操纵朝政的摄关体制，天皇的权力被大大削弱。12世纪末建立的镰仓幕府，成为日本史上的第一个武士政权，日本开始形成了武士社会。在武士社会中，以天皇为首的贵族政权仅仅是一个象征，国家的真正统治者则是幕府将军。这种政权结构一直持续到江户时代。

平安时代后期兴起了“国风”文化，开始对大规模输入的盛唐文明进行消化、吸收和整理。此时日本人已不再对外来文化抱有以往那种积极摄取的热情，在9世纪末和10世纪初，政府采取消极的半锁国的对外政策，一直到室町时代的15世纪初，大约500年间没有与中国建立正式官方交往，文化交流只局限民间。1401年，日本政府派使臣赴明，恢复了与中国的官方关系，并开始了勘合贸易，使日本又进入了对外来文化热情吸收的时期。

在这一时期，两国僧侣的往来在文化交流中发挥了重要作用。从北宋一直到元代，中日两国僧侣的往来频繁，历代都有日本僧人来华，尤其是在南宋时期，见于记载的入宋日僧多达百余人。与此同时，各代都有一些中国僧人或因日方之邀，或为躲避战乱而东渡日本。佛教尤其是禅宗文化的交流，往来的两国僧侣，成为中华文化向日本传播的主渠道。这种情况一直持续到明代。日本十几次的遣明使都是由禅宗僧侣担任的。

北宋时期的日本来华僧人，以奝然、寂昭、成寻三人为主，其他人大都是随从这三人入宋的。他们一般是在得到日本朝廷允许后，带领弟子乘商船入宋。这一时期日僧来中国的目的，同唐代为着求法留学不同，大多是为着消弭罪业、祈祷来生得以超度而前来朝拜圣迹的。所以，他们到宋后，首要目标是参拜佛教圣地天台山、五台山。在经过各佛寺时，一般都要参与讲经、法会及各种佛事活动，与各寺院僧侣进行教义讨论，等等。在他们入宋前，有日本僧人委托他们携来佛教上的疑问，希望通过“唐决”得到解答。

南宋时期日本入宋僧人数比北宋时期大为增多。日本学者木宫泰彦的《日中文化交流史》中有“南宋时代入宋僧一览表”，记载108名入宋僧，史籍未载者可能也不在少数。著名的有荣西、道元、俊芿、圆尔辨圆、心地觉心、无关普门、无象静照、南浦绍明等，而且他们之中有的竟来回中日两三次。

禅宗传入日本，是宋代中日文化交流最突出的成果和最重要的内容。南宋时期，佛教极其兴盛。宋室南渡后，宋朝的政治、文化中心随之南移，禅宗寺院多集中在江南一带。而这一时期日本开始进入佛教民族化的时期，创立了镰仓新佛教。日本临济宗成立并成为禅宗的主流后，禅宗注重法嗣、印可等特点，使得入宋僧在目的上不同于北宋时期的参拜巡礼，更多的是为嗣法而来。大批日僧为移植禅宗及南宋的新型文化来到中国，同时一些宋僧如兰溪道隆等也开始积极赴日传播禅法。这些入宋日僧和赴日宋僧将当时的佛教文化，特别是禅宗传入日本。随着禅宗的东渐，宋代理学和其他文化也源源不断地流传到了日本，对镰仓时代及其后世日本文化产生了广泛而深刻的影响。禅宗作为最重要的载体，是南宋中日文化交流的一大特色。

南宋时期的日本入宋僧，把中国禅宗佛教传到日本，并通过历代禅僧的努力，禅宗在日本获得极大发展，对其他宗派几乎占压倒优势。同时，两国禅僧的相互往来，不仅切磋了禅门精义，交流了禅学思想，而且加强了两国文化的全面交流。日僧入宋除了学习佛教的禅宗、戒律之外，还兼习南宋繁荣、发达的文化、文学、艺术等各个方面。

1168年，荣西搭乘商船入宋，为巡礼圣迹而来。他参拜天台山和阿育王山，求得天台宗新章疏30部60余卷。1187年，荣西再度入宋，到天台山万年寺从临济宗黄龙派八世法孙虚庵怀敞学习禅法。荣西随怀敞学法数年，继承了临济宗的禅法。荣西撰写了日本最早的禅书《兴禅护国论》，阐明禅对国家的重要性及禅与王法的相关相依。从荣西开始，禅宗在日本广为流传，成为主流一脉。

荣西在宋时，还深入接触了中国的茶文化，带茶种回日本栽种，并著有《吃茶养生记》，为日本发展茶叶种植和推广饮茶习俗作出重大贡献，被称为日本的“茶祖”。

荣西禅师坐像

圆尔辨圆是荣西的再传弟子，于1235年入宋，赴径山参访著名高僧无准师范，受到了无准师范器许，随侍左右。1241年，圆尔辨圆回到日本，以京都东福寺为中心进一步弘扬临济禅法。他凭借九条道家等朝廷显贵强有力的支持和保护，更重要的是依靠当时日本朝野对宋代新佛教文化的仰慕，以及对临济正宗禅的日益理解和倾倒而大举禅风，获得了朝野上下广泛的支持和皈依。圆尔辨圆不仅是禅林的杰出领袖，还受到当时整个佛教界的景仰。圆尔辨圆还将中国的禅林制度传播到了日本，这不仅为禅宗在日本的发展奠定了牢固的基础，同时也促使日本禅宗向宋地禅林寺院的方向快速发展，制度日趋完善与规范。

除了传禅之外，圆尔辨圆还被称为“日本宋学传入的第一人”。他将宋朝的茶及茶礼、诗文、书法、绘画、寺院建筑、碾茶以及面粉、面条的制作方法等传入日本，对宋文化在日本的传播起到了很大的作用，为后世日本五山文学的创立奠定了基础。

日本历史上僧侣入华最多的年代就是元代。木宫泰彦的《日中文化交流史》中“入元僧一览表”，列有入元僧人220名。如作者所说，表中所列只是文献上记载的人名，文献中不见记载的无名人氏，究竟有多少人渡海入元则不得而知了。元代是日本商船开往中国最盛的时代。许多日本僧人，就是搭乘这些商船赴元的。在元、日没有正式官方关系的情况下，入元日僧以及渡日元僧的频繁往来，对于增强两国的联系和文化交流，无疑也起到了重要的作用。

入元日僧人数众多，其中不乏名僧俊彦，他们将在中国受学的师僧语录和大量禅籍带回日本，成为日本禅林众僧参究悟人的指南和理论依据。他们还效仿了中国禅林制度，为禅宗佛教在日本的进一步兴盛发展创造了条件。不仅如此，他们还为传播中华文化，促进日本文化的发展做了很多工作。

宋元时期，中、日两国僧侣往来不断，促进了佛教文化大规模的交流。来中国的日僧回国，或中国僧人渡日，都携带大量汉文佛典，从而促进了汉文佛典在日本的继续流传。同时，为了满足社会多方面对汉文佛典的需求，日本的刻书印经事业也发展起来，印制了多种汉文佛典经卷，进一步扩大了汉文佛典在日本的流传和影响。汉文佛典在日本的流传，是这一时期中华文化东传日本的一个重要方面。

五山文化与宋学讲筵

日本全面移植了中国的禅林制度。室町幕府时期，幕府对禅宗寺院实行“五山十刹制”，将在京都的南禅寺置于全国禅寺的最高地位，又择

日刻本《四经白文》，15世纪

文者，莫不从而受教”。

玄惠法印之后，在整个14世纪，开设宋学讲筵者不乏其人。如菅原公时、梦岩祖应、义堂周信等，都是当时在研究和讲授宋学方面有影响的人物。

五山禅僧在传播和研究宋学特别是程朱理学方面作出重要贡献。东福寺的岐阳方秀创造了“汉籍和训”之法，就是在汉文原著上，按照每一汉字的训诂意义，标注日本假名，从而使不懂汉文或汉文程度不高的人，也能理解原著内容。岐阳方秀对朱熹新注“四书”加以“和训”，使不懂汉文的人可以大体读懂。“汉籍和训”的出现是日本汉文化史和中华文化东传日本史上的一件大事，对日本的汉文化普及有着重大意义和影响。岐阳方秀的“和点”成为以后五山儒学的基准，并由此使许多汉文较差的日本学者也能通读原著，为在比较广泛的范围内传播宋学创造了条件。“四书”和训、和点的出现，使日本的宋学讲筵更达于一个兴隆时期。“和训”法由岐阳方秀的弟子、入明僧桂庵玄树加以修正，开创“桂庵标点”，为日本学术界所通行。

宋学的早期传播与禅僧们有着密切的关系。到了后来，宋学的影响逐渐超出禅林的范围，传播到世俗社会。特别是室町时代后期，地方上出现了新的宋学教学与研究中心，形成了新的研究宋学的学派。

在当时禅宗勃兴、宋学东传的文化条件下，为了适应五山学僧钻研禅学与中华文化的需要，在五山中盛行复刻中国文献典籍的事业，出现了竞相刊刻中国书籍的隆盛局面。所谓“五山版”，就是指从13世纪中后期镰仓时代起，至16世纪室町时代后期，以镰仓五山和京都五山为中心的刻版印本。五山版的出现，是日本印刷史上的一个重要成就。

13世纪后期，中国禅僧正念（号大休）离开宁波天童山到日本关东，先后在三处地方当住持。后来他把自己的著作《佛源禅师语录》亲手删繁，于1284年“命工开刊，以待归寂，方可印行”。这部书是镰仓五山之一的净智寺刻本，是目前见到的最早的五山版。

五山不仅刊刻大量佛经以及禅僧语录、僧史、僧传等“内典”，也刊刻了许多“外典”汉籍。日本刊刻的第一部儒书，是在1247年陋巷子据婺州本翻刻的《论语集注》10卷，今称之为“宝治本论语”或“陋巷子本论语”。1322年，佛门僧侣素庆刻印了伪书《古文尚书孔氏传》13卷，现称为“元亨本古文尚书”。素庆认为和尚刊刻儒书，并非越俎代庖，只是见义勇为。在“元亨本古文尚书”刻刊之后，日本正中年间还有3部由佛门僧侣刻印的中国书籍。

当时五山版刻刊的中国文献典籍，大多数是以中国的宋元刊本为底本摹写的，也有少数是以明初刊本为底本的。所以五山版的汉籍，基本保存了中国宋元刊本的面貌。当时刊出的外典汉籍，最多的是各代的诗文集和诗文评论，其次是宋元时期流行的一些中国历史文化入门书。

繁荣的五山文学

宋元明时期中华文化在日本文学领域的影响，突出的表现是日本汉文学的再度繁荣。而这一时期日本汉文学的最高成就，就是“五山文学”。五山文学是指镰仓时代末期到整个室町时代，五山僧侣们创作的文学，内容包括汉诗、汉文、日记、随笔等。其中又以汉诗创作为主。

五山文学是禅宗发展的一个副产品，或者说是禅宗文化的一个方面。对于当时的禅僧来说，能够作出和中国人几乎一样的诗文，是无上的荣耀。于是，不少人醉心于学诗习文，反倒把修禅放在次要地位。他们常常以文会友，以诗喻禅，热衷于通过禅宗接触中国文学。这种倾向造就了一代又一代的汉诗文大家，虎关师练以博学为世人所知，雪村友梅长于古诗，绝海中津善骈文，义堂周信以巧致著称。他们摈弃坐禅修道、静心养性的传统主题，着眼俗世，并十分注意艺术性，创作了大量作品，把日本的汉文学创作推到了顶峰。

五山文学的特点之一，是大体崇尚中晚唐与宋代诗歌。一般以虎关师练的创作为五山文学形成的标志。虎关师练的诗作立于博学的基础上，以洗练著称。如《秋日野游》："浅水柔沙一径斜，机鸣林响有人家。黄云堆里白波起，香稻熟边荞麦花。"这首诗描写了河滩岸边的田园风光，如行农野，如闻稻香。此诗同杜牧的名诗《山行》同韵，后两句"黄去堆里""香稻熟边"采取了对仗形式，与杜诗不同，诗的意境也不同。前二句用宋僧道潜诗"隔林仿佛闻机杼，知有人家在翠微"之意，后二句则取王荆公"缫成白雪桑重绿，割尽黄云稻正青"之法。前后二联皆师宋诗之神而不袭用其句，从而开创五山文学的创作特点。

与虎关师练同时的中岩圆月，留有《东海一沤集》和《东海一沤余滴》。雪村友梅的大部分汉诗作于中国，并取岷山与峨眉山之巍峨渺远以命集名，称之为《岷峨集》。其诗在清瘦中富于动人的力量。如《九日游翠微》："一径盘回上翠微，千林红叶正纷飞。废宫秋草庭前菊，犹看寒花媚晚晖。"此处"翠微"指陕西临潼骊山，用李白"却顾所来径，苍苍横翠微"之典。诗人思古怀旧，诗风如杜牧，清瘦含情，余意萦绕。后世认为，他的诗"放在盛唐诗中，也不逊色"。

虎关师练、中岩圆月、雪村友梅等各家的诗歌创作，开启了其后300年五山文学的昌盛局面，他们所表现的文化素养与诗风特征，为以后的禅林诗家所继承和发展。

14世纪中期至15世纪的百余年间，是五山文学的全盛时期。其间禅林诗家蜂起，文采斐然者达百余人，其中义堂周信和绝海中津为最杰出的代表人物，被誉为五山文学的"双璧"。

五山文学在诗派上有"本土派"和"游学派"两种不同的倾向。"本土派"在日本本土通读中国典籍文献，研习汉诗汉文，在理念上与汉文化相通；"游学派"求法于中国，云游山川大刹，结识高僧名士，在感性上体验汉文化。然而，不论是"游学派"还是"本土派"，他们的共同特点是具有浓厚的中国"味"。五山僧侣中有不少人西渡入华，有的住留多年，他们不仅纯熟地掌握了汉诗文的创作知识和技巧，而且充分领略了中国的山川风物，也接近了中国人的思想感情，达到了某种程度的中国化。即使是从未到过中国的五山禅僧，对中华文化也有较深的了解，并生活于与中国禅林十分相似的氛围中，终至于获得了创造五山文学的灵感与能力。

以禅宗僧侣为主体的五山文学是禅宗与日本文学融合的产物，它在日本文学史上的影响和作用是相当深远的。禅宗的世俗化，普及的不仅是宗教的禅、哲学的禅，而且是文化的禅、文学的禅。也就是说，禅的思想，不仅被作为宗教，而且被作为文学艺术思想来接受。

"唐物趣味"：风靡日本的"中国制造"

自日本持续地大规模派遣遣唐使之后，中国的商品包括生活用品和各类艺术品就大量地输入日本，并且深入日本人的日常生活中，使他们的日常生活更趋于精致化和艺术化，同时，也在人们心中培养出对于中国物品的浓厚兴趣与热情。上至皇室，下至庶民，无不怀着对中国物品的憧憬，日本人把这种对中国物品的追求和模仿称为"唐物趣味"。

在停派遣唐使之后，中日之间的民间贸易仍然持续不断，并且规模不断扩大，新罗和渤海的商人也参加进来，构成了以中国商品为中心的东亚国际贸易网络。在日本的平安时代，特别是进入幕府时代以后，日本上层社会皇室贵族对于中国商品的追求热情持续不衰，几乎达到了不可或缺的

日本博多遗迹出土的龙泉青瓷，南宋中期

程度。

这种对于中国商品的需求，实际上已上升到精神文化的高度。皇室公卿、贵族武士都将是否拥有“唐物”作为衡量身份与财富的标志。天皇在宫中举办中国商品展示会，贵族武士在茶会上炫耀自己的“唐物”。拥有“唐物”成为一种流行的生活时尚，成为一种精神的寄托。一直到了江户时代，“唐物趣味”成为社会上普遍追求的时尚尺度，由此引发了与17、18世纪欧洲“中国风”相似的生活品位和审美情趣的流行。

弥漫于日本上层社会的“唐物趣味”，和当时日本社会的奢侈之风是紧密相联的。每当中国商船到来，日本公卿大臣们争相购买中国货物，“叫卖声传内库宫，蜂拥总角各争先”。当时的日本，已经能生产丝绸制品，并且生产的规模和水平已经很高，完全可以满足日本上层社会的需要，但是，贵族们却不愿意穿国产的丝织品，竞相以高价购买进口货，一般官吏也不穿日本出产的丝织品，甚至连婢女也都穿戴进口的衣服。紫式部的日记中，记载当时大纳言在正月初一至初三的宴会上的衣着：每天一套唐式衣裤，浓淡相配，颜色样式不重复，连内侍也穿唐式衣服。在这个时期的小说、评话、传奇等，如《荣华物语》《源氏物语》等，书里的人物，其衣着样式、质地，全是唐式的和从唐朝进口的。奈良、京都地区的冬季并不太冷，可是为了仿唐式服装，贵族们也穿上黑貂裘。貂裘一时流行甚广，以至于天皇不得不下令，除参议以上的官员外，其他人禁止穿用。

到了幕府时代，武士统治上层的奢侈之风远远超过了公卿贵族。藤原明衡《新猿乐记》说，当时日本人“所衣皆布，有极细者，得用中国绫绢则珍之”。武士夸富，竞相攀比，浪费惊人，而他们所追捧和炫耀的奇货珍品无不收集于对宋元贸易。12世纪，日本武士势力平氏集团崛起于政坛。平清盛通过中日贸易，稳定了国库开支，获得财富。《平家物语》描写平氏家族的财产状况说：“他家里绮罗充室，花锦满堂，轩骑群集，门前若市。家中有扬州之金，荆州之珠，吴郡之绫，蜀江之锦。七珍万宝无有缺漏。”

到了江户时代，这种追逐“唐物”的时尚有增无减。井原西鹤是江户时代浮世草子的代表作家，他的代表作品《好色一代男》被誉为一部描绘江户时代庶民社会生活的画卷。书中的主人公世之介认为女人穿上用中国丝绸制作的衣服会更漂亮，他对妓女感慨道："若将岛原的高级妓女们穿旧的菖蒲色八丈岛绢丝织品或仿中国绸缎的旧和服等拿来给这所妓院的妓女们穿上，她们也会显得分外引人注目。"世之介看到清水和八坂一带女人"身穿适于晚春时节的淡紫色中国花纹绸料制作的和服"。后来世之介在石山寺又遇到一位美丽的女人，他特别强调"女人腰上系的是一条用中国丝绸制作的中等宽度的和服饰带"。

所谓"唐物趣味"，更多的是对于中国艺术品的欣赏、爱好的审美趣味。一方面是禅宗文化的流行，一方面是"唐物"的广泛传播与广受追捧，形成了这个时代特有的文化情趣。有学者认为，幕府时代可以说是禅宗意境与"唐物趣味"相互融合升华的文化期。

在幕府时代，随着禅僧的大量往来，以及中日贸易的发展，有不少中国书法绘画作品和其他艺术品传入日本。例如在镰仓圆觉寺的北条时宗的陵墓佛日庵里，有一份佛日庵财产清单《佛日庵公物目录》，记录了佛日庵建立30余年来所收集的文物及佛具。清单中90%以上的东西都是"唐物"，从宋元高僧的顶相，到布袋、六祖、寒山、拾得的画像，再到仙人画，乃至松竹梅、四季图、花鸟画、山水画。这些传入日本的宋元名画，给日本禅林和绘画艺术以很大的刺激和影响。

室町幕府的第一代将军足利尊氏家，爱好收藏和鉴赏宋元画，有许多艺能人，包括画师、工艺师、庭园师、能乐师、狂言师等，侍奉在他们身边，并且通过建立画院开展文艺沙龙的活动。室町幕府的第三代将军足利义满喜爱中国书画，搜刮了宋徽宗、马远、牧溪等人的名画，典藏于幕府书库中，作为将军家族权威和财富的象征，致使幕府书库成为当时日本学习观摩中国水墨画的朝圣之地。1397年，足利义满在京都的北边兴建了金阁寺，以此为中心，发展了"北山文化"。足利义满时常在金阁寺召集文人雅士鉴赏宋元书画。第八代将军足利义政建银阁寺，形成了文艺鼎盛的"东山文化"，所藏的美术文物被称为"东山御物"。东山文化是继北山文化之后室町文化的又一个繁荣期。

室町时代还出现了鉴赏"唐物"的专家，称为"同朋众"。足利义政幕府设立同朋众，甚至成为一种制度。他们多以“阿弥”为号，并打扮成出家人模样，尤以被称为“三阿弥”的能阿弥、艺阿弥和相阿弥祖孙三代特别著名。三阿弥担任将军府中“唐物奉行”的任务，执掌艺术文物的典藏管理、展示、鉴定、评价、裱褙修复等工作，业务和今日的美术馆员的职责颇为类似。三阿弥就是侍奉幕府将军的宋元水墨画的鉴定专家、专业画家。

1476年，能阿弥、相阿弥写了一部《君台观左右帐记》，即将军府的唐物收藏清单。书中的第一部分整理了将军府收藏的中国绘画。他们所选的宋元画分道释画、花鸟画、山水画三大类。能阿弥把宋元时期的177位中国画家分为上、中、下三大类，并标明每位画家最擅长的题材。这说明将军府上的中国绘画收藏数量相当大，将军及文化侍从们对中国画的认识领会程度已经达到了相当高的水平。

规模庞大的遣明使团

1392年，幕府将军足利义满促成了日本南北朝的统一。1401年，筑紫商人肥富从明朝回国，以中、日两国交往有利劝说足利义满。而足利义满刚刚完成了南北朝统一的大业，正在着手新的设施建设，正苦于财源枯竭，所以欣然采纳了这一建议。足利义满遂派肥富和近侍僧人祖阿为正副使臣持国书贡礼赴明，拜见明惠帝，并送还被倭寇掠留的明人数名。翌年，明惠帝遣僧道彝天伦、一庵一如为使访日兼送还日使，二人在京都逗留约半年。1403年道彝天伦和一庵一如回国时，足利义满又派遣明使，以坚中圭密为正使，辅以梵云、明空二僧，一行300余人赴南京。根据日本使臣的要求，两国签订了《永乐贸易条约》，允许“日本十年一贡，人止二百，船止二艘”。从此开始了两国之间的“勘合贸易”。为了方便日本来贡，明成祖还赏赐给日本两艘船只，专为入贡用。

自1401年始派至1551年废止，日本前后总共派出19次遣明使，与从前日本朝廷任命的遣唐使次数恰好相等。遣明使可以说是遣唐使的继续和发展，都是日本派往中国的和平友好使者。由于造船和航海技术水平的差异，遣唐使遇难者很多，遣明使则往来自如，没有发生海难事件。此外，

《真如堂缘起绘卷》中的日本遣明船画面。日本京都真正极乐寺藏

就使团规模和往来密度而言，遣明使也远远胜过遣唐使。1453年入明的第十一次遣明使全员多达1200人。

日本遣明使团的成员都由僧侣担任，包括正使、副使、居座、土官等，或者是作他们的从僧。他们中不乏长于诗词文艺、学识渊博的人物。

1468年，伴随遣明使天与清启入明的桂庵玄树是临济宗的僧侣，他早岁于京都五山研习内外典，长于宋学。入明后，他泛游在苏杭之间，潜心于诗书经释及朱子之学。1473年回国后，他滞留于石见、筑后、肥前等地，克行释奠（祭祀孔子的仪式）、讲授儒学。1478年，他被岛津忠昌延聘至萨摩讲学，间接开创了以后萨南学派的学统。他刊刻《四书新注》，为日本四书注本之最早者，成为江户时代朱子学勃兴之基础。

桂悟了庵是1511年日本派遣入华的遣明使。他充分发挥外交才能，不仅使两国贸易顺利完成，而且深得明武宗的钦慕，敕住育王山广利寺，并赐以金襕袈裟。桂悟了庵入明所率领的是一个庞大的使团，达668人。他们在苏州停留期间，也与当地的文人有频繁的交流与互动。明正德八年（1513）的春天，王阳明途经宁波育王山广利寺，与桂悟了庵相见并深入交谈。桂悟了庵由于年事已高，回国后不久就去世了，所以未见得他在传播阳明学上有什么作为。但是，日本学者极重视桂悟了庵与王阳明的这次会见，认为这次会见可以看做阳明学传入日本之端绪。

日本最后一位入明正使策彦周良是京都嵯峨天龙寺塔头妙智院第三世和尚。策彦周良以遣明使资格两次入明：第一次于嘉靖十八年（1539）三月初，策彦周良被委为副使，从正使博多新篁院湖心硕鼎入明；第二次于嘉靖二十六年（1547）二月初，策彦周良为正使，偕副使钓云入明。策彦周良凭借这两次访问大明的经历，写下了《初渡集》和《再渡集》。织田信长闻知其德望，屡屡相邀至安土城，请教中国政治情况及风土人情。

“唐三寺”与隐元东渡

宋元时期，有不少中国禅僧赴日本传播佛教。南宋时期的赴日僧留有姓名者约14人，多是在南宋中后期入日的。兰溪道隆是第一位到日本传授禅法的中国僧人，一生的大部分时间弘法于日本。道隆在传播禅学的同时，还将宋地特有的思想哲学、文学艺术、建筑美学和日常习俗等因素引入日本文化。

元代的入日僧也都是禅僧。据统计，元代入日僧史籍留名的有13人，他们或者是带着元朝的使命渡日，或者是应日本的招聘而来日的。渡日元僧多以博学高德而闻名。他们不仅禅学修养深厚，而且善诗文，通书法，饱学教乘诸部、儒、道、百家之说，予以日本文学、儒学、书法、绘画多方面勃勃生机。

在江户时代，长崎成为中国商船唯一的停泊之地，在这里逐渐形成了一个华人聚居区即“唐人坊”。经来日的中国商人和其他华人共同商议，先后在长崎修建了兴福寺（南京寺）、福济寺（漳州寺）、崇福寺（福州寺），即所谓“唐三寺”。

长崎的“唐三寺”长期从中国延聘高僧担任住持，由此可见明末清初渡日僧人的数量之多。在“唐三寺”邀请的高僧中，以隐元隆琦最为著名。隐元隆琦于29岁时在黄檗寺出家为僧。长崎兴福寺住持逸然性融禅师久慕隐元隆琦的大名，得到德川幕府的许可，遣僧聘隐元隆琦东渡弘法。清顺治十一年（1654）五月，隐元隆琦以63岁高龄，率弟子数人抵日本长崎，

《长崎唐寺唐人参诣之图》。日本神户市立博物馆藏

受到当地佛教界的热情接待。

隐元隆琦往来于兴福与崇福两寺间，讲经说法，领众修禅。在他的带领下，长崎“唐三寺”大兴坐禅修行之风。日本曹洞宗、临济宗以及其他宗派的僧侣也有许多人相继到他门下受教。

1659年，隐元隆琦选择在京都南边的太和山（宇治郡大和田庄）建寺，在幕府的直接过问和支持下，1661年初步建成。隐元隆琦为不忘本，以福清黄檗寺之名命名该寺，寺额为“黄檗山万福禅寺”。该寺以法堂为中心，左右建有方丈室、开山寿塔、禅堂、钟楼、浴室等建筑，是一座庄严恢宏的寺院。隐元隆琦认为日本寺院造像“不甚如法”，特请福建的名匠范道生负责造像，命担任监院的弟子大眉性善督造，雕造了观音、韦陀、伽蓝祖师、达摩祖师、监斋、弥勒、十八罗汉等像，寺院造像精美，并且保持明代造像的风格。寺庙后来又陆续兴建了禅堂、东方丈、侍者屋、行者屋、竹林精舍、松隐堂等。

1664年，隐元隆琦在东渡10年、住持新黄檗寺3年之后，辞众退居于寺内的松隐堂，命弟子木庵性瑫担任住持。然而他每天仍要接待四方前来参谒问法者，并且书写大量回应问道者的书偈。

隐元隆琦在法系上属于中国临济宗杨岐派。隐元隆琦在承传中国临济宗精华基础上，以他的聪明才智，不断吸收、消化和创新，逐渐形成了自己的思想体系。他所创建的黄檗宗以中国黄檗山万福寺为祖寺，参禅念佛用汉语，诵经也用汉音，饮食生活保持中国式样，“有日本内地小中国之观”。黄檗宗的宗旨简明扼要，宗规严格，符合禅门规范，比之日本临济、曹洞二宗的寺院更富有中国禅学风味。黄檗宗与临济宗、曹洞宗并称日本禅宗佛教三大宗派。日本繁衍至今的13个佛教宗派也以黄檗宗的传入而告齐备。

黄檗宗在日本的传播和发展，给日本佛教界以新的刺激。江户时代初期，日本禅宗已日呈颓败衰微之势。经历“应仁之乱”后，五山十刹受到破坏，临济宗的势力衰退，禅风败落。不过，黄檗派僧侣东渡，为日本禅宗带来了生机。隐元隆琦创黄檗宗，受到幕府及朝廷的支持，一时宗风颇为兴盛，为已见衰微的禅宗开辟了新局面，使日本的禅宗文化获得了再度兴盛的生机。

以隐元隆琦为首的黄檗宗僧人对日本禅学、医学、书法、绘画、音乐、诗词、习俗影响甚大。隐元隆琦在万福寺内开设门诊，传播中草药医术。日本的痘科医术，就是由黄檗弟子传授而建立的。隐元隆琦把“煎茶道”技术带到日本，他被奉为茶道中兴祖师，日本煎茶道总部就设在宇治万福寺内。隐元隆琦还带去中国蔬菜的种子，被称为“隐元菜”“隐元豆”。

《隐元骑狮像》

日本学者一致公认，自唐鉴真和尚建招提寺之后，隐元隆琦禅师创建的日本黄檗山万福寺是又一个人才荟萃、人才辈出之处。随隐元隆琦东渡的，是个大集团，除了许多高僧以外，还有建筑工匠、制造佛像的雕刻工匠和塑造工匠、裁缝衣服的工匠、鞋匠，等等。这一批人世称“黄檗众”，其所带来大明的文化，对于日本文化来说，起到了补充和提升的作用。

“舜水先生”改写了日本史

明清易代之际，有不少中国学者文人为躲避战乱，东渡日本，他们为传播中华文化起过很大作用，其中影响最大的是朱舜水。

朱舜水名之瑜，字鲁屿，到日本后人们称他为“舜水先生”。清顺治十六年（1659），朱舜水随郑成功军队北伐，兵败后，壮志未酬的朱舜水誓死不食清禄，不做顺民，毅然决然断绝归路，流寓日本做异域孤臣。

朱舜水抵长崎后，筑后柳川藩儒臣安东守约钦其道德学问，拜其为师，并请长留日本。此后，一直到1682年朱舜水去世，他们的师生之谊持续了长达24年，始终如一。安东守约仕官之暇，穷微探赜，学术顿进，著有《三忠传》《耻斋漫录》等，成为江户时代著名的儒家学者。

朱舜水在日本念念不忘故国，以“单身寄孤岛，抱节比田横”自勉。身居异域，依旧身着明服，常常面朝西方，遥望故土，泪流满面。朱舜水在长崎滞留6年。1664年，水户藩第二代藩主德川光圀因慕朱舜水才德文行，礼聘他到水户讲学。德川光圀是一位醉心于汉学、立志报国的贵族和儒学者，他待朱舜水以宾师之礼，恭敬求教，经常向其请教或商讨国家施政方针、礼乐典章制度以及文化学术等方面的问题。朱舜水也知无不言，言传身教。德川光圀接受朱舜水的建议，以儒家礼仪制定藩规；重实学，实行奖农政策；兴教育，广招贤士；修寺院，推行宗教改革。因其政绩显著，水户藩经济繁荣，社会安定，民风淳厚，在各藩中享有盛名。

朱舜水去世后，安东守约等人把朱舜水的遗著和在日本讲学期间的书札问答编成28卷，由德川光圀父子刻印成《朱舜水先生文集》。

有一位日本历史学家评价说：“朱舜水来日后给日本文化带来的巨大影响，远远超过奈良时代双目失明的鉴真和尚。”梁启超也称朱舜水为“日本文化之开辟人，惟一之国学输出者”。

朱舜水是一位才学超群、博古通今的学者，除了日讲程朱之学外，诸凡天文、数理、历史、传记、文物、鸟兽花草等问题，他都能解答。朱舜水也是一位擅长科技和工艺的技师，把中国的有关工程设计、建筑术、农业园艺、医学种痘等科学技术知识介绍给日本。

朱舜水对日本文化最重要的贡献，在于传播儒学思想方面。他针对当时日本“遍地皆佛”“未闻有孔子之教”的情况，提出必须大力推行“儒教圣道”。他内心“慨然以斯文为己任”，决意在水户藩推行儒道。他大力传授“圣人之学”，广泛传播儒家思想文化。他广交朋友，“硕儒学生常造其门者，相与讨论讲习，善诱以道”；朋友学生“敦《诗》《书》，说《礼》《乐》”。他在水户讲学，声望远播，连一些白发老人也扶杖前来听讲，有的则是父子同入门下。

朱舜水广为传播儒家的礼仪文化，将儒家的礼仪制度极为详细地传播于水户藩。日本的孔子圣庙和朱舜水有很大关系，祭典的礼制在日本叫“释莱”，也是朱舜水带去的明代礼制。日本东京最大的孔庙——汤岛圣堂也是根据朱舜水《学宫图说》监造，圣堂供奉的孔子像是朱舜水从舟山带去的。

朱舜水对日本学术思想的最大影响，是对水户学派的影响。甚至可以说，正是在朱舜水的直接培育下，才有了日本的水户学派。

“水户学”是以水户藩主德川光圀为首，以编纂《大日本史》为中心而发展起来的学派与学说体系，以提倡巩固封建社会制度的“大义名分”著称。水户学派“大义名分”思想成为明治维新尊王攘夷运动意识形态的支柱。所以，有的日本学者指出，打破德川江户幕府300年的封建统治，建立惊天动地的维新大业，使日本与世界各国为伍，成为现代国家的一员，正是由于朱舜水思想所使然。朱舜水也因此被认为是日本明治维新运动的先导者。

通俗小说在日本的演绎与解构

汉籍流传日本，是中华文化向日本传播的主要载体之一。至江户时代，汉籍流传日本的数量和品种远远超过以往各代，形成汉籍东传的一次高潮。江户时代赴日的中国商船，经常携带大批中国书籍到日本出售，成为对日贸易的一大宗货物，日本把这些书称为“唐船持渡书”。

江户时代是日本文学繁荣发展的时期。江户文学的繁荣在很大程度上也得益于中日文化交流，得益于中国文学的流传和影响。中国文学对江户时代日本文学的影响，主要的渠道之一是明清小说和其他文学作品的大量流传。在江户时代，输入日本的商品中有大量的文学作品，特别是话本和长篇小说，如“三言”“二拍”《今古奇观》《水浒传》《三国演义》《女仙外史》《金瓶梅》《红楼梦》和各种话本，等等。据日本学者统计，仅江户时代中期从长崎港上岸的中国通俗小说数量就在200种以上。

歌川国芳《通俗水浒传豪杰百八人》之一《浪子燕青》，浮世绘，1827—1830年

中国小说刚开始进入日本时，只有极少数具有较高汉文修养的贵族学者和僧侣有能力购买和阅读中国小说的原典。江户时代中期之后，幕府的禁书令有所松动，贵族和文人阶层中出现学习中国话的热潮，于是通俗小说便逐渐成为汉语口语的教材。日本书商们开始策划中国通俗小说的“和刻本”，也就是在日本重新刻印这些中国小说。既然重新刻印，就要按照传统汉诗文阅读的训读法，在中国小说的原文旁边加上一些符号，这样可以让中文水平不高的读者基本上看懂小说的内容。于是到了江户时代后期，书商们聘请汉学家对中国小说在训读的基础上再加以节译，出现了中国小说的翻译本，这样就基本扫除了语言障碍，让汉文小说变得通俗易懂。

据初步统计，自江户时代至中日甲午战争以前的300年间，日译汉籍约有120种，其中文学作品占到90%，《水浒传》《三国演义》《西游记》《红楼梦》“三言”“二拍”等古典名著几乎全部被翻译成日文，而《水浒传》的日文译本达11种之多，居当时所有中国文学日译本数量之冠。

18世纪中期，中国明清白话小说作品在日本市井庶民中广泛流传。为了使读者能够较方便地读懂中国文学作品，大阪书林曾为“初读舶来小说者”编辑了一部中国俗语辞书，题曰《小说字汇》。这部工具书征引广泛流传于市巷的以白话小说为主的各类文学作品159种。

中国通俗小说在日本社会广泛流传之后，日本的文人也开始撰写汉文小说，这就促进日本汉文小说创作走向了兴盛。改编中国小说是江户时代文人学者富有艺术想象力的再创造，他们往往是在日本社会历史文化的背景下撰写汉文小说，写出了大量普通百姓喜闻乐见的日本汉文小说。这样一步步地推进中国小说的传播，使得中国通俗小说逐渐被日本民众所接受，也使得汉文小说的创作逐渐向日本化的方向发展。

第三编

世界的中国

第十七章　中华文化与文艺复兴

随着蒙古帝国的崛起，中西交通出现了前所未有的盛世，东西方文化的接触、碰撞、交流与融合出现了前所未有的规模，所谓“四海为家，声教渐被，无此疆彼界”。这是一个中国走向世界、世界走向中国的时代。正是在这个时代，中华文化的许多形式，特别是四大发明传到了欧洲，对欧洲文化起到了强烈的激励作用，催动了文艺复兴运动的发生。

成吉思汗大交换

在13世纪上半叶，蒙古在中国北方风暴式地崛起。在近半个世纪中，蒙古帝国以蒙古大漠为中心，通过三次西征，以及对中国内陆地区包括金朝、西夏及南宋王朝的征服，把欧亚大陆的大部分地区都纳入蒙古帝国的版图中，形成了庞大的蒙古汗国。

蒙古帝国全盛时期幅员在2840万到3108万平方千米之间。亚欧大陆成了蒙古人纵马驰骋的历史舞台，蒙古的都城哈剌和林（又称和林）和元朝的上都成了当时世界的政治中心和文化中心，东西方文化的接触、碰撞、交流与融合出现了前所未有的规模。蒙古帝国的大一统通过游牧文明串起了以波斯、中国为代表的定居文明的跨地域交流联动，改变了欧亚大陆的政治、经济、文化格局，甚至可以说当今欧亚大陆乃至世界的形势在某种程度上是由蒙古帝国的遗产所奠定的。

蒙古人在广袤的欧亚大陆上建立起的大帝国，从东亚的海边一直延伸到欧洲的内陆，跨越了东亚的中国、中亚和西亚的穆斯林以及欧洲的基督教的几大文化世界。14世纪的意大利人裴哥罗梯（Francesco Balducci Pegolotti）根据当时往来商人的介绍材料，著成《通商指南》一书，对当时颇为兴盛的中国与意大利贸易作了详细介绍，其中特别提到通往中国的商路是很安全的。波斯史学家志费尼（Djuveni,'Ala u'd-Din'Ata-Malik）描述说：成吉思汗“带来了完全的和平、安全与宁静；他实现了极度的繁荣与安宁；道路安全，骚乱减少”。所以，后来的西方学者把14

世纪称为“蒙古强权下的和平世纪”。

和平实现了，民族的疆域被打破了，文化的藩篱被拆除了，贸易的道路通畅了。因此，人类历史进入以整个欧亚大陆为思考单位的阶段，进入中西方文化大交流的时代，进入中国走向世界、世界认识中国的时代。

为了保护商旅和快速传递信件，成吉思汗在西征时就开辟了官道，窝阔台开始建立“站赤”即驿站制度，忽必烈则把站赤制度推行到元朝势力所及的每一个角落。依靠发达的站赤制度，元朝的天下，“梯航毕达，海宇会同”，超过以前任何一代。丝绸之路交通的恢复和发展，大大促进了东西方的经济贸易和文化交流。驿站不仅是商人、僧侣、使节等各色人往返的歇息之地，也是输送东西方文化的传递站，是文化的辐射地和集散地。

这一时期的欧洲人也在积极地进行着从西方向东方的开拓。从11世纪开始，在近200年的时间里，在教廷的号召和组织下，先后发动了8次十字军东征。十字军东征打破了拜占庭和阿拉伯人在东方贸易中的垄断地位，打破了他们筑起的东西方贸易的屏障，冲破了中世纪对西方文化在时间和空间上的禁锢，使西方人得以发现东方世界，使中华文化与外部世界的交流进一步延伸到地中海以西和以北地区，造成了东西方文化交流的新态势。

在这一时期的欧洲，早期资本主义和商业正在发展起来。在12—14世纪，地中海区域商业出现了空前繁荣的景象，并对欧洲的历史发展进程产生了深刻的影响。西方史学家常把这一时期商业发展的“黄金时代”称为“地中海商业革命”。当时的欧洲，特别是在意大利，商业城市正在迅速发展起来，如威尼斯、热那亚等充分利用国际形势的变化，成为欧洲最大的国际商埠，成为13世纪欧洲最重要的商业中心，“威尼斯贸易”几乎成了“全球化”的代名词。马可·波罗（Marco Polo）一家就属于这个时代走向东方的威尼斯商人。

12—14世纪地中海商业革命的强大推动力是与东方进行的贸易。在《马可·波罗游记》中我们看到，他到处留心当地的物产、物价以及商业发展的状况和贸易形式，这不仅是出于商人的本能，也是一种需要。在这个时期的有关文献中，随处可以看到欧洲商人的身影，他们活跃在中国的

蒙古军队追击敌军，拉施特主编的《史集》内页插图

港口城市甚至大都、杭州等大城市之中。

交通的畅达、人员的流动，为元代中西文化的大交流创造了条件。美国学者梅天穆（Timothy May）在《世界历史上的蒙古征服》中，从全球史的角度讨论了元代东西方大交流，认为13世纪元朝统治的世界，是一个“全球化的世界”。蒙古四大汗国主动或被动地推动着东西方制度和文化的交流与互动，这被称为“成吉思汗大交换”。

1229年窝阔台继位后，选定位于今蒙古乌兰巴托附近的哈剌和林作为都城，修葺一新，使之成为一座热闹非凡的国际都市。忽必烈入主中原后，在原来辽朝南京和金朝中都的所在地即今北京建元朝大都。元朝大都是当时世界上规模最宏伟的大都市。在马可·波罗、柏朗嘉宾（Jean de Plan Carpin）和鲁布鲁克（William of Rubruk）等人的记载中，都提到在大都、和林以及中国的其他地方见到过来自欧洲不同国家的人，有的是专业的工匠，在大汗的宫廷里服务。

上都位于今内蒙古锡林郭勒盟正蓝旗境内，是元朝仅次于大都的第二个政治、军事、经济和文化中心。由于它的政治地位，贵族、官僚、商人云集于此，许多来华的外国人也聚于上都。

元帝国之内，无民族、地域差别，所谓“四海为家，声教渐被，无此疆彼界”。商业领域打通了地域、民族方面的限制，出现了全国范围内经济、文化交流的大发展，西域人入仕元政府，学习汉文化，皆以中国为家，即“西域之仕于中朝，学于南夏，乐江湖而忘乡国者众矣”。

自汉代以后，特别是南北朝时期，开始陆续有西域商人以及其他人士进入中国，到了唐代达到高潮，形成外国侨民的群体。宋代则有“蕃客”和“蕃坊”。到了元代，这种人员上的交流，即外国移民群体进入中国内地，形成了前所未有的一次大高潮。

在这100多年的时间里，在欧亚大陆上出现了前所未有的“流动”的浪潮，有各类人员的流动、物质商品的流动、技术发明的流动、思想观念的流动、文化的流动。蒙古人的征战和统治为这一切的流动创造了广泛的条件和基础，他们本身就是文化交流的载体，他们也在创造一切使更广泛的文化交流得以实现的载体。他们还担当了催生新的文化形式的使命。各种文化的相遇、交流和冲撞，不仅是原封不动的移植，还会出现许多新的变异，或者激发新的文化因素的出现。

正是在这样的人员交流、文化交流的高潮中，西方第一次真正地认识了中国。在这个时代，欧洲人地理观念的进步，不仅得益于马可·波罗，还有其他旅行家们，还有往来于欧亚大陆两端的商人们，还有征服欧亚大陆的蒙古铁骑。中原农业文明积累下的财富、草原世界的武力、穆斯林的商贸智慧，梦幻般地结合在一起，共同建立起一个横跨欧亚大陆的庞大秩序。如果说，在古罗马那个时代，通过丝绸，欧洲人对于中国只是有一些模糊的认知，那么，随着蒙古大军横扫欧亚大陆，开创了大交通、大交流的新局面，欧洲人则看到了一个真实的中国，一个充满神秘和魅力的中国。

印刷术点燃了“自由火炬”

在元帝国所建立的这个混欧亚于一体的时代里，地理空间的开拓，全面开放的态势，形成了一个全球文化的新趋势。欧洲人从这个全球文化体系中学到了很多东西，尤其是思想观念上发生了深刻的变化，而这正是引发文艺复兴运动的思想基础。

在这一时期传入欧洲的中国文化，最重要的就是四大发明中的印刷术、火药和火器以及指南针和航海罗盘，而另一项重要发明造纸术在唐代已经西传。中国的造纸术是通过阿拉伯人传入欧洲的。大约在9世纪，阿拉伯人造的纸就传到了欧洲。14世纪，纸和造纸术在欧洲的传播取得显著进展。到14世纪末，意大利、法国、西班牙和德国南部都有了纸的生产，除了少数贵族外，纸大致已经代替羊皮纸成为通行的书写材料。大而言之，就是纸与造纸术促进了文化的普及，因而推动了文化的大发展和广泛的繁荣。

在欧洲，造纸术和印刷术几乎是同时传播过去的。实际上，两者也是相互关联的发明。大量印本的出现，大大促进了欧洲人读写生活的变化，促进了宗教改革和新思想、新科学的传播，因而催生了文艺复兴时代。

印刷术的发明和发展，使人类科学文化知识的传播获得了一种崭新的形式，即印刷物的形式。印刷术的发明，大大提高了书籍的复制速度，有力地推动了科学文化知识的广泛传播和普及，对人类生活的各个领域的进步和发展都发生了重大影响。印刷术被誉为“文明之母”，印刷术的发明被看作是“人类文明史上的一个里程碑”。

纸币是欧洲人所接触的最早的印刷品。中国是世界上使用纸币最早的国家。欧洲人通过纸币，不仅了解到作为新型书写材料的植物纤维纸，而且得知了雕版印刷术这一中国人的伟大发明。纸币的神奇，在于它不仅体现了造纸与印刷术的完美结合，而且体现了符号与物质之间隐秘的对应关系。

除了纸币外，纸牌也是欧洲所知道的最早的雕版印刷品之一。纸牌在宋以后普遍流行，在南宋的杭州已有专门出售纸牌的铺子。可能是在元代中西交通大开之际，纸牌传到了欧洲。它可能是通过阿拉伯人传入，也可能是当时来华的欧洲人直接从中国带回去的，有人就认为是马可·波罗最先把纸牌由中国传入威尼斯。纸牌传入欧洲后，逐步被改造成为扑克牌，此后又经过数百年的演变，逐渐变成了今天国际通用的扑克牌样式。15世纪初，印刷纸牌已经成为一项重要的工业产业，威尼斯则是当时欧洲印刷纸牌的中心之一。

在纸牌大量流行的同时，也出现了其他雕版印刷品。在15世纪中叶的时候，威尼斯就已经成为欧洲印刷业的中心，1481年至1500年新设立的印刷所，如雨后春笋，达100多处，出版书籍最多，质量也很不错。

但是，由于欧洲各国使用的都是拼音文字，与雕版印刷并不适合，所以欧洲的雕版印刷事业并没有像中国和东亚各国的那样获得充分的发展，构成印刷史上一个有独立意义的阶段。相反，欧洲人一般只把活字印刷的发明算作印刷术的真正问世，而把雕版印刷只视为准备期间的一个重要步骤而已。在他们看来，活字印刷的发明才是印刷术的发明。

对于欧洲印刷史有重大意义的是德国人约翰·古腾堡（Johannes Gensfleisch zur Laden zum Gutenberg）的活字印刷技术。他的活字印刷术是在1450年发明的，他以铅、锑、锡合金制成欧洲拼音文字的活字，并发明了活字印刷机。他铸出大号金属活字，印刷了《三十六行圣经》。1454年，印刷了教皇尼古拉五世颁发的赎罪券。1455年，印刷了小号字拉丁文《四十二行圣经》，即著名的“古腾堡圣经”。这是古腾堡技术生涯的最大成就。

中国活字印刷技术对古腾堡发明有直接的影响。古腾堡曾受到过从阿拉伯来的商人带来的中国书籍的影响，并以此作为他的发明的最初基础。另有一则传说，说古腾堡的妻子出身于威尼斯的孔塔里尼家族，因此古腾堡也见到过某些旅行者带回威尼斯的中国印刷雕版，这使他受到启发，才发明了活字印刷。

在古腾堡活字印刷术及其印刷机在欧洲问世后不久，15世纪中期直至末期，在意大利、法国、荷兰、匈牙利、西班牙、英国、丹麦、瑞典等国先后出现了德国的印刷者按照古腾堡技术创建的印刷所。这种新的印刷技术受到了广泛的欢迎，出版书籍很快成为每一个大城市的光荣和有利的生意。

印刷术在欧洲出现不久，便受到社会各界的普遍欢迎和高度重视。特别是在那些不识字的群众中布教的时候，那些展现圣徒和《圣经》故事的雕版画起了很大的作用。欧洲印刷事业的发轫与宗教改革有密切的联系。印刷技术的发展和推广应用，使新教运动的观点能够以小册子、传单和宣言的形式广泛流传。在宗教改革中发挥了巨大作用的纲领性文件、马丁·路德（Martin Luther）的《九十五条论纲》由于印刷厂赶印，2周内就传遍德国，4周内传遍欧洲。当时人们形容《九十五条论纲》的传播犹如天使传达基督福音那样快。

印刷术在欧洲的迅速发展和广泛应用，也反映了时代对这种新发明的需要。欧洲正处在文艺复兴那个理性主义精神觉醒的新时期。这个时期也显然是传播知识、发展贸易和强调用白话而不是用古文进行新文学创作的时期。在传播公开的、可接受的、地方的经验和知识方面，印刷术是一种主要的媒介。

印刷术的发明从根本上改变了图书的流通方式和人们的阅读方式，使阅读不再是少数人的特权，而变成了一种大众共享的文化形态。在印刷术推广之后不久，欧洲各国出版的各类书籍，不仅是宗教方面的书籍，还包括科学技术、文学艺术的书籍，数量都在成倍成倍地迅速增长，印刷、出版以及书籍的销售成为一个新兴的很有利可图的大产业。

印刷术释放了书写文字的力量，成为现代文明发展的动力，加快了人类获取知识的步伐。由于印刷术的应用，学术中心由修道院转移到了各地的大学，学术文化不再由修道院垄断了，促进了教育的大发展和知识的世俗化，由此出现了中世纪后期文化、科技、艺术的发展高潮。而到了18世纪启蒙运动时代，文艺复兴时期人文主义著作印本再次引起人们的广泛兴趣，以至法国大革命将古腾堡褒奖为第一位在欧洲传播“启蒙之光”的匠人，而将印刷术当作各民族的“自由火炬”。

印刷术的发明和广泛应用甚至可以看作是近代西方历史的一个重要的转折点。印刷术的广泛应用促进了欧洲的现代化，在政治、社会和文化等方面产生了深远的影响，使它成为一种社会变革的媒介和力量。

火药技术推进了世界历史的进程

中国古代发明的火药的实际应用最初主要在军事方面。在五代末、北宋初（10世纪60年代前后），中国已有了真正的军用火药，从而在兵器发展史上开创了一个新的时代。

13世纪，蒙古军队发动了几次大规模西征，直接在阿拉伯境内战场上使用各种火器。1234年蒙古灭金后，开封府等地库存火药、火器及守军中的火箭手、工匠等，尽为蒙古军队所有，并立即被编入蒙古军队之中。1258年2月，蒙古军队在郭侃率领下攻占阿拔斯王朝首都巴格达时，曾使用了“将火药筒绑在枪头上的武器”，即火箭。随着蒙古大军的西进，阿拉伯人已经掌握了制造火药和火器的技术。伊儿汗国建立以后，那里的不少阿拉伯人懂得制造火药和火器技术，有的还被派到中国内地在军队中服役。

火药火器在战争中的巨大威力，促使阿拉伯人大量将之用于军事装备。大概阿拉伯人在研制火药之后不久，便将其应用于作战。在第七次十字军东征期间（1248—1254），阿拉伯人使用了含硝的“烟火剂”，用带长尾羽翼的箭射向敌阵。只见飞行的箭如火龙经空，似闪电疾飞，火光照耀，变黑夜为白昼，欧洲十字军终于被击退。1270年，欧洲十字军在第八次东征时也使用了这种含硝的“烟火剂”。14世纪，火药和各种火器，包括管形射击火器，已广泛用于阿拉伯军事装备，并在同欧洲人的战事中多次使用。

火药和火器及其有关的技术和知识，最初是通过阿拉伯传到欧洲的。13世纪下半叶，欧洲人将一种有关火攻战术的书《制敌燃烧火攻书》译成拉丁文。该书原著是13世纪中叶的一位匿名阿拉伯人所作，其中收集了历来用于火攻的35个方子。火药和火器的知识和技术传入欧洲后，迅速得到推广和应用。大约在14世纪上半期，欧洲就已经开始制造并在实战中应用火器了。1326年，意大利人便掌握了火器的技术，佛罗伦萨下令制造铁炮和炮弹，欧洲造出了第一批金属管形火器。1379—1380年，热那亚人与威尼斯人为争夺海上贸易而发生战争，他们在基奥贾岛上的要塞附近发生了一场激烈的争夺战，在这次战役中发射了火箭。与火器相关的烟火制造技术，也是首先出现于意大利。意大利许多地方都定期表演大型烟火。

大约在14世纪上半期，中国发明的火药和火器技术已经在欧洲广泛传播，火药和火器很快得到推广，应用于军队装备和各种战事。当时，欧洲正处于历史大变革的前夜。火药和火器的传入，对于这场历史大变革起到了重要的推动作用。

18世纪法国启蒙思想家孔多塞（Marie-Jean-Antoine-Nicolas-Caritat，Marquis de Condorcet）指出，火药和火器的发明，改变了作战方式，使战争“艺术”发生了一场革命。火药和火器的意义，不仅在于军事装备上的改进和作战方式的改变，而且对于经济进步也有重要意义。

从中国传去的火药和火器对摧毁欧洲封建制度起到了重要作用，从而给欧洲历史和文明的发展进程以极大的推动。

另一方面，在资本原始积累过程中，西欧殖民势力向各地进行殖民侵略，也把火器带到非洲沿海地区和三大洋其他地区。15世纪起，葡萄牙的管形射击火器有了很快的发展，并且广泛用于军队装备。

火药的发明和应用，对于近代科学的进步与发展也有着重要的意义。正如李约瑟所说的：火药的发明不仅仅应用于战场上，更加激动人心的是，“火药作为人类所知的最早的化学爆炸物，还在各种热机发展中起着必不可少的作用”。比如对火药爆炸现象的分析和研究，导致人类发现了氧，并由此为现代化学奠定了一个新的起点。炮弹在空中运动规律的研究（弹道学）促进了动力学的新研究。爆炸本身所具有的力，和炮弹从炮膛里的排出，证明了有一些天然力，特别是火，其力量是可供实用的，而这一点刺激了蒸汽发动机的发展。在蒸汽机的全盛期之前，惠更斯（Christiaan Huygens）和帕潘（Denis Papin）在17世纪晚期曾试图制出成功的火药发动机。虽然他们从未能使其运转，但这却使他们获得了可冷凝蒸汽的灵感。

指南针、罗盘与大航海

中国古代四大发明之一的指南针是一种测向仪器，是依据磁铁的指极性原理制作的辨别方向的工具。在大约11世纪初的文献中，已经有了关于指南针的早期文字记载。指南针发明的最重要的意义在于它在航海事业上的应用。在指南针发明以前，中国古代航海主要是凭地文定位技术和天文定向技术来导航。但是，在漫长的航行中，不可能总是晴空万里，视野清晰。因此，亟待有一种全天候的恒向导航仪器满足航海需求。正是由于指南针的应用，人们获得了全天候航行的能力，人类才第一次得以在茫茫大海上自由航行。从此，各国陆续开辟了许多新航线，缩短了航程，加速了航运，促进了各国之间的文化交流与贸易往来。

北宋时期，中国在世界上最早使用指南针导航。使用以指南针原理制作的罗盘导航，大大提高了航路的正确性，为船只在起航港和目的港之间定期往返提供了保证。不仅如此，航海罗盘的使用还带动了针路和航海地图的出现，使海上航行技术进一步完善。宋元时期，中国商船不但往来于中国沿海商埠与朝鲜、日本以及南洋诸岛之间，而且远航到印度洋和波斯湾沿岸诸国。中国发明的指南针也随着中国航海家的踪迹传播出去，成为各国航海家使用的导航仪器。

大约在12世纪末13世纪初，指南针就传到了阿拉伯人手中。因为当时中国商船是波斯湾和南海之间海上贸易最活跃的参加者，与阿拉伯航海家多有接触。有一些中国商船还雇佣波斯的船员和船长，因此中国商船的先进装备很容易被阿拉伯船采用。宋代开始使用的平衡舵，大约在10世纪已被红海的阿拉伯船运用。航海罗盘这样先进的航海技术也很快被阿拉伯航海家所掌握。

指南针传播到欧洲可能是很早的。大约在12世纪末，欧洲的文献中就有相关的记载。13世纪，欧洲的航海者似乎已经广泛地知道了指南针。欧洲在使用中国罗盘以后，对其加以改进，采用支轴装置罗经，用一个支轴的尖端顶在磁针中部，使磁针水平旋转，这种磁针在航海上较水针使用起来更方便，称为“旱针”。

指南针传入欧洲，在欧洲的大航海时代起到了重要作用。在15世纪葡萄牙亨利王子（Prince Henry the Navigator）培训航海家时，帮助舵手掌舵的有“星相家”。这是一些精通领航业务的专家，他们会看罗盘，能算出罗盘偏差并在地图上标出子午线。由于指南针的运用，地图变得精确起来，并且地图的绘制也有了普遍性。这为达·伽马发现印度新航路、哥伦布发现美洲大陆和麦哲伦的环球航行提供了条件。在麦哲伦作环球航海时所使用的船只上，备有不可缺少的罗盘，必需的航海仪器也有大量储备，包括罗盘针、沙漏计时器、星盘、比重秤和星座一览表等。

罗盘的使用，第一次开放了大洋供人类探险、战争和贸易，这对经济和政治产生了巨大而迅速的影响。

四大发明催动了文艺复兴

在西方文化由中世纪走向近代，在人们迎接近代文明曙光的伟大时刻，从远方中国传来的奇妙无比的四大发明，对于西方文化发展起到了激励、开发和推动的重要作用。四大发明传播到欧洲的时间却大致同时，即是在蒙古人通过三次西征而建立起跨欧亚大陆的超级大帝国的时代，是中西文化大流动、大交流的时代，也即欧洲发生文艺复兴运动的前夜。正是在这样一个文化接触的汇合点上，四大发明发挥的作用和影响远远超出了其本身的技术性范围，成为刺激文艺复兴运动并为其推波助澜的外来力量。

如果没有中国的发明，14—16世纪的欧洲可能就不会发生文艺复兴。文艺复兴是一次人类从来没有经历过的伟大的变革，这种变革不是在个别领域、个别层面上的，而是一种全方位的、涉及文化的各个层面，渗透到社会生活各个领域的变革。正是经过这次历史性变革，西方的历史以及整个世界史走出了漫长的中世纪，欧洲文明进入以理性和科学为旗帜的近代文明。

在古典文化复兴的过程中，造纸术和印刷术的传入，提供了强有力的武器和推动力量，刺激并推动了欧洲自由讨论风气的形成和文化知识的广泛普及。印刷术可以将其代表人物零散的思想加以集中，使研究者个人的思索能够迅速地传递给其他研究者，以便充分发挥这些思想的效力，使其具有极其强大的传播力和影响力。由于书籍带来的文化知识的广泛传播，学术中心由修道院转到各地的大学，而大学聚集了各种新的思想，进行着科学的研究与探索，孕育了崭新的近代文明。英国历史学家韦尔斯（Herbert George Wells）说，对人类社会各种事物的自由探讨和坦白陈述的精神，即思想自由和良心自由的精神，在这一时期逐渐形成，并发扬光大。

而火药和火器的传入，则为打破旧有的统治秩序提供了强有力的物质力量，改变了欧洲的政治格局，宣告了欧洲中世纪的结束。至于指南针，它的直接影响在于开辟了欧洲大航海的时代。

中国的四大发明不仅为文艺复兴提供了物质基础，而且成为促进资本主义产生和现代人类精神解放、科学文化昌明的强大力量。早在17世纪初，英国哲学家弗兰西斯·培根（Francis Bacon）就曾充分肯定了印刷术、火药和指南针等发明的重大意义，虽然他和当时的人们一样，还不知道这些伟大的技术成果来源于中国。培根说道，在发现新大陆，发明印刷术、火药、罗盘以后，继续躺在旧知识和旧发现基础上是可耻的。世界已经发生变化，生活的许多领域中已完成了巨大的变革：印刷术已变成科学，火药已变成军事艺术，人借助于罗盘可以横渡海洋。

不仅如此，正是在这个时代，由于世界性的全面开放的态势，大规模的人员和物资交流、地理空间的开拓，使欧洲人在思想观念上发生了深刻的变化，而这正是引发文艺复兴运动的思想基础。在蒙古帝国时代，形成了一个全球文化的新趋势，这个新的全球性文化经过几个世纪的发展，已经成为现代世界文化发展的基础。

第十八章　马可·波罗发现的新世界

元代中西大交通的时代，有许多欧洲人来到中国，其中以马可·波罗最为著名。《马可·波罗游记》向欧洲人展现了迷人的中华文明，打开了欧洲人认识中国的窗口，给欧洲的知识界开辟了一个新天地，极大地丰富了欧洲人对中国和东方的认识。《马可·波罗游记》在欧洲广为流传，激起了欧洲人对东方的热烈向往，对以后新航路的开辟产生了巨大的影响。

马可·波罗在中国的旅行

元代中西交通畅达，人员来往非常频繁，民间交往十分活跃，商贾往来络绎不绝。在当时的中国大地上，有许多来自西方的使节、商人、传教士和旅行家。他们回国后将在中国的见闻介绍给他们的同胞，有的还将自己游历的见闻笔录成书，为西方人了解中国和中华文化、为中华文化的西传作出了贡献。

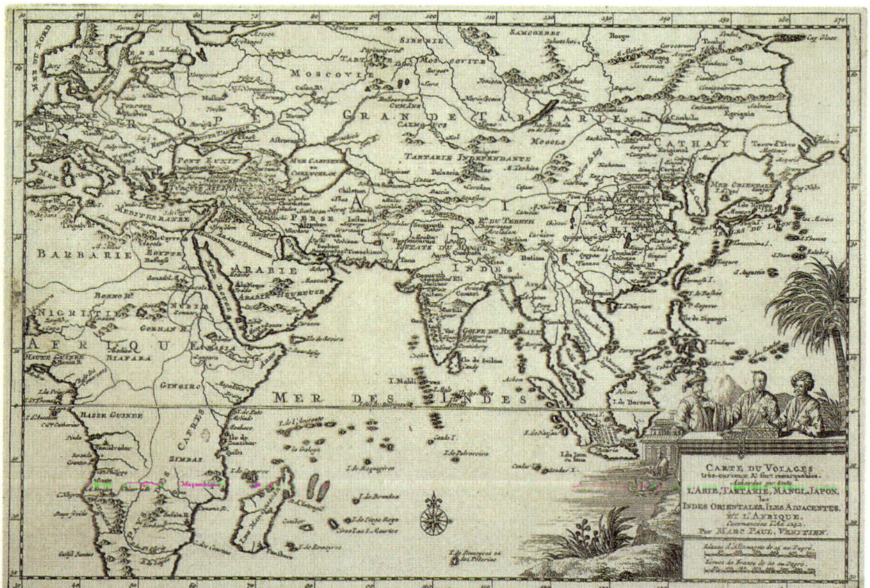

以《马可·波罗游记》为蓝图所绘的马可·波罗父子亚洲旅程图

州、镇江、苏州、杭州、福州、泉州等地见闻，描述了各地的繁华景象。第三卷介绍日本、越南、印度尼西亚、斯里兰卡、印度、印度洋沿岸诸岛以及非洲东部等地区的情况。第四卷讲成吉思汗以后蒙古各汗国之间的战争和俄罗斯的概况。

1477年纽伦堡印本《马可·波罗游记》扉页上的马可·波罗肖像画

马可·波罗用了很大篇幅来描述元朝大都的宏伟和繁荣。在历史上，凡是到过中国都城的外国旅游者都会为中国都城的宏伟壮丽惊叹不已。比如唐代的长安城，恢宏壮观、大气磅礴，成为当时世界上第一大都市。在17、18世纪来中国的传教士也都对中国的首都北京留下深刻印象，撰写了大量描述北京面貌的文字，形成他们的“北京经验”，马可·波罗也是如此。他称大都为“汗八里”（突厥语，意为“帝王之城”）。他描写的汗八里面积广袤，街道布局严整。大都的皇城，周围有高达10步的城垣环绕，皇城四角建有角楼。宫殿建筑的“工巧之极、技术之佳，见之足以娱人心目”。君王临朝听政的大殿，壮丽富赡，光泽灿烂。在宫城与皇城两墙之间还有一“极美草原”，种植各种果树，还饲养着许多动物，如鹿、獐、山羊、松鼠等。另外还有一个大湖，景色非常优美。

马可·波罗在游记中还介绍了西安、太原、成都、大理、苏州、杭州等数十个城市，对这些城市的情况，包括山川地形、生物矿产、气候寒暑、工商贸易、珠宝香料、宗教信仰、风俗习惯等，都有详略不等的介绍。他称杭州为“天城”，是“世界最富丽名贵之城”，“所供给之快乐，世界诸城无有及之者，人处其中，自信为置身天堂”。他特别提到了西湖的美丽景色，说城中有一大湖，湖上有许多画舫划艇，大小都有，专为游览娱乐而设。每条船里都备有漂亮的桌椅和其他必需的器皿，驾船之人手持篙子，插入湖底，用力撑船，想往何处，随心所欲。船顶以下及其四壁，悬挂各色画图；两旁有窗户，可以向外眺望，湖边的离宫别墅，院庙寺宇，园林山色，尽在目中。他感叹：地上的赏心乐事，没有比泛舟西湖更为快乐的了。

《马可·波罗游记》还记述了许多其他方面的情况，涉及政治、军事、法律、奇闻轶事、风土人情等。在元朝的制度方面，游记涉及行省制度、驿站制度和漕运等方面的情况。由于他到处旅行，所以对驿站制度特别在意。书中记载，全国有驿站1万多个，有驿马20多万匹，有陈设豪华的驿站系统宫舍1万多座。

马可·波罗是商人，所以他以浓厚的兴趣记录了各个地区的物产、贸易、集市、交通、货币、税收等与商业有关的事物。有人统计，《马可·波罗游记》中关于商务的记录，约占中国部分内容的1/6以上，以致欧洲人曾把它看成是东方的“商务指南”。马可·波罗记述了大都贸易发达、商业繁荣的情况，说大都是“商业繁盛之城”，凡是世界上最为稀奇珍贵的东西，都能在这座城市找到，特别是印度的商品，如宝石、珍珠、药材和香料。这里“百物输入之众，有如川流之不息，仅丝一项，每月入城者计有千车”。

他还细心地观察了途经的中等城市的工商业状况。其中关于地方特产、商店市场、贸易方式、物价税率、货币折算及金银比价等记事，甚至比当时中国的一些文人的记述更为详细和具体。比如他说到成都的蜀锦，云南大理的黄金交换价格，扬州居民“恃工商而活”，开封的绢绸生产，镇江居民“恃工商而活，产丝多，以织数种金锦丝绢”，以及苏州、杭州的工商业，福州、泉州的海外贸易，等等。

马可·波罗对在元朝流行的纸币作了比较详细的介绍。他首先介绍了印造纸币的机构和货币的质地，说“在此汗八里城中，有大汗之造币局，观其制设，得谓大汗专有方士之点金术”，“此币用树皮作之，树即蚕食其叶作丝之桑树”。用这些树皮造纸，然后裁作长方形，大小不等。这些纸币面值不等，币面上盖有“君主印信”，在全国流通，凡州郡国土及君主所辖之地莫不通行。大汗国中商人所至之处，用此纸币以给费用，以购纪以前，被人们习惯地称为“黑暗时代”。在这一时期，欧洲人的中国知识、欧洲人对中华文化的了解和认识，并没有显著的进步与增长，并没有特别值得注意和重视的文献记载。当盛唐文化在东方如日中天、展现它的世界性辉煌的时候，欧洲人却对此知之甚少。

马可·波罗是第一个亲自游历中国并将其经历笔录成书的欧洲人。有人说，马可·波罗的中国之行，“揭开了欧洲人心灵对于亚洲文化想象的序幕”。就像200年之后的哥伦布一样，马可·波罗为欧洲人发现了一个新世界。直到15、16世纪，欧洲人对于东方的历史和地理知识逐渐丰富，《马可·波罗游记》的价值才被注意和重视起来。怀疑化为相信，伴随而来的是惊奇和羡慕。有人说，马可·波罗用了20年时间认识中国，而欧洲人认识马可·波罗却用了200年。200年后，世界历史进入大航海时代，当时一些著名航海家和探险队的领导人曾读过马可·波罗的游记，从中受到鼓舞和启示。张星烺曾说，《马可·波罗游记》“诱起”哥伦布决心漫游东方而至发现美洲，这正是此书“最伟大之功绩”。

马可·波罗时代讲述的中国故事

尽管当时的欧洲人对马可·波罗讲的中国故事将信将疑，但这些故事毕竟是奇异的、迷人的、充满异域风情的，具有很大的吸引力。在这样的气氛中，不仅是马可·波罗，还有一些同时代人也热衷于讲述来自东方的奇闻逸事，成为那个时代文学叙事的一个方向。

自从5世纪西罗马帝国灭亡以后，基督教会逐渐成为欧洲社会的支配力量，罗马教廷成为全欧洲的宗教中心和政治统治中心。蒙古人的西征，使欧洲人大为震动，引起了一种普遍的不安之感，教皇和各国君主也认识到局势的严重性，察觉到迫在眉睫的危险。教皇一方面鼓励组织军队，为抗拒蒙古入侵做准备。另一方面，向东方派出了使节团，试图缔结和约，窥探蒙古的军事实力，并且考察是否有可能使蒙古人改宗天主教，以避免蒙古人威胁西欧。之后，又派出传教士，到东方传教，建立教会。

在马可·波罗到达中国之前，先有教皇派遣修士柏朗嘉宾出访蒙古，后来又有一位叫鲁布鲁克的法国方济各会修士受法王路易四世派遣，于

1253年出使蒙古汗廷和林。鲁布鲁克在和林住了8个月，随后自蒙古返回欧洲。他抵达塞浦路斯时，当地的主教不允许他到法国去见国王路易九世，而是叫他把旅行经历写下来，另派人转交国王。于是鲁布鲁克以长信的形式记下了他的行程，此即流布后世的《鲁布鲁克东行纪》。

几年后英国著名哲学家和科学家罗吉尔·培根（Roger Bacon）在法国遇到他，向他详细询问了旅途的经历和发现，并且在自己的名著《大著作》中几乎将每个地理细节都披露出来。关于火药的知识也是在这次会见中由鲁布鲁克向罗吉尔·培根介绍并第一次进入欧洲的文献中。

鲁布鲁克和当时其他西方旅行家一样，以“契丹”指中国内地，“契丹人”指汉族人。他在《鲁布鲁克东行纪》中用一个大段落论述“契丹人”。他提出，古代人所说的“赛里斯”（丝人）其实与“契丹”是同一个国家和民族。这种判断具有重要的历史地理价值，使欧洲人开始把他们所知的“契丹”与历史文献上说的“赛里斯”联系和统一起来认识。

鲁布鲁克对中华文化还有进一步的具体的观察和了解。他提到了中医的诊断（按脉）和治疗（草药）方式；提到了中国人的工艺水平，以及中国人子承父业的习惯传统。在另外一段论述中，鲁布鲁克还介绍了中国纸币，他的游记是西方文献中最早提到中国纸币的。他提到中国的文字和书写方式：“他们使用毛刷写字，像画师用毛刷绘画。他们把几个字母写成一个字形，构成一个完整的词。”这大概是那个时代西方旅行家们的记录中仅有的有关汉字的描述。

另一位传教士更为著名，叫鄂多立克（Odoric of Pordenone）。他和马可·波罗、伊本·拔图塔（Ibn Battutah）、尼古拉·康蒂（Niccolo de Conti）一起，被誉为“中世纪四大旅行家”。1318年，他开始长达十几年的东游旅行，大约在1322年到达中国的广州。他由广州东行，至福建的泉州、福州，北上经三省交界的仙霞岭，至杭州和南京。再从扬州沿大运河北上，最后约在1325年到达元朝大都，受元泰定帝接见，并在大都留居3年，于1328年起程回国。返程取道天德军（河套），经陕西、甘肃到达拉萨，然后经中亚、波斯，返回意大利。

鄂多立克回意大利后，将旅途见闻口述，由索拉纳的僧侣威廉

（William of Solagna）笔录，形成流布于世的《鄂多立克东游录》。此书一经问世，就受到人们的重视，以后陆续有拉丁文、意大利文、法文、德文等各种语言抄本达76种之多。

鄂多立克对中国各大城市的印象极为深刻。他说广州是一个比威尼斯大三倍的城市。该城有数量极其庞大的船舶，整个意大利都没有这一城的船只多。他说刺桐（泉州）是世上最好的地方之一。他记载金陵府（南京）的城墙四周为40英里（约合64千米），城中有360座石桥，比全世界的都要好。它的人口稠密，有大量使人叹为奇观的船只。他特别描绘了杭州城，说它是世上最大的城市，是"天堂之城"。鄂多立克写到杭州时说："我很奇怪，那么多的人怎么能安排住在一个地方，但那里始终有大量的面食和猪肉，米和酒，酒又称为米酿，享有盛名；那儿确实有大量其他种种食物。"

鄂多立克在大都居留的时间很长，对元朝的规章礼仪、宫廷建筑，有不少翔实的记载。他描述大汗的宫殿雄伟壮丽，大宫墙内，堆起一座小山，其上筑有另一宫殿，系全世界之最美者。此山遍植树，故此名为绿山。山旁凿有一池，方圆超过1英里，上跨一"极美之桥"。这里说的小山即是今北海公园内的琼华岛，其上的宫殿即广寒宫；其旁之池即元代太液池，就是今天的北海；"极美之桥"应为山前之白玉石桥。

鄂多立克东行游历十几年，足迹几乎踏遍整个亚洲，特别是在中国，从南到北，远达西南、西北诸省，所记甚为详细，他的游记被称为"关于中国的最佳记述"。

另一位同样被称为"四大旅行家"之一的伊本·拔图塔是生于西北非洲摩洛哥的阿拉伯人。1325年，伊本·拔图塔离开家乡，取道陆路前往埃及的亚历山大城，用了26年的时间，行程12万余千米，游历了半个世界，足迹遍及亚、非、欧三洲的大地。1349年，伊本·拔图塔回到故乡，他因关于世界的渊博知识受到非斯苏丹阿布·伊南（Abu Inan）的赏识，阿布·伊南召他入宫任职，并委派他出国去完成外交使命。拔图塔再次回国后，阿布·伊南命他回忆在世界各地旅行的情形，由文学秘书穆罕默德·伊本·玉萨（Muhammad Ibn Juza）笔录成书。经过一年多的勤奋工作，这部举世闻名的游记于1355年12月最后完成。

伊本·拔图塔的游记原名为《异域奇闻揽胜》。在这部著名的游记中，他详细介绍了游历世界各地的见闻，描绘了阿拉伯、突厥、印度和中华文明的生动图景。它最初被收藏于马林王朝皇家档案馆，1840年被译成葡萄牙文出版，至今已有30多个译本，被译成了多种语言。

伊本·拔图塔的游记有很大篇幅记载他在中国游历的见闻。关于伊本·拔图塔的中国之行，也颇为复杂和富有传奇色彩。1339年，他从中亚地区进入印度，到达德里，被德里苏丹留住宫廷8年，充任德里伊斯兰教马立克教派总法官。1341年，元顺帝遣使德里，要求重建喀拉格里山麓萨姆哈里的佛寺，供中国佛教徒顶礼。苏丹授命拔图塔率领使团前往中国答谢。他很愉快地接受了苏丹的使命，踏上了中国之旅。

伊本·拔图塔的中国之行很不顺利。1342年7月，拔图塔率领的使团离开德里，至科泽科特，等候季风，准备乘中国海船前往广州。不幸发生海事，使团失散，拔图塔流落马尔代夫群岛、锡兰、孟加拉等地，最后于1345年春由爪哇搭乘驶往中国的海船，在泉州登陆。拔图塔从泉州走水路到杭州，然后沿运河北上大都。据他自述，由于战事发生，他并没有见到元朝大汗，便从泉州登上去印度的中国船。

伊本·拔图塔在中国各地游历，前后有11个月左右。他在游记中详细介绍了中国丰盈的物产以及造船、陶瓷、丝、棉织等行业的情况，还特别介绍了当时中国社会的文化习俗、典章制度、宗教信仰等方面的情况。他说中国幅员甚广，物产甚丰，有水果、五谷、金银等。世界各国，莫与伦比。他说中国的农业和灌溉工程极为发达，赞扬中国是世界上出产小麦最多的国家，丝绸普遍到贫民都能穿用，产糖之多和糖质之佳远胜埃及，而中国人使用煤块作燃料，尤其使他感到新奇。他倾慕中国社会的稳定和有条不紊，说中国居民富庶，国家繁荣。他在中国旅行时看到了佛教的庙宇里附设的盲人和老人休养院、免费医院和食堂、寡妇收容所、孤儿院。

伊本·拔图塔在中国游历了许多地方，到过中国许多大都市。他对行在（杭州）的繁华和宏大极为赞叹。他说行在城的宏大，须三日才能穿越全城，游览该城需投宿就餐。行在分有六城，大小相包，城区优美。他还记述了广州、泉州等城市，在他看来，说泉州为世界上最大港口也不过分。

在马可·波罗时代，还有几部关于中国的文献，有《海屯行记》《光明之城》，以及实际上是伪书的《曼德维尔游记》等。关于《曼德维尔游记》，据说有一位叫胡子约翰的英国人，托名曼德维尔爵士，自称于1322年从鄂多立克东游，先去了圣地，然后又到过印度、波斯和中国，最后于1356年结束旅程返回家中，著成《曼德维尔游记》，卷帙甚多。

以前欧洲人以为，中世纪确有英国人约翰·曼德维尔爵士游历至中国，因此《曼德维尔游记》被誉为“首次或几乎是首次尝试把世俗主题引入英语散文领域”，其作者在18世纪甚至被誉为“英国散文之父”。直到20世纪初，始考定其为伪书。《曼德维尔游记》的内容是当时流行的各种东方游记和文献的汇集整理，然后再经过作者的想象与加工，实际上反映了那个时代人们对于东方的知识水平。

《曼德维尔游记》在14世纪以后相当长的一段时间里流传甚广。15世纪，《曼德维尔游记》的印刷量是《马可·波罗游记》的5倍以上。现存的版本、手稿有300余种之多，涉及法语、英语、拉丁语、德语、荷兰语、丹麦语等众多语种。

虽然《曼德维尔游记》是一部不折不扣的伪书，但它由于投合了当时欧洲人关于中国的集体想象，而且广为流传，进一步影响了这种想象。

13—14世纪欧洲人对中国的认知

正如前面所说的，中国人对世界的知识面是不断地扩大的，从“四海”发展到“七海”。后来，中国人把东亚文化圈以外的文明，统称为“西方”；同样，在欧洲人心目中，欧洲文化圈以外的文明都是“东方”，而“中国”是东方最独特的存在。13—14世纪，即中国元朝统治的时代，欧洲人关于中国的知识，无论是在广泛性和丰富性上，还是在认识的层面上，都达到了一个新水平。这是因为从客观条件来说，由于蒙古的西征和四大汗国的建立，中西交通大开，有了更多的接触和交往的机会；从主观方面来说，11世纪以后，欧洲的经济、社会和文化都有了较大的进步，出现了新的复兴和繁荣，而蒙古人西征的威胁，则强化了欧洲人了解东方的愿望和自觉性。

13—14世纪欧洲人关于中国的知识，主要来自那些亲自到中国游历和在中国生活过的旅行家们的经历和见闻的记录，来自他们对中国事情的记述和报道。其中一些人在中国生活的时间很长，因而有机会与中国社会各方面人士接触，包括皇帝、官员、僧侣、商人乃至普通百姓。他们有机会在中国广泛游历，面对面地认识了中国人，他们对中国和中华文化的了解是直观的、具体的、生动的、真实的。

在这一时期欧洲人对中国的认识中，基督教人士（主要是方济各会修士）发挥了重要作用。这些人的宗教世界观当然可能限制他们认识的眼界，但也许正因为如此，他们对中国的宗教情况特别留意，有不少关于中国的佛教、道教、景教的具体描述，虽然一般还限于介绍这些宗教的分布、庙宇和礼拜仪式等表层的东西，没有更多涉及这些宗教的理论形态，但毕竟已经开始深入中国人的精神生活和意识层次了。另一方面，来华的这些基督教人士，有些主要是承担外交使命和了解情况的使命，如柏朗嘉宾和鲁布鲁克；有些人虽是来传教的，但主要身份还是旅行家，如鄂多立克等，在他们的报告或游记中，宗教的气氛并不浓烈，反而在对中国人文地理、风俗民情的介绍中用了浓彩重墨。

在这一时期欧洲人对中国的认识中，商人也发挥了很大的作用。如我们已经知道的，马可·波罗就是以商人的身份来华的。有的研究者认为，马可·波罗在中国17年中的主要活动也是经商。他的活动范围不限于上层社会和少数人，而是有可能深入社会，与更广泛的人群接触。

通过马可·波罗、鄂多立克、伊本·拔图塔等人的游记，以及伪书《曼德维尔游记》等文献，欧洲人建立起一个比较完整的中国地理观念。此时的欧洲人已经对中国的疆域有了比较清楚的概念。这个时代的文献，都说到中国地域辽阔，疆土广大，全国分成十几个省。这些文献对中国的地理环境也有所描述，如提到北方的沙漠，南方的平原，提到长江、珠江乃至大运河。同时，还提到朝鲜、日本、印度等中国的邻邦，提到中国东邻大海。

马可·波罗等旅行家们对中国的城市怀有极大的兴趣。几乎所有重要的游记、报告和书信，都不厌其烦地描述中国的城市，包括大都、杭州、刺桐、广州，还有福州、苏州、南京等大都市，也包括忽必烈之前的蒙古汗国都城哈剌和林，甚至涉及一些中小城市。大都和杭州更是他们大加渲染、赞颂的对象。城市兴起并日益成为社会生活的中心，成为政治、经济和文化的中心，是10世纪以后的一种世界性政治、经济和文化现象，是欧洲资本主义前夜的一种历史现象。正因为有这样的背景，所以那些从欧洲来的旅行家们，对在中国看到的规模宏大、欣欣向荣的大都市会特别关注；而他们对这些都市的描绘，也会引起欧洲读者们的热烈反应。

同时，他们深入日常生活领域，对中国的社会经济文化生活有了更广泛的涉及。他们不仅介绍了中国的典章制度、礼仪规范，介绍了中国丰富的物产，而且用很多篇幅描绘他们所了解的风俗习惯和日常生活。中国人的婚丧礼俗、饮食起居、家庭伦理、律例刑罚等，都为他们的报告所涉及。

无论是马可·波罗的游记，还是鄂多立克、伊本·拔图塔等人的叙述，都给欧洲人展现了一个新的世界，刺激了西方世界对东方这一神秘、虚幻之地的兴趣。这在随后欧洲人对东方的想象和知识建构中起到了相当重要的作用。

而这意味着一个新时代的到来。

第十九章　文明的对话：郑和下西洋

郑和下西洋是海上丝绸之路最壮丽的一章。郑和下西洋是明朝初期为大力发展与海外诸国的外交关系，包括文化交流和贸易关系而采取的一项重大举措，是古代中国致力于走向世界、建立以“天朝礼治秩序”国际关系格局的一次重要努力。郑和七下西洋的伟大历史壮举，对于扩大明朝的国际声威，传播先进的中华文明，加强中国与海外诸国之间的相互了解与交流，起到了巨大的推进作用。

海上丝绸之路的文化盛事

宋元两代，中国与东南亚和南亚广大地区的各个国家的官方交往和民间交流都比以前有所发展，海上丝绸之路进一步开辟和延伸。东南亚各国成为海上丝绸之路的中转站。而至明初，中国与东南亚和南亚的交往和文化交流、中华文化在东南亚和南亚的传播，出现了一次前所未有的高潮。这个文化交流高潮的出现，则肇始于号称“明初盛事”的郑和下西洋。

郑和下西洋不是简单、孤立的事件，而是永乐时期文治武功和对外交流的一个有机组成部分。洪武年间，明太祖对内采取“休养安息”政策，对外实行“怀柔”的羁縻手段，对外关系和经济文化交流出现了新的态势。明太祖宣布将朝鲜、日本等15个海外国家列为“不征之国”，告诫后世子孙不得恣意征讨。这15个国家是当时与明朝建立了交往的国家，是明朝初年已知范围内周边“隔山限海”的国家。

明朝是当时亚洲乃至世界强国，为了彰显其大国地位和稳定周边局势，明成祖继承洪武时期的外交政策，其外交政策的核心仍是“锐意通四夷”。他以与汉唐宋元盛世相比隆的气势，提出“抚驭万国”的政治原则，派出使节遍访海外诸国，招徕它们入明朝贡，“宣德化而柔远人”，以和平方式竭力构建明朝视野中的世界新秩序。

作为郑和下西洋的决策者，永乐皇帝的基本想法，是鼓励海外诸番纳入天朝礼制体系。在这个体系中，中国皇帝是“天下共主”，在这个大一统的国际格局中，中国以和平的手段，谋求实现中华帝国与海外诸国“共享太平之福”的对外总方针。明初洪武至永乐年间，海内升平日久，国运昌隆。因此，明朝对海外诸国采取以和平外交手段广为联络，建立以中国为主导的国际间和平相处局势的方针。这种方针既致力于在各国之间消除欺寡凌弱的现象，又使中国免受外患的威胁，并发展中国与亚非各国之间在政治、经济、文化诸方面的友好关系。永乐皇帝派遣郑和数下西洋，就是为了贯彻、实现这一外交方针。

郑和下西洋的旷世壮举，正是古代中国致力于走向世界、建立以“天朝礼治秩序”为基本框架的国际关系格局的一次重要努力。它是中国向海外开放历史长过程的延续，特别是中国与东南亚、南亚广大地区交通往来历史过程的延续。而宋元以来造船和航海技术的发展以及宋元两代发展的中国与东南亚、南亚各国的海上交通，为郑和下西洋提供了历史的和技术的前提，明初国内生产的繁荣、经济的发展，为郑和大规模的航海活动提供了雄厚的物质基础。

郑和下西洋的船队是一支规模庞大的船队，每次远航，随行者总数在27000—28000人。郑和船队完全是按照海上航行规则和军事组织编成的，船队的船只有的用于载货，有的用于运粮，有的用于作战，有的用于居住，是一支以宝船为中心、各舰密切配合的庞大的混合舰队。

郑和船队的每次远航，一般由63艘大、中号宝船组成船队主体，加上其他类型的船只，共“乘巨舶百余艘”。据记载，船队第一次下西洋时乘船208艘，“维艄挂席，际天而行”，蔚为壮观，是七次下西洋中动用船只最多的一次。

关于明初“西洋”的地理概念，“东洋”和“西洋”是从海上划分的。根据马欢《瀛涯胜览》记载，当时是以南渤里国为东、西洋的分界，分界点位于今天的印度尼西亚苏门答腊岛。在岛的西北有一个很小的帽山，帽山以西被认为是西洋，也就是说今天的印度洋才被称为西洋。按今天的航区概念来说，即以马六甲海峡西口为界，其西的广大北印度洋水域为“西洋”，其东的东南亚和东亚水域为“东洋”。

郑和下西洋，先后7次，历时近30年之久，其间又可分为前后两个时期。前期从明永乐三年（1405）郑和第一次奉命出使开始，至第三次下西洋于永乐九年（1411）归国为止。在这一时期中，郑和使团的活动范围，不出东南亚和南亚，而主要往来于东南亚各国之间，主要为解决中国在东南亚和南亚所面临的一系列问题，树立起中国在东南亚和南亚各国中的威信，“重振已坠之国威”，进行广泛的外交活动。后期包括第四次到第七次的航行，在永乐十一年（1413）到宣德八年（1433）间进行。后期航海的主要任务，是向南亚以西继续航行，到达波斯湾以远地方，通过开辟新的航路，让从来不通中国的海外远国，重译而来，“宾服”中国。在后期航海中，郑和船队经过南洋群岛，横渡印度洋，取道波斯湾，穿越红海，沿东非之滨南下，最远到达赤道以南的非洲东部沿岸诸国及马达加斯加岛一带，分航甚至远达西非沿岸。

上述7次下西洋，所航行的路线略有不同。在航海沿途，船队设立了四大交通中心站和航海贸易基地。这四大交通中心站分别是占城、苏门答剌、锡兰山别罗里和古里。占城和苏门答剌属于中南半岛、马来半岛范围，为郑和船队发展南海及南洋海上交通，与东南亚各国进行航海贸易的要冲之地。锡兰山别罗里和古里属印度半岛及其附近范围，为郑和船队发展印度洋和阿拉伯海上交通，与南亚、西亚和东非各国进行航海贸易的要冲之地。

从永乐三年开始第一次出使至宣德八年结束最后一次航程，郑和“总率巨艅百艘”，“浮历数万里，往复几三十年”，到达亚非30多个国家和地区，创造了巨大的功绩。梁启超称赞郑和为“航海伟人”：“及观郑君，则全世界历史上所号称航海伟人，能与并肩者，何其寡也。”

赐冠服、颁正朔与文化交流

郑和七下西洋的伟大历史壮举，对于扩大明朝的国际声威，传播先进的中华文明，加强中国与海外诸国之间的相互了解与交流，起到了巨大的推进作用。郑和船队与所到国家建立了友好的关系，不仅向各国展示和传播了中华物产的丰盈和中华文化的灿烂辉煌，加强了中国与这些国家的交流往来，扩大了中华文化在海外的传播，而且进一步开拓了海上交通，促进了海外各地社会经济文化的发展。

郑和下西洋的主要任务，是与东南亚、南亚乃至更远的国家开展广泛的外交活动，加强与这些国家的官方联系，建立以中国为主导的国际和平环境。郑和在历次奉使出航中，都认真贯彻明朝的和平外交方针，致力于发展与各国的友好关系，使明朝的国际威望大大提高，与海外诸国的官方关系更为密切，取得了重大的外交成就。

由于郑和下西洋的影响，明永乐至宣德年间与东南亚、南亚等地区的交通往来出现空前繁荣的盛况。许多国家纷纷向中国派遣使节，以通友好。包括那些位于“绝域”的远方国家，“如祖法儿以下诸夷，多有自古未通者”，出自对中国的敬慕，沿着郑和所开辟的航路，不远万里，纷纷来宾。郑和每次返航时，都有海外诸国使者随船来华——第一次下西洋返国时，有苏门答剌、满剌加、古里等国的使者随行；第五次下西洋返国时，带回了17个国家和地区的使者；第六次下西洋返航时，出现了暹罗、苏门答剌等18国1200余名使臣同时来华的盛事。

郑和下西洋不仅在发展与海外诸国的官方联系方面取得了巨大成就，而且在向海外诸国传播中华文化、促进当地社会的文明开化和文化进步方

马来西亚槟城寺庙壁画中的郑和下西洋宝船画面

面做了大量工作。郑和在亚非各国访问时，本着“王者无外，中天下而立，定四海之民，一视同仁”的精神，努力宣扬文教，“所至颁中华正朔，宣敷文教，俾天子生灵，旁达于无外”，以中国先进的文化和精神文明的成果，来影响海外国家的精神生活，提高其文化程度，使其接受中国的礼仪，改变其落后的习俗。

在中国古代政教制度中，历法和冠服是最具有民族色彩的事项，一向为国家施政上最重要的措施。所谓“颁正朔，易服色”，是封建国家对内对外的两件大事。对船队所至国家给赐冠服，是郑和下西洋的使命之一。郑和到访时，奉命“颁诏”，赐明朝冠服予渤泥、暹罗、爪哇、占城、满剌加、锡兰山、古里等国，同时主持“施恩封泽”仪式，对各国国王赐予皮弁玉圭、麟袍、龙衣、犀带，而对一般使节赐予“朝服”和“公服”。如明永乐七年（1409），郑和代表明朝赐给满剌加冠带袍服后，满剌加头目拜里米苏拉的身份发生了变化，由一个部落的酋长正式成为一个国家的国王。后来，拜里米苏拉入明朝贡，明成祖又几次赐给他及王妃冠服仪仗等。其他各国也是如此，“愿比内郡依华风”，“仰慕中国衣冠礼仪，乞冠带还国”。

明初对四邻国家屡次颁给历法。据申时行等重修的《明会典》记载，在正统朝以前，琉球、占城等国，俱因朝贡，每国给予王历1本、民历10本。郑和出使海外诸国，“所至颁中华正朔，宣敷文教，俾天子生灵，旁达于无外”。所谓“颁中华正朔”，就是颁给本朝的历法，要求海外诸国承认明朝为“正朔所在”，奉行明朝颁给他们的历法。郑和第五次下西洋时，将《大统历》赐予占城国王占巴的赖。宣德元年（1426），明廷又派人前往占城颁赐《大统历》。从此，占城普遍采用明朝的《大统历》。郑和向出使国家颁给历法的重大意义，不仅在于使他们有一本比较精确的历法，以便于日常生活和生产，更在于使诸国接受中国的礼俗，促其社会文化面貌向接近于中国的方向转化。

明代的历法分为“王历”和“民历”两种，每种都有历注，记载一些应行的事宜。两种历法历注所载62事，包括上至国家大事，下至百姓日常生活的各项事宜，是中国农业文明的集中体现。郑和对海外诸国颁给历法，对促进当地天文历法的进步也有重要意义。

郑和下西洋时，还向海外诸国赠予中国图书。当时凡郑和使团舟车所至的国家和地区，都得到明朝赠给图书，如《列女传》。如此广泛地向海外诸国赠送书籍，乃是郑和下西洋时期中华文化向海外传播的一件大事。

总之，郑和及其率领的庞大船队，在发展与这些国家政治、经济关系的同时，大力宣传和传播中国的先进文明，推动了当地的文明开化和文化繁荣。中华文明的礼仪典制、儒家思想、天文历法、度量衡制、农业技术、制造技术、建筑雕刻技术、医术、航海造船技术等对西洋各国，特别是东南亚地区的国家，产生了重要影响。随着丝绸、瓷器、建筑艺术的传入，各国的服食器用水平得到了提高；中国的钱币流入西洋各国，促进了当地货币的流通和使用；铁器等先进生产工具的引进，加快了南洋岛国的开发；明朝典章礼仪制度的传入，则深深影响了各岛国的文明进程。由于郑和及其船队的努力，中国与东南亚、南亚等地区的文化联系更为密切。中华文化在东南亚和南亚的传播，也由于郑和的努力而达到一个新的水平。

郑和下西洋与海外贸易

发展对外贸易，与海外诸国互通有无，也是郑和下西洋的目的之一。郑和船队在海外活动的近30年中，始终进行着广泛的贸易活动。因此，船队每次出航，都携带大量货物，或作为礼品赠送所到国家国王和头目，或与当地物产交换，进行官方贸易。船队通过贡赐和贸易，将深受国外欢迎的中国彩币、瓷器、名贵药物、铜器等传播于诸国。

郑和船队访问亚非各国，在与各国建立友好关系后，即与该国社会各阶层人民进行广泛的贸易活动。郑和既是明朝的国家使节，也是政府的通商代表。郑和第二次下西洋时，曾到达泰国海湾，将丝绸、瓷器、铁器等礼品赠予阿瑜陀耶王朝的王公大臣，另将大批货物在当地进行贸易。马欢在《瀛涯胜览》中记载，在祖法儿国，“中国宝船到彼，开读赏赐毕”，即在国家之间的外事活动结束后，“其王差头目遍谕国人，皆将乳香、血竭、芦荟、没药、安息香、苏合油、木别子之类，来换易纻丝、瓷器等物”。每个所到国家都是如此。

郑和船队所携带的货物不但数量可观，更以产品的独特见长于世。中国特产的锦绮、纱罗、绫绢、纻丝以及青花、釉里红瓷器，都是独步天下的产品。各种青瓷盘碗、烧珠、麝香、大黄、肉桂、铁鼎、铁姚、铜器等也是大宗出口货物，其中尤以丝绸、瓷器数量最多。船队所到的各国，非常喜爱和欢迎中国的货物，希望能够得到更多供应。

除了给当地统治阶层的赏赐外，郑和船队所携带的货物，按照市场的价格进行交易。郑和首次下西洋到达古里，船队带来瓷器和丝绸，古里国国王派掌管国家事务的大头目带领二头目、算手、中介人和明朝官员面对面议价，进行平等交易，击掌定价，书写两份合约，各收一份，此后无论货物价格升降，双方信守合同无悔。古里国以六成金币“法南”和银币“答儿”支付货款，随后古里国的富商带来宝石、珍珠、珊瑚等货物来议价，为期一到三个月。

郑和船队有时还直接与当地居民进行交易。《郑和航海图》所标地名极多，甚至于偏僻处注明“有人家”字样。由此可见贸易活动范围极广。船队还允许随船官员、海员、兵弁携带一定的私人货物出海贸易，以鼓励航海人员的积极性。第六次下西洋前夕，1421年，永乐皇帝在敕令中特别关照“其官军原关粮赏，买到麝香等物，仍照依人数关给”。皇帝允许下洋“官军”携带麝香等物贩之海外，也允许船队返航时兵弁海员携带“蕃货”回国。

郑和每次下西洋，都携带大量中国铜钱，或作为礼品馈赠，或为贸易之用。使用中国铜钱，对促进各地农业、手工业和商业的发展意义重大。中国的金融制度在东南亚通行了几个世纪，直到20世纪前半期，印尼巴厘岛等地还在使用中国清代的铜钱。

在漫长辽阔的海上丝绸之路上，郑和还在满剌加、古里、忽鲁谟斯建立了3个航海贸易据点，又在占城等地设立规划贸易的大本营，以充分发挥船队从事海外贸易的潜力。

通过郑和下西洋，亚洲贸易网络形成，在这一网络基础之上，亚洲区域贸易的整合得以实现，东西方的连接也由此完成。郑和下西洋打通了中国和东南亚以及西洋各国的海上贸易通道，促进了通道沿线当地经济的开发和社会的发展。而在下西洋结束以后，在海道大开的背景下，民间私人海上贸易蓬勃兴起，东西方贸易进入了一个崭新的发展阶段。

郑和下西洋与欧洲人的大航海

15世纪是人类走向海洋的时代，15—16世纪世界大航海的意义是巨大的。在这100多年的时间里，中国人和欧洲人先后从欧亚大陆的两端，分别进行了空前的向海洋的大进军，标志着人类从此进入了一个根本性的历史转折时期：世界各大洲居民相对封闭隔绝的状态，从此被彼此密切交往，人类渐成一体的状态所代替，人类文明的发达程度急剧提高，生产力低下的古代和中世纪成为过去，高度发展的新时代向人们迎面走来。

郑和的远洋航行，正发生在15世纪初，是他拉开了世界大航海活动的序幕。金国平、吴志良指出："郑和下西洋是世界早期全球化的尝试，对人类文明的发展和交流作出了不可磨灭的贡献。"他的航行比哥伦布发现美洲大陆早87年，比达·伽马启航探索通向印度的海路早92年，比麦哲伦开始环球航行早114年。李约瑟说，当世界变革的序幕尚未揭开，在地球的东方，郑和下西洋呈现出一幅中国人海上称雄的光辉灿烂的景象。

从1405年开始，在28年间，郑和率领200多艘船航行在世界海域上。其船舶技术之先进，航程之长，影响之巨，船只吨位之大，航海人员之众，组织配备之严密，航海技术之先进，在当时的世界上，都是罕有其匹的。甚至在航海时间、船队规模以及航海技术诸方面，均是哥伦布等人的航海活动所望尘莫及的。在郑和下西洋停止之后几十年的15世纪末和16世纪初，几支最著名的西方远洋船队，无一能与郑和的船队相比拟。如1492年横渡大西洋到达美洲的哥伦布船队，只有90名水手，3艘轻帆船，其中最大的旗舰"圣玛丽亚号"不过250吨，仅为郑和宝船的1/10。1497年绕过好望角并于翌年航达印度的达·伽马船队，有160人，4艘小帆船，主力旗舰120吨，全长不到25米。1519年开始进行环球航行的麦哲伦船队，有265人，5艘小帆船，其中2艘130吨，2艘90吨，1艘60吨，全船队的总吨位也不过郑和一艘宝船的1/5。

据李约瑟估计，1420年中国明朝拥有的全部船舶，应不少于3800艘，超过当时欧洲船只的总和。今天的西方学者承认，对于当时的世界各国来说，郑和所率领的舰队，从规模到实力，都是无可比拟的。从郑和的庞大的远洋舰队可以看出，当时中国在航海上，无论是造船技术还是航海技术，都居于世界的领先水平。

15世纪，欧洲的航海事业也取得了巨大的进展：航海活动扩大，地图科学发展，古典时代的知识重新被认识。到了15世纪末，欧洲的大航海时代开始了。欧洲人的大航海活动取得的成就也是巨大的。不过，这些成就之所以能取得，实是基于人类航海能力的空前提高，此乃是全世界各国人民长期共同努力的结果。尤其是欧洲人进行这些海洋探险时，还得到过非洲人的帮助，所以从这一角度来说，15—16世纪世界性大航海活动中通过欧洲人之手而取得的成就，应归功于整个人类。

对于欧洲的大航海事业，梁启超认为郑和“与彼并时而兴”，他的航海比哥伦布等人要早数十年。但“郑君之烈，随郑君之没以俱逝”。郑和远航与西方人开辟新航路，有着截然不同的后果。郑和下西洋第一次连续性地直接贯通了中国经南海、印度洋、红海直至非洲东岸的航线，结束了此前中国与非洲之间的联系由阿拉伯人中转的历史。郑和下西洋的航海活动虽然声势浩大，但明成祖和郑和死后不久，中国的航海事业突然中断了，这使得中国与西洋各国业已建立起来的联系戛然而止。从此，中国人传统的海外贸易市场逐渐被欧洲人所占据，并且中国最终退出了正在酝酿形成中的世界性市场。相反，哥伦布和达·伽马开辟新航路后，在西欧激起了远洋航海的热潮。欧洲人对美洲的新开发，绕过非洲的航行，给新兴的资产阶级开辟了新的活动场所，从而揭开了资本原始积累的序幕。东方的商品和航海贸易的利润直接加速了资本主义的原始积累。从这一点来看，哥伦布等人的航海活动，对于西欧乃至于世界历史的发展，产生了深远的影响。

第二十章　“中国风”吹拂欧洲大地

在15世纪末开始的大航海运动中，东方，特别是中国，成为激励和推动欧洲人开辟新航路、发现新大陆的感召性的动力。在大航海时代的3个世纪中，中国成为主要的世界工厂和货源地，中西之间的商品贸易交流达到了前所未有的高峰。巨量的中国商品涌入欧洲，大大地开阔了人们的眼界，在欧洲社会刮起强劲的“中国风”，深刻地改变了人们的审美情趣和日常生活。

远方契丹的诱惑

在郑和下西洋半个世纪以后，欧洲人也扬帆起航，寻找通往东方的新航路，开启了在人类历史上有重大影响的大航海时代。自从《马可·波罗游记》在欧洲传播，有关“契丹”的传说盛行，几乎到了家喻户晓的地步。东方和中国的财富神话，使欧洲的贵族、商人和冒险家们醉心向往。这被说成是“远方契丹的诱惑”。

在马可·波罗时代，欧洲一直与东方有着贸易往来。但是，到了14世纪后期以后，中西之间传统的贸易路线却受到了严重的阻碍。然而，欧洲对东方贸易的依赖和渴望无法衰退，开辟新的交通路线成为欧洲人的当务之急。如果他们不再能安全地走旧的陆路，他们就一定要找出到东方的新通道。可以说，在欧洲中世纪晚期，也就是马可·波罗那个时代，关于中国的知识与想象，极大地开阔了欧洲人的眼界，启发了欧洲人的向外扩张的欲望。16世纪以后开始的欧洲扩张，其最初动力在于“东方引力”。

欧洲人开始寻找通往东方的新途径。于是，有了一系列寻找新航路的海上探险活动。探寻“契丹”是海上探险活动这首长诗的主旨，是数百年航海活动的灵魂。有一位英国学者说：“现代的航行地理学实导源于当时探寻契丹的热诚。”

哥伦布在出发前曾仔细读过《马可·波罗游记》，他读过的版本至今保存在里斯本，边栏上有哥伦布作的许多摘要。他深受马可·波罗书中描写的震撼，也深刻感受到了其中隐藏的商机。正是现实经济利益的驱使，以及马可·波罗所描述的富庶东方的召唤，直接推动了欧洲人的地理大发现运动。有人说寻找东方是欧洲大航海事业的“意志灵魂”，而这种“意志灵魂”正是通过阅读《马可·波罗游记》等书而培育、生长和锻造的。在达·伽马第二次航行印度前夕，1502年，《马可·波罗游记》的葡文本出版，这本书的前言中评价葡萄牙人当时对中国的认识说：“向往东方的全部愿望，都是来自想要前往中国。航向遥远的印度洋，拨旺了对那片叫做中国的未知世界的向往，那就是要寻访契丹。”

以寻找东方为最初动机的海上探险活动，导致了美洲新大陆的发现和新航路的开辟。从此，整个世界被连成了一片，人类文明超越了地域的限制，开始了世界文化的时代。然而，欧洲人的伟大发现正是在东方魅力的感召下实现的。中国为新航路的发现作出了间接的贡献。新航路正是丝绸之路在新的技术条件下，新的时代要求的激励下的延伸和发展。但是，这种延伸和发展与古代丝绸之路的意义和作用在本质上是完全不同的。因为正是大航海时代的来临，把整个世界联系在了一起，实现了欧亚大陆，还包括所谓“新世界”的互联互通，从此开始了真正意义上的全球化时代。

海量的中国商品涌向欧洲

西方各国开辟了到东方的航线，开展了全球化的大贸易，中国成为主要的世界工厂和主要的货源地，中西之间的商品贸易达到了前所未有的高峰。

在葡萄牙人最早发现了绕过非洲好望角的新航线之后，西欧各国陆续卷入大航海的浪潮中。先是葡萄牙、荷兰，继而是英国、法国、瑞典等国，后来还有美国的加入。它们都是冲着中国的商品而来，是海上丝绸之路的搬运工。那时候，中国丰饶的、数量巨大的商品支撑着整个中西贸易网络。广州十三行是当时世界上最大的贸易集散地之一。

中国输出的商品门类齐全，不仅数量巨大，而且品种繁多。其中除了一定数量的农副产品和初级工业原料产品外，大部分是具有高度工艺水平的手工业产品，还有火炮、火器等军需品。特别是丝绸、瓷器、茶叶畅销

法国扇面图案中的中国陶瓷店。德国柏林民族博物馆东南亚馆藏

数个世纪，风行欧洲各国，号称中国的“三大贸易”。

自6世纪拜占庭引进中国的蚕种和养蚕缫丝技术以后，欧洲也逐渐发展起自己的丝织业，但欧洲生产的丝绸在质量上无法与中国相比。中国丝绸以其价廉、特殊工艺质量和装饰魅力在欧洲市场赢得竞争。当地的丝绸产品包括对中国丝绸的仿制品，一是价格要比中国货高出许多，二是因为消费者偏爱外国货，本地产品的吸引力远远比不上中国丝绸。来自中国的精美的丝绸制品仍然通过各种渠道，包括走私的渠道，源源不断地输入欧洲各国。直到19世纪以前，中国丝绸一直是向欧洲出口的主要商品。

16世纪初，中国瓷器开始大量销往欧洲。欧洲人狂热地赞美中国瓷器，把购买、搜集中国瓷器说成像是去“寻求黄金”一样。在接下来的3个世纪中，中国瓷器销售到欧洲的数量达到3亿件之巨，另外还有巨量的瓷器销往东亚及东南亚各地。

17世纪初，欧洲人开始进口茶叶贸易。在整个17世纪和18世纪初，荷兰是欧洲国家中最大的茶叶贩运国和茶叶经销商。18世纪，饮茶风在欧洲已很盛行。巨大的利润吸引欧洲国家竞相加入茶叶贸易的行列。英国东印度公司是当时世界上最强大的跨国公司，从18世纪开始支配世界的茶叶贸易。英国东印度公司依靠茶叶得到了迅速发展。在它的全盛时期，它掌握着中国茶叶贸易的专卖权，操纵着茶叶买卖，限制茶叶输入英国的数量，控制着茶叶的价格，垄断了茶叶的国际市场。由英国东印度公司运销的中国茶叶，在18世纪70年代占广州全部外销茶的33%，到80年代增至54%，90年代激增至74%，19世纪初达到80%。英国东印度公司不仅造就了世界上最大的茶叶专卖制度，也是茶叶宣传最早的原动力，结果促成了英国的饮料革命。

持续了3个多世纪的茶叶贸易，把数量巨大的中国茶叶运抵欧洲，为那些从事这种远程贸易的欧洲各国东印度公司以及其他商人创造了超额的巨大利润，为以后近代资本主义的发展奠定了雄厚的基础。布罗代尔认为，在工业成为“资本主义”的理想活动场所之前，远程贸易以其高不确定性、高利润率和集中性等特点，成为资本主义“自己的家”。因此，正是香料、胡椒、咖啡、茶叶等在人类经济生活中显得微不足道的“小”东西，为欧洲资本主义、全球贸易和经济体系的早期发展奠定了基础。

到底有多少种类、多少数量的中国商品通过新航线输入欧洲，已经无法统计。我们知道，从16世纪开始，这样往返于欧洲与中国之间的商船络绎不绝，每一艘商船都是满载而归。由此可知，运往欧洲各国的中国商品数量之巨大。

中国输出的这些商品，是具有古老传统的产品或手工艺品，凝聚着数千年的文化积淀，既体现着复杂的工艺技术，又具有丰富的文化内涵。而瓷器、丝绸和茶叶在这一时期欧洲生活方式和艺术风格的变化中扮演了重要的角色。

近代的全球贸易体系

近代西方社会的变革是从大航海时代开始的。新航线发现的直接后果，是原本在世界上处于相对平衡状态的多元文明格局逐渐被打破，世界性的贸易体系、世界市场逐步建立起来。正是在大规模的海外贸易中，欧洲各国为资本主义的发展积累了大量的货币财富。不仅如此，这种大规模的国际贸易，还把整个世界连成了一片，开始了最初的全球化进程。

这个全球化进程有两大方面的特点，一个是在物质生产和消费的领域的全球性交流和融合，另一个是在精神文化和文明的领域的全球性交流和融合。前一个方面是通过欧洲国家的远东贸易来实现的，后一个方面是通过以耶稣会士为代表的来华传教士的活动来实现的。通过这两个方面，东方与西方，中国与欧洲，进行着全面的、大规模的、直接的交流和对话。

由地理大发现而引起的商人资本发展的大革命，已经从根本上改变了原先的世界贸易格局。一方面，它不仅开辟了大西洋航路，而且突破了历来相对独立而又平行发展的4个航海地区的界限，将波罗的海、北海、地中海、印度洋和西太平洋等贸易区串联起来，形成了统一的世界市场，即全球贸易体系。另一方面，从15世纪末至16世纪初，伴随地理大发现而发生的商业激变，为欧洲工农业生产带来一片欣欣向荣的生机。但自16世纪中叶以后，欧洲开始出现经济衰退的征兆。从美洲掠夺的贵金属大量流入欧洲，持续了100多年，造成银价下跌和物价上涨。西方学者把这一历史时期物价、地租和工资等经济指数的激变以及由此引起的社会震荡称为“价格革命”。在1551—1600年价格革命的高峰年代，欧洲的工业生产水平有限，陷于严重萧条之中，物价飞涨，各类商品极端匮乏。价格革命也加速了西欧封建制度的解体和资本主义关系的发展。

与欧洲经济衰退的景象相反，我国的商品经济正处在蓬勃发展之中。于是欧洲国家掀起一股争夺中国商品的竞争热潮。中国精美的丝绸、瓷器以及各类工艺品不断涌入欧洲。所以，这一时期的世界贸易体系，是以欧洲和中国为主要两极的贸易，是以由欧洲各国主导的远东贸易为主要内容的。我们看到，从葡萄牙、西班牙开始，各国纷纷建立东印度公司，每年都有大批的商船从欧洲远渡重洋，来到中国采购商品，并由此延伸到经过澳门到日本长崎、经过马尼拉到墨西哥的商船航线以及东南亚、印度洋的航线。一时间，全世界都卷入这个贸易体系中，商路上辐辏相随，络绎不绝。

在16—18世纪的全球贸易体系中，中国商品处于支配的地位，这首先是因为这个时代的中国在全球经济中的领先地位和巨大的生产能力。美国学者保罗·肯尼迪（Paul Kennedy）在《大国的兴衰》中给出的数据也证实这一点："18世纪中国的工业产量，占世界的32%，全欧洲也才23%。"直到鸦片战争前不久，中国的国内生产总值是世界第一，超过了西欧包括英国、法国、德国等12个国家的总和。中国经济不仅在绝对规模上，而且在增长幅度上，也雄居世界各大经济区之首。

许多西方学者都认为，从地理大发现到工业革命的时代，已经是经济全球化的时代。而经济全球化中的东方，是世界经济的中心。德裔美国学者冈德·弗兰克（Andre Gunder Frank）说，在18世纪中期以前，西方只不过是在"亚洲经济列车上买了一个三等厢座位，然后包租了整整一个车厢，只是在19世纪才设法取代了亚洲在火车头的位置"。在这样大规模的国际贸易中，中国成为当时的"世界工厂"，源源不断地为"世界市场"生产着他们翘首以待的精美的物质产品。

18世纪末外销黄缎地彩绣双头鹰花鸟纹幔帐。中国丝绸博物馆藏

物美价廉是中国商品的强大优势。早在16世纪来华的欧洲人，就对中国商品的价格低廉有深刻的印象。中国商品的低廉价格在国际市场上显得十分突出，在美洲和欧洲的市场上，与欧洲和其他地区的商品相比，中国商品具有明显的价格优势。这是当时欧洲各国商品所不具备的。

从16世纪初开始的一直持续了3个多世纪的远东贸易，为西欧各国积累了大量的财富，为它们完成资本原始积累、开始现代工业化进程奠定了雄厚的物质基础。而作为这种贸易的另一端，主要是中国，之所以能够支撑这样持久和大量的贸易，首先在于自身强大的社会生产力。瓷器、丝绸和茶叶这三大中国物产，以及其他珍贵的中国工艺品，是这一时期全球贸易体系中的“硬通货”。它们在这一时期欧洲生活方式和艺术风格的变化中扮演了重要的角色。所以，这种贸易也带来了明显的文化后果。物质领域的交换和交流，进一步发展成为艺术的、思想的、文化的交流，中华民族创造的精神文化产品也走进了欧洲大陆，成为“公共的财产”，成为“世界的文化”。

中国商品带来的异域风情

来自遥远中国的、充满异国情调的、新颖奇特的各类物产，大大地开阔了人们的眼界，丰富了人们的知识，满足了人们极大的好奇心。在当时的欧洲人看来，这些东西是先进的、高品质的、高档的、精致的、充满异域风情的，因而也就是时髦的、时尚的、流行的，在那个时候，拥有和享用来自中国的商品，是一种身份的标志，是跟上时代的象征。在当时的欧洲社会，皇室、贵族以及上流社会的富人阶层，大量收罗来自中国的东西，引领社会的消费时尚，即使是普通百姓，也希望拥有一两件中国丝绸的服装、几件中国瓷器和漆器，甚至是一把扇子，以跟上社会的潮流。

在巴黎、伦敦等许多城市里，都有专门出售中国商品的商店或店铺。葡萄牙是最早开展东方贸易的，由于中国瓷器和其他物品的输入，葡萄牙首都里斯本很快成为欧洲专门销售中国古董和手工艺品的中心，不少专门经营中国瓷器和手工艺品的商店蓬勃兴起。此外，还有许多出售中国商品的售货亭和货摊。早在17世纪初，在巴黎就有一些专门从事贩卖中国商品的商人和店铺。巴黎的圣日耳曼大街和圣罗兰大街的大型集市上，有大量的中国瓷器和古玩出售。在英国，也早就设立了专卖中国商品的商店。

来自中国的丝织品因其明亮的色彩、异国情调的纹样和相对低廉的价格，受到欧洲上层社会妇女们的欢迎。伦敦贵妇人把中国丝绸服装视为时髦。这些服装往往绣着象征吉祥如意的麒麟、龙凤等图案，古典华贵。有些妇女喜欢穿着中国刺绣的服装，披着中国刺绣的披肩、围巾，口袋里装着中国刺绣的手帕，甚至请中国刺绣工匠绣制丝绸名片。17世纪晚期，中国的手绘丝织品成为欧洲社会最为流行的奢侈品。

瓷器传到欧洲后，引起了人们狂热的追捧，特别是在宫廷王室贵族阶层中，出现了一大批瓷器爱好者。瓷器，是陶瓷与写瓷、书画艺术的结合体，散出浓郁的东方智慧的光芒。作为非西方文化的艺术品，中国古陶瓷在世界上获得的广泛认同和青睐是独一无二的。收藏和展示东方瓷器，成为欧洲王室和贵族奢华生活的重要形式之一。

这种风气也流传到民间。至18世纪，瓷器逐渐成为普通家庭用品，不仅作为人们的餐具、茶具等日常使用品，还作为居室的陈设、装饰，美化着人们的生活环境。

大规模的茶叶输入，使饮茶也成为深入欧洲人日常生活中的一种普遍的消费需求，成为一种普遍流行并被接受的民间文化。17世纪后期，饮茶习俗已经在英国社会各阶层中普遍流行，无论是在家里还是在家外，茶叶都已成为人们生活方式的一部分。

在那个时代的欧洲，收藏是一种社会风尚，而收藏的重点，主要是来自东方的奇珍异物。在欧洲，许多贵族和社会名流在家里专门开辟了“中国工艺品陈列室”。

在欧洲人日常生活的其他领域，也随处可见“中国风”的余韵和影响。广告、书籍插图、舞台布景、演员化妆，都以中国风尚为引人注意、争尚新奇的创造。例如中国折扇在17、18世纪的法国特别流行，法国宫廷贵妇不论冬夏，一定手持中国式绢制聚头扇，即折叠扇，以代替16世纪流行的羽毛扇。欧洲人还把中国情调引进到他们的娱乐游戏中。中国服装舞会和化装舞会首先在巴黎、维也纳出现，后来又在其他地方的宫廷举行。

威勒姆·卡尔夫画作《银器与中国瓷器》。荷兰阿姆斯特丹国立博物馆藏

这是一个“以中国为时髦之风气的鼎盛时代”。“中国风”流行于社会的各个阶层，上至宫廷皇族、贵族政客，下至黎民百姓，都以自己的方式和能力追逐这股时尚潮流。追求中国趣味，模仿中国样式的风尚广泛流行于各个艺术领域，一切来自中国的工艺品，如瓷器、漆器、丝绸、餐具、陈设、家具、摆件、小手工艺品等，成为人们热烈追求的对象，同时出现了许许多多体现中国趣味、中国风格的仿制品。许多贵族和上流社会人士的宅邸流行按照中国的风格进行装修，或者在宅中保留一间所谓“中国房间”。这种“中国房间”，有专门摆放和收藏瓷器的“瓷屋”，或用漆绘木板装饰的“漆屋”，还有的就是按照他们想象的中国风格，进行装饰和装修：地上铺中国地毯，墙上贴中国壁纸，挂中国画，陈设中国家具，摆设中国的瓷器、漆器和其他工艺品。

总之，在这个时代，中国成为最炫目的魅力之源。中国的物品与风

乔凡尼·贝利尼画作《诸神之宴》，位于画面后排中心位置的女神和男神手上和头上的是中国明代样式的瓷器。美国华盛顿国家美术馆藏

情，成为普遍流行的社会时尚，成为一种大众流行文化。

在世界文明史上，中华文化在世界各地的传播，带起过几次以中国商品为热点的“中国风”。在古罗马时代，由于中国丝绸大量输入罗马，在那里的社会生活中引起了巨大的波澜，造成了一种社会风尚，这种追求异域风情和奢侈浮华的风气弥漫于整个社会。也可以说，这是中华文化在欧洲引起的第一股“中国风”。其他几次“中国风”还包括在奈良时代的日本出现的“全面唐化”风潮，幕府时代的日本的“唐物趣味”，在元代的波斯即伊儿汗王国时代出现的“中国风情”，还有就是17—18世纪欧洲出现的“中国风”。这几次“中国风”的共同特征是，中华文化的传播和影响，是通过具体的进入消费领域的物质载体来实现的。因而，它具有这样几个特征：一是深入公众的日常生活层面，部分地成为当地人们日常生活的组成部分，甚至改变了人们的生活方式。二是以贸易的形式，使大宗中国商品进入消费领域，并且成为人人喜爱的物品。三是带有明显的美学性质，部分地改变了人们的审美情趣。四是带有大众文化的特征，成为一个时期内人们争先恐后谈论、追逐、模仿的社会流行时尚。而所有这些，都是源于对中国的想象，对来自遥远中国的异国情调的向往。中国也适时地提供了可以看得到、摸得着的带有鲜明中华文化色彩的创造物。

“中国趣味”的艺术风格

中国商品的异域情调，中国工艺美术的神秘意蕴，以及全社会风行的“中国趣味”，共同推动了欧洲的新艺术风格的产生，这种风格被称为“洛可可风格”。

17世纪末18世纪初，欧洲艺术领域的主导风格是巴洛克风格。而17世纪后期，正是欧洲人为中国的物品和艺术所迷狂的时期，与当时欧洲艺术领域流行的巴洛克风格正好重叠。巴洛克艺术虽然源自古典风格，但它华丽的装饰感、昂贵的材质、奢华的氛围，与那个时期人们对中国的想象是基本合拍的。这些外销瓷器上的釉色和华丽的装饰，比大理石更为光洁的中国漆家具，奢华的中国锦缎和刺绣上色彩的丰富变化，有关东方旅行神奇而又冒险的经历，都符合这个时代的总体精神。

中国艺术风格对于欧洲的影响，更表现在对洛可可风格的形成起到的促进和推动作用。这种风格模仿中华文化、艺术中的柔美梦幻色彩，表现在许多形式上：壁纸、柳条盘子、壁炉台、木头檐口、格子框架、家具、亭子、宝塔，以及最重要的园艺。

“洛可可”一词源于法语“Rocaille”，意为假山石或装饰用的贝壳。洛可可风格是18世纪风行于欧洲的一种艺术上的解放运动。其特点是轻飘活泼，线条丰富，色调灰淡，光怪陆离，重自然逸趣而不尚雕琢，与欧洲以前流行的严谨匀称的古典风格完全不同。

作为欧洲文化史上一个重要阶段的洛可可时代，处处弥漫着中华文化的优雅情调。洛可可风格与中国古代艺术风格之间具有神奇般的契合，它实际上就是一种“中国味的新风格”。

在当时流入欧洲的中国商品中，有很大一部分具有很鲜明的艺术性质，而且这些商品又有许多是以生活日用品的形式出现的，就使这种艺术性质深入大众文化领域，因而具有广泛的群众性。瓷器、绸缎、漆器、屏风、壁纸、绘画、雕刻所具备的艺术性质，使得它们格外引人注目。中华文化以淡色的瓷器、色彩飘逸的闪光丝绸的表现形式，在温文尔雅的18世纪欧洲社会面前，揭示了一个他们早已梦寐以求的幸福生活的前景。这个文雅轻快的社会，闪现于江西瓷器的绚烂彩色、福建丝绸的雾绢轻裾背后的中国南方柔和多变的文化，激发了欧洲社会的喜爱和向慕。

中国瓷器对洛可可风格的形成有重要影响。在中国制瓷技术的影响下，欧洲各国相继办起瓷器工场，它们大都模仿中国瓷器，描绘亭台楼阁、小桥流水、菊花柳树等独特的中国艺术风格的图案。欧洲各国的丝织业都模仿中国的丝织技术和纹样图案，特别是法国生产的丝绸丝质柔软，并且大量采用中国的纹饰图案，所以，法国出品的丝绸的这种技术特点，连同中国风格的花式装潢，都是取法中国的。

在洛可可时代，中华文化对欧洲的绘画艺术也产生了重大影响。一方面，由于大量工艺美术品的传入，欧洲社会形成普遍的审美意识的“中国趣味”；另一方面，也有一些中国山水画、人物画流入欧洲，为欧洲画家直接欣赏、借鉴中国绘画艺术提供了可能。所以，和当时的中国瓷器、漆器等工艺品一样，中国画也为人们热心搜寻珍藏。当时的人们，已为中国画带有的气氛和奇妙形式所陶醉，而心向往之。他们最初在瓷器中所发现的并深为喜爱的风致，在丝绢中所发现的使他们为之倾倒的绚烂多彩，在中国画里又重新接触到了。法国画家让-安东尼·华托（Jean-Antoine Watteau）在许多方面借鉴了中国画法，给风景画注入了一种独特的生气。他以山水烘托人物，把山水作为背景或壁画。他使用娇嫩而半透明的颜料作画，喜爱玫瑰色、天蓝色、紫藤色和金黄色的调子。特别是他描绘的风景，重峰叠嶂、流云黯淡、烟雾迷蒙，晕染出一片蒙蒙大气。

中国的园林和建筑艺术对欧洲人有着特别大的吸引力。在中华文化的影响和刺激下，欧洲各国的建筑园林艺术在洛可可时代有了突出的发

埃利亚斯·贝克画作《中国风》，铜版插图，约1730年

展，形成了欧洲造园艺术文化史上的一个有特殊意义的阶段。中国皇宫的富丽堂皇、南方民居的典雅清秀、庙宇塔寺的庄严肃穆，都明显具有东方文化的特点。来到中国的欧洲人，看到与他们习惯的式样完全不同的中国园林及建筑，这一定会对他们产生强烈的视觉冲击和留下十分深刻的印象。所以，在近代早期来华的传教士、商人等，都对中国园林和造园艺术以及中国建筑风格进行过热情洋溢的介绍。法国传教士、宫廷画家王致诚（Jean Denis Attiret）从中国传回的信件中描述圆明园说：“（在圆明园中），人们沿着蜿蜒的道路从一个山谷走到另一个，而不像欧洲人一样走直线……这些道路有一种无序的美丽。”

大约在1770年前后，中国的园林及建筑实际上成为英国某些公园的主题，涌现出一批“中国风”园林。这一时期的英国园林，堆几座土丘，叠几处石假山，再点缀上错落的树丛，造成景色的掩映曲折，增加层次，引三两道淙淙作响的流水，穿过高高的拱桥，偶尔形成急湍飞瀑，汇集到一片蒹葭苍苍的小湖里去，湖里零散着小岛或者石矶。溪畔湖岸，芦蒲丛生，乱石突兀，夹杂几片青青草地伸到水中。道路在这些假山、土丘、溪流、树丛之间弯来绕去，寻胜探幽。设计者有意识地造一些景——大多以建筑物为中心，配上假山和岩洞，或者在远眺的地方，或者傍密林深处的水涯处。

18世纪后期，中国式庭园建筑在英国蔚成风气，日趋完善。此风传到法国，便有“英-中式花园”之称。法国一些贵族刻意模仿中国园林，在私人花园里建造亭台、楼阁、宝塔，小桥流水，甚至把圆明园的花卉移植到法国。巴黎的一些花园被设计成“自然式”，里面有湖面、小溪，还有中国的桥、岩洞和假山，即在凡尔赛曾流行的所谓的“乡村之景”。

倚门而望：欧洲人的中国知识和想象

与那个时候的“中国风”相呼应，欧洲各国出版了许多有关中国的书籍，其中有旅行家的游记和报道，传教士的书信、报告、著作和翻译的中国文献，欧洲的专家学者、作家撰写的有关中国的评论，还有一些作家、剧作家以中国为题材或由头撰写的剧本或小说等文学作品。总之，“中国”是当时出版界和新闻界的热门题材，有关中国的一切，都是报刊专栏作家们热衷的选题。比如创刊于1717年的英国《旁观者》报，就曾连续刊登一系列有关中国的文章，内容涉及瓷器、茶叶、长城、园林艺术、孝道、封赠制度等诸多方面。翻阅一下18世纪那些日益大众化的报纸和期刊，就会为英国人对于中国的兴趣和了解感到吃惊。

中西文化的实质性接触，两大文明的正式相识，以及欧洲人对于中国有了比较具体的和真实的了解，还是从16世纪初欧洲人大批来到中国开始的。

最早来东方的欧洲人是葡萄牙人，他们最早撰写向欧洲介绍中国的文献。由于葡萄牙人的远航开拓，转瞬之间东方世界便以崭新的规模展现给欧洲，成为具有强大吸引力的一极，这不仅有物质原因，而且也有精神因素。与海洋、陆地和亚洲人的接触共存扩展了葡萄牙人的地理视野，极大地改变了他们的生活方式和世界观。那些旅行家收集的第一手资料更新了传统的知识，欧洲人对亚洲的看法发生了革命性的变化。与中国土地的接触为获得地理和人种方面的资讯提供了方便，同时亦必然导致渲染新知识的文稿泛滥。所以，在16世纪，葡萄牙成为欧洲的中国知识、东方知识的集散中心。

葡萄牙人在进入印度洋并向太平洋扩张期间，所到之处，几乎都会见到来自“秦人之地”（Terras dos Chijns）的丝绸、瓷器等物产，都能听到有关“秦人”和“秦人之地”的奇闻逸事，所以，他们不仅始终紧盯着印度和亚洲其他国家，而且还非常重视搜集有关“秦人之地”的情报，打探“秦国”的虚实。首航印度的达·伽马，以及在其前后曾去过马林迪或马六甲的葡萄牙人，他们在返回里斯本时，不仅带回去许多“秦人之地”的物产和情报，而且还向亲友、朝廷大臣甚至国王转述有关“秦人之地”的故事。“秦人之地”就是他们说的中国。这大概是当时葡萄牙人关于中国的最初的知识。

最初东来的葡萄牙人尽可能发回他们在东方的见闻和印象。16世纪以后，陆续有大批欧洲商人、海员、传教士、冒险家来到东方，来到中国。这一时期来华西方人写的中国行纪及对中国的报道，为欧洲提供了关于中国的最初的知识。这些报道最重要的一个特点，就是其中的大部分作者都到过中国或者到过中国附近的地方。即使是没有来过东方的作者，他们依据的也是那些亲历者提供的第一手材料。对于这些旅行家们来说，他们从遥远的欧洲来到东方，面对的是一个完全陌生的自然环境、完全陌生的人群、完全陌生的文化。在他们的笔下，所有的事物都是新鲜的，都是与他们不同的，都是值得记录和可以回去讲给自己同胞听的。他们还没有走进中国这个巨大知识领域的大门，只是来到了它的大门口，倚门而望，草草地看上几眼，就急着去写他们的书了，急着去讲中国的故事了。所以，这些记述与以后的得以深入中国内地并且在那里长期生活的耶稣会士等传教士的书简和著作相比，这些文字材料还是比较肤浅的、走马观花式的，还带有许多想象的、道听途说的成分，以至于17世纪末的来华传教士李明（Louis le Comte）批评16世纪的西方旅行家和商人，说在他们的记述中充满了道听途说和庸俗的无聊之谈。但是，从远观想象到倚门而望，这一时期在认识真实的中国方面已经迈进了一大步，并且它在很大程度上影响了那个时代欧洲人的中国知识，同时对17—18世纪欧洲人对中国的认识也具有启迪之功。比如门多萨（Juan González de Mendoza）的著作影响了蒙田、培根等欧洲大思想家们对中国的看法，直到17、18世纪，拉达、平托以及门多萨等人的论述还一再为作家、学者们所引用。

门多萨是西班牙奥斯定会修士，曾在墨西哥传教多年。墨西哥是从西班牙派往菲律宾的传教士和各级官吏的中转站，许多有关菲律宾和中国的各种信息成为当地引人注目的话题，实际上形成一个关于东方的信息交换中心。门多萨对东方事务具有浓厚的兴趣，他广泛搜集资料，整理来华传教士的文件、信札、报告，以及各类翻译成西文的中国书籍，并接触了曾经到过中国的修道士，最后完成了《中华大帝国史》。

《中华大帝国史》是16世纪有关中国问题的影响最大的一部著作，详尽地介绍了中国的政治制度、教育制度、史地、物产风俗等，举凡中国社会的林林总总，书中皆有提及，所讲述的内容远远超过马可·波罗的介绍，是一部欧洲最早系统介绍中国历史和地理的学术著作，可称得上是当时欧洲人了解中国的百科全书。

门多萨这部作品为当时的欧洲人打开了了解和认识中国的窗口，使欧洲人从通过充满神秘色彩的传闻来“想象”中国，跨入通过中国的现实来认识中国的时代。《中华大帝国史》第一次使中国在西方文化中获得了历史化的清晰完整的形象。他对中国充满热情和想象，把中国描绘得如同天堂一般圣美，盛赞中华民族“是一个沉静和有才智的民族”。这种看法实际上是早期来华的欧洲旅行家们所描述的共同的景象。另一方面，门多萨对中国描绘和赞美，也是当时欧洲知识分子希望在遥远的国家里看到的景象。因此，门多萨的这部著作成了16世纪末17世纪初欧洲人新的“中国图像”的基础，为此后两个世纪欧洲的“中国热”提供了一个知识与价值的起点，左右了相当一个时期欧洲人对于中国的认识。而要真正走进中国这个知识域的“大门”，还要等到17世纪利玛窦等人来华以后。

第二十一章　传教士的中国叙事

大航海运动使得欧洲与中国有了直接的海上交通，有许多欧洲人特别是传教士乘船来到中国。以利玛窦为代表的欧洲传教士，在中国发现了博大精深的中华文化，特别是发现了孔子的儒家学说。他们通过大量的书信、报告和著作，把这些发现传播到欧洲，使欧洲人建立了完整的中国知识的谱系。

沟通中西文化的桥梁

1582年8月，有一位意大利青年来到澳门，踏上了他多年神往的中国大地。他的到来，注定是中西文化交流史上的重大事件，也是中华文化走向西方、走向世界的重要的一步。

这位意大利青年的中文名字叫利玛窦（Matteo Ricci），这一年他刚满30岁。利玛窦在澳门停留了一年，主要是研习中文。1583年9月10日，利玛窦和同伴罗明坚（Michele Ruggieri）得到两广总督郭应聘的邀请，到达广东肇庆。他们在肇庆建造了一座教堂，在那住了下来。从此，西方传教士在中国的传教事业迈出了第一步。

明清之际来华的传教士所进行的传教活动，与欧洲教会势力的发展消长有密切关系。16世纪初期，欧洲爆发了大规模的宗教改革运动。针对宗教改革运动所造成的严峻局面，天主教高层进行了一系列重要的改革，被称为“天主教改革运动”或“反宗教改革运动”。反宗教改革运动的一个重要内容就是修会的复兴，包括对原有的修会进行了整顿，并创立一些强调虔修生活和社会服务的新的修会组织。其中影响最大的是西班牙人伊纳爵·罗耀拉（Saint Ignacio de Loyola）于1534年在法国巴黎创立的耶稣会。

中国是当时耶稣会海外传教的重点地区之一。耶稣会成立不久，根据教皇的旨意，罗耀拉派遣他最初的同事、耶稣会创办者之一方济各·沙勿略（St. Francis Xavier）到东方传教。沙勿略是耶稣会来华传教的先驱

利玛窦像。罗马耶稣会总部藏

者。但是，到沙勿略去世时为止，天主教始终没有机会进入中国。新局面的打开，还有待其后继者范礼安（Alexandre Valignani）、罗明坚和利玛窦等的继续努力。而为将来开辟天主教在中国的传教事业、为中西文化交流作出巨大贡献的利玛窦来到中国，则是在30年之后了。

从利玛窦开始，先后来华的基督教传教士有近千人。这些传教士籍属不同的修道会，来自不同的国家。在早期来华的耶稣会士中，以意大利人和葡萄牙人为多，也有一些人来自西班牙和法国以及其他欧洲国家。在17世纪末和18世纪来华的法国传教士中，有不少人是法国科学院的成员，因而有“一个真正的科学教会”之称。

在当时的交通条件下，从欧洲来中国走海路是最好的选择，因此传教士往往搭乘往来欧洲和中国的商船。虽然在这个时候从欧洲通往东方的海路已经比较畅通，商船的往来也比较频繁，但其路程遥远，时有海盗洗劫或海难发生。明清之际以耶稣会士为代表的来华传教士，其来华的路途实际上是一个充满着风险和艰难险阻的旅程。

早期来华的利玛窦等人，都是当时的饱学之士。17世纪末和18世纪来华的法国耶稣会士中也不乏博学之人，如洪若翰（Jean de Fontaney）、白晋（Joachim Bouvet）等人。对于耶稣会士们的学识修养，中国的知识阶层也给予充分的肯定。徐光启赞扬他们说：“其道甚正，其守甚严，其学甚博，其识甚精，其心甚真，其见甚定。”耶稣会士们的文化修养和科学修养，是他们在来华后进行人文历史和科学研究的基础，也是他们实现自己的传教使命和文化使命的必备条件。

传教士在持续200年的传教事业中，书写了大量的书信、报告、著作以及翻译了不少汉文经典，在欧洲各国出版和流传。而以文本形式传入的中国知识，与当时大量传入的中国商品相比，是欧洲人了解中国的更为重要的来源。文献书写的语言有拉丁文、葡语、西班牙语、意大利语、法语、德语、荷兰语、波兰语、捷克语等欧洲语言，广泛分布于众多的档案馆、图书馆和博物馆之中。

耶稣会士们在中国的活动也一直为欧洲学术界所关注，所以他们与欧洲的学术界保持着密切的联系。如邓玉函（Johann Schreck）、汤若望（Johann Adam Schall von Bell）、罗雅谷（Giacomo Rho）都是意大利近代科学兴隆时期最著名的科学社团“灵采研究院”的成员。邓玉函曾与开普勒保持着通信联系，还曾在灵采研究院与伽利略共事多年，而汤若望至少亲自聆听过伽利略的学术报告。

在这一时期，各个领域的思想家们争先恐后地与耶稣会士建立交往和联系，是欧洲学术界一大特别的现象。启蒙运动时期的思想家们，如马勒伯朗士、莱布尼茨、伏尔泰、孟德斯鸠等，都与耶稣会士或其他传教士建立了个人的友谊，保持了长时期的通信联系。他们的许多著作，比如马勒伯朗士的著作，可能是应传教士的邀请而作，或者是接受了他们提供的大量的资料，或者是受到他们的启发。

书信是当时的传教士使用的一种主要书写文体。传教士写作大量书信，其中有给自己的亲属的，有给欧洲教会组织以及教会内的朋友的，还有许多是与学术界的知名学者之间的通信联系，介绍他们所关心的、有关中华文化各方面的种种问题，涉及中国的版图、物产、科学技术、制度、风俗、历史、宗教等，这些信的学术价值尤为重要。这些书简在欧洲知识界广泛传播，受到了前所未有的欢迎。因为大众不信任那些具有传奇性的虚构故事，要求看到一些严肃的著作、未经修饰的文学作品和真正的文献。由耶稣会派遣到遥远地区的传教士与其长上、朋友、资助传教的王公贵族，以及学者们保持着通信联系，这些人向他们提出了一连串问题。这批要经过长时间“旅行”才能到达的私人信件为欧洲带去了“另一个星球”的形象。这些书简反复流传，被人反复转抄。这些书简以一种接近真正的、客观的和几乎是编年史的形式而出现，它使大众产生了一种阅读他们所喜欢的文献的感觉。他们的书简在法国巴黎传播了有关中国的“报道”，推动了知识界的“中国热”。

传教士的通信和笔记在当时都被汇编成书，在西方传诵一时。最著名的是法国耶稣会士编辑出版的《耶稣会士书简集》，于1702—1776年陆续在巴黎出版。《耶稣会士书简集》共34卷，其中144封来自中国的书信与报告，绝大多数是出自法国耶稣会士之手。它们以通信的形式，将传教士观察所得的中国政治制度、风俗习惯、历史地理、哲学思想、工商情况等详加报告。书中的这些书信都是根据传教士本人的亲身经历撰写的，使读者有亲临其境之感，引人入胜。此外，编辑们还根据当时读者的阅读习惯和兴趣，对书简做了一定的编辑和删改，去掉了一些晦涩的、学术性强的内容。《耶稣会士书简集》是18世纪的一部扛鼎之作，是当时哲学家和政治家们广泛开采的宝藏。

在18世纪后期，巴黎还出版了《中国杂纂》，即《北京传教士关于中国历史、科学、艺术、风俗、习惯等的回忆录》。这部巨著的内容基本上是清乾隆年间在华法国耶稣会士寄给国务大臣贝尔丹的各类专题论文，包括中国的历史、自然科学、医学和医药、工艺技术、语言文学等方面。贝尔丹在1765—1792年与在北京的耶稣会士们有几百封的“文学书信”往来。所谓“文学书信”，其实是为避免让外界有太多的政治意识形态联想的说辞。贝尔丹通过这些书信，得以了解清乾隆朝的政治经济、社会文化等各方面的情况。这些书信有很大一部分编入《中国杂纂》。

在这200年间，传教士还撰写了大量介绍和研究中华文化各个方面的著作，包括一些全景式的描述性著作和专题研究著作。最著名的一部作品是1615年出版的《基督教远征中国史》，即《利玛窦中国札记》。据统计，1687—1773年，耶稣会士总共撰写了252种与中国有关的著作，其中综合性的48种，与“礼仪之争”有关的题材9种，历史题材14种，地理和天文题材54种，宗教和哲学题材40种，翻译作品39种，字典和语法20种。他们向欧洲传递了中国的形象，是欧洲人了解中国知识的首要来源。

大批的传教士的书信、旅行日志、著作等，不仅为当时的欧洲提供了丰富的关于中国的知识，更有意义的是，许多耶稣会士的作品激发了欧洲人的想象力，从学者精英到门外汉，从庶民百姓到欧洲君主都是如此。因而，不但中国的书籍在欧洲随处可见，而且大量中国的技术、工艺被直接照搬，应用于欧洲的农业革命和工业革命。

传教士对中国的研究和介绍

在传教士来到中国之前，已经有一些旅行家到过中国，有的深入中国内地，大多数只到过一些沿海地区。这些人中有的留下了游记或回忆录，但这些知识往往还是片面的、零散的，而且多是亲身经历的事情或者是来自不同方面的传闻和道听途说。

传教士来到中国后，面对的仍然是一个不了解、不熟悉的新世界，他们要在这里生活和传教，就先要了解这个国家的基本情况，了解中国的山川地貌、风土人情、社会制度、语言文化。而他们向欧洲教会组织报告的、向亲友介绍的，以及他们最初研究的，就是关于中国的基本国情。所以我们看到，在早期来华传教士的书信、报告和著作中，从利玛窦开始，一再重复地介绍中国的基本国情。只是由于他们深入中国的内地和政治文化中心，并且有与各阶层中国人广泛接触的机会，同时他们还学会了中国的语言和文字，能够与中国人直接交流和阅读中国文献，所以他们对于中国国情的了解和研究，要比早期的旅行家们全面得多、深刻得多，也更加准确。

《利玛窦中国札记》第一卷就是关于中国概况的全面介绍，对中国的地大物博和繁荣富庶有着令人印象深刻的描述。利玛窦详细介绍了中国的各种物产，如粮食、蔬菜、水果、矿产；介绍了中国的服饰、建筑、瓷器、船只；特别提到当时欧洲人还不曾了解的茶和漆；还介绍了中国的火药和焰火表演、戏曲、音乐和乐器、造纸和印刷术、浮雕和绘画、制印和制墨、制扇技艺等等。利玛窦详细介绍了中国的各种礼仪，特别提到中国人尊师敬老的传统美德，在对长辈尽孝道方面，世界上没有别的民族可以和中国人相比：中国人比欧洲人更尊敬老师，一个人受教于某人哪怕只有一天，他也会终生都称其为老师的。利玛窦详细考察了当时中国的政治制度，介绍了中国皇帝的统治方式和传位形式，中央和地方政府的官制和组织形式。他认为中国的皇帝和人民都没有征服的野心。利玛窦特别注意到中国知识阶层参与政府管理的情况，认为这是中国政治与“欧洲人不同”之处。利玛窦认为，中国政府的性质与中国人在文学和科学上所取得的进步以及中国实行的科举制度有直接关系。因此，他详细地介绍了科举制度的内容和程序。

在《利玛窦中国札记》问世之前，西班牙耶稣会士庞迪我（Diego de Pantoja）在一封长信中对中国进行了比较全面的介绍。1602年3月9日，庞迪我从北京给他远在托华多的导师路易斯·德·古斯曼（Luis de Gusman）写了一封长信。古斯曼当时正在写《耶稣会在东印度、日本及中国传教史》一书。信中，庞迪我对中国的地理方位、山川形势、物产、人口、城乡概况、经济与贸易发展水平、政治体制、外交政策以及中国人的历史、文化、习俗、宗教信仰乃至宫廷内幕等方面进行了百科全书式的介绍。这份文献基本上代表了16世纪与17世纪之间欧洲人对中国最全面、最客观的认识。庞迪我致古斯曼的长信也融会了利玛窦的一些基本看法。他一方面肯定了门多萨著作中具有真实性的内容，另一方面又根据他对中国的实地观察，对门多萨记述有误的地方作出了更正。1604年，这份长信在西班牙巴亚多利德出版，不几年间，就先后有法文、意大利文、德文等译本问世。

《利玛窦中国札记》（1615年版）扉页插画

1676年，西班牙多明我会传教士闵明我（Domingo Fernández Navarrete）所著的《中华帝国纵览》出版，后来陆续被译成法文、德文和意大利文。这部著作内容翔实，到启蒙运动时期，受到学术界的高度重视。莱布尼茨、洛克、狄德罗、卢梭、伏尔泰、孟德斯鸠、魁奈、傅尔蒙等人都曾提到过这本书，认为它对于了解中国大有裨益。

1688年，葡萄牙耶稣会传

教士安文思（Gabriel de Magalhaes）在法国巴黎出版的《中国新史》，是一部全面概述中国和中华文化的著作。原书名是《中国十二绝》，意即中国的12条优点。有研究者认为，与其他早期来华传教士的著作相比，安文思对中国的介绍更为系统和全面。其中记述了中国的名称、地理位置、历史、语言、物质生活、矿产、航运、船舶、政治制度、国家结构等，特别对中国社会的礼仪风俗、城镇特点、官僚贵族体制和皇城建筑等作了较为详尽的记述，呈现出一幅中国的全景式图画。

法国耶稣会传教士李明的《中国近事报道》是17世纪末较为全面的概述中国国情的著作。李明以自己的亲身经历对在中国的所见所闻做了详尽的报道，其中涉及城市、房屋建筑、气候、土地、运河、水道及物产，中华民族的特点及优缺点，中国人的语言、文字、书籍和道德，中国人思想的特点等，还包括政府和政治、宗教信仰、基督教在中国的立足和发展。1696年，《中国近事报道》在法国巴黎出版，出版即获得巨大成功。

经过传教士的介绍和研究，以及其他旅行家们的著述，17世纪的欧洲人已经对中国有了一种明确的概念。在此之后的传教士的书信、报告和著作中，也有许多对中国国情进行概括性介绍的内容，但随着研究的逐渐深入，他们更多的是转向更为具体的专门领域的研究，并在这些研究中取得了很多重要的成果。

在来华传教士的著作中，有不少是关于中国历史的著述。中华民族和中华文化延续几千年的持久不衰、一脉传承的发展史，以及记述中国悠久文明的历史著作，一直使传教士惊叹不已，并保持着研究和探索的热情。

来华传教士对中国丰富的物产和自然资源十分关注，特别是对中国的天文学、植物学、动物学有许多比较深入的调查和研究。在17—19世纪，博物学尤其是植物学堪称当时的“大科学”，吸引了科学界、政府机构、海贸公司以及殖民地官员的广大兴趣和支持。中国的医药学也是传教士最先注意到的科学领域。波兰耶稣会传教士卜弥格（Michael Boym）的医学著作《医学的钥匙》和《中医处方大全》传到欧洲之后，在欧洲产生了很大影响。在来华传教士中，还有许多人对中国的医药学很感兴趣。例如，法国耶稣会传教士杜赫德（Jean Baptiste Du Halde）的《中华帝国全志》第三卷是中医专辑，收有《脉经》《脉诀》《本草纲目》《神农本草经》《名医必录》《医药汇录》等部分内容的译文。

传教士发现了孔子

来到中国的欧洲传教士在中国发现了孔子。他们将这一发现传播回欧洲，使孔子及其思想进入欧洲思想文化界的视野，为欧洲的思想文化发展提供了新的资源。

利玛窦首先注意到孔子，可以说，他是西方第一位系统地认识和了解孔子及其儒家思想的学者，也是最早向欧洲介绍孔子及其儒家思想的学者。利玛窦从1584年直至其暮年与欧洲的通信持续不断，在信中毫不掩饰自己对儒家的好感，将孔子与古罗马哲学家塞内加并提，甚至认为孔子大大超越了欧洲的古代贤哲。

利玛窦把孔子和“四书”“五经”介绍给欧洲人，认为“四书”“五经”是为国家未来的美好和发展而集道德教诫之大成。他说，中国有学问的人对孔子都非常尊敬，以至于不敢对他说的任何一句话稍有异议。在这个国家有一条自古流传下来并为习俗所肯定的法律，规定凡希望成为或被认为是学者的人，都必须从孔子的几部书中导引出自己的基本学说。利玛窦还注意到，不仅是知识阶层，统治者也对孔子给予最高的敬意，感激地承认他们都受益于孔子遗留下来的学说。利玛窦指出，中国唯一较高深的哲理科学就是道德哲学，儒学是一种主张理性的学说，在维持社会稳定和和谐方面起了很大作用。

从利玛窦开始，传教士大都把中国的儒家典籍和学术思想作为向欧洲介绍中华文化的一个主要方面，使儒家学说在欧洲思想界得以传播。利玛窦不但自己研究孔子的儒学经典，还要求传教士都把读儒家的书作为必修课。在他之后，陆续来华的传教士都和利玛窦一样，努力学习中华文化，特别是研读儒家经典，对中国的传统礼俗和儒家思想有比较深入的了解，深受中华文化的熏染。他们是第一批向欧洲介绍孔子及其思想的人。

传教士不仅热情地向欧洲介绍孔子的儒家学说，还将儒家的经典翻译成欧洲文字，直接介绍给欧洲读者。在当时由传教士翻译的中国典籍中，柏应理（Philippe Couplet）的《中国哲学家孔子》是最重要且影响最大的。1687年，他在法国巴黎出版了《中国哲学家孔子》的拉丁文本，中文标题为《西文四书直解》。

《中国哲学家孔子》开卷插画。书中，孔子被描绘为一个贤明学者的形象。德国汉诺威莱布尼兹档案馆藏

在《中国哲学家孔子》一书导言部分，柏应理开宗明义地说明耶稣会士编著此书，并不是为了满足欧洲人对中国的兴趣，而是希望此书能为到中国传教的教士们提供一种可用的工具。导言指明了哪些是中国的经典著作，这些著作有哪些重要的注疏书籍，认为“四书”“五经”是中国最古老的经典著作。导言还介绍了宋代理学家朱熹的理学和易学著作，以及《五经大全》《四书大全》《性理大全》等书和“太极”“理”等新儒学的范畴。该书的主体部分是《大学》《中庸》《论语》的译文，并皆附译注疏，总题目为《中国之智慧》。书中极其推崇孔子，称他是“道德及政治哲学上最博学的大师和先知”。

《中国哲学家孔子》是第一部比较完整地向西方介绍中国传统思想文化的书籍，对中华文化的西传具有启蒙意义和先驱作用。它第一次把中国、孔子、政治道德三个名词联系在一起，孔子在欧洲因此被称为道德与政治哲学上最伟大的学者与预言家。该书一经出版，立即在欧洲思想界引起轰动，各种译本纷纷问世，各家杂志纷纷撰写文章加以介绍。

《中国哲学家孔子》代表了17世纪对耶稣会士研究中国的学术成就进行公开传播的一个高潮。这些译作被欧洲人广泛阅读，耶稣会士对孔子富有赞赏性的描述产生了深远的影响。自此，孔子走进了欧洲思想家们的视野。更为重要的是，孔子及其儒家思想成为启蒙运动的一种重要思想之源。法国哲学家培尔最早是通过阅读柏应理的著作而洞悉中国的宗教，特别是佛教，进而获知中国存在有唯物主义思想与无神论。法国启蒙思想家也大都读过《中国哲学家孔子》，如伏尔泰在《风俗论》中介绍孔子学说时，就提到了这本书。孟德斯鸠怀着巨大的兴趣，认真阅读了这部用艰涩的拉丁文撰写的书，并做了详细的笔记。在笔记中，他写下了一些自己的观点，并将书中的许多段落译成法文。

孔子走进欧洲哲学的视野，恰逢其时，正好与欧洲轰轰烈烈的启蒙运动相遇。这是一次伟大的文化相遇，是世界文化史上一个重大的文化事件。

传教士在中华文化西传中的贡献

从16世纪末开始，一直到18世纪末，在将近两个世纪里，那些担负着宗教使命的传教士前赴后继，一代又一代地走向中国这片神秘的土地，他们给中国人带来了基督教的教义，同时也在中国传播了近代以来的欧洲的科学文化知识。有许多资料显示，经传教士之手，近代以来欧洲科学的成果已经传播到了中国。另一方面，也正是他们，通过一部部著作、一封封长信、一幅幅图画，将古老中国的文化传播到欧洲，使欧洲人建立了完整的中国知识的谱系。严格地说，中西两大文化的实质性接触，不仅是物质文化层面的交流，而且是深入学术的、思想的、精神的文化层面的接触和交流；欧洲人关于中国的了解不再是通过种种传闻获得的一个遥远而神秘国土的模糊印象，而是建立起较为完整的知识体系，并发展成为一个独立的学科领域，这一切是从来华传教士开始的。

16—18世纪的中西文化交流可以看做是以来华耶稣会士为主要媒介的交流史。虽然，宗教的传播也是文化交流的重要内容，而且无论是他们向中国传播西方的科学知识，还是向欧洲介绍中国的儒家经典、政风民情和历史传统，都是出于他们传教事业的考虑，都是为了在中国传播基督教，但重要的是他们在中西文化之间互相了解、互相认识、互相交流方面所做的工作和所取得的丰硕成果。

传教士的贡献在于他们激发且深化了欧洲对于中国的兴趣和热情。传教士的著作、书简乃至争论，不仅引起宗教界、思想界的关注和思考，而且深入大众的生活空间和公共生活领域。他们的影响不仅扩大到文学中，而且传播到技术、艺术中，传到风俗习惯中。他们的贡献还在于为欧洲人提供比较完整的关于中国的知识和形象。可以说，在塑造17、18世纪欧洲文化中的中国形象方面，耶稣会士们起到了决定性的作用。在他们的描述中，中国是文明的、富裕的、强大的、辉煌的，中国的历史是悠久的，科技是发达的，物产是丰富的，政治是开明的，道德是高尚的，文化是灿烂的。总之，这是一个光明的国度，是一个充满理性光辉的理想之国。正是在这个乌托邦的映照下，启蒙思想家们找到了进行社会改造的样板，展开了对现实生活，包括宗教和制度的批判。

这就出现了文化交流史上的一个极为重要的现象，即种瓜没有得瓜，反而结出了别的果实，甚至是要消灭这个“瓜”的果实。从原初的意义上来说，传教士东来传教，是当时的“反宗教改革运动”或者说是“天主教复兴运动”的一部分，其目的是对抗宗教改革运动对于天主教会和教廷权威的损坏，巩固天主教的基本阵地，扩大在欧洲以外地区天主教的影响和势力范围。传教士踏万顷碧波，不畏艰险，实则是由于他们肩负的“神圣”使命。为此，他们采取“适应性传教策略”，与所到之处的本土文化建立了联系，在中国则“成为中国人”。而这样的适应性策略又与所谓教会的和教义的“纯洁性”发生了抵触，所以他们需要不厌其烦、不遗余力地向欧洲的教廷、修会、学术界乃至各国宫廷作出解释，结果就出现了大量的有关中国的报告、书信和著作，向人们展现了一个陌生而神秘的中华文明。而这又产生了两个后果：一是引起了对基督教教义的权威性和唯一性的怀疑甚至动摇，引来对基督教权威及其神学的批判；二是引起了对当时欧洲社会政治制度的怀疑和批判。

总之，正是他们提供的资料，使启蒙思想家们找到了思想资源和批判的武器，以及实现理想王国的典范和模型。启蒙思想家们从耶稣会士们工作的基础上出发，却回过头来摧毁了耶稣会士们自身的基础。这是当时耶稣会料想不到的。也正是通过他们，中华文化直接参与了近代欧洲思想形成的过程。

第二十二章 传教士与西学东渐

以利玛窦为代表的欧洲传教士，执行学术传教的方针和文化适应的传教策略，在致力于传播基督教文化的同时，积极向中国传播新发展起来的西方学术文化和科技文化，形成了西学东渐的第一次高潮。他们的努力受到了中国一部分知识分子的欢迎并与其展开合作，对中华文化的发展起到了一定的补充和丰富的作用。

"利玛窦规矩"

关于明清之际来华传教士对于中西文化交流的贡献，国内外的学术界都给予了很高的评价。这与他们，尤其是耶稣会传教士的个人文化和科学修养有很大的关系。

传教士在华传教取得一定的成功，与他们采取的"文化适应"策略有很大关系。这种传教策略的实质，就是在与中国人打交道的时候，首先使自己成为"中国人"，适应中国社会，学习中国语言，沿用中国习俗，了解中国人的思想。为了实现在中国传教的目的，耶稣会士们来到中国以后，根据他们所了解的中国国情和文化的实际情况，必须"采取更世俗的办法"，而这种办法在他们看来是非常"有必要的"。

利玛窦在中国生活了十几年之后，逐步抛弃了曾一度热衷的要赢得成千归化者的梦想，甘心于在有知识的、持怀疑态度的、经常表示敌视的学者群中，开展缓慢而有耐心的工作。他认识到要归化中国民众，就要从上层人物开始，因而他运用出色的洞察力和理解力，发展出一套富有想象力的传教策略。利玛窦敏锐地意识到，要想让整个中国皈依基督信仰，必须最大限度地使信徒成为在这个国家的社会文化生活中居主导地位的士大夫，而不是被官员们轻视的佛教僧侣。

利玛窦刚到中国时，选择了糟糕的传教策略，穿上和尚服，戴上和尚帽，采用与中国佛教接近的办法，以"西僧"的身份和面貌出现在中国，企图为基督教在中国的传布找到支点，在中国站住脚。但是，利玛窦在广东的经历告诉他，佛僧在这个国家不受重视，没有学问，在社会上就没有威望，士大夫官吏鄙视僧人。为此，利玛窦把僧衣换成了士大夫的官服。利玛窦易佛补儒策略的形成，不是因为基督教的排他性，而是他曾经依赖的佛教处于中国社会之外的特性，以及与儒家相较社会地位低下，使得利玛窦等耶稣会士无法进入中国社会。佛教在耶稣会士的眼中，是一种处于中国社会之外的宗教。居于主流意识形态的儒家思想，则是因社会对于天命、天道、天运的崇拜而具有国家宗教的色彩。

利玛窦（左）与徐光启（右）

因此利玛窦换上儒服，以“西儒”的面目出现。穿上儒服后的利玛窦与有影响力的士大夫结交，并且钻研儒家经典，向人们表明他既是神学家也是儒者的身份，以此增加士大夫对他宣讲教义的认同感。这一改变的结果是“显贵官吏多喜欢和我们往来”。在利玛窦看来，士大夫在道德生活、宗教生活中的示范作用极大，争取一名士大夫信教，便可影响其周围的平民，一名知识分子的皈依相较许多平民教友更有价值。

传教士采取的另一个重要策略，就是利用中国的文化典籍特别是儒家经典来论证基督教教义。在利玛窦看来，赢得中国人同情和兴趣的最佳方法，就是使基督教教义在附会儒家思想的同时进行科学讲授。传教士采取这样的策略，是因为他们已经认识到，儒家思想在中国具有深厚的历史基础和巨大的神圣权威。如果基督教想深入中国人的生活，它必须从儒家学说中寻找一些接触点。利玛窦采取与早年教会的神父们接受希腊式思想同样的态度来面对孔子的思想：尽量保留它所包含的自然真理的全部基本观点，增加它所缺少的有关自然界的科学原理，介绍包含在基督教中的、由其教义所揭示的超自然真理的新秩序。他们以“合儒”的面目出现，用儒家经典来附会、论证基督教教义，如宣称儒家经典的“上帝”和“天”即基督教的“天主”；主张基督教的敬天爱人即儒家的忠孝廉节，基督教的“爱”即儒家的“仁”；等等。

传教士还在礼仪问题上迎合儒家思想，允许入教者维持传统的祭祖祀孔习俗，他认为这些礼仪与基督教宗教仪式不相妨碍，不必视作异端而禁止。利玛窦在中国传教的过程中适应中国国情，分别将“敬孔”和“祭祖”解释为“敬其（孔子）为人师范”和“尽孝思之诚”的非宗教礼仪。在这种解释的基础上，基督教需要尊重士大夫和平民的祭祀习俗。这样就使得当时的中国教徒，特别是那些具有一定政治、社会地位的教徒，在需要参加“敬孔”和“祭祖”仪式时不产生宗教上的阻滞和困难。后来，康熙皇帝把这种做法称为“利玛窦规矩”。

耶稣会士利用中国儒家思想来论证基督教教义。利玛窦等人肯定儒家的学说，用儒教思想来论证天主教教义，宣称人们可以既属于儒家学派，又成为基督徒。这一结论有助利玛窦向士大夫、平民百姓传教，而不妨碍其维持原有生活方式和思想观念，也成为利玛窦调和儒学与基督教的前提。利玛窦的这个适应性传教策略起初取得了一定的成功，基督教在中国的传播稳步地进行着，并且取得了一定的成就，在中国的知识阶层产生了一定的影响，教会事业也有一定的发展。但是，这种传教策略在教会内部引起很大的争论，最后演变为影响基督教在华传教事业命运的“礼仪之争”。

“礼仪之争”与文化冲突

从利玛窦进入中国开始，经过了将近200年的时间，从欧洲来了近千名各个修会的传教士。他们付出极为艰苦的努力，在中国传播基督教教义，建立教会，发展教徒，并且在一定程度上得到了中国知识分子的理解与合作，得到了最高统治者的默许和支持，因而，总体上来说基督教的发展还算顺利。特别是在康熙朝前期，得到了皇帝的保教令，基督教从而开启在中国的黄金时代。许多宗教史家对这一时期基督教在中国的发展都给予了充满激情的赞誉。

但是，对这一时期基督教在中国的发展也不应期望过高。在明末清初这一历史阶段，中华文化已经获得了高度的发展，民间生活信仰体系十分完备，哲学学术和意识形态相当发达，早先来到中国的佛教已经彻底中国化，成为中国人宗教生活的重要组成部分，并且成为广大民众的生活方式。这些情况与佛教在中国初传时期大不相同。基督教在中国得以建立教堂和教会，取得了存在和传教的合法地位，在一部分官员、知识分子中得到支持，在一些民众中发展了教徒，宣传基督教的书籍能够公开出版，这已经是很了不起的成绩。虽然在几亿人口的大国里，它发展的教徒数量最多时也就是二三十万人。

但是，正当基督教在中国比较平稳发展的时候，却因为“礼仪之争”而导致了“康熙禁教”，使已经发展起来的基督教事业受到沉重打击。对于这样的结果，中外史家都感到非常惋惜。他们认为，如果没有“礼仪之争”，没有教廷的坚决态度，康熙帝也不会作出禁教的决定，基督教就会在中国有更大的发展。这样的说法实际上是一种事后的假设。我不认为历史不容假设，虽然任何假设都带有“事后诸葛亮”的性质，但至少可以让我们总结历史的经验，可以看到历史发展本来是有多种可能的选项。但更重要的是，在当时选择了此一“选项”而排斥了另外的“选项”，出现了这样的结果而否定了另外可能的“前景”，则有历史的必然性在里面。说到我们现在讨论的“礼仪之争”及之后的“禁教”，其原因则不仅在于传教士内部的传教策略的分歧，也不仅在于罗马教皇和中国皇帝之间相冲突的政策决定，更在于其背后的文化冲突。

双方在礼仪问题上的不同立场，体现了各自的文化核心价值。在基督教向世界各地的传播中，会遇到与当地民间宗教的冲突问题。在与中国发生“礼仪之争”的同时，印度的特殊礼节（Malabar Rites）也遭到禁止，印度的种姓制度也受到基督教抨击。基督教的一神也曾同日本神道教的八百万神灵进行过斗争。由此可见，如果基督教与各民族的民间信仰相妥协，或者如利玛窦那样完全适应中国的礼仪，允许祭孔、祭拜祖先，对基督教的基本教义进行歪曲和篡改，就会丧失基督教的纯洁性，丧失其自身的特性。据此可以设想一下，如果基督教完全采用“使用中国文化”的策略，完全用中华文化的概念和礼仪来解释基督教，像佛教那样完全本土化、中国化，那么，最后在中国的基督教就只剩下一个外壳，本质上已经离开了基督教教义的原始意义，那就不再是基督教了。这一点，是教廷绝不会允许的，这是他们的文化底线。

在中华文化这方面，中国封建社会是一个以家国同构为基本特征的宗法社会，祖先崇拜的核心内容是通过祭祀来慎终追远，感恩报德，祈求祖宗荫护子孙。祭祖是传统中国家庭最重要的礼仪活动。在中国传统社会中，作为万世师表的孔子，在唐代被封为“文宣王”，成为儒家准宗教的“教主”，被中国人当作先圣先师供奉祭祀。祭孔也是中国传统礼仪中的重要内容。

在中国历史上，儒家思想的核心地位是不能动摇的。历史上有主张三教融合的，虽然道教和佛教也在中国人的生活中占有很大位置，有很大影响，但却是以儒家思想去融合道教和佛教，以儒家思想为依归。那么，基督教反对祭孔，反对祭拜祖先，就是从根本上否定了中华传统文化的核心价值，这也是中国的最高统治者所绝对不能允许、绝对不能接受的。这是中华文化的底线。

在文化交流中，有许多方面可以互相交流、互相对话、互相理解和接受，但涉及各自的文化底线，就不能再妥协了。如果冲破了这个文化底线，就会造成颠覆性、破坏性的影响，如我们将在后文看到的在19世纪后期西方文化东传所产生的结果那样。

基督教在中国，是一种完全异质的文化，而且是涉及信仰、意识形态高层次的精神性的异质文化。它在与中华文化接触的时候，发生碰撞、冲突是不可避免的。但是，“礼仪之争”及由此反映的文化冲突，至少让西方人和东方人更为清晰地认识到彼此存在不同的文化传统和宗教理念。同时，西方人和东方人在争执和冲突中更为深刻地理解了自身的文化传统与社会特质。从这一角度上说，冲突也是一种交流，一种更特别、更深刻的交流方式。

“学术传教”与西学东渐

来华传教士本质上都是虔诚的教徒，他们不远万里，来到中国开展传教事业，是出于他们传播宗教信仰的坚定信念和文化理想。为了实现这一目标，他们采取了“学术传教”的路线，将传播学术文化作为他们进行宗教传播的途径和方法。可以说，这种方法使得他们的传教活动取得了很大成功，或者说至少这种方法对于他们开展传教活动大有助益。

“学术传教”是耶稣会的一个基本的传教方针。耶稣会自从建立开始，就非常重视教育，它派往世界各地的传教士都要经过严格的选拔并且接受长达十几年的专门培训。在这期间，他们所学习的不仅是基督教的神学理论，还包括广泛的文艺复兴时期发展起来的科学文化知识。从一定意义上说，耶稣会也是一个科学文化团体。传播最新的科学文化是他们进行传教的重要手段和方式。

来华的传教士对于执行“学术传教”策略的重要意义有充分的认识。利玛窦初到广东肇庆，就介绍数学、地理、天文等方面的知识以引起人们的好奇心，然后取得机会结交朋友，转而论证基督教教义，引人入教。他到了北京之后，继续采用介绍和翻译西方科学知识的方法结交宫廷中的王公大臣和知识分子。继利玛窦之后，来到中国的传教士也都以介绍西方科学知识和参与修历为媒介来传教。为此，他们译著了许多西方近代科学知识的著作。

实际上，传教士把西方的天文、历法、数学、物理、地理、音乐、美术、建筑、机械制造、火炮技术等相继传入中国，掀起了中西文化交流的高潮。其中，他们不仅更新了中国的天文学仪器，与中国的天文学家一起编译了一大批天文历法书籍，还培养了一批应用西法的天文学家，弥补了当时中国在天体认识上的空白。另外，像他们在地理学、数学、医学上的成就，以及在音乐、绘画、艺术上的成就，都对明清之际中国科学技术和艺术的发展和进步起了重要的作用。

传教士来华的时候，携带来大量的西方神学、哲学和科学文化的书籍，他们还进行了大量的著译活动，把相当一部分西书翻译成汉文，并且得到刊印，广为传播，成为西方文化向中国传播的一个重要渠道和形式。

法国博韦工厂17世纪末18世纪初生产的《中国皇帝的故事》挂毯系列之一，中间白胡子者为汤若望。美国洛杉矶保罗·盖蒂博物馆藏

来华传教士用中文撰述的著作数量可观，涉及的知识领域相当广泛，其中不乏哲学、神学、历史、语言和逻辑等人文方面的论著，又有天文、历法、数学、地理、水利、机械、建筑、医药等科学技术及音乐、美术等方面的作品。

传教士在中国的著译活动，得到了中国士大夫阶层的支持和合作，他们的许多著作都是在与中国士大夫的合作下完成的，中国士大夫或撰写序言，或参与校订刊刻。如最著名的译著《几何原本》就是利玛窦与徐光启合作完成的。

由于“学术传教”和翻译刊印西学书籍的需要，传教士希望欧洲能不断地给他们送来天主教以及其他西方科学文化的书籍。在欧洲方面，耶稣会和教廷以及其他团体机构也通过各种渠道不断地给在华传教士送来有关天主教和科学文化的书籍。其中最重要的是西书七千部入华，这是中西文化交流史上的重要事件。即使在当时的欧洲，藏有如此规模的书籍也堪称超大型图书馆。据说，这些书都是精装本，无一重复，囊括欧洲古典名著和文艺复兴运动以后的神学、哲学、科学、文学艺术等方面的最新成就，仅科技类书籍就多种多样，有数学、建筑学、天文学、机械物理学、矿冶、医学、航海术等。

传教士的“学术传教”策略可以说是很成功的。传教士大量向中国介绍西方科学技术和文化知识，使中西两大文化首次发生了实质性的接触，对当时的中华文化产生了一定的刺激和激励，在中华文化的历史进程中留下了深刻的印记。李约瑟指出，尽管耶稣会士们在科学上有一些错误，但是他们对科学的贡献，无论何时都是两种文明最高水平文化关系的例证。在这之前，这种关系是不存在的。耶稣会士们成功地完成了一项工作，其成就超过了印度佛教的先行者们在唐朝的成功，即耶稣会士开启了中国与世界间的自然科学沟通的大门，而中国的自然科学成就将要以它为基点。

西方文化的传播和基督教的传播，在传教士那里是相辅相成的，对于那个时代的接受方中华文化来说，也是互为表里的。西方文化的传播和基督教的传播，实际上是同一个过程，是明清之际中西文化交流、西方文化在中国的传播并发生一定影响的主要表现。

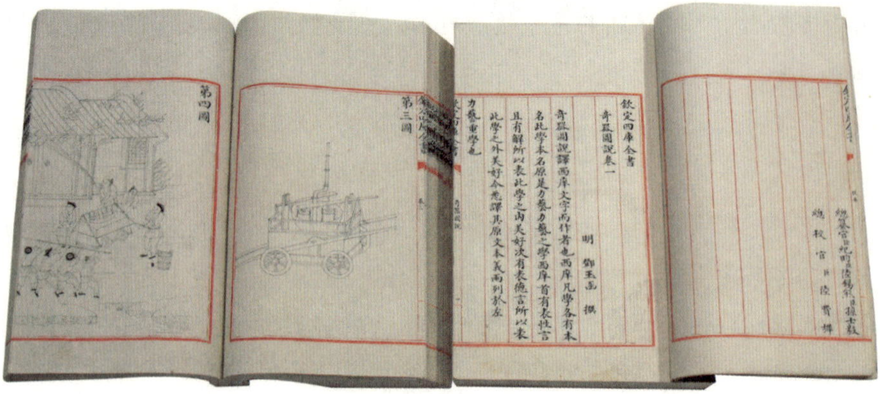

邓玉函口授，王徵译绘《奇器图说》，清乾隆文渊阁四库全书写本。台北故宫博物院藏

佛教与基督教在中国传播命运迥异

汉唐佛教在中国的传播、明清基督教在中国的传播，是外来宗教在中国传播的两大高潮。佛教与基督教，在中国传播的时机不同，传播的广泛性和影响的程度、性质也很不同，但有许多相似和相同的方面，具有相当的可比较性。比较佛教和基督教在中国传播的异同，对于我们深入理解外国文化在中国的传播和影响、中国接受外国文化的一般规律，是有意义的。

对于中国来说，佛教和基督教都是外来宗教，外来宗教影响较大的还有伊斯兰教。但伊斯兰教属于“移民性宗教”，是特定族群的宗教信仰和生活方式。佛教和基督教是“传播性宗教”，由专职的神职人员向民众宣传、推广和普及，亦即“传教”。佛教和基督教在中国的传播过程中，特别注意在上层社会、统治阶层和知识分子中推广传播，得到统治阶层的默许或公开支持，得到上层社会的理解和接受，特别是得到部分知识分子的密切合作。实际上，佛教的高级僧侣，就是当时中国知识分子的一部分，而在魏晋南北朝乃至隋唐时期，有许多士大夫都与佛教界有密切的联系，甚至与高僧交游成为士人的一种时尚。

在佛教与基督教向中国传播的过程中，都有大规模的译书活动。许多学者都把明清之际的译书活动与汉唐时期佛经翻译进行比较，认为是中国古代中外文化交流史上两次规模最大的引进外国典籍的活动，都有极其深远的影响。而且，这两次译书活动都与宗教的传播有密切的关系。这些译书活动所翻译的外国典籍，以宗教类经典为主，如汉唐大规模地翻译佛经，最后形成《大藏经》的佛教经典总汇，也有如印度的五明学说、印度医学和天文学著作等得到传播。基督教的许多著译是宣传教义的，也有许多教义以外的科学著作，七千部西书，绝大部分是当时欧洲的科学文化著作。所以，这两次译书活动所传播的不仅是佛教、基督教思想，还有印度的、欧洲的科学文化著作，对于丰富中华文化典籍宝库，具有十分重大的意义。

这两次重大的翻译活动，都是外国僧侣、传教士与中国学者合作进行的。没有中国学者的密切合作，这样大规模的翻译活动几乎是不可能完成的，但是两次活动也有一些不同的特点。其中最重要的有两点，一是佛经的翻译，从南北朝时期开始，就是一种国家行为和一种大规模的国家文化事业。后秦、隋唐乃至宋代，都有由中央政府主持的译场，中央政府的高级官员直接参与翻译的组织工作，甚至皇帝也会直接过问，为之作序，提供了强大的物质和人力保障。明清之际的西学译书活动基本上是民间行为，除了历法书由朝廷设立历局引进编译外，其他书籍的编译大多是传教士和中国学者的个人行动或联合行动，虽经多次呼吁，并未得到朝廷的支持，也未成立专门的翻译机构。这时的印刷业和出版业虽然已经相当发达，比佛教典籍的传播有更好的条件，清朝编纂的《四库全书》也收入了部分西学书籍，但由于没有国家力量的介入，所译西书的数量和传播的广泛性还是受到了制约。另一个不同点更为重要。佛教典籍传入中国，虽然也有西僧“献经”，但主要是中国僧侣去“取经”，而明清之际的西书都是来华教士带来的本国出版的图书。就是说，佛教经籍入华，主要是一代一代的中国佛教学者去印度“取经”，而明清之际基督教及西学书籍入华，则是西方的传教士负笈东来，来“送经”。按理说这时的交通情况远比汉唐时期发达了，为什么就没有中国学者去西方“取经”，只等着传教士送上门来呢？对于这个问题，学术界鲜有研究。我认为其中的一个原因，是印度和西域的佛教僧侣入华，基本上是个人的行为，没有强大的教团支持，所以他们所携来的经典是有限的，并且带有随意性，而欧洲传教士来华，则是由教廷和各修会严密组织的行为，他们所携带的书籍也是经过认真挑选的。但更重要的是，当年佛教学者不畏艰险去取经，无论是法显、义净还是玄奘，都有一个重要的动机或理由，就是对于已有的佛教经典不满意，认为已有经典没有能回答他们更需深入了解的问题。这反映中国学者对佛经的研究水平是很高的。而对于明清之际所译的西方宗教和科学文献，中国学者还处在初步的学习、接受阶段。他们的研究著作还是对所读到的西书的理解和发挥，他们既没有感到有进一步深入探讨的必要，也没有感觉到对所读西书的不满意、不满足，还需要再去找更多的西书来读。这也表明当时中国学者对于基督教和西方科学文化的了解和接受还处于初级阶段。

作为外来文化、外来宗教，佛教和基督教进入中国，都发生了与本土文化的接触、碰撞和冲突。在许多方面，冲突的内容也是一样或相似的。基督教与中国本土文化最大的冲突是“礼仪之争”，佛教也遇到“沙门议敬”的问题。在印度，出家沙门见到包括帝王在内的任何在家人都不跪拜，只是双手合十以示敬意。佛教初传入汉地时，沙门仍秉持这一礼仪传统，这与中国传统礼仪相悖。到东晋南北朝时，佛教势力大盛，沙门不跪拜帝王的传统与封建皇权和儒家纲常之间的矛盾愈益突出，沙门是否敬王的问题成为佛儒之间矛盾的焦点。慧远作《答桓太尉书》《沙门不敬王者论》等文章，全面而有力地论证了沙门不应跪拜君王的理由，终于得到最高统治者的许可。利玛窦主张适应中华文化，接受中国人祭祖祭孔，尊重中国礼仪，却引起极大的争论，最后形成教廷与中国朝廷的对峙，给基督教的传播和发展造成很大的挫折。沙门议敬的圆满解决与礼仪之争的不欢而散，说明一种外来文化要想生存、发展，必须面对与本土文化的差异。

佛教和基督教都避免与中国本土文化的冲突，寻求适应中华文化，走本土化的道路。但佛教走通了这条路，完全本土化和中国化，成为中华文化的一个组成部分。基督教虽然有过本土化的努力，但却没有走通，始终是作为一种异质文化而存在。这也就决定了两种宗教传播和发生影响的广度和深度。实际上佛教为本土化也放弃了很多自己的东西。佛教自始以来就不能保持其“本来面目”，而被深深烙上儒家的印记。经过上千年的发展，佛教已经为中国大多数民众所接受，佛教的理论、思想、概念以及仪式、仪轨和所提倡的生活方式已经渗透到中华文化之中。中国人不会认为佛教文化是外来文化，而是将其作为一种中华文化的代表形态。中国佛教僧侣还有许多去外国传播佛教。基督教虽然努力与中华传统文化相适应，但不是用基督教去适应儒学和中华传统文化，而是用儒学附和基督教思想，论证基督教思想。他们的策略是“自合儒到超儒”。“合儒”的内容就是适应中华文化的努力，即采用中国传统的儒家哲学范畴来诠释基督教教义。“超儒”则是维持基督教信仰传统的内容。他们甚至还想用基督教思想“补儒”，实则想取而代之。他们的文化融合策略始终是“两层皮”。虽然基督教有中国本地化的意向，但那种意向和努力只能在基督教的传统和教义范围内进行，若不适合基督教固有的传统体系，则本地化的内容不能进行而须修正。所以，中国人始终没有把基督教文化作为中华文化的一部分，奉教的士大夫官员以及社会底层的普通民众，都把基督教称为“洋教”，且不说那些反教人士了。所以，佛教的本地化几乎没有遇到佛教内部的障碍，非常迅速顺利地进行本地化，当然有多样性的、活泼的结果。基督教以维护传统和教义的政策来控制本地化的工作，导致缓慢的、消极的结果。

佛教与基督教传入中国的时机不同，也导致了二者在中国传播命运的不同。佛教传入之时，中华文化尚处于早期正在形成的阶段，这使佛教得以参与中国主流文化的建构。到隋唐时期，中华传统文化基本定型，佛教与儒、道两家共同形成了中华传统文化的主流，并使之臻于成熟，即基督教未能赶上参与共同构建中国传统主流文化的时期。明清之际虽然也历经了易代的大动荡、大变革，中国的思想文化也面临着从内部更新发展的愿望，因而为基督教和西学的传播提供了一定的空间，但总体上来说，这个时期的中华文化是非常完善、成熟和稳固的。一种外来宗教，要像佛教那样进入主流文化，已经没有多大的空间了。

西学东渐在中国的风云际会

17—18世纪西方文化在中国的传播，内容包括基督教及其神学思想，也包括文艺复兴以来发展起来的科学技术和文化艺术等，可以说是一次西方文化整体性的、大规模的传播，其影响是广泛的、深入的。这为当时的中华文化发展提供了新鲜的内容、新鲜的刺激以及新鲜的世界知识，为19世纪以后西方文化的大规模冲击做好了铺垫。

但是，任何文化的传播，其成功与否、影响是不是广泛、发挥的作用有多大，取决于多种因素，既与传播主体有关系，也与传播内容有关系，还有接受方的理解程度、受容机制，接受方的文化发展水平和社会文化环境，等等。前文在介绍佛教传入中国的时候，曾经提到佛教在两晋南北朝时期的大规模传播，可以说是因缘际会，恰逢其时。那么，到了明清之际的西学东渐，也面临着大体相同的情况。明清之际的朝代更替、社会动荡，商品经济的充分发展，以及对外贸易特别是与西方之间贸易的发达，程朱理学渐趋末路，盛极一时的佛教逐渐边缘化，思想文化领域多元激荡，都为基督教和西学的传播创造了比较宽容的接受条件，因而也可以说是恰逢其时。

明朝建国之初，经历了一段稳定和繁荣发展的时期。但是从明英宗正统初年到明神宗万历年间，社会分工日渐扩大，出现了资本主义萌芽，土地兼并日趋激烈，加上政治日趋腐败，酿成了严重的社会危机和政治危机。到了后期，各路起义军蜂拥而起，战火连天，生民涂炭，终至李自成兵进北京，推翻了明王朝，而清朝又乘虚而入，取而代之，实现了中国历史上最后一次封建王朝更迭。历史的经验告诉我们，每逢社会大动荡、大变革之际，也是思想文化领域空前活跃之时，各种思潮风起云涌，层出不穷，而思想领域的变革，既是社会政治变革的反映，又会成为社会政治变革的先导。

在思想文化领域，自两宋以来占统治地位的是程朱理学。但是在明代后期，程朱理学的统治地位发生了动摇，思想文化领域正在经历着一场前所未有的裂变。王阳明心学异军突起，对程朱理学提出挑战，为蹈常袭故的思想学术领域带来了清新的空气，具有开一代学术风气之先的积极作用，在冲破传统观念的束缚和促进人们思想解放方面产生了深远的影响。王学的“良知准则论”引发了对儒学思想权威的破坏作用，创造了西学得以输入和传播的文化氛围。

明清之际思想史的另一个重要方面，是形成了实学思潮。实学以回归经学（原始儒学）为旗帜，与理学的空疏相对立，而以经世致用为宗旨。实学虽然并不排斥“修己”即修身，但要求把儒家学问从专注于个人的心性涵养拓展到一切涉及国计民生的“实用之学”。原来一向为儒林轻视的天文、地理之学则被视为“儒者之能事”而为士人所看重，最著名的知识分子黄宗羲、顾炎武、王夫之等人都热衷并娴熟于科学技艺。实学经世致用的宗旨，为西方科技文化的传入在价值观上打开了通道。当时西方传教士竭力把西方科技描绘成有资于国计民生的工具，即使是抽象的几何学，利玛窦也大讲特讲其对于“为国从政”的广泛作用，强调“此道所关世用至广至急也，是故经世之隽伟志士，前作后述，不绝于世”。这也印证了经世致用实学的高扬，是对西方科技的一种接应。传教士输入的西方科技明显不同于中国传统科技的重要方面，是重视用仪器和实验取得证据。这同实学“言必证实”方法论要求的从外在事物取得证据有相同点。

与“经世致用”实学的发展和推动密切相关的，是科学思潮的涌起。明末科学家对中国古代科技成就进行了历史性的总结。明末的科学思潮坚持经世致用方向，批判空疏学风和迷信观念，提倡观察、试验方法和验证手段，突出科学的实证精神。有人概括这一时期西方科学技术文化的引进，特别值得提出的是这样几个方面：一是引进泰西水法、火器火炮、物理机械等实用科学；二是《几何原本》的翻译，严密逻辑论证和演绎推理思维方法的介绍；三是超越地域限制的世界地理知识的传播，破除了封闭落后的地理观念；四是宣扬以西洋历法修正中国历法。

不仅如此，西学东渐更重要的是引进了实证科学的基本精神和科学方法。因而可以说，西学的到来，正是科学主义思潮兴起之时。或者如有学者说的，在这一时期，“中国科技已然是繁花似锦，西来的科技知识，更是锦上添花”，因而在中国的科学园地里“群星灿烂，成果辉煌”。

总之，王学对程朱理学的冲击，实学和科学主义思潮的兴起，使中华传统文化出现了改变与变革的倾向，虽然还没有形成巨大的变革浪潮，但思想的禁锢已经松动。这就为作为外来文化的西学和基督教的传播创造了有利的环境。人们把晚明这一时期称为“中国的文艺复兴”，不仅是因为

清乾隆金嵌珍珠天球仪。
故宫博物院藏

18世纪铜镀金转人亭式大钟。
故宫博物院藏

这一时期在许多文化领域所取得的巨大成就，更是因为这一时期孕育了文化大发展的环境和氛围。

宽松、包容的文化环境造就了思想的解放，而思想解放的标志之一就是对外开放，特别是在思想上的对外开放，是以开阔的胸襟面对外来文化的开放心态。

我们还应该注意到文化传播的理解程度和接受者的水平问题。明清之际传播到中国的基督教和近代西方文化，是一种高水平的、内涵丰富的文化。而此时，中华文化的发展也到了一个高峰时期，进入烂熟之境，在许多方面高于欧洲文化的发展水平和发展程度。所以，明清之际西方文化在中国的传播，是两种高水平文化的相遇、交流与对话。我们看到，来华传教士对中华文化的辉煌灿烂、丰富多彩赞叹不已，并且积极向欧洲的同胞广为介绍和宣传，同时也是以谦虚的态度学习中华传统文化，以平等而不是居高临下的态度与中国知识分子交流与对话。这得到了中国知识分子群体的理解、认知、接受和回应，使文化传播能够有效地展开和发展。文化传播的成功与否，传播的作用能发挥到什么程度，起决定因素的不仅在于所传播文化本身的先进性和丰富性，更在于接受者的认知水平、认知能力和接受方式，在于接受者一方的文化环境和条件。

中国学者对西学的回应

传教士来华以后，实行利玛窦制定的“文化适应”和“学术传教”策略，尽可能地与中国的知识分子阶层广泛交往，争取士大夫对其所传之基督教和西学的理解和支持。

自利玛窦以来，结交士大夫是当时来华耶稣会士的普遍风气。与之相应地，士大夫与传教士的来往也被视作一种风雅的时尚。《明史·外国传》说利玛窦“公卿以下，重其人，咸于晋接”。

明清士人与传教士之间还进行了广泛的合作，为西学和基督教在中国的传播创造了比较有利的条件。如许多士大夫热情地引导传教士适应儒学和中华文化，精心协助传教士在中国长期居住并跻身于主流社会，而一旦发生教难，他们会挺身而出，有的公开出来辩护，有的想方设法营救或为传教士提供庇护所。明清之际传教士传播西学，以及传播基督教能够成功，离不开中国士大夫和知识分子阶层所作出的重大贡献。

传教士所带来的西方文化，对于中国人来说，特别是对于中国知识分子来说，是一种完全陌生的、异质性的文化，同时又是具有巨大吸引力的、对于丰富和发展中华文化很有益的和先进的文化。所以，很多士大夫对这些西学持有积极的欢迎态度。

中国的士大夫是站在中华文化的立场来理解和评估新传进来的西学。传教士采取“合儒”的策略，宣传基督教与儒家学说在某些方面的一致性。许多士大夫也笃信西儒之学与儒家学说相契合。传教士提出的“以耶补儒”也得到部分士大夫的理解和欢迎。前面说到，对程朱理学的不满，主张回归原始儒学是王学之后的思想潮流，“以耶补儒”恰恰适合了这样的思想潮流。这也是士大夫欢迎西学的原因之一。

士大夫还推崇传教士于名利声色不染，志学有礼、乐善好施的品性，以及各方面的才艺。明末士人认为，不仅西方天文历算，而且诸如水利、音韵、机械和西洋画法都有可取之处，因此他们提出向西人学习的口号。

徐光启、李天经等撰《西洋新法历书》，明崇祯年间刊，清顺治年间修补增订本。故宫博物院藏

至于如何对待西学，中国的士大夫并不是完全照搬，言必称西方，全面“西化”。而且在这个广大的群体中，虽然新进来的西学具有强大的吸引力，但从来没有人提出“全盘西化”的主张，也没有人认为中华文化处处不如西学。我们在明清之际的文献中没有看到后来某一时期出现的激越的言论和主张。明清之际的中国知识分子，无论是主张全面接受西学的，还是主张部分接受西学的，都具有强大的文化自信和文化自觉。引入西学，不是要对中华文化取而代之，而是以西学的新知识、新技术和新艺术丰富中华文化、刺激中华文化的发展。他们在与传教士交流的过程中，并没有低人一等的感觉。他们谦虚地向传教士学习，研究传教士的宗教思想、科学技术和艺术文化，同时也向传教士传播、宣传中华文化。他们之间的关系是互为师友的关系，是平等对话和交流的关系。

大多数知识分子对于西学东渐，都采取了热情欢迎和包容的态度。之所以如此，是出于一种历史的自觉。所谓“历史的自觉”，也就是“文化的自觉”，就是认识到传教士传播和介绍的西方文化，西方的科学技术、哲学宗教思想、艺术文化等都对中华文化的发展具有积极的和有建设性的意义。他们对于西学的欢迎和接受，是基于这种自觉的认识，是从丰富和发展中华文化的目标出发，是经世致用，为国家和社会的富强服务的。

徐光启认为引入西方基督教教义的必要性有三条：一是东西方道理相通，西方学说和中国圣贤如出一辙；二是引入西学，返本求实，改掉儒家学风的浮躁习气；三是引入西学，批判佛学，易佛补儒，补充儒家的“临终关怀”和“未来报应”的漏洞。这三条是从以耶补儒的角度说的，如果广而言之，也说明了引入西学对于当时中华文化发展的必要性和必然性。我们看到，那个时候虽然反对的呼声也很高，但并没有对西学东渐形成特别强大的阻力。明清之际的西学东渐，甚至还没有佛教初传到中国时所遇到的阻力大。

从中华文化的本位立场出发，徐光启提出“中西会通方针”，第一是翻译，第二是融合，第三是超胜。徐光启讲的这三条，实际上也是从接受主体的角度论述文化交流的三个阶段。第一条所谓“翻译”，当然是翻译西书，但不仅如此，还要对西学有所了解，有所认识，知道其“是什么”，然后才有取舍的问题。第二条是讲中西文化的融合，学习西学的目的不是以西学取代国学，不是以西方文化取代中华文化，而是站在中华文化本位的立场去学习、理解和接受西方文化，把西学纳入中华文化之中，成为中华文化的一部分。范文澜曾举过一个很通俗的文化交流的例子，他说文化交流就好比是吃猪肉，吃了猪肉的人并没有因此变成猪，而是将猪肉变成了发展自己的营养。第三条最重要，所谓“超胜”，不仅要超越西学，也要超越自己，在中西汇通的基础上实现中华文化的新发展。明清之际的中西文化交流，中国学者对西方文化的接受，大体上也就是这个路子。

明清之际的200年中，西学东渐是一次整体性的文化传播，举凡文艺复兴以来在西方流行的新的思想观念、文化形态、科学技术、艺术形式等，在中国都或多或少有所传播。而其中，天文历学具有突出的地位，成为国家主导的文化引进事业。风靡一时的西学风尚，最突出的表现是兴起了一股比较与研究中西天文历学之风，几乎遍及学界。在其他领域也是如此。在明末士人看来，不仅是西方天文历算，而且诸如水利、音韵、机械和西洋画法都有可取之处，文化引入还包括如引进火炮制作技术，引进西方的几何学和数学，引进西方医药学，等等，有很多中国学者积极参与其中，并提倡中西汇通。在艺术领域也是如此，郎世宁等西方画家在中国的活动，为中国的绘画艺术带来了新的技法和画风。西学东渐，中西知识分子交流切磋，砥砺思想，应酬唱和，弥漫于许多领域的“西学热”逐渐形成一种对中华文化产生重大影响的新趋势。

反西学思潮与“西学中源”

虽然明清之际中国知识分子中的许多人对于新近传来的西方文化持有欢迎态度，但对于中国本土文化来说，这毕竟是一种异质文化。两个完全异质的文化相遇，必然会发生碰撞和冲突。

在许多人热烈欢迎西方文化“西学热”的同时，在中国的思想文化界也出现了同样热烈的“反西学”思潮。这种反西学思潮，从晚明到清初，时有表现。在晚明基督教和西方科学文化传播之初，就有《破邪集》那样汇集了许多文人学士批驳基督教及其思想文章的文集。文集中反映了那个时代比较普遍的对异质文化的担忧、抵触和排斥，而这实际上也得到了许多知识分子的响应和参与。与此同时，还有许多内容相似的文集问世，说明基督教和西学已经引起普遍的关注。当年佛教与中国本土文化发生冲撞，中国的学术思想界对佛教进行比较激烈的排斥和批判，说明佛教在中国的初传是成功的，因为它已经成为一个思想性的存在，使人们不得不面对、研究和作出反应。明清之际西学东渐所遇到的也是同样的情况。基督教和西学、西方文化，已经在当时成为一种客观的存在，迫使人们不能回避它，不能视而不见，必须要关注，要研究，要思考，要作出回应和反应。从以《破邪集》为代表的反驳基督教和西学的文献中，我们看到，许多知识分子已经认识到西学冲击的严重性和对于传统文化可能存在的破坏性。

实际上，对于西学持欢迎态度的是一部分知识分子，他们为数不少。同样，反对西学的也是一部分知识分子，为数也不少。“欢迎”与“排斥”，是中华文化与西方文化的对话，是西方传教士与中国知识界的对话，更是中国知识分子内部一部分人与另一部分人的对话，以及寻求文化突破的积极力量与极力维护传统的保守力量之间的对话。正是这两种力量之间的抗衡与较量，交流与砥砺，形成了当时中华文化发展的巨大张力，维持了既吸收西学，又维护传统的基本态势。

当时的反西学思想主要有这样几种观点：一是基于理学立场，反对耶稣会士的“合儒”“补儒”之论，认为“合儒”“补儒”是对儒家学说的歪曲、篡改。耶稣会士“合儒”的实质是要以基督教的“圣人学问”毁弃儒家学说，尽废纲常名教，动摇儒家思想的纯洁性和正统地位。二是坚持程朱理学的理本论和生成论，以此驳斥基督教的创世说，否定天主存在。三是以儒家学说直接攻击基督教教义。四是坚持“夷夏之辨”的观念，全面否定西方科学技术文化，特别是在天文历法领域，攻击采西洋历法不合名分，不符礼仪。

儒家思想文化对西学的排斥和抵制，是对明清之际西学东渐给中华传统文化带来的冲击的一种反应形式。与此同时，还有人提出“西学中源”说，也是对这种冲击作出的反应之一。“西学中源”说一度在中国士大夫中间广泛流行。

“西学中源”说主要是为天文历法领域引进西洋历法而提出的，因为数学与天文历法关系密切。但在实际上，这种说法并不仅仅是针对天文历法和数学，而是就整个西学东传而言，对于当时的西方文化在中国的传播是有意义的。

“西学中源”说的着眼点在于接受西学，吸纳西学，是应对反西学思潮的一种巧妙的方式，是一种为采用西学而又避免“用夷变夏”之嫌的理论巧饰。在这种方式下，既可以破除“夷夏之防”的思想阻力，又可以在高扬中华文化的旗帜下理直气壮地研究和接纳西方文化。它反映了当时的学人士子对以西学为代表的外域文明一种接纳的心态和融合的观念。具体地说，“西学中源”说蕴涵着“西学”就是“中学”的思想，为对抗传统的“夷夏之辨”的文化观提供了理论依据，从而在西方文化的引进中破除了民族界限。这在相当程度上减轻了传统文化对西方文化排斥的压力。提出“西学中源”说的前提是认同西学，并努力将其纳入中学之范畴，试图打破中西文化之间的对立，排除西学传播的思想障碍，为西学传播开拓空间，进而融会中西，开创新局。

事实上，“西学中源”说在当时以及后世都对接受西方文化产生了相当积极的作用。与此同时，“西学中源”说的出现及其流行，在很大程度上引起了知识界对中国传统学术文化的重视。清初学者在倡导“西学中源”说的同时，大多重视对中国传统学术的发掘和推阐，并在此基础上会通中西，取长补短。西学的传入，也让文人重新思考儒家学术的传统，并试图把历算之学重新纳入儒学正统的框架之中。

不过，“西学中源”说对中西文化关系的认知是不正确的。它没有认识到古代中学与近代西学的本质差异，而是笼统地将近代西学的源头附会到中国的古代文化。这种论点并没有具体的实证的资料支持，也不符合客观的历史事实。在论者的所有论证中，充满着穿凿附会和对古典文献的曲解，这和他们提倡的实学精神是不一致的。作为严肃的学者，也许他们也认识到这个问题，只不过为了通过西学中源而强调引进西学的合理性，不得已想办法自圆其说吧。

为消弭两种文明接触所产生的冲突，一些士大夫引经据典，提出不同说辞，为输入西学铺路。“西学中源”说是其中比较突出的观点。与之相应的，明末清初相继出现了“心同理同”“礼失求野”“镕彼方之材质，入大统之型模”等各种说法，其目的都是在为西学传播作宣传。这些其实都是一种说辞，是学习西学的合法化台阶，是士人在不同的时代、不同的环境所采用的提法和策略。持有“西学中源”和“礼失求野”观点的许多中国学者，其实都对传入的西学抱有浓厚的兴趣，并且在一定程度上了解和接受西学的某些知识和观念。

始自明末的中西文化交流，使明清之际学术思潮发生了深刻的变化。方以智、黄宗羲、王夫之等学术大咖纷纷回应西学的传入，或接触与研究，或吸收与融合，或回应与对话，使西学东渐深入学术思想的层面，出现了博大气象，对于清代学术的发展产生了很大的影响，是继春秋战国之后的又一个学术思想空前活跃的时期。

第二十三章 东西方的相遇与相互发现

16—18世纪的中西文化交流，是两大文明之间一次面对面的相遇与接触，是一次平等的对话与交流，是一次“相互的启蒙”。这对于中国与西方的文化发展都具有特别重要的意义，更是文化全球化历程中的一个极为关键的事件。特别有意义的是，东方文明对西方正在发生的启蒙运动提供了强大的思想资源。

相遇与相识：相互的启蒙

在中西文化交流史上，16—18世纪是一个非常重要的阶段。这一阶段的中西文化交流，既是过去历史的继续，又是在新的时代条件下的发展。如果从交流所持续的时间和交流所达到的深度来看，甚至可以说，在这个时期，中西两大文化体系开始了直接的、实质性的接触，开始了大规模的、多层次和多渠道的交流。莱布尼茨曾热情地赞颂这种中西文化交流的积极意义，称“这是一次互相的启蒙”，这是那个时代最重大的事情，其伟大意义将超越人们的想象。

16—18世纪中国与欧洲的文化交流是中西关系史上一段最令人陶醉的时期。这是中国和文艺复兴之后的欧洲知识界进行的第一次接触和对话。

明清之际中西文化交流的契机，在于西方人的东来。首先是新航路的开辟，早期殖民主义向东方的扩张，接着是随着这种扩张而来的中西贸易的增加。来往于中国和欧洲之间的商船，披波载浪，扬帆渡海，交换着两地人民辛勤劳动创造出来的物质文明成果，也架起了中西文化交流的桥梁。与此同时，大批传教士东来，成为联系两种文化的先锋。传教士在向中国传播基督教的同时，也把西方的文化，特别是西方的科学知识传到中国；他们通过书信、著作、翻译等方式，又把古老的中华文化介绍给西方，向西方人展示出古老而神秘的中华帝国的辉煌画卷。

明清之际的中西文化交流是全方位、多层次的。在这一时期，中国和西方之间，不仅有通过贸易进行物质文化层面的交流，也不仅有生产技术的传播，如前一时期“四大发明”、制瓷技术、丝织技术等在西方的传播，而且有深入科学知识和艺术文化的层面，深入思想观念的层面的交流。

在中国方面，传来的西方科学文化知识，包括天文学、地理学、算学、力学、物理学、医学和药物学等，还有西方哲学和逻辑，以及美术和音乐等艺术形式，部分地改变了中国人的学术传统和关于世界的观念图景。在欧洲方面，传来的中国儒家伦理思想和文化典籍，对反宗教专制的启蒙思想起到了激励和参照作用，而中国的艺术风格和审美趣味渗入西方人的日常生活领域，成为社会追求的时尚，部分地改变了他们的生活方式。

因此，明清之际的中西文化交流，既包括器物层面文化的交流，也包括艺术层面文化的交流，还包括思想观念层面文化的交流。并且，各个层面上的交流都是在较大规模和较大范围进行的。从总的趋势来说，在这一时期的中西文化交流中，形成了一种积极的、正面的互动关系。

中西文化交流的基本态势

这个时期的中西交流，是以西方人到东方来为主要载体的。在这一时期，欧洲人对于中国的兴趣远远大于中国人对于欧洲的兴趣，哪怕已经来往了很长时间，中国人还分不清葡萄牙人、西班牙人、荷兰人和英国人，只是笼统称之为“夷人”或“洋人”。那时候中国人中并没有多少醉心于研究欧洲知识的人。反之，对于欧洲人来说，中国却是一个巨大的知识场域，一个急于探索的广袤之地。谈论关于中国的知识，是这个时代知识分子的一种基本文化修养，是他们浓厚的兴趣所在。可以发现，这一时期大规模的文化交流，都是欧洲人从西方来，航海家寻找新的航路，商人到中国寻找财富，传教士到中国传播福音，科学家（耶稣会士身份的）到中国探寻未知的世界，而没有中国人去欧洲传播儒学、去贸易、去研究欧洲的学问。

就总体而言，明清之际中西文化交流的基本态势，是中华文化对于西方的影响大于西方文化对于中国的影响。无论是就发生影响的深度还是其广泛性来说，这一时期的西方文化多得益于中华文化。明清之际的中西文

17世纪欧洲生产的瓷匾，描绘了当时西方人对中国的想象

化交流史，是以中华文化大规模西传、西方效法中国为其显著特征的文化交流史。

关于明清之际中西文化发展水平的比较，有的研究者认为，相对于中华文化来说，当时传入的西学是一种“高势能文化”，这种高势能的异质文化猛烈撞击了中华文化的传统。这种看法是从西学东渐对中华文化的影响的角度而论的，并且是长期主导中西文化关系的一种看法。但是，这种意见并没有充分估计到当时中学西渐对欧洲文化的巨大作用和影响。如果从当时中西文化相互影响的整体来比较研究，上述关于中西文化“势能”的论断可能就不准确了。关于中西文化孰高孰低的判断，需要放到世界文化发展的历史长河中、放到当时世界文化的整体格局中进行比较考察，才能得出比较合乎历史事实的结论。

关于一个民族、地区、国家乃至区域的文化势能之高低问题，似乎不能简单地、笼统地来加以对比和论列，尤其当两种文化都是高级的大文化系统时，更不能这样做。遇到这种问题时，要考虑到条件、范畴和视角，要把这三种因素纳入认知范围内。条件包括时代、地理、历史和交流的状况等；范畴则包含整体与部分、优点和弱点、不同部分的文化等；而视角便是从什么角度来选取对比因素以及做何种性质的对比等。如果我们从这些方面来考虑立论，就不会轻易地作出一个或优或劣的总体结论。

我们在考察整个人类不同文化之间的传播过程时，会发现这样一个基本现象：在某一特定时期内，不同文化之间的信息和文化要素的传播往往不是双向的对称性交换，通常情况下是以政治、经济、军事等综合实力上相对强势的文化向相对弱势的另一文化的输出为主。

文化势能的产生有其客观的现实社会经济基础，首先是世界经济社会发展的不平衡性提供了产生文化势能的现实基础。由于世界经济社会发展的不平衡，必然会导致不同国家或地区在同一时期形成不同文明程度和文明形态的文化，导致两个文化之间出现文化势差，从而形成文化势能。同时，经济社会发展的不平衡造就了世界文化的丰富性和多样性，使得不同文化之间的异质特征也会使一个文化对对方产生一定程度的吸引力，从而形成各自文化的优势或相对优势的文化，使自己能够获得对方一定程度的认可，奠定自己文化输出所必需的文化势能。

如果从未来的角度、从文化史发展的趋势来看，近代西方文化建立在近代科学和工业文明的基础上，反映了新兴的资本主义生产关系，因而是一种新生的、正在成长的、代表文明发展潮流的文化，而明清之际的中华文化，则仍属于中华传统文化的历史范畴，是一种陈旧的、正在走向衰落的、属于过去时代的文化。如果从文化的时代性来看，明清之际中华文化和西方文化分别属于文化发展历史上的不同阶段，具有不同的时代性。这一时期的西方文化较之中国的思想文化是先进的、进步的。但是，这仅仅是从文化史的发展趋势来看，并不说明在当时世界文化的总体格局中西方文化比中华文化占据明显的优势。这一时期世界文化格局的实际情况是，虽然近代西方文化具有先进的时代性，但在当时还属于正在生成和发展的初级阶段，正处于早期发展的过程中，不过它在当时是具有巨大发展潜能的。而明清时期中国的文化虽然已经步入苍老之境，日呈沉暮气象，处于漫长发展过程中的最后一个高峰，但一切都还显得那么成熟、完备和强大，显得那么气度恢宏和辉煌灿烂。

那么，这两种具有不同时代性的文化在同一个时期相遇和被比较，就不能简单地以时代性来判断文化势能的高低。如果一定要进行这样的比较，毋宁说，在这一时期的世界文化总体格局中，无论是就发展的成熟程度来说还是就创造的文明成果来说，中华文化明显高于西方文化。所以，恰恰是高势能的中华文化向低势能的欧洲文化圈流灌，虽然前者并不排斥西方文化向中国的流动与传播，但两者无论是在深度、广度、速度上，还是在对人类文明发展进程的影响上都存在着明显的差异。费正清在论及明清之际西方殖民主义者向东方的扩张和冒险活动时指出，欧洲人的扩张反映出的不仅是他们的贪婪、好奇、嫉妒与爱国，也有某种程度上的落后。

明清之际，传入中国的西学，的确也给古老的中华文化以一定的冲击和震动。特别是在学术思想领域，近代西方科学知识扩大了中国知识分子的视野和世界图景，在学术精神和思维方法方面引起局部的变化，从而启发和刺激中华传统文化的自我批判和反省，为近代中国的文化蜕变和更新提供了一定的历史性前提。但是，明清之际西学对中华文化的影响及其所引起的变异并没有引起中华文化的结构性演变。

从发生影响的广泛性来说，明清之际由西方传来的物质文明成果，多数仅作为贡品在宫廷和贵族中被玩赏。西方的学术思想、科学知识以及艺术文化等基本上还限于在知识分子中流传，没有引起广泛的社会兴趣或普遍的“西学热”，也没有在中国人的日常生活领域发生深刻的影响。与这种情况不同，在这一时期，中华文化在欧洲的传播和影响则是相当广泛和深刻的。西传的中华文化成为一种社会时尚，部分地改变了欧洲人的日常生活方式。不仅如此，中国的儒家伦理思想给启蒙思想家以新鲜的思想材料，被理想化的中华帝国被称为巨大的乌托邦宝藏。在批判基督教神学和封建专制制度的斗争中，中华文化成为一种有利的思想武器和参照系。当时的欧洲文化正处在历史性转折的关键时期，正处在由中世纪神学文化向近代科学文化蜕变的历史演进过程中。而在这时大量西传的中华文化，为这一转折和演进过程提供了新鲜的思想源泉和刺激力量。简单地说，明清之际中华文化的大规模西传，对西方文化的结构性演变发挥了重要的作用。

文化传播所发生影响的深度与广度，既与传播一方的文化势能有关，也与接受一方现有的文化条件有关。从文化传播的一般规律来看，一种文化传播到另一文化圈并发生作用，需要通过特定的文化机制，使之由外来变为内在，才能逐步与本土的传统文化相会通。在明清之际，中华传统文化的经济社会基础还比较稳固，足以抗拒和排斥外来异质文化的冲击，所以在这一时期东渐的西学没有机会对中华文化产生更深远的影响。而西方文化正处于历史转折时期，新生的社会力量成长起来并成为融合和汇通异质文化的主体，社会提供强大的动力促使人们积极迎受外来的异质文化，而中华传统文化作为一个文化实体参与了欧洲近代文明的构建过程。这也是中学西渐产生重大影响和作用的原因。

西方对中国的发现与认识

从16世纪开始的中西文化交流，在很大程度上就是西方探寻中国的历史，就是西方对中国的发现和认识的历史。

16世纪初直到18世纪，欧洲与中国的相遇和相识，是两大文明第一次实质性的接触和相识。16世纪的地理大发现，大航海时代的来临，第一次建立了全球性的交通和贸易体系，迎来了全球化时代的第一次浪潮。而在这个历史进程中，按照西方历史学家的话说是："在北美西方发现了土地，在东亚西方发现了文明。"

这一时期中西文化交流的基本特点是，成千上万的商船航行在广袤的大海之中，在中国"发现"了巨大而富饶的物质财富，从而形成大规模的物质文化交流；一代又一代传教士背井离乡，来到遥远而陌生的神秘土地，在中国"发现"了发达而丰富的灿烂文化，从而展开大规模的精神文化交流。于是，中国与欧洲进入从物质到精神的全面的相遇、相识的大交流时代。这种大交流对于西方具有决定性的意义。一位美国历史学家认为，没有亚洲就没有今日的西方文化，只是在西方掌握了这个世界以后，他们编造出了"东方与西方""现代与传统"这样的二元对立的模式，而真实的历史其实并不是这样。

所谓西方对中国的发现，不是简单意义上的“看见了原来未曾看见过的事物”，而是具有一种发现“新的品质”的深刻意义。在“发现中国”以前，它是一个神秘的所在，人们只知道它所出产的丝绸、瓷器等，此外则是一片模糊。现在，不仅发现了这个遥远的国土，原来这么古老、富足、文明、拥有许多不可思议的东西，而且这里的人过着一种“另一样的生活”。后一种发现，更加是本质意义上的发现：原来人类还有这样一种生活方式，这样来对待“天”——自然、对待社会、对待生活、对待人自身。与此相联的则是：原来还有这样一种文化，人们拥有一片新的、不同于西方的文化天地，他们这样来思考、认识，这样来反映世界（用各种物质的和精神的手段与方式），这样过着一种理性的与情感的生活。

在深层和本质的意义上，西方对中国的发现，正是这种对“另一种模式的文化范型”的发现。正是由于有了这种发现，西方才在文化上有了一个参照系，并从这个参照系中获得刺激、启迪，从而推动了自己的文化的提高和发展。

中华文化与启蒙思想的形成

中华文化在欧洲的大规模传播，给欧洲思想界以强烈的刺激和震动，引起了各国思想家对中华文化广泛而热烈的兴趣。他们对中华文化，特别是西传的中国儒家思想进行了不同程度的了解和研究，发表了许多关于中华文化的议论和评论。这些议论和评论，是他们对一种过去他们不了解、不熟悉的完全异质的文化所做的“诠释”和“解读”，是对从远方传来的中国精神和中国思想的“理解”和“接受”，也是对中华文化大规模冲击的“回应”。

发生在18世纪以法国为中心并波及几乎全西欧的启蒙运动，是人类历史上一次伟大的文化革命，也是一场波澜壮阔的思想解放运动。在启蒙运动时期，中华文化，特别是中国儒家思想学说，已经在相当大的范围内进入了启蒙思想家的思考和知识视野，成为他们时常援引的例证和思想材料，并且他们以哲人的睿智对中华文化作出种种评说。

启蒙思想家也是社会批判家和改革者。他们把斗争的矛头指向基督教神学世界观，因为这种世界观是封建专制制度的意识形态和精神支柱，它为封建专制制度罩上了“神圣”的保护光。批判基督教神学的权威，也就是对封建专制制度的批判，就是从思想观念上、从意识形态上否定其合理性和合法性。不仅如此，许多启蒙思想家还把批判的矛头直接指向封建专制制度本身，揭露这种制度的腐朽、黑暗、残暴和反动，揭露封建统治者的腐败、愚昧、无知和堕落，揭露社会生活中的种种弊端，揭示社会生活中种种日益尖锐和激化的矛盾与危机。他们反映了资产阶级和第三等级广大群众反对封建秩序的要求，抱着“对真理和正义的热诚”，追求正义、向往光明，“本身都是非常革命的”人物。这些启蒙思想家在批判旧制度的同时，也在探索建立新制度的模式和途径，提出了种种社会改造的方案，憧憬“建立理性和永恒正义的王国”。

在启蒙思想家批判旧制度、憧憬新王国的理性活动中，遥远的中国成为一个他们理想的典范。在传教士、商人和旅行家大量的报道中，中国常常被描绘成一片繁荣富庶、安定和平，人民安居乐业、讲究道德、彬彬有礼，充满智慧、文明和谐的国度。总而言之，在当时关于中国的报道中，中国几乎成为一个“天堂般的地方”，与破败凋零、危机四伏的欧洲形成了鲜明的对照。

于是，中国成了启蒙思想家心目中的“理想王国”“乌托邦”。在跨文化交流中经常出现这样一种现象，即一国人民基于对现实生活的不满，向往一个根本不同的“他者”社会，在这一基础上形成了对于异国的表述，这就是一种乌托邦。

西方文化具有创设“乌托邦”的传统。人们一直在尝试描绘一种超越现实生活的、尽善尽美的社会画面。从16世纪开始，人们就致力于去想象、描述、赞扬、憧憬这个“他者”，形成了无数的关于中国的文字和图像形象。在18世纪，对于欧洲人来说，特别是对于法国人来说，中国就是这样的一个“他者”。启蒙思想家在反对封建专制制度的斗争中，一直致力于追求建立一个“理性和永恒正义的王国”。那么，他们在关于中国的各种报道中，就发现了这样的理想王国。实际上，关于中国的“乌托邦”

是欧洲人制造出来的，其中包含了他们大量想象的成分，就像他们曾经制造出“理想国”“太阳城”一样。他们把自己的政治理想和社会理想加诸一个想象的“中国”上，然后对它大加仰慕和推崇，实际上亦即是对自己的政治和社会理想的仰慕和推崇。

然而，他们所设想的这个乌托邦也并不是与中华文化毫无联系。从中国传来的文化信息，介绍中国社会制度和政治制度的材料，译介到欧洲的中国儒家典籍，都是他们思考和探索社会改造方案的思想材料，是他们想象和设计理想社会的范型和摹本。

无论如何，在18世纪启蒙运动中，中国成了人们向往和追求“理想王国”的一个典范。启蒙思想家以中国这个参照系来反观欧洲的社会现实状况，对封建专制制度的腐败没落、暴虐黑暗，对社会生活的种种弊端，以及对基督教教会和神学教条的荒谬，都有了更为深刻、更为具体的认识，从而增强了与之斗争的坚定信念。另一方面，中国这个典范或“乌托邦”还对启蒙思想家的社会改革方案起到示范作用。例如伏尔泰和魁奈都大力赞赏中国的专制制度，认为这是一种“开明君主”的制度，主张以中国为榜样，在法国实行这样的开明君主制。中国的重农主义经济政策、单一农业税制、教育和科举制度、设置谏官、兴修水利、德治主义，等等，都受到启蒙思想家的赞扬和推崇，他们希望从中国的政治文化中汲取实际的经验和智慧。

孟德斯鸠与伏尔泰、魁奈等人不同，他对中国的专制主义持批评的态度。孟德斯鸠对中国专制制度的批评和分析，实际上也是对法国专制制度批评和分析的一种参照。孟德斯鸠同时也指出了中国的专制政体与一般专制国家的不同之处，认为它较有节制。他认为中国虽无基本法律，但有与法律效力相似的道德、礼仪和风俗，这些都具有法律的作用。简而言之，无论对中华文化的价值作怎样的估计，启蒙思想家在批评社会现状、构想社会改造方案的时候，都充分利用了中国的思想材料。

当时的人们都在寻找社会改革的方案，为了论证自己的改革方案，需要寻找合适的、有用的思想资源。古希腊罗马传统是一种思想资源，中国的儒家思想也是一种思想资源。改革需要批判旧制度，为了这种批判，需要寻找理想的镜鉴、进行批判的依据。中国的“乌托邦”就是这样的镜鉴和依据。中国的典范或“乌托邦”还在启蒙运动中起到了激励作用，激励人们坚定对“理想王国”的向往和追求。

理性主义是启蒙思想家的一面旗帜。区分“理性”与“信仰”，并且用理性主义批判蒙昧主义和信仰主义，是18世纪启蒙思想家的主要特征。不仅如此，“理性”还成了他们的基本思想原则，成了他们检验和衡量一切的真理标准和价值尺度。许多研究者认为，启蒙运动崇尚理性的精神，至少部分地源于中国。

以儒家思想为核心的中国传统精神文化，是一种非宗教性的以人为本位的伦理型文化。儒家学派对中国宗法制度下的人际关系进行了理论上的概括与总结，形成了一套完整的伦理道德观念和理论体系，构成中华文化意识形态系统的核心。当中华文化传入以基督教神学为统治意识形态的、神本主义的欧洲时，欧洲人在宗教神学的权威之外看到了另外一种权威的存在，即伦理道德的权威。他们发现，中华文化中的伦理道德权威，不是来自“上帝”的启示，而是来自一个人自身的“良知”与“良能”的启示。正是这样的发现，使启蒙思想家从传入欧洲的中华文化中，似乎看到了批判基督教神学的理性之光，找到了摧毁基督教神学权威的思想武器。

中华文化对启蒙思想家的这种激励功能可能是潜在的，但它的作用却是明显的。在启蒙思想家批判旧制度、旧文化，追求新社会、新文化的伟大斗争中，从遥远东方传来的中华文化，是他们拥有的一个巨大的乌托邦宝藏，成为激发、刺激欧洲文明走向进步的一个精神动力。

在中西文化交流史上，启蒙时代是一个重要的时期。历史提供了一个难得的机遇，使中华文化走进西方文化转型的关键时刻，从而为启蒙思想家的理性活动，为西方新文化的创造和发展发挥了重要的作用。由于启蒙运动在世界文明发展史上的重要作用和地位，因此也可以说，中华民族的文化创造和孔子的儒家思想学说，也通过启蒙运动在这一时刻间接地参与了世界文明发展史的进程。

第四编

走进更大世界

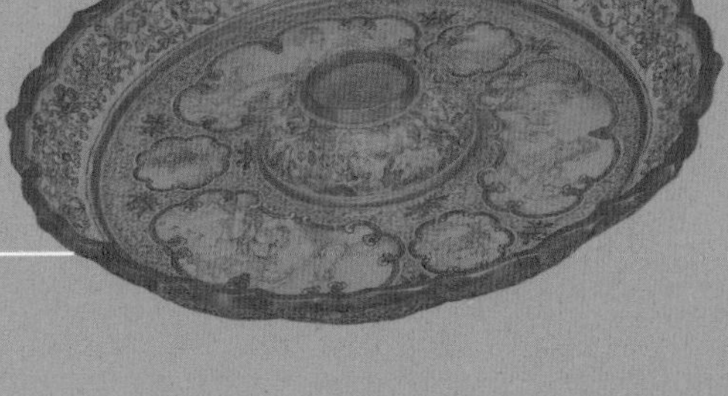

第二十四章　历史大变局中的中国与世界

19世纪以后，工业革命使得西方文化成为一种强势的文化，使中西交流的态势发生了逆转，世界文化的总体格局也发生了实质性的变化。西学东渐，向西方学习，接受和吸收西方的先进文化，是历史的大势所趋，也是中华文化必须面临的抉择。

19世纪：两个世界的碰撞

19世纪之前的中西交流有过两次高潮：一次是13世纪蒙古人西征，实现了中西文化交通的大畅通；一次是16—18世纪欧洲与中国展开直接贸易往来和文化交流。但到了18世纪后期，中西交流的高潮又中断了。中断的原因，一方面，是所谓的“礼仪之争”，清王朝实行禁教政策；另一方面，欧洲社会正发生着剧烈的大变动。

中西交流的这次短暂阻隔，使双方的关系发生了根本性的逆转，世界文化的总体格局也发生了实质性的变化。

18世纪中叶，英国开始了产业革命，手工制作转向机器生产，蒸汽机的动力形式代替了人力和畜力，从而极大地提高了劳动生产率，开辟了人类征服自然的广阔可能性，使整个社会生产方式乃至社会生活面貌发生了重大变化。在英国之后，法国、美国等国也先后经历并完成了工业革命。工业革命的巨大成就使西方国家社会生产发展到一个新的水平，最早经历工业革命的英国成为“世界工厂”。

新的生产方式和新的生产力，带来了巨大的改造世界的能量和力量，工业生产成倍增长，农业经济空前繁荣，交通运输巨大改观，西方文明呈现一派欣欣向荣的景象。

资本主义发展的历史，是西方工业文明向世界各地广泛传播、独步天下的历史，是世界文化格局发生实质性变化的历史，即由各民族独立发展的多元文化变为世界性的一元文化、由东方文化领先的格局变为西方文化领先的格局。

那么，当西欧社会发生着重大的变化、整个世界的文化格局发生着重大的变化的时候，处于世界东方的中华帝国、曾经独领风骚千余年的中华文化，情况又是怎样的呢？

可以说，直到19世纪中期以前，中国人对世界上发生的这些惊天动地的大变化几乎毫无所知。17—18世纪，中华传统文化发展到它的最后一个高峰。但是，中华帝国在普遍的繁荣景象后面，已经露出停滞和衰败的征兆，失去自我更新的代谢能力和活力机制。当19世纪到来的时候，新兴的西方国家凯歌高奏，进入了资本主义上升发展的全盛时期，古老的中国正进入封建主义的末世，除了经济发展速度相对落后以外，政治制度、文化教育、观念思维、科技进步、经济管理乃至军队编制和装备等许多方面也都相对落后了。

正是在这样鲜明对照的背景下，中西两大文明开始了直接的接触和交锋。但是，这种文化接触一开始就具有明显的时代错位。一方面是古老的、正在衰落的中国传统的农业文化，另一方面是新生的、充满创造性活力的西方近代工业文化。在这样的世界文化格局中，中国显然比西方先进国家落后了整整一个历史阶段。黄仁宇说：在西方与中国针锋相对前夕，清朝已未战先衰。

但是，西方的那场改变世界历史的工业革命并不是突然发生的，而是经过了长期的酝酿，是人类文明发展水到渠成的结果。现代学者都注意到，在这个工业革命之前漫长的准备时期，与东方，主要是与中国的贸易，即物质文化的交流，以及思想文化和艺术方面的交流，对于西方的崛起起到了非常大的促进作用。正是马可·波罗制造的“中国神话”，极大地激发了欧洲人对于寻找东方财富的兴趣，激发了哥伦布的美洲发现以及大航海时代的来临。而持续几百年与东方的贸易，特别是中国的茶叶、瓷器和丝绸“三大贸易”，为欧洲积累了巨量的财富。中国的造纸术、火药和火器制作技术、印刷术和指南针等传播到西方，实现了一次东方技术向西方的转移，并引起了强烈的连锁反应。中国的思想、中国的艺术，以及欧洲人对于遥远东方的“乌托邦想象”，给欧洲人极大的刺激，促进了欧洲思想文化的变革。这一切都为欧洲的工业革命和社会变革提供了来自外部的文化刺激和激励。西方并非是在没有东方帮助的情况下自主地开拓自身的发展，因为如果没有东方的贡献，西方的崛起无法想象。

马嘎尔尼的中国之行

在中国与西方的关系史上，乔治·马嘎尔尼（George Macartney, 1st Earl Macartney）访华是一个非常重要的事件。许多研究者都认为，正是从这次出使开始，颠覆了耶稣会士创造的“中国神话”，改变了欧洲人的中国观。

18世纪后期，英国正处于资本主义的上升阶段，商品经济高度发展，迫切需要开辟新的市场。在对华贸易方面，他们已经不满足广州的“一口通商”，而是希望进一步扩大贸易规模。1792年，英国国王乔治三世派资深外交官马嘎尔尼作为使臣，远赴中国。马嘎尔尼的出使，是想通过与清王朝最高当局谈判，取消清政府在对外贸易中的种种限制和禁令，打开中国门户，开拓中国市场。同时，也是为了搜集有关中国的情报，估算中国的实力，为英国下一步的行动提供依据。

英国政府对这次出使十分重视，为使团的组成进行了周密而充分的准备。首先对使团成员做了精心安排。副使斯当东（George Staunton）是马嘎尔尼的挚友，有从事殖民外交的丰富经验。使团其他成员也都是各种专家，其中有哲学家、医生、机械专家、画家、制图家、植物学家、航海家以及有经验的军官。此外，还有东印度公司的职员和大量军事人员。为

乾隆皇帝接见马嘎尔尼

了代表英国国王向乾隆皇帝恭贺寿辰、敬献礼品，使团携带了大量足以显示英国实力的文化、科技、机械工艺和军事产品。其中一些仪器、兵器在英国乃至欧洲都是最先进的。马嘎尔尼希望通过展示这些代表先进文明的礼品，以博得乾隆皇帝的好感，进而有助于同中国平等建交。这是一个耗费巨大、人员众多的外交使团，具有商务和政治的双重目的，是英国向东方进行殖民与贸易扩张的一个重要环节。

1793年，是世界文明交流史的关键年头。这一年，马嘎尔尼来到北京后，稍事休息，便带领随员直奔承德避暑山庄，参加乾隆皇帝83岁寿辰的庆典。在美丽的避暑山庄，双方等待正式会见的时候，发生了一场关乎这次出访命运的“礼仪之争”。按照清朝的规定，外国使臣来华朝见中国的皇帝，必须行三跪九叩之礼。而马嘎尔尼认为，向中国皇帝行三跪九叩礼有损于大英帝国的尊严，他主张朝见时向皇帝行单膝下跪的英式礼节。乾隆皇帝对英国使团的表现非常生气，马嘎尔尼不得不收敛其骄矜的态度，清政府也做了一定的让步。双方达成了这样的共识：在八月初六日万树园礼节性的欢迎宴会上，英国使节行英国式礼节，而到八月十三日，在澹泊敬诚殿正式举行乾隆万寿典礼时，他们要行中国的三跪九叩礼。乾隆皇帝得知双方达成了妥协，态度也有所缓和，他表示：这些人从海上远道而来，所以不熟悉天朝的法度，不得不稍加抑制，今天既然诚心效顺了，还是应该给予恩惠。

有些研究者认为马嘎尔尼的出使失败，在于“跪”与“不跪”这个问题，在于“礼仪之争”。实际上可能是把这个问题夸大了。礼仪问题是中国和西方相遇时发生的文化碰撞，但经过妥协，双方的会见和接触还是在友好的气氛中进行的。这次出使的失败，最重要的原因是马嘎尔尼代表英国政府提出的要求没有得到清政府的回应。

马嘎尔尼的出访，主要还是想解决通商贸易问题。在相当长的时期内，中英之间的贸易，中国处于顺差地位。但某种程度上这是由中英之间的贸易市场及相互之间地位的不对等而造成的。中英两国的经济形态有着巨大差异，男耕女织、自给自足的生活方式已经在中国延承了几千年，对工业品的抵制十分有力。再加上清政府将所有贸易仅局促于狭窄的广州一地，这使得英国商人很难通过正常的贸易渠道来打开中国市场。马嘎尔尼提出的要求，是要在中国进行自由贸易，为英国的商品打开中国的市场。

乾隆皇帝坚决地拒绝了马嘎尔尼使团的全部要求。乾隆皇帝在给英王乔治三世的回信中，均以“与天朝体制不合”为理由，将这些要求回绝。乾隆皇帝给英国使团赏赐了丰厚的礼品，但他还说了这么一句著名的话：“天朝物产丰盈，无所不有，原不借外夷货物以通有无。”乾隆皇帝希望英王“惟当善体朕意，益励款诚。永矢恭顺，以保义尔有邦，共享太平之福”。乾隆皇帝还说，使臣所请各条“不但于天朝法制攸关”，而且对于英王来说也是“难行之事”，故而严加拒绝，并令其“懔遵毋忽”。

乾隆皇帝拒绝英国要求的敕书发出，标志着马嘎尔尼使团访华的失败。于是，在没有举行谈判、没有完成使命的情况下，马嘎尔尼带领英国使团踏上了归程。

马嘎尔尼访华虽然没有达到打开中国门户、扩张英国贸易的目的，但毕竟开始了中英两国正式的外交接触，双方互递了国书，互赠了礼品，使团成员在华期间还与中国负责接待的一些官员建立了良好关系。同时，使团沿途搜集了大量有关中国政治、经济、军事的情报。通过这次接触与撞击，东西方两个大国相互之间有了初步了解，对以后的中英关系的发展也将产生深刻影响。法国学者佩雷菲特（Alain Peyrefitte）在《停滞的帝国——两个世界的撞击》一书中认为，大英帝国派马嘎尔尼出访大清帝国，其历史意义远远大于马嘎尔尼是否向乾隆皇帝磕头的问题，它反映的是“东方与西方的首次撞击”。几乎所有的历史学家都对这次撞击的结果感到遗憾。

无知导致了误解，误解使得中国与这次巨大的历史机遇擦肩而过。但是，无知和误解对方的并不仅仅是中国人，英国人也同样对东方无知和有误解。

马嘎尔尼没有得到清政府的积极回应，不得要领而返。但是他也并非虚此一行。英国人把这次出使当作了解中国的最好机会，在这支由100多人组成的使团中，包括了政治、军事、法律、测量、绘图、航海、医学、化学、天文、植物、商业、工艺、翻译等各方面的人员。在使团回到英国后的第三年，乔治·斯当东爵士所著的《英使谒见乾隆纪实》在伦敦出版。这部书详细记载了使团在中国的见闻，在当时无疑是英国乃至西方国家公众了解中国的最新资料，其他没有公开发表的资料自应更多。从《英使谒见乾隆纪实》中我们可以看到，英国人在沿途都做了周密的调查、测量、绘图、记录，中国的行政、职官、军事、刑法、户口、面积、物产、贸易、风俗、宗教、家庭、城市、交通、风景、植物等都有闻必录，如路过古北口长城时，使团对驻军和城防都做了仔细的观察，对长城的构造做了特别详细的调查。

除了斯当东的这部著作外，其他使团成员也有著作陆续出版。据统计，马嘎尔尼中国之行，总共出版了论述中国的著作有10多种。这些作品引起了英国社会的广泛关注，并且有的被翻译成欧洲其他文字。

马嘎尔尼以及他的随员们记录了他们中国之行的所见所闻，尽可能真实地展现出以前被神话了的而现在被他们所了解的那个中国的方方面面。在马嘎尔尼等人眼中，大清帝国“不过是一个泥足巨人，只要轻轻一抵就可以把他打倒在地”。在他们看来，“中华帝国只是一艘破败不堪的旧船，只是幸运地有了几位谨慎的船长才使它在近150年期间没有沉没”。但是这艘破败不堪的旧船“将像一个残骸那样到处漂流”，“它将永远不能修复”。

学术界普遍认为，马嘎尔尼之行的后果，是彻底地颠覆了16世纪以来，特别是17世纪由耶稣会士所塑造的中国形象，打破了他们创造的“中国神话”。

与英国人急于了解中国的热烈愿望相反，中国人对于了解西方却是毫无兴趣。虽然早在200多年前就有西方的传教士陆续到中国来，但是直到乾隆年间，中国人对于西方的知识还是相当有限的。甚至鸦片战争之后，中国皇帝还认为英国、美国、法兰西、西班牙等不过是“夷人”骗人的说法，就像美国总统华盛顿第一次听说中国人不是白人时大为惊讶一样。然而，当乾隆皇帝沉浸在“天朝圣国”的迷梦中时，世界已经发生了重大的变化。就在他接见马嘎尔尼40多年之后，他赞誉的那个“敬上臣服”的英国把炮火轰到了中国的大门口，而当年他怀着慈爱心情夸奖的那个小男孩托马斯·斯当东，此时已经是英国的国会议员，正是他以一个最了解中国的英国人的资格发表的雄辩有力的言辞，促使英国国会通过发动鸦片战争的正式决定。

在马嘎尔尼对中国出访20多年后的1816年，英国使臣阿美士德（William Amherst）率领英国的第二个政府使团，再一次浩浩荡荡出使中国。阿美士德同样无功而返，中国与西方再次擦肩而过，不得要领。而在这个时候，离鸦片战争的爆发就只有20多年了。

转折点：鸦片战争

英国两次派使臣访问中国，都是为了发展贸易而来，却不得要领而返，使中国与西方失去了接触和交流的机会。但是，商品和资本的扩张是现代资本主义发展的前提，因而也是不可阻挡的。以英国人为先锋的西方殖民主义必然还要继续努力开辟东方的市场。

1840年，英国的舰队带着工业革命锻造的先进武器，浩浩荡荡，直接向远方的古老中国驶来。他们代表先进的西方向落后的中国开了第一炮，揭开了近代西方列强侵略掠夺中国的序幕。

他们是为进行自由贸易，特别是保护鸦片走私贸易而来的。因而发生在中英两国之间的这场战争被称为“鸦片战争”，而英国人认为他们发动战争主要是为了在中国进行自由贸易，为了平等地通商，所以他们把这场战争称为“通商战争”。

在长期的中西贸易中，由于当时的西方国家的工业还没有发展起来，直到19世纪初，中国的对外贸易一直保持着出超的有利地位。中国的茶叶、丝绸、瓷器、手工艺品等大量畅销国外。特别是中国的茶叶，日益成了英国生活中一项非常重要的消耗品。随同马嘎尔尼一起出使中国的斯当东指出，茶叶日益成了英国人的生活所需，英国一旦与中国停止贸易，他们不能够在世界的其他地方买到它。因此在他们能够设法在其他地方用同等价钱购进同等数量的茶叶之前，中国方面的来源无论如何必须加以维持。

自从英国开始了海外殖民，他们便在世界各地进行着广泛贸易。许多国家的产品如非洲的咖啡、印度的糖和中国茶叶都源源不断地进入英国。

18世纪初，英国的茶叶进口量已超过10万磅，到19世纪初，已达到了300万磅，茶叶税收占英国政府总税收的10%。而包括英国在内的西方国家还拿不出大量的工业品与中国商品进行交换，只能用银元来支付。因此，英国必须以大量的白银来抵付贸易差额。严重的入超使英商几乎难以为继，然而他们又不能放弃中国内地广阔的市场，终于他们发现了鸦片这种特殊的商品。

英国通过鸦片贸易，不但扭转了英中贸易的逆差，甚至扭转了两百多年东西方贸易的逆差，到19世纪初，它还扭转了3个世纪以来东西贸易中白银流入中国的状况。随着鸦片危害愈烈，禁绝鸦片的呼声越来越高。道光皇帝深感银荒兵弱的严重威胁，决心严禁鸦片。他命各直省将军、督抚严禁鸦片，并宣召林则徐进京商议禁烟事宜，派林则徐为钦差大臣，节制广东水师，前往广州查禁鸦片。林则徐主持的虎门销烟壮举，震撼中外，产生了深远影响。

鸦片走私贸易在英国海外殖民贸易中占有重要地位，中国禁绝鸦片的严厉措施，等于断绝了英国的一个重要海外财源。英国工商界和鸦片贸易集团纷纷要求英国政府对华开战。1840年4月，英国议会正式通过向中国派兵的决议案，揭开了鸦片战争的第一幕。

战争断断续续地进行了两年。在这期间，有英军坚船利炮的疯狂进攻，有中国军民的英勇抵抗；有英国侵略者的威逼利诱，有清朝官员的退让妥协。总之，中国被打败了，被迫签订了城下之盟，即《南京条约》，割地赔款、开放通商口岸、给予片面最惠国待遇和种种在华特权，等等，满足了英国侵略者的大部分要求。《南京条约》是中国历史上第一个不平等条约。此后，美国、法国、俄国等国也接踵而来，要求“共同分享”侵略利益，强迫清政府签订了十几个条约。

鸦片战争的直接后果之一是将香港岛割让给英国，开始了英国在中国领土上的殖民统治，香港成为西方文化向中国内地传播的一个重要的中转站，是晚清西学东渐的必经之地。《南京条约》的主要内容之一是开放五个通商口岸。这些通商口岸，不仅成为西方商品输入中国的口岸，成为最早来华西方人的聚居地，也成为西方文化大举进入中国的主要门户。

西方殖民主义强行打开了中国大门，大大扩大了中外人员的往来和交流。西方殖民者、商人、传教士、外交人员等涌向中国，扩大了西方了解中国和中华文化的渠道，也作为传播西方文化的载体，把西方文化和生活习俗带进了中国。他们为晚清时期西学东渐发挥了重要作用。

鸦片战争的失败和城下求和的耻辱，使中国人的心灵受到强烈的震动。英国以炮舰为先导的分割中国主权的要求，以条约的形式固定下来，使人们感到这一次的战败与历史上任何一次战争的失败都不同，这是一次旷古未有的“奇变”。

鸦片战争对中国近代发展的影响是十分重大的。在英国大炮的轰击下，一直被认为是稳固的中国传统社会和传统文化的大厦开始衰落了、摇晃了、坍塌了，清朝的天朝迷梦被打破了。

中外学术界一般都把鸦片战争作为中国近代史的起点，作为中国历史的一个重要转折点。从鸦片战争开始的西方列强的入侵，促使中国社会发生了重大的甚至是根本性的变化。与此同时，中国传统的农业经济被打破了，新型的工业经济、商业经济开始出现，使社会的经济结构开始从传统向现代转型；传统的文化格局被打破了，新的文化因素正在生长，社会的文化结构开始从传统向现代转型；封建皇权的权威受到挑战，旧的国家机器正在瓦解，传统社会的组织结构正在无可奈何地走向解体，社会阶级和阶层正在大规模地变更和改组，出现了新兴的政治力量和思想力量；更为重要的是，古老的中国结束了长期孤立、封闭的状态，走进了现代世界的“国际秩序”，成为世界体系的一部分。

晚清中西文化交流的基本态势

19世纪中期，自鸦片战争以来，中国与西方关系发生了剧烈的变化。西方文化各个方面的内容大量地传入中国，给中华传统文化造成了巨大的冲击，对中华文化的发展产生了巨大的影响。

这一时期西方文化之所以能滚滚东来，所依靠的是18世纪工业革命发展起来的巨大的生产力和崭新的科学技术。与当时中国所处的农业文明相比较，工业文明是一种先进的文化，一种高势能的文化。所以，这是一次高势能文化向低势能文化的传播，是先进文化向后进文化的传播，是体现当时最高人类文明成果的工业文明对农业文明的冲击。这样一种文化交流的态势，决定了当时的西学东渐，来势凶猛，势不可挡。在西方的高势能的、先进的文化面前，中国的农业文明已经很难再进行比较有效的抗拒。向西方学习，接受和吸收西方的先进文化，是历史的大势所趋，也是中华文化必须面临的选择。

但是，西学东渐是与西方殖民者的侵略和掠夺同时而来的。为了打开古老中国的大门，掠夺中国的财富，西方殖民主义者发动了一系列侵略战争。他们借炮口的威逼，强迫清政府签订了一系列不平等条约，控制中国的主权，瓜分中国的土地，侵吞中国的财富，破坏了中国传统的自给自足的农业经济，加重了中国人民的负担。他们向中国大量倾销鸦片，给中国带来了严重的祸患。在中国的历史上，还从来没有遭受过这样的民族屈辱，还从来没有经历过这样全面深刻的民族危机。中国人民为了民族的生存，对西方殖民主义侵略进行了持续的、英勇顽强的抵抗斗争，而要抵抗西方列强的侵略、掠夺，实现自强图存，靠原有的技术、装备是不行的，靠原有的文化资源是不够的，必须学习西方的先进技术和先进文化，“师夷长技”方能“制夷”，以使自己独立于世界民族之林。所以，蒋廷黻在《中国近代史》中开宗明义指出：“我们研究我民族的近代史必须了解近代的邦交是我们的大困难，也是我们的大机会。”中华民族要有“光明的前途”必须学习“西方的近代化”，从这个意义上说，列强既是近代中国的最大“敌人”，也是中国近代化的“老师”。因此，这表现为目标与手段关系的“抵御外侮”与“学习西方”，其实它存在着深层的逻辑困境，即“我的老师正是我的敌人”，晚清外交史正是在此逻辑困境中不断求索的过程。

把“我们的敌人”作为“我们的老师”，最先是向西方学习，之后是向日本学习，总之是“师夷长技”，用世界上优秀的文化成果装备自己。这正体现了中华文化的博大胸怀和巨大的包容性。虽然在历史上，天朝大国的心态，以及文化优越感、对悠久文化传统的沉迷，一直是中国民族文化的心理基础，但中华文化又具有强大的吸纳力和包容性，以开放的心态学习、接纳、吸收其他民族一切优秀的文化成果。中华文化在历史上有对其他民族文化进行学习、接纳和吸收，以这些外来文化丰富和发展自己的传统，所以，近代以来对于外来文化的学习和吸收，是这种文化传统合乎逻辑的延续和发挥。虽然在这次西学东渐中，出现了“饥不择食”“消化不良”的病症，但总的趋势是全面地向西方学习，是全面地引进和接受西方的先进文化。

任何时候引进和学习外国文化，都会遇到本土文化的抗拒和抵制。在同一文化系统中，具有保守的和开放的两种倾向。开放的倾向可以积极地接受和学习外来文化的优秀成果，促进文化的发展；保守的倾向则在于保持文化的民族性和核心价值，对可能损害民族文化的外来文化进行限制。所以，在历史上，每当有大规模的外来文化传入，并引起本土文化发生某些程度变化的时候，都会有保守主义站出来义正辞严地抗拒和反拨。这两种倾向，一张一弛，共同构成了对外文化交流的图景，使对外来文化的接受、外来文化对本土文化的影响和改造保持在一个适度的范围。其实，正是因为保守主义的出场，它们的限制和反拨，才使得外来文化不是取代本土文化，而是丰富和发展本土文化。那么，在晚清时期，面对大规模的西方文化的涌入，也有保守势力出来抵制，也有像“天津教案”和义和团运动这样大规模的排外行动。但是，与以往的历史相比，晚清时期对于外来文化抵制的声音相当微弱，保守主义已经发挥不了与西方文化抗衡的作用。因为面对汹涌而来的西方文化，面对空前的民族危机，首要的问题是自强和救亡，特别是洋务运动以后，主张向西方学习先进的科学技术的“中体西用”已经成为国家的意志，成为上至朝廷下至士民的普遍共识。

但是，向西方学习的这种文化选择，并非是自鸦片战争之后立即开始的。中国人对于当时所面对的这种世界文化的大趋势，对于西方文化的优越性和先进性以及学习引进的必要性，也有一个逐步认识、逐步深化的过程。鸦片战争的胜败反映了当时东西方科技在军事方面的巨大差距。当时只有极少数人物如林则徐、魏源等，开始注意西方科技的进步，并著书介绍西方事物，但包括朝廷在内的绝大多数人，并没有因鸦片战争而改变对西方的看法，更不用说去向一直以来被轻视的“夷人”学习。清政府的战败并没有使其进行改革，反而继续实行保守的闭关政策，直至第二次鸦片战争爆发以后，才出现洋务运动等自强救国运动。

晚清时期的西学东渐实际上经历了三个阶段。先是鸦片战争之后，有先觉者如林则徐、魏源等开眼看世界，但这还只是少数人的认知。第二阶段是从第二次鸦片战争之后开始的，洋务运动掀起了学习西方科学技术的热潮。而到甲午战争之后，则出现了进一步全面地学习西方的潮流，对科学技术、思想文化等方面的学习成为大趋势。总之，晚清时期的西学东渐，波涛汹涌，外呼内应，形成了一个蔚为壮观的文化交流的大景观。

19世纪的西学东渐，与中国从传统社会向现代社会的转变过程是一致的，与中国反抗外来侵略和争取民族自强的过程是一致的，与中华文化经历的历史性蜕变和重建的过程是一致的。

正是经历了这样艰难甚至是痛苦的过程，中华文化实现了自我再造和更新，并且以新的面貌和新的形式，获得了新的强大的生命力和发展动力。

史贝霖画作《广州商馆区一角》（1807年）。香港艺术馆藏

"西学东渐"两次高潮的比照

明清之际和晚清这两个时段都出现了西学东渐的文化交流高潮。虽然都是西方文化在中国的传播，并且都发生了一定的影响，但两次文化交流的高潮，因所处的时代不同，也表现出一些不同的特点。将这两次文化交流的高潮做一些比较分析，可以更好地理解文化交流的一些规律性的问题，也可以更深入认识西方文化对中国的冲击和影响的性质。

从传播主体来看，明清之际西方文化来华传播的主体是以利玛窦为代表的天主教传教士。持续两百多年，先后数百近千人，来自欧洲各国的传教士承担了当时中西文化交流的主要责任。在那个时代，也有许多商人来中国进行贸易，但都是在广州等口岸活动，并没有在文化交流上发挥多大的作用。到晚清时期，传教士仍然承担了重要的文化传播的责任，不仅仍有天主教传教士，而且还有来自英、美等国的新教传教士，并且新教传教士在这一时期发挥了更大的作用。这一时期的西学报刊、出版物、教会学校和教会医院等，影响大的主要是新教传教士主持的。除此之外，这时来华的外国人还有外交官、商人、洋雇员、教习等。他们在文化传播上发挥了不小的作用。比如外国商人，这一时期进入中国的外国商品，已经深入中国人的日常生活。他们开办的工厂企业，也带来先进的科学技术和管理经验。分散在企业、国家机构和学堂的雇员、教习，更是直接传播着西方文化知识。从文化传播主体来说，晚清时期来华的外国人就要比明清之际多得多，活动的领域也更广泛。

不仅如此，晚清时期中国人对西学的传播采取了更为积极主动的态度。洋雇员、洋教习都是中国政府机构和学堂聘请的。就拿翻译西书来说，前期的翻译工作主要是由传教士承担，后来就有了同文馆、江南制造局翻译馆这类官方翻译机构，翻译西书成为一种国家文化事业，由传教士在这些机构中与中国学者合作完成。到了19世纪90年代后，翻译西书则是以中国学者为主，这样就有了更多的选择性。与此同时，中国还派出一些外交官、游历使到国外进行考察，派出大批留学生分赴欧美和日本、俄国留学，到西方文化的前沿进行直接的接触和交流。这些考察和留学，成为西方文化向中国输入的一个重要的渠道。在这个时期，学习西方，引进西学，已经成为晚清政府的国策，成为自上而下的国家意志。

因此，在晚清时期，西学东渐不仅是西方人向中国的传播和灌输，更多的是中国人的主动选择和接受，是“走出去、请进来”的多渠道、多领域的全面学习运动。

这样，与明末清初的西学输入相比，晚清时期西方科学文化的输入，规模更大，数量更多，质量更高。而且明清之际输入的基本上都是西方近代自然科学的最新成果，晚清时期输入的则是18世纪工业革命以后发展起来的现代科学文化，以及与之相联系的现代工业技术。晚清时期输入的还有在这个时期涌现的最新的哲学、社会科学和文学艺术成就。以哲学为

清徐扬画作《盛世滋生图》（局部），呈现苏州怀胥桥商市。辽宁省博物馆藏

例，明清之际侧重介绍亚里士多德和托马斯·阿奎那的宗教哲学，而19世纪介绍过来的重点是培根的科学方法论以及在培根、笛卡尔影响下发展起来的近现代理性主义、经验主义哲学。可以说，在晚清时期，西方文化的输入不论从近代科学整体看，还是从某个学科的具体领域看，都具有全面系统的特点。凡在18世纪已形成体系的各个学科，都已经被介绍进来了。这种全面系统的译介，为中国近代科学的发展与学科建设创造了有利条件。

与此相联系的则是知识的快速传播，西方自然科学新著作出版后不久，即被译介到中国。其中一些主要著作，原书初版与译书的出版时间较接近，除西方19世纪40年代以前出版的著作，出版时间同在中国翻译出版的时间相差稍长外，19世纪50年代以后出版的原著与译本的出版时间，一般只差十余年，有的译本则只晚三五年，个别的甚至当年出版原著，次年即在中国出版发行译本。如《算式解法》，原著1898年出版，次年译著即问世。

晚清时期译介西方自然科学，大都与洋务运动的练兵制器、建厂采矿等近代化建设紧密相联。因而具有很强的实践性和现实性。洋务派的“求强”“求富”活动推动了对西方自然科学的翻译与引进，而与近代化建设相结合，既翻译西方自然科学的学术著作，又翻译出版一些具有实用价值的普及性著作，包括各种教科书，是此次引进西学的最显著特点之一。18世纪末至19世纪初，许多领域发展出来新的技术，并且很快转化为生产力，进入人们的生产生活领域。这些新技术更能直接满足中国的洋务运动的现实需要和迫切需求。所以，在引进西方科学理论的同时，许多最新发展起来的技术，包括军事技术、工业技术和农业技术等，通过聘请专家、派遣留学生等渠道被引进来，并立即应用到实践中。这对中国的经济和社会发展的作用更是直接的、巨大的。

晚清时期的西学东渐，还有一个重要特点，就是普遍性和普及性。西学不仅是士大夫饭后茶余的谈资，不仅是少数学者专家问学的内容，更重要的是进入了大众的文化视野，扩大了广大民众的知识空间。19世纪的传教士也有一些人活动在社会上层，如李佳白（Gilbert Reid）、李提摩太

（Timothy Richard）等人，与达官显贵、士人学者广为交游，并直接参与了洋务运动和戊戌维新变法。但更多传教士把传播西方文化的重点放在大众方面，即“开启民智”上。他们创办了一系列报刊，翻译出版了一系列西学著作。由于采用了新的印刷技术，这些报刊书籍发行量很大，也有很好的发行渠道，如有“西学传播大师”之誉的傅兰雅（John Fryer）创办中国第一家科技书店“格致书室”，《万国公报》有遍布全国的发行网络，所以这些报刊书籍在社会上产生了很大的影响。传教士还创办了许多教会学校，更是直接传播西学的阵地。教会学校和之后中国出现的新式学堂，采用新式的教科书，全面系统地介绍各学科的西学知识。这样，西学就从少数上层社会知识分子的领域进入大众的层面，进入社会普及的层面。它所产生的影响，就要比明清之际的西学传播影响更广泛、更深入。至此，晚清的西学传播就在中国引起一种“精神运动”，中华文化不再是“依然保留了旧观”了。

在中国，不仅文化不能保留“旧观”，更重要的是，传统的农业经济被打破了。新型的工业经济、商品经济开始出现，社会的经济结构开始从传统向现代转型；传统的文化格局被打破了，新的文化因素正在生长，社会的文化结构开始从传统向现代转型；封建皇权的权威受到挑战，旧的国家制度正在瓦解，传统社会的组织结构无可奈何地走向解体，社会阶级和阶层正在大规模地变更和改组，出现了最初的无产阶级和资产阶级，出现了新兴的政治力量和思想力量。古老的中国结束了自清朝前期以来的闭关自守、独处东方的状态，走进了近代世界的国际秩序。

西方人中国观的变迁

19世纪，中外文化交流的态势发生了实质性的变化。一方面，西方的工业文明迅速崛起，借着新兴科学技术的力量，展现出蓬勃发展的生机；另一方面，古老的中华帝国和中华传统文化在内部的压力和外部的冲击下，正无可奈何地衰落下去。这样，世界文化的总体格局发生了根本性的变化，先进的东方变成了落后的东方，落后的西方变成了先进的西方；世界文化交流的态势也发生了根本性的逆转，由主要是东方文化大量向西方传播、西方人向东方学习，变为主要是西方文化大量向东方输出、东方人向西方学习。这种变化的更深刻的意义，是在于现代性的科学技术取代了传统的科学理念，在于人类历史由农业文明迈进了工业文明。由此，世界文化完成了向现代文化的转变。

在上述的时代背景下，19世纪的西方人对中国的看法也发生了变化。西方人将看世界的坐标锚定在欧洲，对待中国的态度发生了翻天覆地的变化，从向往古代变为赞美当今，从崇尚权威变为拥戴理性，从借古讽今变为高扬时代精神。他们不再对神秘的和富庶的东方充满好奇和兴趣，而是以西方中心主义的傲慢与偏见来看待和论述古老的中华文明。

欧洲人曾经对东方，尤其是对中华文化有过热烈的赞扬和向往，但是，自18世纪后期，尤其是19世纪，他们的看法变了，他们这时候热衷于说的不再是魅力无穷的东方，而是先进的西方和落后的东方。这种观点的变化，主要是因为他们所持的立场发生了变化，随着工业革命的兴起，随着全球殖民主义步伐的加快，欧洲人兴奋了，他们制造了一个“西方中心”论，制造了一个殖民主义的“世界眼光”。

19世纪上半叶，西欧社会急速发展使其走在世界前列，也使许多西方人沉醉于“先天优越”的幻觉中，开启了西方文化自我成圣的神秘化道路，“西欧中心论”在思想文化和世界史编纂中的绝对统治地位由此形成。

19世纪中期以后，随着西方人大批东来，对于中国的关注和研究也越来越得到加强。西方的各类期刊中关于中国的报道和相关研究更是与日俱增。英、美、法、德等国家的主要期刊都对中国表现出了浓厚的兴趣，经常刊登关于中国的消息和知识。西欧各国也加强了对中国的研究，出现了专业化的汉学；这一时期西方思想家的中国知识和他们对中华文化的评论，也比前代更为具象化。

但是，19世纪西方人对中国的关注和研究，与18世纪及以前的对于中国的热情是不同的。到了18世纪末，曾经在欧洲风起云涌的“中国热”逐渐地减退、退潮了。在法国大革命之后，法国作家们的著作不再提及中国。人们不再动辄以中华帝国为参照，相反，到处都表现出对中华文化的批评。在17—18世纪前期全欧洲极力追捧和效仿“中国风格”以及在这种风格影响下出现的洛可可风格，到了这个时候正逐渐地消退，不再被人们提起。

在19世纪，对于中国这种复杂的看法和负面的情绪逐渐地占了上风，从早先对中国的赞美和歌颂、向往变成了轻蔑、贬低和敌视。在这其中，也有一些人继续沉迷在对中国古老文化的幻想之中，也有人从对西方文明发展的反思中表达对中国的赞扬，也有人深入中华文化的内部对一些具体的内容给予肯定。在若干欧洲人心目中，中国仍然是一个东方大国，只是印象日趋朦胧。这是17、18世纪崇拜中华文化的学者、政治家与来华传教士所遗留的影响。

出现这种情况反映了两种中国观的交织，一方面是启蒙主义时代的中国观，还沉湎于对中国的“老知识”当中；另一方面则是19世纪的进步主义的中国观，以工业文明的立场来看待当时的中国。所以，我们经常看到这两种观点不时地反映出来，甚至在一个人那里也会有不同的两种说法。但是，总的潮流却不再是18世纪那样了。

19世纪西方人中国观的变化，是因为整个世界的东西方文明发展的对比发生了变化。欧洲把包括中国在内的其他地区看作是重商主义和扩张主义的附庸。19世纪西方人再度东来时，其主要成员是殖民者和商人，这与16—17世纪来华的主要是传教士这一点完全不同。如果说那时的传教士关注的、热心考察的主要是中国的宗教、民俗和学术思想，主要是一种文化的视野，那么，19世纪来华的殖民者和商人关注的主要是中国的财富和市场，主要是一种经济的眼光，他们更关心的是如何更多地向中国倾销工业品乃至鸦片，把中国拖进“世界市场”，如何更多地掠夺中国的财富、瓜分中国的领土。这些殖民者和商人的文化水准不高，却带有征服者、掠夺者的自大和傲慢。正是这种殖民主义的思维模式，决定了19世纪西方人中国观的一个基本特点。

在19世纪也有许多传教士到中国来开展传教活动。他们远不像利玛窦等人那样对中华文化充满由衷的憧憬和赞誉。而他们对于中国的看法，对于19世纪西方人中国观的形成，具有相当大的影响。

另一方面，当时中国给世界的形象，是政治腐败、经济停滞、科技和工业落后，是受欺辱、受掠夺、受宰割的形象，是衰微破败、大厦将倾而又无力回天的古老帝国的形象。当时西方人对于中国的普遍观念是中国是一个“停滞的国家”。18世纪亚当·斯密和19世纪初黑格尔等人关于中国社会发展停滞论的观点成为西方人观察中国的出发点。

第二十五章 利玛窦路线的“后继者”

在19世纪的中西文化交流中，新教传教士发挥了很大的作用。他们执行以学辅教的传教策略，大都从事医疗、教育和报刊出版等一些文化教育活动，为西学东渐作出了很大的贡献。他们和明末清初的前辈一样，充当了中西文化交流的重要载体。

新教传教士：中西文化交流的媒介

费正清说，在19世纪中西关系中，新教传教士“是最有意义的人物”。实际上，在19世纪的中西文化交流中，新教传教士发挥了很大的作用，作出了很多的贡献。

最早开始在中国开展传教活动的新教传教士是由英国派遣的。新教在中国的传教活动始于1807年英国伦敦会的马礼逊（Robert Morrison）来华。马礼逊在中西文化交流方面做了大量开创性的工作，贡献很大，在晚清时期重启了西学东渐之业，使明末清初由耶稣会士引领的中西文化对话与交流得以延续。马礼逊作为基督教新教第一位来华的传教士，在基督教东传史和中西文化交流史上占有重要的地位。他在华工作25年，把一生的精力和心血都贡献给了传教事业。经过极为艰苦的努力，他为后来的新教传教士在华传教打下了基础。

马礼逊从英国来华途中到过美国，并且是在美国政府的支持下乘坐美国商船来华的。1827年，马礼逊给美国写了两封信，希望美国的新教团体派遣传教士来中国合作开展传教事业。1830年，在马礼逊的邀请下，美国海外宣教委员会派遣传教士裨治文（Elijah Coleman Bridgman）和雅裨理（David Abeel）来华。次年，德国传教士郭实腊（Karl Friedrich August Gützlaff）来到澳门。1833年和1834年，美国传教士卫三畏（Samuel Wells Williams）和伯驾（Peter Parker）分别来华，他们得到了马礼逊的接待和帮助。

早期来华的新教传教士所面临的工作环境是极为艰难的。这些传教士最初活动局限于澳门和广州以及华侨聚居的南洋地区，而且不敢公开活动，只能寄宿在美国商人的公司里从事《圣经》的翻译和其他传教的准备工作，有时雇佣一些华人秘密散发《圣经》和其他宗教宣传品。他们为开辟新教在中国的传教事业、向中国传播西方文化以及向西方介绍和宣传中华文化做了许多工作。

到了1840年，传教士增加到20人以上，代表6个不同的差会，主要活动在南方沿海地区。据《中国丛报》统计，1842年以前，英、美等国教会派遣来华的传教士共61人。

鸦片战争后，中国与西方列强之间议定的条约中都有治外法权条款，使传教士不受中国法律管辖，还明确允许外国人在开放的口岸建立教堂。其后，英、美两国通过立约，将新教传教士的传教权确定下来。条约体制为基督教在中国的传教活动披上了合法的外衣，提供了极大的便利。自此以后，有大批传教士来华，大规模地开展传教活动。也正是因为是在条约体制保护下进行传教活动，为他们添加了殖民主义的色彩。这与明清之际利玛窦等人来华传教活动那种平等的、对话的、文化性质的特点是大不相同的。

第二次鸦片战争后，英、法、俄、美各国强迫清政府增开了天津等11个口岸，允许外国传教士深入中国内地传教，并置产业、建教堂。基督教由此获得了不再受中国政府管辖，而受其本国政府保护的在中国内地传教的权利。此后，基督教来华传教士调整了其北移的战略，除继续以上海为活动中心外，更将中国的政治中心北京作为工作的重心，并向全国各地散布，基督教在中国的传教活动空前地发展起来。19世纪末，新教各主要宗派相继传入中国，传教区域逐步遍及全国，包括偏远的少数民族地区，如西藏、云南等地。据1907年出版的《基督教在华传教士大会记录》记载，当时在华的传教士总数超过3700人。

来华的新教传教士中90%以上是英国人和美国人，其余的来自西欧和北欧。南北战争结束后，美国国内稳定，经济快速增长，向海外扩展的兴趣和力量日益加强。在这种背景下，美国新教教会的海外传教布道的热情空前高涨，其在中国，尤其是在上海的传教力量开始超越英国及其他欧洲国家。19世纪80年代后期，美国掀起了历史上规模空前的学生海外志愿传教浪潮，或者称之为"学生志愿海外传教运动"。年轻的大学毕业生成为传教运动的主体。1886—1918年，学生志愿海外传教运动派往外国的传教士达8140人，其中接近1/3，即2524人被派到中国。20世纪初兴起的"平信徒传教运动"又使一批社会名流、政界领袖和商人加入海外传教队伍。平信徒即是基督教中没有圣职的人，又称为"教友"，一般定义为"教会中未被授予圣职的成员"。平信徒是在生活中传播福音，所以，平信徒的特点就是"在俗性"，他的身份也就是普通信徒。到第一次世界大战时，美国在华传教士总数为3000人，在所有的传教士中的比重达到60%。

这个时期的传教活动是与西方殖民主义势力的扩张密切相关的。在这个时期，整个西方世界盛行殖民主义、种族主义和帝国主义观念。传教士群体自觉不自觉地与当时的殖民主义者分享同一时代的文化观念，即以征服"落后"地区和推进"文明"扩张为核心的帝国主义精神。正是这种帝国主义精神，使传教士带着征服者的心理、施主的傲慢和种族的偏见来到中国。所以，19世纪的传教事业就成为西方殖民主义对全世界的征服活动的一个组成部分。

在这一时期的中西文化交流中，来华的传教士及其活动，与明清之际的传教士东来是不一样的。19世纪来华的传教士更具有西方中心论倾向和优越感，因而远不会像利玛窦等人那样对中华文化充满由衷的憧憬和赞誉。在一些传教士眼中，中国的文化和宗教中充斥着"迷信"和其他与福音格格不入的东西。

在这样的情形下，基督教在华传教的活动，实已大大超出了纯粹宗教的范围。西方传教士远道来华布道的善良动机，已与各国当时对华的政治侵略计划混合为一，难于分辨。另一方面，也有一些传教士直接或间接参与了对中国的军事和政治侵略活动，干涉中国内政，侵犯中国主权，充当了殖民主义的帮凶和工具。

但是，某些传教士的这些活动，并不是基督教本身的问题，也不是来华传教的主要目的。这些传教士是受欧美各国基督教会团体的派遣，前来中国传播基督教的。他们担负的是传播宗教的使命。传教士把西方的基督教输入中国，使一部分中国人从信仰多神教改信一神教，也使一部分中国人接受了基督教的伦理思想，改变了原有的封建社会生活方式和道德规范，传教士在这方面的工作是很有成绩的。

“以学辅教”：新教自由派的传教策略

为了配合和推进基督教的传播，来华的传教士大都从事一些文化教育活动。他们在这方面的工作，为西学东渐作出了很大的贡献。

在新教的传教过程中，传教士起初主要是采取习惯上所称的“直接布道式”，就是涉足中国的乡村、城市，面对广大的平民百姓，宣讲教义，歌颂上帝，发布传单，广送宗教图书，选择合适地点建立教堂。多数传教士都是采用这种方法，也取得了一些成果。采用这种方法的被称为“基要派”。

19世纪80年代后，西方神学界开始兴起以社会福音为特点的现代派神学思想，并逐渐影响到传教运动。与此同时，面对在华传教遇到的种种困难，部分传教士感到中华传统文化与基督教文化的不同是传教的最大障碍。因此，要使中国福音化，必须用以基督教为核心的西方文化改造中国，即建立一个有利于基督教传播的社会文化环境。19世纪70年代之后，林乐知等传教士提出了一种新的所谓“自由派”的传教方式。这种方式要求传教士：要认真了解和研究中国社会，针对中国的文化特点去改造中国；要把基督教教义和在中国占统治地位的儒家文化巧妙地糅合起来，逐步以基督教文化代替儒家文化；以传播西方先进的科技文化为手段，如办教育、建医院、办报纸等，提高中国人的素质，扩大基督教文化的市场，吸纳更多的华人入教。这样，“间接布道”形式在一部分传教士中逐渐兴起。采取这种“间接布道”“以学辅教”方式的传教士被称为“自由派”。

在19世纪下半期，新教传教士在传教的侧重点以及传教的策略等方面开始出现分歧。不过，尽管有不同的主张、传教策略的分歧，但并未动摇传教运动的总体团结。这正是有些教会史家所谓的“新教传教的共识”。新教在中国的传播过程中，无论是基要派还是自由派，都发挥了自己的作用。

19世纪的来华传教士大都抱有“文化征服”的信念。他们要么借助于西方文明的成果，特别是用科学来辅助宣教事业，要么致力于用西方文明来改造中国社会和瓦解中华传统文化，以培育有利于福音传布的社会环境。这些传教士把西方文明视为基督教的同盟，坚信文明的胜利就是福音的胜利。

布道、出版、教育和医药，是基督教传教事业的四大支柱。早在马礼逊来华时，就已经开创了“知识传教”的新模式，即把传教和出版书刊、创办学校、开设医院等结合起来。美国浸礼会牧师狄考文（Calvin Wilson Mateer）提出：“科学”可以“作为宗教的盟友”，希望传教士在教育方面负起更大的责任。李提摩太是著名的自由派传教士，他积极从事教育、出版和社会活动，致力于改革社会和改变人的现世的生活。

向中国传播西方文化，以西方文化的价值观和基本理念改造中国社会，有利于其更好地在中国传播基督教，是他们从事这些文教活动的初衷和根本目的。但是，他们中的有些人在实践中往往离开了传教活动，而全力献身于翻译、教育、医学、出版等文化事业，成为著名的翻译家、教育家、医生、出版家，为中西文化交流事业作出了贡献。

这些教会学校、西医院的创办，以及出版书籍和报刊，对于向中国传播现代西方文化和科学知识，对于中国现代医学和教育、出版事业的形成和发展，对于中国人的现代观念的形成和现代科学文化事业的兴起，对于中国的近代化建设，都起到了相当大的作用。为了从事这些文化教育活动，传教士还组织了不少文化团体，如广学会、益智书会、皇家亚洲文会北中国分会等，作为开展文化交流的阵地。

晚清时期来华的传教士，大都具有很高的神学素养，具有完备的现代科学文化知识，同时又对中文和中华文化有一定的了解。更重要的是，这些人都具有很强烈的文化责任感和使命感，把传播西方文化作为他们传教事业的一个重要组成部分。

自由派传教士在华积极兴办教育事业，大部分著名的传教士都是教会学校的创办人或者是教师。传教士创办的最早的学校是马礼逊于1818年创立于马六甲的英华书院。虽然这所学校不是设在中国本土，但它是第一所为华人而开设的新式学校。马礼逊创办的英华书院和为纪念马礼逊而创办的马礼逊学堂，是早期来华传教士教育事业的一个开端。之后来华的传教士也都非常重视开展教育活动，作为发展教会传教事业、传播西方文化的重要途径。

《南京条约》后，教会学校在香港、广州、厦门、福州、宁波和上海竞相设立。据统计，1860年以前，基督教在这6个地区开设的各类学校有50所，有学生1000余人。早期比较著名的教会学校有1844年英国东方妇女教育促进会会员爱尔德赛夫人（Mary Ann Aldersey）创办的宁波女塾、1845年美国长老会创办的宁波崇信义塾、1849年法国天主教会创办的上海徐汇公学、1850年美国公理会创办的上海裨文女塾、1850年美国美以美会创办的福州女塾、1853年美国长老会创办的广州寄宿学塾、1856年美以美会创办的厦门真道学堂等。

基督教会在中国创办的学校起初大都是小学水平的，后来有些学校逐渐发展到中学水平。教会小学最初的设立宗旨为宣传福音，也为方便中国教众的子女入学。后期为培养和发展教众，也向非教中儿童开放，并开始筹备健全教育体系，即增加美育、德育和科学知识教育。教会中学教育主要面向社会的中层阶级，而学校的发展也主要依靠这些人资助。这类学校多为寄宿学校，入校读书的也多为富家子弟。

19世纪60年代之后，随着传教士进入中国口岸城市并逐步进入内地，兴起了兴办教会学校的高潮。一方面，伴随着洋务运动的兴起，中国社会逐步改变了对西学的看法，洋务事业的兴办也刺激了对西式人才的需求。部分敏感的传教士对传统办学模式进行反思，导致教会教育进入迅速发展的新阶段。另一方面，西学和西式教育逐渐获得部分士大夫和相当一部分中国人的认可。清政府也给教会办学提供了便利条件。

1877年以后，教会学校无论从规模还是水平上都有长足的发展，开始进入正规化和世俗化的新阶段。办学层次亦不断提升，开始出现教会大学。1890年第二次在华基督教传教士大会召开以前，全国基督教教会学校学生人数16836人。1899年，教会学校的总数已增加到2000所左右，学生人数超过4万。至1918年，中国的教会学校约13000所，其中大学14所。

《伦敦新闻画报》展示的北京一所教会女子学校

晚清70年间，来华传教士在中国广大城乡建立起大量的各种类型的学堂，形成了从幼儿园到小学、中学、大学在内的教会教育网络。除了普通教育，还办有职业教育、特殊教育、社会教育等。为了配合教学，还成立了教育会、青年会、书局、印刷机构等。可以说，教会兴办的各类教育事业，有一套完整的架构，自成独立体系。

教会学校的兴办，对中国的传统教育的改造和教育事业的发展有很大影响。无论是哪种类型的教会学校，办学模式都是源于近代西方教育思想，是西方近代教育的中国版。这些教会学校大体引进西方化的课程、西方化的办学理念、西方化的教学管理体制，将西方先进的教育思想传播到中国，对中国的传统教育理念中轻视自然科学发展的缺点进行了强有力的改进。

教会学校的出现大大增加了社会的受教育范畴，扩大了中国的受教育团体。这些教会学校不仅招收传统教育中的主体——男性，而且女性也被纳入了招收的范围。入读教会学校的大都是家境贫寒的、处于社会底层的子弟。通过教会学校，以往被排除在教育体系之外的阶层也接触到了教育，获得了受教育的机会。

“以医辅教”：传教士的医药活动

“以医辅教”是各种宗教传播的一种重要形式或手段。晚清的来华传教士继承了这一传统，他们也把从事医疗活动作为进行传教事业的重要手段。晚清“以医辅教”与明末清初有所不同。第一点不同的是，晚清时期传教士来华的时候，西医药学已经有了突破性的发展，在诊断手段、治疗技术、用药水平等方面都已经发展成熟，所以他们带到中国的西医药学知识和技术比明末清初时先进得多，治疗的效果也要好得多。第二点不同的是，晚清来华的传教士有许多是专门的医学家或职业医生，他们虽然有着传教士的身份，并且是通过差会的渠道来到中国的，但他们主要是从事专业性质的医疗活动。第三点不同的是，晚清来华的传教士的医疗活动，不是像明末清初的传教士那样主要是为宫廷皇族服务，而是面向广大群众，特别是为老百姓服务。他们开创了许多教会医院，还深入偏远山区和边疆地区，为那里的贫苦人民施医赠药。

开办西医诊所是教会投入人力、财力最多的一项事业。各基督教差会很早就确认要把医疗事业“作为福音的婢女”。马礼逊来华后，英国的哈克尼（Hackney）公司计划探究全球野生植物分布情况，请马礼逊帮助了解中国百姓的生活习俗、疾病分类、医疗法和中草药的使用和鉴别。马礼逊委托东印度公司医生利文斯顿（John Livingstone）进行这项调查。于是，利文斯顿购买了800多卷中医药书籍，对中医药和中国疾病分布状况展开研究。他将研究的成果写成一篇报道，发表在《印中搜闻》上。这次调查引发了利文斯顿对中医药学的兴趣。1820年，他在澳门设立一家诊所，所内配备各种中草药，并聘请一位在当地有声望的老中医和一位中草药专家，到诊所讲解中医中药。西医学的传播就在这简陋的条件下开始，并且是从基督教传教士办的中医诊所起步。

1827年，东印度公司的医生郭雷枢（Thomas R.Colledge）在澳门开设眼科医馆，医务日增，求诊者每天有40人之多。据统计，从1827年到1832年的5年中，医馆共治愈患者4000多人。1835年，郭雷枢还在广州黄埔设立大英海员医院，对中国船员实行救治。

1834年，美国海外布道会首次派遣医药传教士伯驾来华，使西医入华

《点石斋画报》插图《西医治病》

出现了一个新的局面。他开办的广州眼科医局在实践上宣告“医药传教”时代的到来。此后，陆续有许多传教士医师来到中国，开办教会医院，为中国患者服务，这同时也成为西方医药学向中国传播的一个主渠道。

1838年2月，部分传教士在广州成立中华医药传教会。它的主要工作是鼓励医生来华，免费为中国人治疗，筹集经费，为传教会创办的医院提供药物、医务人员等帮助，致力于医学与传教的结合，更有效地为传教开辟道路。他们将“治病救人”作为追求目标，标志着基督教在华传教的一个新方向。中华医药传教会对推动基督教差会更积极地派遣“医务传教士”来华传教，影响至为深远。

中华医药传教会的主要活动形式，是由中华医药传教会和各差会等团体提供赞助，由传教士医生择地开办医院或诊所，诊治病人，一般免费提供医药服务。这些医院不仅为病人提供免费治疗，还保留大批常见病、地方病和手术病例等资料。鸦片战争之后，在中华医药传教会的推动下，西医以更大规模、更系统的方式传入中国，以五口通商的城市为主，建立医院、编译书籍和传播西医知识。其中，在医药传教方面作出较大贡献的是著名传教医生嘉约翰和他创办的博济医院。

1860年以前，教会传教和医疗事业基本上被限制在通商口岸。第二次鸦片战争后，鉴于条约中传教条文的有关规定，传教士可随意到中国的各省市建教堂和传教。传教士所到之处，均建立教堂和医院。医学传教活动开始广泛地向沿海、长江流域以及中国内地的乡村社会全面推进。19世纪80年代以后，越来越多的传教士医师放弃宗教活动，成为专业的医生和医疗机构的管理者。医学传教士来华人数增多，19世纪80年代平均每年有12名医学传教士来华，到1887年来华医学传教士累计约150人。西医诊所和西医医院的开办，也使传教士有了比较稳定的合法的公开活动场所。

随着传道医学活动范围日广，各教会来华的传教医师与日俱增，原来设在广州的中华医药传教会已不能适应新形势的需要。因此，在1887年，成立了中国教会医学会，简称“博医会”，并在华北、上海、武昌、汉口、广州、福建、台湾等地设立分会。博医会正式会员完全由医学专业人员构成。其成员主要是英美医学传教士，初期有会员30名，至1913年会员达500多人。博医会为医药传教提供政策指导，努力寻求提高医药传教工作质量的方法，养成医药工作的专业性，将西方医学科学传入中国，将医药传教工作提升到与传教同等的地位。

教会医学校也在各地出现，如广东女子医学校、北京协和医学堂、汉口协和医学校、济南共和医学校、上海震旦大学医学院、福州协和医校、沈阳教会医学院、上海圣约翰大学医学院、成都华西协和大学医学院系、湘雅医学校等。

传教士的报刊与出版事业

创办报刊和开展出版事业，是传教士开展的另一项重要的文化事业。

从马礼逊在马六甲创办的《察世俗每月统记传》开始，在19世纪40年代到90年代，传教士先后创办了170种中外文报刊，著名的有《万国公报》《中国丛报》等，其中大部分是由教会或传教士个人创办的。这些报刊通过文字宣传基督教，也登载了许多介绍西方国情和文化的文章，在传播西方文化方面起到了直接的作用。1817年，麦都思（Walter Henry Medhurst）在巴达维亚建立印刷所，成为伦敦会在南洋的主要基地。1843年，麦都思和美魏茶（William Charles Milne）、慕维廉（William Muirhead）、艾约瑟（Joseph Edkins）等传教士在上海创建墨海书馆，这是中国第一个近代印刷所，成为上海重要的西书出版中心，为传播西方宗教和文化做了大量工作。

鸦片战争以前，传教士创办报刊的活动限于南洋一带的华侨聚居区和广州、澳门等中国南部沿海地区。当时传教士所办中文报刊主要以华侨为发行对象，多为普通平民，发行范围主要是在民间，目的是想通过华侨把基督教传入中国内地。外文报刊以侨居中国的外国商人、外交官及传教士为发行对象，目的是让这些来华外国人了解中国国情。此时期报刊的发行方式是以免费赠送为主。

早期来华新教传教士创办的中文期刊，不仅对基督教在华人中的传播，对近代中西文化交流产生影响，而且对中国近代报刊的发展极具意义。这些期刊对促进基督教在华人中的传播产生了重要影响。在清廷禁止传教士在华公开传教的情况下，《察世俗每月统记传》等报刊的创办，可以说是新教传教士开展文字传教的一个成功尝试。新教传教士所创办的中外文期刊在传播基督教教义的同时，宣扬西方基督教文明优于中华传统文化，并大量介绍西方新知，对中国社会、思想、宗教、文化、农业、地理、历史、军事、艺术等加以研究介绍，一定程度上推动了近代的中西文化交流。

鸦片战争后，随着传教士逐渐进入中国各省份，他们出版报刊和书籍的规模逐渐扩大，活动中心也转到了上海、宁波等地。这一时期传教士创办的报刊，逐步转为面向中上层人士，以清政府各级官员及广大士大夫阶层为对象。为使报刊更为中国人喜闻乐见、更吸引读者，有些教会报刊开始聘用中国人担任编辑甚至主笔，如王韬任职《六合丛谈》、沈毓桂和蔡尔康等任职《万国公报》等。

这些报刊针对中国士大夫阶层的思想特点，采用了“孔子加耶稣”的宣传方针和策略，即把基督教和儒家学说结合起来，利用儒教来宣传基督教。除了一些旨在传教的纯宗教性报刊外，有些中文报刊不再单纯地阐释基督教教义、宣传基督教思想，而是增加了大量的非宗教性内容，成了以时事新闻为主的综合性报刊，其办刊宗旨也改为“增闻见”和宣传“格物致知”。还有原为专言基督教的宗教性报刊《中国教会新报》，也逐渐变为以刊载中外时事政治为主的综合性刊物。

教会报刊刊载介绍了大量的有关西方近代科学、文化、思想、政治、经济等方面的情况，“天文”“地理”“格致之学”几乎成为中文报刊的必备栏目和必载内容，成为西学东渐的一个主要渠道。《六合丛谈》曾连载《西国天学源流》，在中国最早介绍西方“康德星云学说”和近代高等数学微积分。《中西闻见录》则大量登载介绍西方天文学、地理学、铁路、电报、蒸气机、钢铁冶炼、照相术及防治河患水灾等方面的文章。而继其后出版的《格致汇编》则是我国最早的科学杂志，专门介绍西方科学技术。另外还有《西医新报》和《博医会报》，专门介绍西方近代医学。《万国公报》是传教士所办的各种报刊中传播西学内容最多、发行最广、影响最大的，是教会所办的第一份最正规的中文大型综合刊物。

在晚清中国，对世界各国新闻进行报道本身就是一种西学传播。《万国公报》等传教士办的报刊，除广泛介绍西方新学外，也注重反映、追踪中外时局变化，介绍世界大势，报道发生在美国、英国、法国、日本及其他各个国家和地区的近事、新事，大到国与国之间的战争、国家政体的变更，中至总统换人、大学创建、科学发明、矿藏开挖、铁路修筑，小至各种条约修改、技术改进、荒地开垦、学校人数、进口货单，等等。这些对于中国知识分子都有开阔视野、增长知识的作用，有些新闻报道，还会刺激中国知识分子对本国问题的思考。

教会报刊是近代中国人了解西方世界和学习西学最早的来源，中国人也正是通过这些报刊，初步了解了西方资本主义社会，了解了西方近代先进的科学技术，并开始认识到西方资本主义文明的先进和中国封建社会的落后。从林则徐、魏源到康有为、梁启超，一代代中国先进的知识分子，大都是通过这些报刊“放眼看世界”，接受了西方先进科学、文化、思想，进而思考探索救国之路的。

传教士在华创办报刊的过程中，将西方先进的铅字、印刷机等印刷设备和石印、铅印等印刷技术传入中国，为中国人自办报刊提供了物质条件；教会报刊将西方近代化报刊形式传入中国，改变了中国古代邸报的原始形态，为中国人办报提供了新的现代模式；教会报刊聘用中国人从事报刊的印刷、发行和编辑工作，为中国人办报培养了人才、积累了经验；教会报刊所具有的社会性、公开性和新闻性及其所宣传的言论、出版自由的观念，突破了中国古代邸报为官方文书汇编的传统模式，为中国人创办新式报刊解除了种种限制。正是在教会报刊的示范效应下，并应时代的需求，中国人自办的近代化报刊伴随其后，陆续创办出版。

19世纪中期以后，传教士在香港出版了大量有关宗教和科学的知识性的书籍。传教士在广州的活动十分活跃，他们编译和刊刻了一些西学书籍。在福州、厦门的传教士也编译出版有关基督教和其他西方科学文化的书籍。

1843年麦都思到上海，开设了上海最早使用铅字印刷的西式书局，开始在上海进行印书活动。1846年，书局正式取名为“墨海书馆”。墨海书馆是中国第一个近代印刷所，成为上海重要的西书出版中心，为传播西方宗教和文化做了大量工作。传教士在建立出版机构的同时，把西方先进的印刷机器、印刷技术、出版理念也一同带到了中国，开启了出版近代化之门。

广学会是传教士在中国创办的最大的出版机构。广学会起初名叫同文书会，意即“在中国人中广传基督教及一般知识”的会社。广学会以中国知识分子为主要对象，大量翻译出版各类科学书籍，介绍西方文化和思想观念。鲁迅曾说：“科学书等，实以广学会所出者为佳。”

和明清之际来华传教士相同，晚清来华传教士也成为西书翻译的主要力量。他们在传教的活动中，也很注重西学的传播，并且把翻译西方科学文化书籍作为他们的主要事业之一。对于这一点，许多传教士都有比较明确的认识。

自1808年起，马礼逊等人开始翻译《圣经》，至1823年，一部中文全译本的《新旧约全书》终于问世。这是世界上第一次完整地将《圣经》译成中文并出版，在中西文化交流史上有着重要意义。

除了翻译《圣经》以外，传教士在译书方面的另一项工作是编译各国史地和制度方面的书。这些早期新教传教士的译著无论从数量上还是从规模上，都不能与以后的译著相比，但这是近代译书的开端。这些译著成为日后林则徐、魏源等人了解世界的重要资料来源，同时也为后来的译书活动打下了基础。

到了鸦片战争以后，特别是19世纪60年代以后，传教士翻译西书活动蓬勃地开展起来，译书机构也出版了许多传教士翻译的书籍。除了这些由新教传教士主持的著名的译书机构之外，还有属于天主教会的上海土山湾印书馆和其他印书机构。此外，还有一些传教士也组织创办了译书出版机构，从事西书的翻译出版。

传教士所翻译的西书广为流行，在中国知识分子中间产生了重大影响，在西学东传中发挥了重要作用。中国知识界对西学的最初了解，主要是通过传教士翻译的西书。维新运动时期的代表人物，如康有为、梁启超、谭嗣同、唐才常等，对于西学的最初知识也主要得自传教士，甚至他们的改革思想，也有相当部分受到传教士的启发。

一直到19世纪末，严复所译赫胥黎《天演论》的问世，标志传播西学的主体开始由传教士变为留学生，传播的内容也由外国人按照他们的设想输入变为中国人按照自己的需要选择。西学东渐进入一个崭新的阶段，中国在更高的层次、更广泛的范围内，开启了引进西学的大门。

传教士的公共角色与社会参与

近代来华的传教士，除了积极开展传教活动之外，还广泛参与中国社会的文化事业，他们开办的教会学校将西式的教育制度引进中国，成为向青少年一代传播西学的主要阵地；他们创办各种报刊，翻译多种宗教和西方科学文化书籍，全方位地向中国介绍19世纪以来发展起来的新文化、新科学、新技术；他们创办各式教会医院，救死扶伤，同时也改变着中国人的医疗和卫生观念。这些工作，不仅对于中国社会的文化事业的发展和现代化变革具有极为重要的影响，同时也拓展了传教士在中国社会的活动空间，使他们在许多方面扮演了重要的角色。

清政府逐渐改变了对于传教士和基督教的看法。清政府虽然在不平等条约的约束之下，同意开放基督教传教，但对基督教、传教士在华的活动一直保持着警惕之心，同时采取许多措施予以限制，避免激化矛盾。但是，到了19世纪60年代以后，传教士获得了深入内地传教的权利，活动的范围更为广泛，活动形式包括上述多种文教活动。同时，主张“师夷长技”的洋务派官员也逐步了解到许多传教士在科学文化上的造诣。因此，在洋务运动中，除了聘请大批洋员参与工业技术和军事建设外，还聘请了许多传教士参与洋务运动。实际上，洋务运动的发展在很大程度上借助于外国人，其中主要是新教传教士。

传教士对于参与洋务运动也十分积极。他们认为，洋务运动的兴起是中国人打算“吸收西方国家制度和习惯的强烈证明”，为西方科技知识、政治制度、思想观念的传播提供了一个难得的机会。

在洋务运动期间到中国从事活动的人中，传教士占了相当大的比例，他们的服务对象涉及中国政治、经济、文化生活的各个方面，尤其以文化事业为主要活动形式，在教育、出版、企业等领域产生影响。可以说，洋务运动的兴起，为传教士开展“以学辅教”的多种文教活动提供了宽松的社会环境和广阔的空间，使他们得以施展其在这方面的特长。另一方面，传教士在这些领域的活动和贡献，也有力地配合、推动了洋务运动的发展，为中国社会的现代化变革发挥了重要的作用。

洋务运动为西方传教士参与中国的政治变革提供了条件。从19世纪60年代至90年代初，传教士发表了大量的译文、论著，阐述他们的变法主张，其内容涉及政治、经济、工商、外交、教育、军事等各个方面。

康有为、梁启超等宣传、领导变法运动的时期，也正是传教士在华活动十分活跃的时期。由于这一特殊的历史背景，资产阶级的维新运动和传教士产生了联系。在维新运动时期，西方传教士自始至终都介入其中。他们以不同的方式参加维新运动，在宣传变法思想的同时，也与维新派人士交往，对维新派人士产生了不容忽视的影响。

第二十六章　新教传教士的中国观察

19世纪来华新教传教士人数众多，在华生活时间长。他们深入中国社会生活的各个层面，对中国社会和文化进行了深入的观察，特别注重对中国的国情调查和研究。他们对西方汉学的发展、对西方人的中国观的形成，都有着重要的影响。

基督教与儒学的对话

基督教作为一种完全异质的文化形态，进入中国后，如何与中华传统文化相适应，是能否站得住脚、传教能否取得成功的关键性问题。早在200年前，基督教的前辈们已经在与中国本土文化交涉方面积累了丰富的经验和教训。但是，19世纪后期来华新教传教士并没有认真研究前辈们的这些经验，他们带着19世纪西方工业文明造就的文化优越感，对中华传统文化采取了排斥的态度，希望基督教文化取而代之，因而受到了中国本土文化的强烈抵抗。

19世纪西来的传教士，更多是带着殖民者的思维方式，带着对中华文化的傲慢与偏见。传教士在西方文化的强势背景下，前来中国传播上帝的福音和西方文化，信心满满，不料遇到了中国本土文化的抗拒与排斥，使他们的传教活动步履艰难。面对基督教在中国遭受的种种困境，许多传教士开始认真了解中华传统文化。一些基督教界人士和中国文化界人士开始探索基督教与中华文化对话与融合的可能性，开始提倡“耶稣加孔子”的传教方式，希望通过基督教与中华文化的互相理解和沟通，达到相互学习和借鉴的目的，共同促进中国人精神生活的提高和社会的进步，寻求在中华文化的传统氛围中开辟他们的传教事业。

一些对儒家思想持包容主义立场的传教士对儒家思想进行了比较深入的研究。通过这些研究以及他们在中国实际生活的体验，他们对于儒学在中国政治统治和日常生活中的地位有了比较深刻的认识。传教士们都很推崇儒教的道德思想，认为儒家思想是最完美的道德体系，而孔子对善良行为的形成和发展比其他任何一位古代圣贤都发挥了更大的作用。

“孔子加耶稣”的思想是19世纪后期传教士所着力提倡的一种在中国传教的策略，是融合中西文化的一条道路。大多数传教士在肯定以儒学为核心的中华传统文化有一定价值的前提下，主张“孔子加耶稣”，或称“耶儒合流”，即把儒家学说与基督教相结合，以便更好地传教。他们强调儒学不是宗教，但又有某些宗教性，就可以论证他们的“耶儒合流”的主张。他们认为，完全否定儒家文化既不合情理，也不现实，最好的办法是把二者结合起来，并以基督教弥补儒学之不足。这样，既可以吸引一批士大夫容忍甚至接受基督教，也可以使中国基督徒感受到基督教教义是更为完善的体系。

1910年6月在苏格兰爱丁堡举行的普世宣教会议（史称“1910年爱丁堡世界宣教大会”）上，来自上海沪江大学的代理校长、浸信会神学院教授董景安对基督教与中华文化的关系问题进行了精彩的演讲。他在“基督教与非基督宗教的关系”的主题发言中，呼吁基督教会鼓励中国信徒学习中华传统文化以促使基督教早日实现本色化。他认为，中国信徒绝不应该抛弃对儒家经典的研习，它是中国国民的文化，具有永久的价值，基督教不应当意图取而代之，而应该去完善它、充实它。

“耶稣加孔子”的传教策略是在东西方文化碰撞与融合的历史大背景下一种必然的选择。传教士希望通过基督教与儒家思想的融合为基督教在中国的传播寻找内在的文化依据，走适应中国本土文化的道路。这一策略思想也为20世纪基督教的“本色化”运动提供了十分有价值的理论基础和实践经验，对促进基督教与中华文化和儒家思想的融合与对话作出了贡献。

传教士的改宗

传教士来到中国以后，大部分人或是出于传教策略的考虑，或是出于对中华文化的敬慕，都能积极主动地学习中华文化。传教士研究中华文化和中国国情，不仅对传教事业本身有很大的作用，而且影响了西方人对中国的认识，推动了早期西方汉学的发展。

大多数传教士把中国作为自己的第二故乡，在漫长的岁月中，他们对中华文化和中国知识的了解日益增多，逐渐对中华文化产生了浓郁的兴趣，其了解中华文化的动机，逐渐由为传教增加亲和力或为商业征服铺平道路，转为发自内心的仰慕和爱好；其学习中华文化的方式，逐渐由收集风俗文化典籍资料，转为对这些资料的研究和探求，甚至由业余爱好变成终生追求。

来华的美国浸礼会传教士葛德基（Earl Herbert Cressy）于1919年6月在《亚洲》杂志上撰文指出一个非常有意思的现象：一个回美国度假的传教士自称是“作为西方精神生活的使者来到远东”，向“异教国家”布道的，但在远东居住一段时间后，他却开始向美国人介绍远东的文化遗产，并在远东文化的影响下修正自己的教义，于是他“两次成为传教士：第一次是向接受他的国家（中国）传教，第二次是向本国传教”。葛德基称这一现象为“传教士的改宗”，即改变信仰。

葛德基说的“改宗”不是指这位传教士改变信仰，成了儒教子弟，而是指其传教思想，特别是对中华文化的看法发生了很大的变化。他们对中华文化怀着深深的敬意，对中国抱有深厚的感情。

与此同时，传教士在中国生活多年，与中国社会各阶层有着广泛的交往，特别是许多人深入社会底层，深入广大的农村和偏远地区，对中国社会现实的各种状况有着直接的体验和认识，对于晚清社会的各种弊端也有着感同身受的了解，这是他们与早几个世纪来到中国的耶稣会士们所不同的地方。

为了使西方各国教会团体了解中国国情，作为制订对中国的传教政策和鼓励教徒捐款接济对外传教事业的参考，传教士写了大量信件和报告，向西方介绍中国。而传教士每一次回国述职，都要向本教区的教徒发表演讲，介绍中国的情况，以唤起教徒的热情，赢得教徒的支持和捐献。

另外，他们还创办期刊，翻译中国典籍，撰写研究著作，有人还在回国后举办中国问题讲座，建立中国问题研究中心，这些工作都促进了西方对中国的了解。这一时期传教士有关中国的著述，无论是在数量上还是在研究问题的深度与广度上，都远远地超过了明清之际来华的传教士。

进入20世纪以后，现代通信工具和摄影机等的使用，使传教士向西方介绍中国情况更为方便。他们发回本国的信件和报告大为增加，并附有实证照片，仅寄回美国的报告，收藏在美国的近千个大小图书馆里作为档案保存的，数量有上亿件。

一些著名的传教士往往被视为中国问题专家。他们回国述职或休假时，西方国家的政府首脑有时也召见他们，咨询有关中国问题的情况和意见。例如1906年美国传教士明恩溥向西奥多·罗斯福总统汇报中国情况之后，提出了退还庚子赔款用于在中国兴办学校的建议，后在1908年实施。又如美国传教士司徒雷登在1915年回国时，受到威尔逊总统连续三次接见，垂询中国国情。

对儒家典籍的翻译与介绍

来华传教士中有一部分人开始研究儒家思想，翻译和介绍儒家经典，从而增加了对儒家思想文化的理解。一批传教士致力于翻译介绍中国的经籍，其中特别著名的有英国传教士理雅各（James Legge）和艾约瑟、德国传教士花之安和卫礼贤、法国耶稣会士顾赛芬（Séraphin Couvreur）等。传教士对儒家思想的翻译、研究和介绍，成为中国儒家文化西传的一条重要渠道。

在研究儒家思想，翻译和介绍儒家经典方面，英国传教士理雅各成绩最为显著。他与法国学者顾赛芬、德国学者卫礼贤并称汉籍欧译“三大师”。

理雅各是一位学者型的传教士，他在办学和从事传教活动的同时，十分注意研究中华传统文化，特别是注重研究孔子的儒家思想。他认为，中华文明虽与西方文明有很大区别，但绝非野蛮文明，因为几千年来，中国人民在那块土地上生活、繁荣，不断生长、壮大；当诸多的优秀文明经历了兴旺、鼎盛和衰亡后，中国仍然存在，所以中华民族必定有些颇具力量的美德和社会规范。在他看来，这在很大程度上可以归结为世界上罕见的“对学问的高度尊重”。“他们拥有宝贵的文化遗产”，“他们很突出地是一个有学问的，或者更恰当地说是善于阅读的民族”。他把铸造了中华民族精神特性和思想文化根基的儒家经典，作为自己开启中华民族思想文化的钥匙。

理雅各在中西文化交流上的主要贡献在于翻译中国古代典籍。从1861

理雅各（左一）和他的学生

年起，他的翻译著作陆续在香港出版，总名为《中国经典》。1873年理雅各回国后，继续翻译了《易经》《礼记》等。1882年，理雅各出版了《易经》，为《中国经典》的第六卷。1885年，理雅各出版了《礼记》，为《中国经典》的第七卷。此外，他还翻译了《孝经》《道德经》《庄子》《佛国记》《离骚》。去世前夕，他还在翻译《楚辞》的其他篇章。

从16世纪末到18世纪初，西方来华传教士对中国典籍也曾多有译述，但都只译片断，且因汉语不精，或对于儒学经义钻研不透，或请学养浅陋的华人合译，译文往往辞句粗劣，语义欠通。理雅各在翻译《中国经典》的过程中，始终贯彻严谨的治学态度，注重旁征博引，力求持之有据，绝不主观臆断。在他之前别人用拉丁、英、法、意等语种译出的有关文字，凡能找到的，他都拿来仔细比较，反复斟酌，甚至常常数易其稿。18世纪90年代，理雅各再次对他的系列译作《中国经典》进行修订，作为他在牛津大学的教学材料。修订后的《中国经典》于1893年至1895年在牛津大学克莱仁登出版社再版。

传教士不仅翻译和介绍了大量儒家典籍，而且有一些人对儒家思想也进行了比较深入的研究。通过这些研究以及他们在中国实际生活的体验，他们对于儒学在中国政治统治和日常生活中的地位有比较深刻的认识。

在19世纪来华传教士中，对传播中华文化贡献最大、影响最大的，是德国传教士卫礼贤。卫礼贤来华时已是19世纪和20世纪交替之际，而他的活动是在20世纪初叶开展的，即中国的清末民初和新文化运动时期。卫礼贤翻译出版了《论语》修订版和《老子》《列子》《庄子》《孟子》《大学》，以及《中国的民间童话》等。虽然它们大多并不是第一次被翻译成欧洲语言，但人们却公认卫礼贤翻译得最好。在卫礼贤的所有译作中，以《易经》的翻译最享盛誉，具有特别大的影响力。卫礼贤不仅是一位杰出的翻译家，而且是一位著述宏富的汉学家。他出版了十余种专著，在当时的德国乃至西方都产生了很大影响。

对中国国情和国民性的调查

英美传教士较多从历史和社会学、人类学等不同的角度分析现实的中国社会。他们久居中国，散处在中国社会的各个角落，有机会接触中国社会的各个阶层，能够对中国社会进行直接的观察和研究。他们探讨中华文化的广度和深度远远超过了明清之际的传教士。他们把有关中国的大量信息，用近代的手段迅速传到了西方，使西方人对中国的认识，在马可·波罗、利玛窦的基础上大大地丰富和提高了一步，成为后来的汉学家们认识中国的一个出发点。

早在马礼逊的时候，就开始了对中国国情有关方面的调查。1818年，英国爱丁堡大学校长贝尔（George Husband Baird）给马礼逊写信，说他要写一部全球贫困史，希望马礼逊帮助调查有关中国贫民、病人、孤儿和疯人等的情况。马礼逊让东印度公司医生利文斯顿代为调查。利文斯顿调查后写成一篇报道，发表在《印中搜闻》上。

在福州传教并在研究中国社会方面颇有成果的美国传教士卢公明（Justus Doolittle）十分重视对于中国社会现实生活的观察与研究，他在福州居住了十多年，走遍福州的各个角落，与福州的各色人等交往，并因此得以目睹各种社会活动，对福州的概况、农业社会、生活习俗、民间信仰、科举考试、年节习俗等，都给予充分的关注。1865年，卢公明出版了《中国人的社会生活——一个美国传教士的晚清福州见闻录》，从政治、经济、民间信仰、习俗、宗教、教育、官吏等各种角度，翔实细致地对福州社会进行了多方位的观察和描述，为了解晚清福州以至中国社会的风貌提供了无可比拟的文化视野。

美国传教士倪维思（John L. Nevias）的《中国与中国人》、施惠廉（William Speer）的《最老与最新的帝国——中国与美国》也是全面论述中国国情的著作。

德国传教士郭实腊是热衷于对中国社会进行调查的传教士。1831、1832和1833年，郭实腊三次沿中国海岸航行。这三次航海是西方新教传教士最早作出的打开中国大门的试探，在西方引起了巨大轰动。三次航海的活动范围从广东沿海到山东半岛、辽东半岛，他详细记录所到之处的海防、军事、军备状况，为后来的殖民者提供了第一手情报。他在结束航行后完成了《中国沿海三次航行记》的写作，该书出版后，在西方引起广泛的关注，更激起西方开辟中国北方沿海传教和通商据点的欲望。

除了传教士个人对中国国情的调查之外，还有一些团体组织的调查活动。其中皇家亚洲文会北中国分会在其存在的60年中，组织了一系列的调查研究活动。文会会员进行的考察分为两类：一类是自然考察，一类是社会考察。自然考察主要关注的是中国的土地、森林、水文地理、矿产资源、动植物种类等；社会考察主要集中于中国的交通通信、人文景观、宗教庙宇、民情风俗等。

传教士对中国进行的最大的有组织的调查活动是由中华续行委员会组织的中国传教事业的调查。这项调查从1913年开始，到1921年在上海出版了大型调查报告《中华归主：中国基督教事业统计1901—1920》。其中第一部分详细记述中国各省的地理、气象、语言、人口、经济、社会生活、宗教、教育和文化情况。第二部分涉及基督教在中国的情况，还包括中国教育的资料、中国的卫生状况和卫生教育。附录有各省邮政地图、中国城市人口估算表、每一万人口中国立小学学生平均数等资料。这一调查实际上是对中国现状的全面考察，其报告不仅供教会团体使用，西方国家政府和商业机构也曾加以利用。

研究和分析中国人的国民性或者说民族性格，是新教传教士研究中国国情的一个重要方面。在这方面，他们根据自己在中国长期生活的经历，同时进行了大量的调查研究，以现代人类学和社会学的基本理念和方法，发表了许多关于中国国民性的文章和论著。这成为这一时期传教士研究中国问题的一个特色。

明恩溥在中国传教和写作长达50多年，他深入中国广大腹地，与不同阶层的人打交道，并学说不同的中国土话方言，对中国的风土民情进行深入的调查。《中国人的气质》是明恩溥代表性的著作。在这部著作中，他以大量的实际调查材料，详细列举和分析了中国人的民族特性，同时在论述过程中，他还总是努力表现出对各种特性内涵之复杂性的理解，尽量显得较为“公允”和温和。因此，明恩溥对中国人国民性特点的概括成为当时乃至以后很长时期西方学术界对于这个问题的代表性看法。他这本书的副标题是“一个社会学的研究”。书中对乡村的观察和描述细致入微，诸如村庄的结构、名称、道路、渡口、水井、集市，乃至婚丧嫁娶、乡村地痞等，都有记述和分析，堪称早期中国乡村研究的经典之作。

明恩溥被看成是19世纪末20世纪初的中国问题专家，他的有关中国的著作，在美国乃至整个西方世界风行一时，对近代西方的中国观产生了很大的影响。

19世纪下半叶西方人对中国人国民性的研究和议论，由于他们受到殖民主义思维模式的限制和影响，并且也由于研究手段和理论观念的局限性，总的说来还是很表面化、浅层次的，并且带有很大的片面性和民族偏见、民族歧视色彩，虽然他们力图走进中国人的实际日常生活，从中国内部观察中国和中国人。但是，他们也确实指出了中国人国民性的某些特点，为中国人的自我认识提供了一定的借鉴和参照。到20世纪初，国民性研究已成为中国学术界的一个热门课题。

传教士与西方汉学

19世纪以来传教士对中国的研究，是有史以来第一次大规模的非儒家文化圈的知识分子对中华文化的探究。正如他们的前辈耶稣会士们一样，他们对中华文化的关注、研究和介绍，也再次推动了西方汉学研究的兴起和发展。第一位来华的新教传教士马礼逊直接推动了英国的汉语教学和研究。卫三畏回国后在耶鲁大学担任中国语言和文学教授，开始在美国的高等学府开设中国问题的课程和培养美国汉学家。1896年，傅兰雅担任美国加州大学东方语言文学教授。理雅各则在1876年成为牛津大学第一任汉学教授。1924年，卫礼贤返回德国任法兰克福大学中国文学及文化讲座教授，并且创办了中国学院。上述几位著名的传教士，同时也是当时享誉国内外的汉学家，而且，这个名单可以列很长，包括丁韪良、古伯察（Évariste Régis Huc）、明恩溥、花之安、裨治文等，他们在对中国的语言文字、历史文化、民俗风情以及中国国情等方面的研究都有开创性的成绩。

我们看到，19世纪的汉学无论是从规模上还是从研究的深度上，都比以前有很大的进步，其中传教士的工作功不可没。如果我们列举19世纪后半期至20世纪初有影响的汉学著作，可以看到，其中大部分都是传教士的研究成果。

进入19世纪以后，西方人的中国观发生了重大的变化。这种变化突出地体现在传教士对中国的看法中，他们对于中国和中华文化的看法是这种变化的集中反映。首先，经过几百年的积累，西方人已经具备了一定的关于中国的知识，这当然包括他们前辈们的贡献，此外还有许多商人、外交人员以及旅行者对于中国的介绍和评论。至少可以说，他们每个人到中国来的时候，都是有一定的知识储备的。其次，他们具备除了宗教神学以外的专业知识的训练，具备现代科学特别是社会科学方面的研究方法的训练。这为他们持有对中国的研究提供了科学的研究工具，而不仅是感性的印象。再次，由于中国在这个时代已经进入封建社会的末期，甚至进入社会大变革的时代，这个社会肌体的许多病症、弊端、问题都比以往更充分地暴露出来，使这些传教士能够看到了中国社会的另一面，而与之相反的是，西方资本主义正处在蒸蒸日上的时期。这种比较对于他们来说可能是很深刻的。因此，他们持有的西方优越感和西方中心论要比他们的前辈多得多。最后，也是他们的前辈所不具备的，就是他们能够深入中国的内地，他们的传教区域几乎遍布中国的各个省区，包括广大的内地乡村，他们直接与社会各个阶层的人民有广泛的接触。这样，他们对于中国社会实际的情况可能了解得更全面、更具体也更深刻。

第二十七章　西方发现中国的另一面

19世纪后期和20世纪初，有一些西方的旅行家、观察家、记者等到中国来，对中国进行实地考察。有一些探险家和考古学家致力于中国古文化的研究，中国的古老艺术获得了在世界展示的机会。与此同时，移居海外的中国人也为中华文化的传播作出了贡献。

走进中国的观察家

在近代西方人对中国的看法中，有一些比较消极的看法。但是，这只是一部分人的看法。包括那些在华多年的传教士，他们当中也有许多人对中国历史和文化进行了比较深入的研究，对中华文化的博大精深由衷地赞美。

19世纪是西方的工业文明高歌猛进的时代，是资本主义和现代化大发展的时代。与此同时，欧洲各国出现了浪漫主义思潮。在浪漫主义思潮流行的时候，有些思想家和作家在对西方工业文明的批判中，又在东方情调背景下想象中国。于是，被黑格尔理性主义贬低的中国及其文化又进入他们的视野，他们在对工业文明厌倦的同时，向往到东方去寻找田园诗般的乐园。东方文化特别是中华文化，就成为浪漫主义思潮下对工业革命后果进行批判的一种参照物，成为西方人认识自我的一个“他者”。

在19世纪后期和20世纪初，还有一些西方的旅行家、观察家、记者等亲身到中国来，对中国进行实地的考察。威廉·埃德加·盖洛（William Edgar Geil）是20世纪初美国著名的旅行家和地理学家。在盖洛生命的最后20年，他与中国结下了不解之缘。实际上，中国是他最神往的国家。他曾4次到中国长途旅行，对中国的长江、长城、十八行省省府和“五岳”等名山大川、城市建筑等进行了广泛而深入的考察。在旅行途中，他受到各地官员的款待和教会的接待，与各阶层百姓接触，拜访当地的文人学者，收集典籍方志，参观名胜古迹，采集民风民情，使他有机会获得大量的有关中国民情的第一手资料。在考察过程中，盖洛注意考察和记录中国社会各阶层的新变化，展现了20世纪初清朝灭亡前夕真实的社会图景。他是早期系统考察长江流域人文地理的少数西方人之一，也是世界上第一个全程考察长城、中国十八行省首府和五大名山的人文地理学家。盖洛的这些考察成果，最后集结出版为《扬子江上的美国人》《中国长城》《中国十八省府》和《中国五岳》4部著作。盖洛的这4本书中所包含的近500张老照片、图片、拓片和地图加在一起，展现了在清末和民国初年时期中国文化、民俗、社会各界人物和地理风景的独特历史画面长卷。

罗斯（Edward Alsworth Ross）是美国社会学奠基人，曾在斯坦福大学和威斯康辛大学任教。1910年，罗斯来到中国，他从华南到华北然后再到西南，进行了一次长途旅行。回国以后，他写作了《变迁中的中国——东西方文化在中国的冲突》一书，成为辛亥革命前夕西方人观察中国的代表作。书中主要记录东西文化在中国的冲突，作者对中国当时各方面的状况进行了独到的观察，并阐发了一些有趣见解。其对中国人口、环保及禁烟等问题的议论，极有预见性并富史料价值。

西德尼·戴维·甘博（Sidney David Gamble）是美国社会经济学家和摄影家，终身致力于中国城镇和乡村社会经济问题的调查和研究。1908—1932年，甘博先后4次到中国，和中国结下了不解之缘。1917年6—9月，甘博同两个同伴一起，从上海出发沿长江而上，长途跋涉，深入四川省西北部羌族和藏族居住的边远山区，总行程超过6500千米，拍摄了3000余幅关于中国内地人民的生活、劳作、文化和风俗的照片。旅行结束后，甘博作为一名志愿者，主持了对中国北方城镇和乡村的社会经济调查，成为西方在中国引进社会学教育和开展社会学工作的先行者。

他对中国的城乡作了广泛的社会经济调查，其成果发表在《北京的社会调查》《北平市民的家庭生活》《定县——华北农村社会》《1933年之前华北乡村的社会、政治和经济活动》和《定县秧歌选》5部著作中。甘博用他自己拍摄的照片为他的每一本社会经济学著述配图。这些高质量的照片提供了中国城镇和乡村生活影像，令人印象深刻，与著述中细腻的文笔相辅相成。其中《北京的社会调查》这部著作出版后，受到美国哲学家杜威的称赞。杜威在此之前刚刚从中国回到美国。杜威称这部著作是“对中国进行深入研究的不可缺少的一本书”。他指出：甘博的著作“从基督教徒的观点出发，无疑是所有外国传教区中所作的最好的一份社会调查”。

恩斯特·柏石曼（Ernst Boerschmann）是德国建筑师、旅行家和摄影师，他对中国古建筑的考察和研究在当时和后来都产生了很大的影响。1902年，柏石曼首次途经印度来到中国。在中国的两年间，他参观了北京、天津、青岛等地，特别是北京的碧云寺和天坛等处将中国传统哲学和宗教与建筑艺术形式完美结合的特点给他留下了深刻印象，使他产生了全面考察中国古建筑的设想。在他写给德国政府的报告中，他记载了在访华期间所观察到中国建筑和与建筑相关的文化背景的一些鲜明的特点，并且提到了对中国上至皇宫、下至民居以及教育、娱乐、宗教等各种建筑形式的关注，以及这一专题研究对于保存人类文化遗产的重大意义。

柏石曼的这一计划得到了德国政府的支持。1906年初，柏石曼以德国驻北京公使馆官方科学顾问的身份重返中国，考察中国的建筑艺术。1906—1909年，柏石曼从北京开始，穿越中国12个省，行程数万里，历时3年的时间，拍下了数千张皇家建筑、宗教建筑和民居等照片。柏石曼回国以后，根据考察所获的资料，连续出版了至少6部论述中国建筑的专著。在这些著作中，他用精确的测绘图对各种建筑加以直观的描述，并配以各种图片、照片，甚至中文原文来进行解释，还引用了大量刻在建筑物上的诗歌和对联，及其历史和宗教内容，并且对各个寺院的宗教生活进行了生动的叙述和阐释。

除了上述这些旅行家、观察家，还有许多西方的记者来到中国，这些记者对向西方世界介绍中国做了大量的工作。

英国的《伦敦新闻画报》是世界上第一份将图片作为主要报道形式的新闻周刊。从1857年开始，该报最早的一批职业记者兼画师开始进入北京。从那时起，凡是在中国发生的一些重大事件，如第二次鸦片战争、太平天国运动、甲午战争、中法战争、义和团运动、八国联军侵华、日俄战争、辛亥革命、军阀混战、北伐战争、抗日战争等，都有该刊特派画家兼记者的现场目击报道和大量图片、文字资料。这些记者兼画家还特别关注中国的风土人情、生活习俗以及社会各方面的情况，他们描出了一幅19世纪中晚期的中国全景式纪实长卷。

在清末民初活跃在中国的外国记者中，最著名的是英国《泰晤士报》驻华首席记者莫理循（George Ernest Morrison）。他在中国长达17年，亲历并报道了一系列重大事件，并且对中国政局产生过一定影响。莫理循在清末民初亲历和参与了中国近代史上许多著名事件，如戊戌变法、义和团运动、八国联军入侵、日俄战争、辛亥革命、民国成立、袁世凯窃国、巴黎和会，等等。莫理循在20世纪初的北京政坛与西方新闻界，都是最重要的“中国通”。他的报道成为当时西方了解中国政局最权威的信源。

西方探险家在中国的活动

19世纪上半叶，世界大部分地区经过探险、考察，自然地理面貌已基本清楚，但亚洲腹地，特别是中国的西部地区，对于欧洲人来说，仍然是一个神秘的王国。在当时西方人绘制的地图上，这里的地形地貌仍然是一片空白。于是，西方各国的探险家纷纷走向那些没有被发现的地带。到19世纪末20世纪30年代，俄国、英国等国的探险家开始深入亚洲腹地，对中亚和中国西北地区进行探险活动，出现了中亚探险考察的高潮。包括我国新疆、甘肃、内蒙古、西藏等地在内的中亚细亚地区受到了世界的特别关注，英、法、俄、德、美、日等国频繁派遣探险队、考察队前来进行探险考察活动，广泛搜集地层、地质、地文、水文、气象、交通、矿产、动物、植物等各方面的资料，甚至进而深入中国的东北和西南地区。

1899年，在罗马召开的第12届国际东方学家大会上，在俄国学者拉德洛夫的倡议下，成立了“中亚与远东历史、考古、语言、人种探察国际协会”，并在各国设立分会，以推动在中国西北的考古调查。此后，各国纷纷派出考察队进入新、甘、蒙、藏等地区，把发掘沙漠废墟、古城遗址和佛寺洞窟中的古代文物，作为他们的主要目的。在这期间，西方各国在中国西部地区进行了70多次大小规模不同的考察活动。这些以科考、传教、考古等为由的探险活动，其动机是科学研究的兴趣和政府的政治意图交织在一起的。欧洲探险家、博物学家、考古学家等留下了大量的旅行日记、调查研究著述。随着上述各种著作在欧洲各群体中的传播，中亚也逐渐被世人所知。

其中比较著名的是俄国探险家、考古学家科兹洛夫（Пётр Кузьмич Козлов）在1899—1901年的中亚探险，特别是他在1908年对甘肃居延附近西夏古城黑水城的发掘。这是俄国人在中国的探险考察中最为引人注目的发现。俄国早在19世纪80年代末期就萌发了对古代中亚的兴趣。在柯兹洛夫之前，许多的俄国研究者就已经开展了考察。黑水城是西夏到元代的一座边防古城，为从中原往北连接蒙古和南俄草原丝绸之路的要道，始建于西夏时期，约在明代初因战争和自然条件恶化等原因而废弃。1908年，科兹洛夫领导的俄国皇家地理学会考察队来到黑水河，在当地蒙古人的帮助下，到达这座被称为死城的唐古特人的黑城遗址。他们在这里进行了为期两周的考古发掘，找到了大量他们认为有价值的遗物，然后将所获文物寄回了俄国，并通报了有关发现黑水城及在这里发掘的情况。之后，他们在一座距西城墙4千米的佛塔地宫内发现各类文书24000多册，佛画500多幅，其中包括西夏、宋、辽、金、元各朝遗存的汉文、藏文、回鹘文、突厥文、叙利亚文、女真文、蒙古文书籍和文稿，有文牍、地契、版画、星相、占卜等珍本，还有罕见的元代纸币宝钞，其他文物不计其数，共装了40驮。这些文献和文物数量相当庞大。用科兹洛夫自己的话说，他们发现了“一座保存完好的图书馆”。

考察队带回俄国的黑水城文献，内容十分丰富，有8000多个编号，系中国中古宋、夏、金、元时期的写本和刻本，其中绝大部分是西夏文文献，也有相当数量的汉文及少部分其他少数民族文字文献，距今已有700—900年的历史，均属珍本、善本和孤本。这些文物于1909年秋运抵俄国圣彼得堡地理学会所在地，并于第二年进行了公开展览，使当时的整个欧洲为之震惊，并成为20世纪中国继甲骨文、汉简、敦煌文书之后又一次重大文献发现。这次发现几乎奠定了近代西夏学研究的基础。

19世纪末20世纪初到来的探险家瑞典人斯文·赫定（Sven Anders Hedin）在新疆考察探险中，最重要的是在1900年发现楼兰古城。楼兰是古代西域重镇，位于通往丝绸之路南道的要冲。楼兰道被认为是当时东西方交通的生命线。汉朝军队在此道上修筑亭障、烽燧，以保障道路交通的畅通。赫定仔细勘察了这座与世隔绝的古城遗址，并进行了考古发掘。最后，他将发掘的古物用9头骆驼运载回去，请考古学家和历史学家们做鉴定。德国语言学家希姆莱在研究佉卢文木简时，发现文中多次出现“Kroralna”这个词，由此推断出这座古城就是湮灭千年的楼兰。楼兰遗址的发现，是赫定探险活动中最具有历史意义的事件。

斯坦因（Marc Aurel Stein）是英国著名探险家。在英国和印度政府的支持下，他先后进行3次中亚探险。在1907年他第二次到中亚探险时，他来到敦煌莫高窟。敦煌莫高窟如同一个文化百宝箱，是多种文明长期交流交融的结晶，具有多元文化特征，其中也保存着解读古代中国文化发展历史的密码。斯坦因从看管莫高窟的王道士手中购得藏经洞出土敦煌写本24箱、绢画和丝织品等5箱。这些出土文物经过1年零6个月的长途运输，于1909年1月完整地抵达伦敦，入藏英国博物馆。

这次考察后，经过清理，斯坦因携回英国的卷文完整的有7000件，残缺的6000件，还有一大批其他文物。这是敦煌文物首次大规模地流失国外。斯坦因在英国皇家地理学会做了一次报告，介绍敦煌遗书的发现，立即在欧洲学术界引起强烈的轰动，欧洲从此开始了对敦煌的关注和以后多次的探险。斯坦因撰写了《西域考古记》《古代和田》和《亚洲腹地考古记》等著作，由此诞生了国际性的敦煌学。

保罗·伯希和（Paul Pelliot）是法国著名的汉学家、探险家。1905年，斯坦因中亚考古新发现的消息传入欧洲后，1906年，伯希和受法国金石和美文学院及亚细亚学会的委派，到中亚进行考察。1908年，伯希和到达敦煌。他一面开始对所有洞窟进行编号、测量、拍照和抄录各种文字题记，一面和王道士进行交涉。伯希和流利的汉语很快就博得了王道士的好感，3月3日，伯希和就被引进藏经洞，被允许在洞中挑选。伯希和用了3周时间调查了藏经洞的文件，他给自己订立了几条选择标准，即：一是要标有年代的，二是要普通大藏经之外的各种文献，三是要汉文之外的各种民族文字材料。最后他选出最有价值的文件2000余卷，此外还有200多幅唐代绘画与幡幢、织物、木制品、木制活字印刷字模和其他法器。王道士最后同意以500两银子（约90英镑）的价钱把这些文物卖给伯希和。因为斯坦因不懂中文，他带走的文件中可能有一些价值不高的东西。与之相比，伯希和通晓包括中文在内的13国语言，所以他选出的文书都是精品，其中包括新发现的唐代新罗僧人慧超所著的《往五天竺国传》。同时他们还详细查看了所有洞窟，对每个洞窟作了描述，特别是详细记录了洞窟中的壁画题记。他们所拍摄的莫高窟的照片有着重要的史料价值。

继敦煌藏经洞被发现后的10多年里，英、法、俄、日、德、美的一些汉、藏学家掠夺了一大批文献、文物，并在洞窟内外拍摄了大量照片。此后，各国出现了对敦煌文化的研究，并形成了敦煌学这一国际性的学科。

斯坦因、伯希和以及俄国、日本的探险家都从敦煌带走大批文书和其他文物。这些文书和文物分藏在英国、法国、俄国、美国和日本等国的博物馆、图书馆中。据有关方面统计，各国分藏敦煌文书的数量是：英国13700件、法国约6000件、俄国18943件、日本约1000件、美国25件、德国3件、丹麦16件、中国约18500件。总数不少于58187件。

在世界上，法国在敦煌学的研究方面处于领先地位。既有伯希和所获的丰富藏品，又有雄厚的研究传统，从沙畹以来的汉学大师，如伯希和、马伯乐、戴密微、谢和耐，以及藏学、中亚学的顶尖人物，都对敦煌学有或多或少的贡献。英国图书馆和博物馆是收藏敦煌文献和绘画最为丰富的地方，因此，英国在很长时间里拥有像魏礼（A. Waley）、恒宁（W. B. Henning）、贝利（H. W. Bailey）这样的整理敦煌绘画和汉文、粟特文、于阗文文献的大家。在日本，1909年《朝日新闻》登出内藤湖南的《敦煌石室发见物》一文，被视为日本敦煌学的第一篇历史性文献。神田喜一郎（研究文书）、羽田亨（研究历日、景教经卷、西域文化）、腾枝晃（研究归义军）、松本荣一、结诚素明（研究壁画）等都是敦煌学相关领域著名的学者。

中国艺术在世界的展示

17—18世纪的来华传教士们主要翻译的是中国学术经典，包括儒家学说的代表性作品如“四书”等。中国最早流传到欧洲的文学作品是《赵氏孤儿》和《好逑传》。18世纪翻译的小说数量有限，但开启了中国古典小说西译的风气，选译的小说题材和体裁集中在才子佳人小说和话本小说，译者以在华传教士、商人和欧洲教士为主体，是中国古典小说西译的滥觞。

19世纪中期以后，西方的传教士和汉学家开始注意到中国的文学艺术，包括古代诗歌和小说等陆续有不少被翻译成欧洲各国文字并得以流传。中国古代诗歌在19世纪后半期的法国就有好几个选译本流传，并对法国的诗歌创作产生了很大的影响。一批优秀的欧洲汉学家投入中国小说西译的事业中，促进了中国小说西译的渐次拓展，选译的小说题材日益多样，新的翻译载体也不断问世。19世纪后期，不仅翻译的小说数量大幅度增多，外文报刊这种古典小说西译的新载体也风行一时，古典小说译文选集的编纂及译本体式也不断完备。

最初，中国古典小说译本的载体不外乎两种，或收入综合类书籍发行，或以单行本出版。19世纪出现了3种新的载体：外文报刊、中国古典小说译文选集和作为汉语读本的中国古典小说译本。

19世纪中期以后，中国古典文学名著进入译者的视野，如《红楼梦》《水浒传》《西游记》和《金瓶梅》等皆在这时被首次翻译成西文。其译文大都为小说某些章节的选译，或登于外文报刊，或收入综合性书籍，或以单行本的形式发行。

从19世纪中叶开始，中国在国际展览会上展出自己的博物藏品和产品，也有助于西方人对中国人的社会生活和文化有一个比较直观的、具体的认识。

最早在英国和美国展出中国艺术品的活动是美国商人内森·邓恩（Nathan Dunn）举办的。邓恩曾经在中国生活过14年，从事中国贸易活动。在中国期间，他收藏了不少中国人日常使用的包括中国乐器、戏装和道具在内的1000多件物品，并把它们带回美国。1836年，费城博物馆指定邓恩为董事会董事，邓恩投资兴建了一座新的博物馆建筑，他用第一层展览他的收藏品。1838年，他开设了向美国民众开放的“中国博物馆”，配有长达120页的图录介绍《万唐人物》。这个展览让美国的民众第一次从视觉感官上对中国有了一个认识。

1841年，《万唐人物》在英国伦敦海德公园角的一个宝塔式的礼堂“唐人馆”展出。唐人馆分为8个陈列室，分别展览来自中国的展品。

1846年12月，一艘木帆船“耆英号”商船在香港扬帆起航，踏上了比郑和宝船更漫长的航程。“耆英号”原为一艘往来于广州与南洋之间贩运茶叶的商船，由一位英国商人购买到香港并进行了改装。船员包括30名中国人及12名英国水手。这艘船有一个非常吸引人的交谊厅，墙壁和天花板上都贴有图案漂亮的墙纸，墙上挂满了卷轴字画，还有许多形状和大小各异、用不同材料做成的灯笼，灯笼架上精雕细琢，并因镀金而显得富丽堂皇。房间里还有各种家具、雕像和古董，展现出浓郁的东方风情。因此，这艘船实际上就是一座流动的“中国艺术博物馆”。

1851年5月1日至10月11日，伦敦举办了“万国工业产品博览会”，以显示处于工业革命巅峰状态的英国在经济和文化方面的雄厚实力。这通常被认为是首届世博会。这次博览会的重点在于展示英国在工业方面的最新成果，同时也包括来自世界各地的轻工业和手工业产品。博览会曾向中国发出了邀请，但没有得到清政府的回应。一些在中国的英国商人自己组织了一些中国商品赴伦敦参展。这次博览会展出了中国的青铜器艺术品，嵌有图案的木器、瓷器、漆器等，还有中国人使用的印染材料、丝绸、织锦、刺绣及其他纺织品、蓝靛和茶叶、棉花、药材以及其他农产品。而当时，“耆英号”上的一位中国人希生，被邀请出席了开幕式，成为世博会历史上的第一位中国嘉宾。

以后，中国参加过多次世博会，它成为向世界展示中华文化的一个窗口。

早在19世纪中叶西方人来到中国的时候，就开始对中国文物的搜集和劫掠。来中国的外交官等人员纷纷在琉璃厂和庙宇集市上从古董商人那里购买中国文物。其中取得最多研究成果的是在英国驻北京公使馆担任随员的斯蒂芬·布舍尔（Stephen Bushell）。1904—1906年，他出版了两卷本的《中国艺术》。他通过研究在北京所见到的瓷器以及对《陶说》的翻译，图文并茂地解释了中国瓷器的生产过程、不同时期生产的不同瓷器品种、不同生产地点和不同朝代瓷器特有的形制风格等。1897—1904年，布舍尔的分类法成为包括沃特和摩根收藏、维多利亚与阿尔伯特博物馆以及大英博物馆在内的一些公共收藏和私人收藏的标准。布舍尔搜集的中国青铜器，最后卖给了英国维多利亚与阿尔伯特博物馆。他还为英国和美国的一些收藏家搜集中国文物。

传教士约翰·福开森（John Calvin Ferguson）是美国的中国文物收藏和鉴赏家。他自1886年来华传教，在中国生活了60年，是北京琉璃厂古玩店的常客。他收集了大量的中国文物，涉及书画、瓷器、玉器及青铜器等，每隔一段时间，就往美国运送一批文物。他总共往美国运了多少文物已经无法查清。1916年，他一次就卖给宾夕法尼亚大学博物馆30幅中国古画，其中包括《明皇幸蜀图》的明代摹本、唐寅《贤士雅集图》等。

美国东方学家劳费尔（Berthold Laufer）20世纪初参加由美国资本家出资组织的中国探查队，在中国探查、收购文物，前后所得，大约有19000件各类文物，其中包括3336件石刻拓本。这些石刻，从年代上说，上起先秦，下至晚清；从种类上说，包括碑志、造像、摩崖等，应有尽有。其中有一些原石也被一起收购，携回美国。这些珍贵文物和文献都保存在芝加哥菲尔德自然史博物馆。

有外国学者指出，随着大量的珍贵文物的外流，外国的艺术品商人也开始出现在北京和一些主要通商口岸。到19世纪90年代末，中国艺术品从北京和通商口岸流向欧洲及北美艺术品市场的渠道形成了；有关各种中国艺术品尤其是瓷器的标准化知识体系也建立起来了；越来越多的有关中国器物鉴赏的权威人士和展示中国器物的场所出现了。

1860年10月6日，英法联军占领圆明园。从第二天开始，英法联军军官和士兵就疯狂地进行抢劫和破坏。英军将抢夺到的最珍贵的文物送给了英国女王，这些中国国宝秘籍，后来成为大英博物馆的专藏。法国侵略军将掠夺来的中国国宝秘籍，全部装箱，运回法国，将大部分作为礼物进献给欧仁妮皇后。这部分珍宝现收藏在枫丹白露博物馆。从目前所存信息看，散失在国内外的各类圆明园文物至少有150万件。目前，美国、日本、西欧各国博物馆很多都收藏有圆明园珍贵文物。

圆明园的这些珍贵的艺术品流传到英法等国后，使西方人大开眼界，他们第一次见识了中国皇家的艺术珍宝。法国学者雅克·布洛斯指出：从1860年起，大家才开始了解真正的中国艺术，即其历史上的艺术。正是在这个时代开始形成了第一批大型中国艺术收藏中心。

“海水到处，就有华人”

在漫长的历史岁月中，不断有中国人走出国门，漂泊或移居世界各地。他们把中华文化的优良传统和民族精神带到那里，以自己的智慧和勤劳艰苦创业，为当地的社会经济文化发展作出重要贡献，树立起华人的崭新形象，受到世人的瞩目和尊敬。海外华人，是一座传播中华文化的生命之桥。

中国人很早就开始了向海外移民的历史。但是，从总体上来说，19世纪中期以前中国人移居海外的数量和规模还是不大的。远自汉唐以来的历代政府从来没有出台过鼓励移民的政策，对出海的侨民，出海前加以禁止，出海后认为是“化外之民”。特别是明清两朝曾实行过“禁海”政策，致使中国人移居海外有相当的困难。直到19世纪中期以后，中国人向海外移民的涓涓细流在多种原因的刺激下，演变为以“苦力贸易”为主流的出国潮。

散布到东南亚、澳洲、南北美洲各地的华工对他们劳动所在的各地作出了巨大的贡献。他们与这些地方的人民一起以辛勤的劳动促成当地的经济建设和社会发展。美国学者伊罗生指出：“他们形成了一整套形象、惯例和概念，这些如今已被牢牢地固定于美国人的民间传说和文学作品中。”与在美华人接触的经历，是“当今美国人的心目中对中国人的主要印象和情感的一种来源”。

从19世纪70年代开始，陆续有成批的莘莘学子负笈海外。这些留学生有的学成回国效力，也有的因种种原因而留居异邦，成为海外华人的一部分。在中外文化交流的坐标上，他们承担的主要任务，是学习、吸收和引进西方先进的近代科学文化，成为西学东传的一座桥梁。他们在传播西方文化，推动近代中国社会和文化的变革与发展，促进中国的现代化运动方面，起到了相当大的作用。另一方面，由于他们在国外生活多年，其中有些人定居异邦，也在一定程度上起到了向海外介绍、宣传、传播中华文化的作用。

总之，随着中外交通的不断延伸、中外经济文化交流的不断开展，陆续有中国人的踪迹出现在海外。海外侨胞常说：“海水到处，就有华人。”这句话说明了海外华人的人数之众，也说明了他们的踪迹之遥。可以这么说，世界五大洲，几乎没有华人没到过的角落，因而，华人有“日不落的民族”之称。中华民族的伟大文化创造，也由他们携带、传播到世界的各个地方，促进着中华文化与当地文化传统的交流、渗透和融合，共同创造着人类的文明。

中国人移居海外，与当地人杂居共处，也就开始了与他们互相同化融合的过程。由于自古至近代向海外移民的多为男人，所以这些海外华人多与当地女子成婚，安家立业，落地生根。这种现象在东南亚地区尤为普遍。华人与当地女子通婚所生的子女，一般被称为“土生华人”。在东南亚，这些土生华人成为一种特殊的文化群落：他们既有华人的血统，也有当地民族的血统；他们既受到当地民族文化的熏陶和塑造，又接受了中华民族文化基因的遗传；他们既有当地民族的精神面貌和心理气质，又具有中华民族的某些性格特征；他们既有“当地人”的意识，又有“中国人”的意识。

中国人向海外移民对于传播中华文化起到了重要作用。19世纪中期以来，随着大规模的海外移民浪潮，在世界许多地方形成了华人社会，通过移民进行的中华文化海外传播出现了新的态势、新的规模。大批华人背井离乡，在海外异质文化的包围中谋求生存和发展，在逐渐适应当地文化环境的同时，也顽强地保存并承续着中华民族的文化传统。因为中华文化是他们基本的生存形式和生活方式，是他们的精神寄托、精神滋养和精神命脉，是他们与祖国、与民族联结的心灵纽带。所以，生活在世界各地的华人，都把中华民族的民间文化自觉地保存下来。无论走到哪里，他们都会很快地展现出自己的民族风情和文化特色。

散布在世界各地的海外华人，为谋求生存和发展，往往聚地而居，在世界各地形成星星点点的华人社会，建立起各式各样的集生产生活为一体的华人聚居区。这样的华人聚居区被称为“华埠”或“中国城”（Chinatown），而更普遍的称谓是“唐人街”。这种聚居区自成一体，一般都保持着鲜明的中华传统文化的面貌、风格和特色，是海外华人在外邦异质文化的包围中寻找文化和民族认同的一块净土，也是中华文化向世界展示的一个窗口。

海外华人传播中华文化对于居住地文明发展的作用，还在于不同程度地影响了当地的文化语境。东南亚土生华人社会曾创造了一种“中华-马来语”。这种“中华-马来语”不仅在土生华人中使用，而且也在部分当地居民中流行，它在现代印尼语和现代马来语的丰富和发展方面起过很大的作用。大量的华人（以及土生华人）与当地居民混杂而居，在生产和日常生活中交往频繁，接触密切，语言方面的交流是不可避免的。在东南亚各国中，由于华人移民历史较长，华人人口数量也比较大，因而都有借用和吸收汉语以补充丰富本国语言文字的情况。这是中华文化向海外传播、华人在当地文化建设中做出的一项特殊的贡献。

近代以来，大批中国人移民海外，又促成了中国先进的生产和科学技术向海外的一次大规模传播。中国有着悠久的从事农业生产的历史，中国的农业生产技术曾长期居于世界领先地位。近代以来的华人，把中国先进的农业生产技术带到居住国，极大地促进了当地经济的开发。例如华人在夏威夷早期农业开发中发挥了重要作用。夏威夷的蔗糖业是由华人创建的，使甘蔗种植和制糖业成为夏威夷经济发展的支柱。华人在发展当地水稻种植方面也作出了很大贡献，他们挖水渠，开垦沼泽地，围造成水稻田，将大批原先只能种植芋头的小块土地，整治成大片可耕良地，使得夏威夷的稻米生产迅速发展。

在早期赴美的华工中，有一部分从事农业生产，他们对于美国西部特别是加利福尼亚州的农、林、牧、渔业的开发，往往起到先驱者的作用。人们普遍认为，如果不是华工在19世纪60年代到90年代把自己的传统经验带到西部并传授给那里的农民的话，加利福尼亚州今日数百万美元产值的水果业就不会有这么大的发展。可以肯定地说，没有华工，加利福尼亚州的发展就会推迟很久。

海外华人还将祖国许多先进的工艺、手工业技术和科技发明成果传播到世界各地，使中华文化伟大的智慧创造汇入世界各国文明发展的长河，使之成为全人类的共同财富。

第二十八章　走向世界，看世界

19世纪的西学东渐，不仅是西方文化的强势进入，也是中国人主动学习的结果。外来文化的冲击，也使一些先进的中国人开始把目光转向外部世界，去争取了解、认识西方文化，寻找中国重新振兴的道路。他们代表了近代以来中国人向外部世界的探索，代表了中国人走向世界的最初的努力。

近代早期中国人的世界观

晚清时期，西方来华传教士发挥了重要的文化传播作用，其他如西方各国的外交官、商人以及各种侨民，中方聘请的洋员以及在学堂任职的外国教习，都为中西文化交流发挥了各自的作用。而鸦片战争的震撼，外来文化的冲击，也使一些先进的中国人开始把目光转向外部世界，去争取了解、认识西方文化，寻找中国重新振兴的道路。这样，就有了以林则徐、魏源等为代表的最早的开眼看世界的人。

不仅如此，在晚清时期，陆续有中国人走出国门，其中有外交官员、留学生，还有专门出国考察的游历使、考察西方政治的大臣和各级出国考察学习的官绅，以及少数自行出国的旅行者。其中有不少人把他们的所见所闻写下来，成为传递给国人的直接的西方文化的信息。特别是在这一时期的后期，这些走出国门的中国人，成为学习和吸收西方文化的主要渠道。

在古代，中国长期处于世界文明的中枢地位，中国人对自身文化的强烈自豪感和优越感孕育出浓厚的自我中心意识，自誉为“天下”，即当时人眼中的“世界”中心。在近代地理学传入中国之前，中国人对世界构想是以中国为中心，中国人都是以“中国”与“四夷”相对称，也就是用“中国中心”的世界坐标轴来认识世界：“天圆地方”，“天处乎上，地处乎下。居天地之中者曰中国，居天地之偏者曰四夷。四夷外也，中国内也”。中国士大夫的世界观是“中国即世界、世界亦中国”的天下国家观念。

在明末清初传教士传来的西学中，十分重要的一项就是世界地理知识。如利玛窦的《万国舆图》和《山海舆地图》、艾儒略的《职方外纪》、庞迪我《海外舆图说》、利类思的《西方要纪》等，对五大洲、气候带的分布以及各国的政教、历史、人情风俗等做了较为详尽的介绍，向中国介绍了许多崭新的世界地理知识。这些西方知识都是当时中国人见所未见、闻所未闻的，在当时部分士大夫中引起了不小的轰动。然而在相当长的时间内，西方世界地理知识的传播仅局限于很小的学者圈子。即便是相信其说的，如徐光启、李之藻、冯应京等人，对于这些世界地理知识，“亦未能穷其究竟”。梁启超说：“言世界地理者，始于晚明利玛窦之《坤舆图说》，艾儒略之《职方外纪》。清初有南怀仁、蒋友仁等之《地球全图》。然乾嘉学者视同邹衍谈天，目笑存之而已。”

因而，此时近代世界地理观远远没有进入一般有知识的中国人对世界的认知视野。当利玛窦、李之藻、徐光启等人过世后，世界地理知识很快被人所遗忘、失传。当1792年英国特使马嘎尔尼率团来华时，清廷几乎无人知道“英夷”究竟在何方。嘉庆年间，关于世界及周边国家的情况的认识依然相当模糊，嘉庆朝所修《钦定大清会典图》卷八十七的《中国全图》中，包括了中国和诸藩部以及周边的朝贡国，至于中国在世界中的地理位置，甚至在亚洲的地理位置，都没有在地图上反映出来。

鸦片战争前后，西方传教士创办报刊和出版了一系列涉及世界地理历史知识的书籍，传入了新的世界历史地理知识。这些世界史地著作为开眼看世界的士大夫提供了解世界的窗口，并逐渐促使他们在世界观念上发生变化。鸦片战争爆发后，了解外国已经成为一种迫切的需要。因此，一些士大夫积极从事世界形势及各国历史、地理的研究以图筹划出制夷之策。中国近代出现了第一批介绍和研究世界历史、地理和现状的著作，其中以林则徐《四洲志》、魏源《海国图志》、梁廷枏《海国四说》、徐继畬《瀛环志略》等最为重要。据统计，1840—1861年至少出现了22种有关世界史地方面的著作。

这些著作已经在一定程度上把“天下”的概念建立在近代地理科学知识的基础之上，还较为系统地介绍了世界各国的概况，基本上向国人提供了一个较为完整的世界形象。例如，魏源的《海国图志》明确了地球的概念和整个世界的地理构成，介绍了东洋、南洋和欧美国家的简明历史，初步形成了世界政治地理的概念。这些书籍以确证可信的地图地理知识，表明了地球的形状和世界各国的地理位置，证明英、法等并非为围绕中国周边的蛮夷下国，而是远隔重洋、久被隔绝在地球另一端的文明强国。这种新的世界观念，打破了中国人千百年来的中华为天下中心，自以为居“天下之中央”的华夏中心观念，中国人第一次不得不面对列强林立、充满竞争和威胁的世界。

近代世界地理知识和观念的传入，促使先进的士大夫开始摆脱“中国独居天下之中，东西南北皆狄夷”的传统世界地理观，同时也认识到西方人也并非古之夷狄，开始承认西方文明。随着地理观念的变化，还有历史观念的变化，而历史观念的变化，也隐含着关于文明的传统观念的崩坏和转型。这些世界史地著作通过对欧洲列强历史、政事、财政、商务、军事、文化、教育、宗教、风俗等方面的记载，大略地描绘出一种与中华传统文化迥然不同的文明体系，从而表明它们并不是茹毛饮血的野蛮部落，而是已具有发达文明的国家。此时，中国士大夫所看到的西方文化具有了新的时代特征：“坚船利炮”练兵制器的技艺、“天文算术”的自然科学、“以商贾为本计”的经济制度、“凡事会议而后行”的政治制度等。

至鸦片战争发生后，谈到坚船利炮的书籍就更多了，如《海国四说》里详细介绍了轮船、火车及蒸汽车机原理；《瀛环志略》对西方火轮船如何行驶作了一番细致的考察，其最后发出了“船之行也，轮激水如飞，瞬自不见，一昼夜约千余里”和“可谓精能之至”的惊叹；《海国图志》以整整12卷篇幅专门介绍西洋火轮船、洋炮、炸弹、炮台、水雷等的原理、制法、用法。当时的中国出现了研究船炮技艺的热潮，还刊刻了不少这方面的著述。

有不少外国史地著作论及西方“以商贾为本计”的经济制度。这些议论远远谈不上是对资本主义经济制度的本质认识，只能算是一种表面、肤浅、直观的归纳总结，但在千余年来一直有崇尚农本、耻言贸易、卑商贱商传统的中国，则又是颇有见地、值得称道之论了。

这些著作对西方资本主义政治制度也颇感兴趣。林则徐编译的《四洲志》，最早注意了解并介绍西方资本主义政治制度，它向国人介绍英国议会民主制的同时，也概略地提到了美国的资产阶级共和制度。随后《海国图志》《海国四说》和《瀛环志略》等对西方政治制度的介绍不仅远溯西土“声名文物之邦”的亚德纳斯国（即雅典），还扩及欧美数十国，涉及总统选举、议会设置、司法程序、宪法条款以及三权分立等内容。在介绍西方资本主义政治制度的基础上，他们几乎是以相同的言辞对之进行赞美。

但在这时期，士大夫阶层及其他国人对外部世界的理解和认识仍然是很肤浅的。他们并没有把西方文明看作足与华夏文明对等的文明体系，也没有视西方国家为真正平等独立的国家，华夏文化的优越感、天朝上国的意识仍根植于他们的文化思想。中国外部世界仍被冠以“海国”“瀛环”“四裔”之类的华夷观念下的老名称，西方先进科技还是被附以“百工技巧”“艺技”“奇器”等称谓。传统世界观念的根深蒂固，使得这时期国人对世界的认识基本局限于对世界史地的描述，而未能更深入地对西方文明进行分析和探察，也就不会从整体上改变国人对“天下”“世界”的认知。

但是，这些著作所反映的努力却具有开创性意义，这不仅打开了认识世界的一个窗口，而且从根本上来说也是对传统的封建专制制度的一种冲击。

中国人的域外见闻录

19世纪中期以后，有一些中国人以不同的形式走出国门，去亲眼看看一个不属于“天朝帝国”的“世界”。

在这时期出洋的中国人中，有一部分是从事对外贸易的商人或为西方商人、洋行以及外国外交、宗教、文化教育机构团体服务的买办、雇员、翻译。例如福建人林鍼，受雇于厦门美商，1847年6月到美国，工作一年多后于1849年3月回国，并写了一部《西海纪游草》，这是晚清中国人最早的美国游记。又如广东南海人罗森，1854年担任美国培理将军远征日本舰队的汉文翻译，随培理舰队到过日本横滨、下田、箱馆等地，回国后写了一部《日本日记》，是晚清中国人的第一部日本游记。1867年，王韬应英国传教士理雅各邀请，赴欧洲访问，写了许多内容丰富的漫游随录。

清政府向西方各国派遣使臣是这一时期对外人员交流的重点。使节是国家之间交往的重要纽带。自古以来，中国历代王朝都与许多国家、特别是周边国家互派使节，保持着使节往来的关系，往来不断。中国派出的使臣，在许多情况下为发展中外交流作出了重要贡献。他们回国后撰写的出使报告或其他文献，成为中国人了解、认识外部世界的重要渠道。

第二次鸦片战争后，中西之间建立正式的外交关系在事实上已经不可避免，清政府中比较务实的洋务派以比较积极、主动、求实的姿态接受西方事务，应对前所未有的变局，即所谓“今日夷务，在筹未然之防，兼救已然之弊”。近代使节制度在这一历史情境下被当作一种处理中外关系、解决中外矛盾的手段。

1866年，清政府海关总税务、英国人赫德（Robert Hart）请假回国，总理衙门派遣前山西襄陵县知县斌椿与其子广英以及凤仪、张德彝、彦慧3名同文馆学生，随赫德赴欧洲观光游历。他们在英、法、荷、德等9国游历了7个月后归国，这是晚清中国官员走出国门、游历海外的第一次尝试。但斌椿使团主要还是观光考察的性质，并非正式的国家使节。1868年的蒲安臣（Anson Burlingame）使团，是清政府向海外派遣的第一个肩负外交使命的正式外交使团。蒲安臣使团的出使，在晚清政府的外交上取得了很大成功。1870年，天津教案发生后，清政府派遣刑部侍郎、三口通商大臣崇厚率领一个赔罪使团前往法国道歉。这是第一个独立派遣的正式的外交使团。

19世纪70年代，清政府开始直接派出驻外使臣。1875年任命的出使英国钦差大臣郭嵩焘，是晚清第一位驻外公使。1877—1878年，清政府陆续在英、法、德、日、美等国开设了驻外使馆，派遣了驻外使团，还在旧金山、古巴、新加坡等地开设了领事馆，并逐渐建立起一套驻外使领制度。截至1911年，清政府先后在英、法、美、俄、德、奥等19个国家派驻公使，在新加坡、槟榔屿、仰光等世界各地的45个商埠设立了领事馆。1875—1911年，清政府派出常驻公使59人，出驻19个国家，且多为一人兼摄数国使节。

1895年之前，清朝的近代使节制度仍处于创建阶段，派出的使节数量较少，任职时间较长。这些使节大多数为思想比较开明的洋务专家，对西方世界的了解比当时大部分官僚士大夫要多一些，但无人受过正规的外语和国际法训练，仍然深受儒家学说的浸润，且外交官一般并非实官，只是一个临时差事。甲午战后，驻外使臣则以接受专门教育而成长起来的职业外交官为主体。

19世纪70—80年代，清政府还派出一些官员独立地出洋考察、游历和调查。例如1874年，清政府派出陈兰彬、容闳等官员专程到美洲古巴和秘鲁调查华工受虐待状况，力图维护华工权益；1876年，派遣浙海关文案李圭与海关洋员一起前往美国费城参观世界博览会。1879年，徐建寅受北洋大臣李鸿章派遣，到欧洲订购铁甲舰，同时考察了各国工厂。1887年，清政府通过考试，从中央六部下级官员中选拔钦点了12名海外游历使，分别派赴亚、欧、美洲20多个国家，进行了以调查研究外国情况为主要任务的为期两年的海外游历考察。到了20世纪初，又有五大臣出洋考察宪政。

这个时期地方大员也开始派员出国游历考察，如1878年，四川总督丁宝桢派江西贡生黄楙材游历考察缅甸、印度等国。1879年，两江总督、南洋大臣沈葆桢派遣道员王之春赴日本，名义上是观光游历，实际上还负有对日本调查侦察的任务，他回国后写了《东瀛录》。1886年，两广总督派记名总兵王荣和等游历南洋群岛，考察华侨状况。到甲午之后，更出现了大批官绅赴日考察的热潮。

大批人员走出国门，成为早期直接接触西方文化的人。他们走出国门，置身域外，亲临其境，耳闻目睹，切实体察，获得关于外域的直接知识和经验，而这种“开眼”的实际刺激和感触，是坐守国门之内所无法获得的。除了极个别的特例，晚清出洋的国人认识世界的视野都有所开阔，观念都有所更新。他们为所看到的西方物质文明的某些表象感到惊奇和羡慕，诸如都市的繁华、建筑的宏丽、衣食的丰美、住行的便利、机器工艺的精巧、船舰枪炮的坚利，等等，大有如入“宝山”“胜境”“万象争奇，两目尽眩”“泰西富强远迈华邦”之类的感慨。也有一些人，特别是出国考察的官员和知识分子，对异域能够进行更多方面的了解和体察，除物质层面外，视野和思维扩及政习商情、文化教育、宗教信仰、风土人情、历史地理等诸多方面。还有的在对外国情况有比较全面真切了解的基础上，有的放矢地对社会政治制度方面进行实际考察，并能进行较为深刻的理性思考，立意借鉴西方社会政治制度来改造中国。

晚清出国的中国人屡以文字记载出游海外的行程，增广见闻，考察制度，备述异国风情。此类行记，除却少数为事后追忆文章，如容闳《西学东渐记》、单士厘《归潜记》等，余者多沿用日记体。薛福成《出使英法义比四国日记》说其为日记，“即有偶读邸抄、阅新报而记之者，亦因其事关系时局，不能不录”，间或记述道里行程、综述殊域方物制度、抄写重要碑传文献，这几种内容都是在中国古行记中常常出现的部分。

晚清的海外纪行，以官派出使考察的海外旅行所占比例最大。这些出使人员撰写了大量的出使报告和日记，及时地将在外的经历和所见所闻报告给国内。总理衙门除了上奏御览外，还将其中的部分刊刻发行，成为当时国内了解海外各国情况的一个重要渠道。

《漫游随录》插图《法京古迹》

最早的斌椿使团有《乘槎笔记》和《航海述奇》，参加蒲安臣使团的志刚撰有《初使泰西记》、孙家谷撰有《使西述略》、张德彝撰有《欧美环游记》，都是他们出使的记录。郭嵩焘、曾纪泽和薛福成都有出使日记。李圭写了一部《环游地球新录》，记录了参观费城世博会及游历各国的见闻。徐建寅写的《欧游杂录》是中国官员第一次对欧洲近代工业进行深入考察的珍贵记录。1887年的海外游历使，20世纪初出洋考察宪政的载泽、戴鸿慈、端方、李盛铎、尚其亨五大臣，都有考察报告或其他记录。清末有许多官绅赴日考察，他们考察日本新政，涉及的范围很广，从宪政、法律、军事、教育、工业、商业、农业、交通到司法、卫生、监狱，等等。他们撰写了不少调查报告和考察记，为中国改革和建设提供了借鉴和参考。

除官方规定的写作之外，其他海外出游者也多有著述，如林鍼撰有《西海纪游》、王韬撰有《漫游随录》、郭连城撰有《西游笔略》、单士厘撰有《癸卯旅行记》等。戊戌变法失败后被迫流亡海外的维新派领袖康有为、梁启超等周游列国，考察和分析各国政治和文化，撰写游记。如康有为写了《欧洲十一国游记》，梁启超在1902年美洲之行后写了《新大陆游记》。他们的著作为中国人认识世界提供了新的视角和资料。

这些官方派遣的使臣和私人游历者们的著述，数量很大，体裁各异，内容丰富，蔚为大观，成为中国人走向世界、认识和了解世界的重要文献。在技术不发达的时代，使节、旅行家和商人的域外游历见闻，向来是人们知天下事的信息来源。不仅如此，这些游记或日记等文献，开始了中国人对西洋的亲历和描述，对于西方世界，不再只转述西洋人的说法，有了中国人自己对西洋的观察。而在这些观察和记述之中，他们自己的见识和观念也发生了相应的变化。实际上，这些走出国门去体认西学、见过世面的中国知识分子，是一批受过传统教育又走出传统去实地领略西学的人物，是真正看到了海外世界并回头探索中国社会变革的先驱者。

时代引擎：求学海外的留学生

中国大规模向国外派遣留学生，是在19世纪中期以后，也是这个时代西学东渐大潮的一个重要组成部分，是中国人主动走出国门学习世界先进文化的一项重要举措。这些留学生是西学东渐的主要载体之一，是学习、理解和接受西方文化的骨干力量之一。他们学成回国后，在中国的政治、经济、科学技术、文化教育等各个领域发挥了重要作用，在中国社会近代化的变革中发挥了重要作用。

从19世纪60年代开始，李鸿章等人就对留学教育有所关注。1870年冬，曾国藩在向清廷奏请批准开展留学教育的同时，开始筹办幼童留美事宜。1872年 8 月，第一批幼童詹天佑、梁敦彦、容尚谦等30人，由陈兰彬等率领从上海起程，抵达美国，揭开了中国近代历史上出洋留学的新篇章。在此之后三年内，中国幼童按计划分3批到达美国。留美学童一般是先进小学，再进中学，而后入大学，循序渐进。据不完全统计，到1880年，共有50多名幼童后来进入美国的大学学习。其中22名进入耶鲁大学，8名进入麻省理工学院，3名进入哥伦比亚大学，1名进入哈佛大学。他们

首批赴美幼童合影

刻苦耐劳、勤奋好学，有许多人的成绩超过美国学生。

但是，到了1891年，清政府撤回这些留学生。其中许多人还没有完成学业。尽管留学生被中途撤回，不少人还是学到了长技的。他们之中有不少专业技术人才，对后来中国实业的发展起了较大的作用。有些人成为中国近代史上赫赫有名的人物，其中就有京张铁路的设计者詹天佑、北洋大学校长蔡绍基、民国第一任总理唐绍仪等。

此次出洋留学之举尽管遭受了挫折，但留学欧美的风气却从此大开，在这之后的几年，李鸿章就选派了许多官弁、学生前往英、法、德等国学习军事、造船、矿学、法律等不同学科。李鸿章说：留学的“风气渐开，虽未必人人能成，亦可拔十得五”，对国家的建设“不无裨益”。

继幼童赴美之后，福建船政局开始向欧洲派遣留学生。福州船政学堂第一届出洋留学生，其中学习驾驶的12名学生赴英国留学，学习造船的18名学生在法国留学。第一批留欧学生经过3年的学习，于1880年前后陆续回国。1881年续派学员10名，分赴英、法、德三国学习驾驶、制造。1885年派第三批学员34人，分赴英、法两国学习。1897年派出第四批官派留欧学生6人，赴法国进入各工程大学学习。这几批留学生分别在英、法、德三国学习船舶制造、驾驶、鱼雷等技术。他们的年龄都在20岁左右，出国前已经受过5年以上的专业和外语训练，而且留学的目标明确，因此留学的成效比较显著。他们是最早具有先进的科学知识、直接接受西方工程技术教育的中国第一代军事专家和工程师。他们回国以后大都成为海军和陆军的骨干力量，或在实业、外交、教学等各个方面发挥了重要的作用。

晚清新政伊始，两江总督刘坤一、湖广总督张之洞第一次会奏变法事宜，其中一条就是奖励游学，随后的第三次会奏变法事宜中有广派游历的条款。1901年9月16日，清政府正式下令各省选派学生出洋留学。清廷为出国留学的学生制定了许多规章制度及办法，为留学生提供了制度保障。清政府不仅选派官费生出洋留学，同时还鼓励自费留学。与此同时，民间也出现了大规模的“留学救国”热潮。甲午战争后，尤其是八国联军入侵之后，民族危机日益深重，救亡图存成为主流思潮。而出国留学就被当时人们视为挽救民族危亡的途径之一。

这样，在19世纪末20世纪初，上有朝廷的鼓励和提倡，下有留学救国的满腔热忱，于是，出现了前所未有的浩浩荡荡的留学热潮。而在这一时段的出国热潮中，赴日留学成为一时的主流，成千上万的莘莘学子漂洋过海，远渡东瀛，学习日本明治维新以来近代化的先进经验，学习经过日本转译的西学。

在大规模赴日留学的同时，有许多留学生继续赴欧美学习。当时，经过洋务运动，一批近代化的企业已经建立起来，新兴的工矿企业、新式的机器设备等，都在呼唤新式人才。随着留学阅历增多，中国留学人士已经逐渐认识到了日本在科教实力上明显落后于欧美各国。因此，直接到欧美去留学，学习真正的科学知识，就成了许多中国学子的选择。清政府还有意识地规定了欧美留学方针以自然科学为主。留学美国的，以学习工艺实用技术者为多；留学法国和比利时的，多学铁路工程；留学德国的，多学海军。

1902年9月，清政府被迫与列强各国签订《辛丑条约》，向列强赔付白银4.5亿两，史称“庚子赔款”。1908年，美国政府提出退还部分庚款，资助中国学生留学。1909年10月，第一批庚款留美学生50人赴美，这些学生分别进入麻省理工学院、哈佛大学、普林斯顿大学、缅因大学等大学，所学专业大多是化工、机械、土木、冶金及农、商各科。后来的清华大学校长梅贻琦就是其中之一。还有北京高等农校校长金邦正，中国现代物理学奠基者之一胡刚复，以及曾当选中国工程师学会会长的徐佩璜等。第二批庚款留美学生中，出现了胡适、赵元任、竺可桢、胡明复、周仁、秉志、过探先、姜立夫、吴宪、孙学悟等著名学者。1911年初，清华留美预备学校正式成立，简称清华学堂。学生皆由各省选送，再经选拔录取，首届毕业生中有金岳霖、侯德榜、叶企孙、杨石先、汤用彤、吴宓等人，他们后来也都成为各自学科的佼佼者。民国成立后，“庚款留学生”的计划继续进行。1924年美国实施“二次退款”，就是全部退还庚子赔款余额，并于当年9月组成中华教育文化基金会，具体管理这笔庚子退款。1909—1929年，直接或间接接受庚款资助的留美学生达1800余人。

美国的庚款留学计划，受到了其他国家的仿效。英、法、荷、比四国也相继与中国订立协定，退还应付赔款，并设立机构管理使用。

到了民国时期，在各级政府和社会各界的积极鼓励下，出国留学的热潮持续高涨。除了中央政府选派的官费生之外，各级地方政府也出资遣派留学生。在民间广大知识分子中，留学的热情也很高涨，许多经济条件好的家庭也选择自费留学的道路。一些世家大族甚至订立了章程，鼓励族中子弟出国留学。

自留美幼童出国留学之后，留学教育成为中国一百多年来教育的一种重要形式，为中国培养了数以万计的人才。他们分布在各个学科领域，接受正规的西方教育，站到科学前沿，直接与各学科的世界级大师接触，有的甚至成为爱因斯坦、居里夫人的学生。他们成为学习和移植外国先进文化的骨干力量。

留学生是西方科学和学术文化传播的主要载体。从清末开始，早期出国的留学生陆续学成归国，掌握外国语言文字和科学知识的国人日益增多起来，他们积极传播西学，并逐渐取代传教士成了西学东渐的重要力量。进入民国以后，随着留学生的大量回国，他们很快成为传播西学的主体。在几乎所有的学科、所有的领域，归国留学生都担当了西方文化传播者的角色，甚至可以说，现代中国的各个学科几乎都是由留学生建立的，文学艺术的创新和发展也是由留学生来实现的。他们把西方的一些新兴学科（比如说人文科学方面的考古学、人类学、语言学、法学、经济学、政治学、社会学等，自然科学方面的数学、化学、物理学、地质学、天文学、气象学、生物学等）移植到国内来，真正将西方科学整体性介绍到中国来，并使之在中国土地上生根。他们不仅将西方科学首次完整地移植到中国来，而且身为之倡，他们在大学里设置专系、开设课程，创办学术刊物，组织学术团体，使新兴学科很快在中国生根发芽。他们也成为中国近代科学的奠基人。

晚清的西书翻译活动

1897年，梁启超在《论译书》一文中说，“处今日之天下，则必以译书为强国第一义”，并开列出应译的九大类书籍。梁启超的这句话，既是对鸦片战争以后西学东渐大势的一种总结，也是对进一步引进西学的呼吁。在他看来，要实现中国的国家强大与文化繁荣，翻译西书具有特别重大的意义。

书籍交流在中外文化交流史上占据重要地位。书籍是文化记录、保存和传播最重要的载体，中华文化向海外传播，外国文化向中国的传播，都离不开，甚至在有的情况下是主要依靠书籍进行。在19世纪，特别是1860年以后，西书的翻译活动十分活跃，成为西学东渐的主要渠道之一，形成了西书翻译史上的一次高潮。

最初的西书翻译是从传教士开始的。19世纪60年代以后，清政府主动介入西书的翻译活动，成立江南制造局翻译馆和同文馆，作为官方的译书机构。一些官绅也以个人名义为西书翻译出版提供资助。比如伟烈亚力（Alexander Wylie）和李善兰翻译的《几何原本》的全译本，就是在曾国藩的资助下得以出版发行的。

19世纪末20世纪初，商办民间私家出书剧增，译书不再由官方译书机构所专营。甲午战败，国运艰辛，救国之士从日本的崛起中，感受到了西方文明的力量，更欲从译书中寻求救国之道，这使得这一时期的译书活动，呈现出比以往更为绚丽的色彩。到处兴起的译书社团，表明了译书已具有广泛的社会基础。这些民间译书社团，有商务印书馆、译书汇编社、广智书局、教育世界出版社、启新书局、励学译编社、合众书局、翻译学塾，等等。这一时期，译书业在开拓新的读者群方面也取得了可喜的进展，译著的行销量呈明显放大的趋势。

这样就形成了晚清西书翻译事业的三大力量，即传教士、官方译书机构和民间学者。这三方面的力量既有交叉，也有互动，共同推动了晚清西书翻译事业的发展。这个时期的翻译主体从外国传教士逐渐转向中国学者。导致这种变化的主要原因是自近代以来开始创设外国语学校和派遣留学生这两大举措。近代外国语学校，首推京师同文馆，内设英文馆、法文馆、俄文馆，后增德文馆，是中国第一所培养外语人才的学校。此外，各种教会学校和新式学堂也设有外语专业和外语课程，培养了一大批外语人才。更全面的外语人才则是尔后留美、留欧、留日的学生。所有这一切都为近代大规模翻译西方的思想文化提供了广泛的现实基础。

早期翻译的西书以科学技术类书籍为主。翻译西书的目的是向西方学习，当时理解的学习西方文化，主要内容是学习其军事技术和机器制造，也就是自然科学，当时称为“格致”，即声、光、电、化等。此期的译书有算学、测量、汽机制造、水陆兵法、天文学、重学（力学）、化学、光学、医学等。江南制造局译书馆所译的160多种著作中，绝大部分属于自然科学类。据统计，其自然科学译书占80%以上。

19世纪70年代以后，随着与西方的频繁交往，中国外交人员也日渐增多，他们通过在西方国家学习，以及实地观察、亲身体验，逐渐感悟到：西方国家之所以强盛并不全在船坚炮利和自然科学的发达，主要的还是由于它们先进的社会制度和文化，如议会、民主选举、新式学校、自由平等、博爱，于是开始对西方政治、法律、教育、历史等方面感兴趣，并着手翻译，即进入了梁启超所说的“将世界学说无限制的尽量输入”的阶段。这种看法逐渐成为一批有识之士的共识。

19世纪80年代以后，翻译的人文社会科学书籍日渐增多。活跃在19世纪八九十年代的上海广学会的译书80%为社会科学著作。特别是19世纪末20世纪初的民间译书，在选题上主要集中在哲学、社会科学领域，尤其重视翻译那些反映新文化、新政治思想和新社会制度的著作，即梁启超称之为“以政学为先，而次以艺学”的时期。特别是《天演论》《民约论》《法意》《原富》《群学肄言》《穆勒名学》以及《道德进化论》等名著的翻译，不仅为国人带来全新的社会政治思想，更为我国知识界初创哲学、政治学、经济学、社会学、逻辑学、伦理学、美学等学科门类，推动我国知识体系从传统向近代转型，起到了奠基作用。

在20世纪初，译书的来源由以欧美国家为主转而以日本为主。翻译日本著作或转译日本学者译自西方的书籍，契合了译书界“政学为先”“次以艺学”的选题方向。此时期的译坛出现了“日本每一新书出，译者动数家”的景致。

与自然科学和社会科学的翻译相比，近代的文学翻译出现稍晚。甲午战争之前，外国文学作品的翻译仍然很少，已知由中国人翻译、独立成册的翻译文学，只有小说《昕夕闲谈》和长诗《天方诗经》两种。甲午战争之后，翻译文学才陆续出现。1896年，张坤德翻译的柯南·道尔的4篇侦探小说在《时务报》上陆续刊发。1899年，林纾与王寿昌翻译的《巴黎茶花女遗事》正式出版。后者的问世揭开了翻译文学的序幕。20世纪初，翻译文学如雨后春笋，迅速形成繁荣的局面。

在晚清的最后几十年中，形成了强大的西书翻译浪潮，翻译了上千种西方科学技术、社会科学、历史文化、文学艺术等方面的著作。从1811年马礼逊出版第一本中文西书，到1911年，首尾100年，中国共翻译、出版西学书籍2291种。这些书籍极大地丰富了中国典籍的宝库，同时兴起的近代出版事业，使这些西学著作得到广泛流传，对于中国社会向现代化的变革，对于中国知识体系的更新与改造，以及对于中国文化从传统向现代的转变与发展，都发挥了巨大的作用。

晚清西书的大量翻译和引进，大大扩展了中国知识分子的知识空间和阅读空间。为了适应大量西书出现的情况，一些出版机构陆续编辑出版了多种西学汇编资料。这些汇编资料是按照知识分科的架构对中译西书进行分类的，但更意味着是针对传入的西学知识进行二度创造，亦即是知识的再生产，体现了编者对西学的一种认知和接受的选择性倾向。近代西书翻译，要翻译哪些书，先翻译哪些书，并不是随意决定的，而是经过了认真的挑选。比如，在洋务运动时期，为了适应当时急于引进西方科学技术的需要，翻译的西书以西方最新的科学理论和应用技术为多。那时的文化口号是“中体西用”，而所谓“用”，更在于“实用”“急用”，所以人们的关注点多在“西用”的科学技术方面。甲午之后，为了适应维新变法的要求，要以西方的政治制度、社会文化为参照，因而以翻译社会科学理论包括政治学说、法律学说为多。

晚清西书翻译出版的数量是十分巨大的，其无论是从数量之巨还是从所涉及的内容来看，都是前所未有的。这样巨量的西书涌现在中国读者的面前，大大扩展了阅读空间，也对人们的认知结构造成了巨大的冲击。为了适应阅读上的需求，就出现了不少西学汇编性质的资料。这些汇编则体现了对所译西书的再选择。

进入民国，翻译西书仍是西学东渐的重要途径。但与晚清不同，民国时期译书的主体是归国留学生。他们既精通西方语言文字，又对西方文化学术思想有比较深入的了解，因此，他们彻底抛弃了“西译中述”的模式。作为某一学科领域的专家，他们的翻译内容更为丰富和准确。不仅如此，很多对西学有相当了解和研究的思想家和学者撰写了适合中国读者的介绍西学的著作。这些著作对西学东渐起过非常重要的作用。

第二十九章　西风从东方吹来

日本在明治维新以后，迅速走上西方化和近代化的道路，成为东方国家迎接西方文化挑战的一个样板。日本人向西方学习有成效，这给当时主张变革的中国知识分子以极大的启示。19世纪末20世纪初，中国通过派遣学生留日、赴日参观考察、招聘日本教习、翻译日本书籍等途径，学习日本的近代化经验，构成了近代中日文化交流史上壮观的场面。

日本近代化对中国的刺激与启发

在甲午战争之前，中国的知识分子中的一些有识之士，如黄遵宪、王韬等人，在赞叹日本维新成效的同时，初步提出了学习西方和日本，在中国进行变法改革的主张。

鸦片战争以来，“师夷长技”的主张逐渐获得人们的普遍接受，特别是19世纪60年代兴起的洋务运动，就是在学习西洋的旗帜下展开的。但是，当时就有一些人看到，日本从中国的巨大身影中迅速转身，更善于向西方学习，成效也更加显著。这背后是日本对世界的认识发生了大转变。曾经在明治维新之后到日本游历的王韬说：“巍巍上国，堂堂天朝，岂反不如东瀛。”一些主张洋务的人士欲急起直追，他们认为中国并非完全没有追上去的条件。

1871年中日缔约后，两国建立了正式的外交关系。但此后，日本几次企图修改条约，获得特权，并先后侵略台湾，吞并琉球。这给清朝以很大的震动和刺激。一方面，清政府对于日本的扩张企图保持警惕，另一方面清政府也提出学习日本的经验。黄遵宪在日本担任公使馆参赞期间，对日本进行了深入的研究，作《日本杂事诗》和《日本国志》，系统地提出向日本学习的想法。中国驻日使馆的设立为中国人东游提供了便利条件，他们联翩东流，耳闻目睹了明治维新后的日本社会情况，留下了一批介绍日本情势的、代表中国人对明治维新最初认识的著述。尽管他们所注重的是记录日本风土人情习俗，但是给来日的中国人印象最深的是日本吸取西方文明，推动富国强兵的政策，他们的著述注目于日本的近代化，反映了当时中国人对明治维新的或保守的持否定的批评，或欣慰地持同情、赞扬的最初态度，虽然他们只是对明治维新作了一些表象的了解和介绍，然而他们的行动对于近代中国人了解明治维新起了积极的先驱作用。

但总体来说，中国从朝廷到民间，对日本没有足够的重视，洋务运动中提倡学习西方，主要是面向欧美，聘请的洋员专家，翻译的西学书籍，学堂里的外国教习，都是源自欧美。

1894年，中日之间爆发了无论是对中国历史还是对整个东亚历史都具有重要影响的甲午战争。日本通过这次战争强迫清政府签订空前屈辱的《马关条约》，勒索巨额赔款，割占中国领土台湾，控制和奴役朝鲜，日本却因此开始“脱亚”，如同欧美列强一样，获得了殖民地帝国的地位。

甲午一战，中国惨败于东邻小国日本，俯首签约，割地赔款，一时举国震动，朝野哀痛。人们痛惑不解：这个孤悬海外、一向不被国人留意的蕞尔小国，怎么一下子变得如此强悍？日本的情形究竟如何？对此朝野上下一片茫然，一时之间关心时务的士大夫文人们无不为此痛心疾首。空前的瓜分危机和迫在眉睫的亡国大祸，强烈地刺激了中华民族的觉醒。广大的爱国知识分子一面愤怒地谴责日本军国主义的野蛮侵略，同时也更加迫切地渴望了解和探究日本得以迅速富强的原因，进而提出了仿效日本明治维新，在中国通过变法维新以救亡图存的主张。因而，总结与吸取日本明治维新以来变法自强的经验教训，便成为19世纪末20世纪初中日文化交流的中心课题。

甲午战争之后，人们看到明治维新带来了日本的强盛，模仿日本变法维新成为一种社会思潮逐步蔓延开来。日本人向西方学习有成效，给当时主张变革的传统知识分子以极大的启示。

甲午战争使中国人惊醒，学习外国的眼界得到新的开拓，不仅要学习欧美，而且还要效法日本，一个学习、研究日本的热潮在中国知识阶层中开始涌动。有识之士开始意识到，以日本为媒介摄取西方近代文明是中国求存图强的最佳捷径。这是因为日本和中国相比，在政治体制、思想意识、历史文化、地理环境、风俗习惯等各方面均有许多共同和相似之处。

他们相信，只要中国仿效日本实行新政，就可以事半功倍，后来居上。

因此，在19世纪末20世纪初，形成了声势浩大的“师日”浪潮。清末中国“以日为师”，大致可归纳为派遣学生留日、赴日参观考察、招聘日本教习、翻译日本书籍4个主要途径。它们各有特点，互为补充，共同构成了近代中日文化交流史上最为壮观的场面。

日本教习对中国新式教育的参与

清政府之所以聘请大批日本教习，主要是在面临晚清的政治变局不得不进行适当改革的背景下，推行教育改革、创建新式学堂的过程中人才缺乏所致。虽然清政府从1896年就开始派遣学生留学日本，甚至在20世纪初还出现了“留日潮”，但在大批留学生学成归国前国内的新式学堂已经大批建立，新式的课程需要大批的新式教员。与欧美教习相比，日本教习的薪水相对较低，既能满足教育的需要，又不会增加太多的财政负担。而且通过聘请日本教习培养本国学生比直接派遣学生留学日本在经济方面更节约，还可避免学生留日后思想控制的困难。

另一方面，日本对清政府的需求作出了积极的反应。甲午之后，日本重新考虑在与西方争夺中国过程中的对华政策，“清国保全论”一度兴盛。这种“清国保全论”，实质上是在“帮助中国”这冠冕堂皇的借口下，排斥其他资本主义国家而独占中国，是用比较隐蔽的方式来推行“大陆政策”。在一些热心参与中国教育事业的日本人心中也存在着真诚地帮助自己邻国强盛的美好愿望，但从根本上来说，日本积极参与中国的教育事业是为了日本的国家利益，这是热心于中国教育事业的日本人清楚认识到的。

在各省陆续开办新式学堂时，在这些学堂里担任新式课程教学工作的教习主要是日本教习。早期日本教习的聘请，并没有通过正式的官方途径，更多的是通过私人间相托，或由清政府的地方大员委托日本方面相关人士推荐。正式聘请日本教习开始于20世纪初，但大量聘请，则是1905年以后的事。科举废除以后，各地新式学堂纷纷创建，师资缺乏的情况非常严重，于是清政府请日本政府代为遴选，但也不是由日本政府直接出面，一般是通过帝国教育会、东亚会或东洋妇人会等民间团体组织推荐遴选。

20世纪初期，新式学堂聘请的教习以欧美国家人士为主，1904年后，大量日本教习来华，在外籍教师中占了绝对多数。据1909年7月统计，405名日本教习分布在直隶、四川、江苏、广东等20个省区，其中，在高等学校执教的占80.9%，保证了当时各级各类高等学校课程得以顺利开设，对缓解当时高等教育师资匮乏的状况起到了一定的作用。

1905年后，中国掀起了一股收回教育权的运动，加之留日学生陆续学成归国，这在一定程度上解决了师资缺乏问题。同时，由于聘用日本教习的薪水高于中国教习、部分日本教习素质低下导致中国人反感、美国退还部分庚子赔款以加强中国文化教育的力量，在华日本教习人数迅速减少，到了1911年，日本教习影响中国教育的时代基本结束了。

虽然日本教习在中国活动的时间仅有十多年，但在中国近代的教育改革过程中，从学堂章程的制定、管理经营，到课程的设置、教科书的采用，以及教师的配置，无不受到日本影响，无不有日本教习参与其间。不仅新教育的主要方式例如学制、课程等直接仿效日本，而且因为由日本教习授课，所以教材也是直接采自日本。日本教习在晚清教育改革过程中扮演过重要的角色，对中国教育由传统走向现代起过积极作用。

大规模的赴日留学运动

甲午之后，中国出现了大批学生涌向日本留学的热潮。这样一个声势浩大的留日热潮，与国内的形势发展有密切关系。反映了中国知识分子要求向日本学习以振兴中华的强烈愿望。亲身到日本留学，直接了解日本改革富强的经验，并吸收经过日本引进消化了的西方文化，成了许多中国爱国有志青年的向往之路。学习日本的成功经验，成为中国知识阶层挽救民族危机的新希望。由于日本政府对中国留学生资格限制不严，无需办理护照及留学证书，加上国土相近，同文同种，且生活及学习费用低廉，日本的教育机关建立了完备的奖学金制度，日本吸引了大批青年学生东渡求学。

清政府对赴日本留学持有提倡和鼓励的政策。张之洞早在1898年就大力倡导留学日本，他在《劝学篇》说：“出洋一年，胜于读西书五年”，

"入外国学堂一年，胜于中国学堂三年"，"至游学之国，西洋不如东洋"。张之洞的《劝学篇》被认为是"留学日本的宣言书"。

1898年戊戌维新变法期间，清政府下令各省督抚选派学生赴日留学。至1899年各省派赴日本留学的已有100多人，其中在日本陆军预科学校学习军事的最多。如1902年3月袁世凯曾一次从北洋武备学堂选派了55名学生赴日留学。1903年留日中国学生已达1300余人，1904年的人数是2406人。

1903年，清政府正式颁发《奖励游学毕业生章程》："对在日本大、中学毕业者经过考试，也授以进士、举人出身。" 1905年，清政府决定停止科举考试，出洋留学成了知识分子的重要出路。清政府还鼓励官费、自费并举，推动了留日热潮的高涨。1905—1906年，留日学生人数猛增到7000多人，中国人留学日本达到高潮。

1907年以后，留日学生人数逐渐出现下降趋势。1908—1909年留日学生降到5000多人，1910年有4000人左右。到1911年武昌起义后，许多关心祖国前途命运的留日学生争相回国，投入革命洪流，留日学生人数骤减到1000多人。

19世纪清政府派往欧美的留学生几乎全是学理工和军事的，可是20世纪初的中国留日学生学习的专业非常广泛，从政治、文史、外语、师范、军事到理工、农医、商业以至音乐、美术、体育，应有尽有，而且以学文科和军事的占多数，其中又以学政法和陆军为最热门。这反映了当时的时代潮流，中国爱国青年渴求学习外国社会政治经济和文化教育制度，寻求救国救民的道路。

留日学生的另一个特点是学习速成科和普通科（相当于中学性质）的较多，真正进入大学本科的不多，能学到大学毕业的就更少了。速成教育乃是日本教育界专为中国留日学生设置的一种教育形式。速成教育是在相对短暂的时间内，专门讲授实用知识和技能，使学生达到快速掌握、学以致用的目的。

在19世纪末20世纪初，从中国赴日本留学的人数先后共计有数万人，有资料说整个清末时期赴日留学生的人数超过10万人。其数量之多、规模之大、学习专业之广泛、开展活动之频繁，在世界各国留学史上都是罕见的。有西方学者认为，这是世界历史上第一次以现代化为定向的真正大规模的知识分子移民潮。费正清则说：“这可能是到此时为止的世界史上最大规模的学生出洋运动。”

20世纪初的留日热潮不仅有力地促进了中日文化的交流，而且对于近现代中国革命运动和现代化建设都产生了很大的影响。清末赴日留学生归国后其中相当一部分对中国社会产生了积极影响，主要涉及社会改革、师范教育、文学艺术及学术研究。

清人对日本的考察

在甲午战争之前，中国人对日本了解得并不多。历代正史中都有《倭国志》或《日本传》，但正史中的《日本传》也是因袭陈说，很少对日本做深入的观察研究。明代以后，有了一些关于日本的记述和研究，这些研究主要是从防倭寇的角度来研究的，而且也不甚了了。鸦片战争前后，中国对日本的了解仍然甚少，魏源的《海国图志》与徐继畬的《瀛环志略》等著作，对日本的认识还是很模糊的。

19世纪70年代以后，特别是甲午战争之后，中国派驻日本的使馆人员，以官方或私人身份赴日本游历考察的人员迅猛增加。他们在游历途中或归国以后，纷纷撰写了游历的日记或笔记，记录了他们在日本考察参观的经历，特别对明治维新以后日本引进西学、变法维新以及社会生活各方面的巨大变化，记录了他们的观察和印象以及相应的感想。其中有些人还写下了大量的游历诗。这些日记或游记通常被称为“东游日记”。

19世纪60年代以后，日本经过明治维新，迅速崛起，取得了巨大的社会进步，方才开始引起中国人的注意。1876年，李圭前往美国费城参加万国博览会，途经日本，在游历了长崎、神户、大阪、横滨和东京之后，留下了一份简短的记录。这就是《环游地球新录》中的“东行日记”一卷。1877年，何如璋以首任公使身份赴日，留有《使东述略》，以日记形式详细记录了他离开北京到东京上任的经过。1879年，王韬东渡日本，由长崎经神户、大阪、横滨，抵东京，前后游历4个月时间，并将此次东瀛之行的所见所闻，撰写成《扶桑游记》一书公开出版。1879年12月，王之春以道员身份赴日游历考察，历时一个月，回国后写成《谈瀛录》。1880年5月，李筱圃赴日游历，历时一个多月，撰有《日本纪游》。1887年11月，清政府派傅云龙、顾厚琨等出国游历考察。次年，傅云龙编成20卷的《游历日本图经》，顾厚琨编成2卷的《日本新政考》。1893年5月，黄庆澄前往日本游历，历时两个月，撰有《东游日记》。

与此同时，还有相关的对日本的研究著作，其中最重要的是黄遵宪的《日本国志》，这部著作代表了当时中国人研究日本的最高水平。还有驻日公使馆官员姚文栋编成的《日本地理兵要》，陈家麟编成的《东槎闻见录》。

自明治初年到甲午战争前，在中国出版的有关日本情况的书有23种。甲午战前的这些游记和著述，论述了日本的有关情形，提供了有关日本历史、地理、社会、民俗尤其是当时明治维新“易朝服，改仪制”的丰富图景，扩大了近代中国人对日本政治、经济、军事和文化状况的了解。如傅云龙的《游历日本图经》调查了日本的天文、地理、风俗等15类169项内容，详细反映了日本明治维新后近20年在近代化方面所取得的成就。黄遵宪的《日本国志》则从各个角度系统地研究了日本的历史和现状，尤其详于日本明治维新后实行的各项制度，可称得上是一部“明治维新史”。

尽管这些日记或游记所注重的是记录日本风土人情习俗，但是给来日的中国人印象最深的是日本吸取西方文明，推动富国强兵的政策，他们注目于日本的近代化。明治维新是当时中国知识分子的日本认知的一个重要内容。这些游记和著作几乎无一例外对日本的明治维新表示了关注。其中不少人对明治维新持肯定的态度，他们赞赏甚至希望中国能仿效日本的明治新政。另有一些人则肯定明治维新在学习西方军事与工业技术、推进工商业发展方面的作用，而反对和否定其改变祖宗成法、效仿西洋政治制度的做法。对待日本明治维新的不同认知，实际上反映了中国知识界对待引进西学、实现社会改革的不同看法。

甲午战争失败后，中国人痛定思痛，学习日本变法维新的呼声几乎成为自上而下的共识。在张之洞等人的建议下，清政府于1898年将鼓励官绅自费赴日本考察列为国策之一。这一时期，中国官绅及各地人员的日本游历考察，有政府的安排，也有个人的行为，蔚然成风。据不完全统计，自1898年至1911年的10余年间，有据可循的赴日考察者就达1195人。他们以积极的心态，对日本的教育、政法、军事、农工商等进行细致的考察，并留下了大批的考察记录。

和留日学生进入大学或高等专门学校集中学习基础知识不同的是，游学官绅多是考察实际政务或学务的。游历考察的内容也由甲午之前的浮光掠影、泛泛之游进入到比较深入的专题考察。他们考察的内容很广泛，从宪政、军事、工业、农业、教育，一直到警察、监狱、卫生等各个方面。他们对日本变法维新、引进西学的各个方面以及教育、工商业等制度实务，进行更为具体的考察学习，作为中国改革的借鉴。

尽管他们考察的时间有长有短，收获有大有小，认识有深有浅，考察归国之后，官员例行向派遣方提交考察报告，以日记体的形式详述在日所见所闻，其他人也都写了考察报告或游记。从1898年至1903年，由中央政府或地方派遣乃至自费赴日考察且有考察成果出版的，在15次以上，人数多达65人，出版的著作近20部。他们在这些著述中，认为日本是一个善于吸取外来文明的民族，如近代对欧美文明，既全面摄取、全面学习，又没有简单模仿，而是结合本国国情加以消化吸收。他们认真思考日本由弱变强的原因，认为日本的许多做法及各种制度是值得中国效法的，日本的政治、经济、军事、教育、文化都是中国学习借鉴的榜样。

一些游学官绅归国后，由于多担任官职或影响一方，在职权范围内迅速地将其在日本学到的先进管理措施，直接应用在司法、体制管理上，对行政管理体制向近代化转型产生了很大的推动作用。如在直隶地区，特别是北京、天津、保定等较大城市，是东游官绅的集结地，他们扮演了十分出色而又不可缺少的西方文化“二传手”的角色，将在日本的所学所见，植入直隶省的司法更新及行政管理、技术引进和实业发展、教育改革和人才培养等方面，大大推进了直隶省的近代化进程。

转贩西学：日文书籍的翻译热潮

19世纪中期以后，中国出现了历史上又一次大规模翻译域外典籍的高潮。不过，在甲午战争之前，中国最主要还是翻译西方的书籍，对日本还注意不多。甲午战争之后，出于向日本学习的强烈愿望，中国社会各阶层人士都认识到翻译日文书籍的重要性。

从1896年开始，翻译日文书籍的热潮迅速兴起。在戊戌变法时期及20世纪初，日文新书新作被大量出版发行。据统计，1896—1911年，汉译日籍共958种，包括了自然科学、人文社会科学领域的绝大部分科目，极大地丰富了西学东渐的内容。

晚清翻译的日文书籍，多数是日本人翻译的西书。明治维新前后，日本人出于引进西方文化的需要，陆续翻译了大量的西方书籍。明治政权建立初期，日本大学和文部省为推动西文书籍翻译事业，大学设立翻译局，文部省设立编辑寮，专门编辑出版教科书。1871—1873年，文部省翻译出版的教科书有政法、经济、化学、物理、植物、地理、农学、地质、医学、军事学、修身学、统计学等。西学之精华，“其要者日本皆有译本，通日文即可博览西文书籍”。中国学者为了引进西文书籍，就从日文译本转译成中文，即等于重译日本所译西书。日文中译成为西学传播的一种捷径。

与此同时，中国学者也翻译了一些日本学者的著作，其中包括日本近代著名启蒙思想家福泽谕吉、加藤弘之、中村正直，著名哲学家井上哲次郎、井上圆了、清野勉、十时弥、大西祝，自由民权运动理论家中江兆民，早期社会主义理论家幸德秋水等人的著作。这些日本思想家、理论家的著作深受中国青年知识阶层的欢迎。

1896年，京师同文馆率先增设东文馆，翻译日文书籍开始受到重视。1897年，梁启超等人“联合同志”创设上海大同译书局，作为维新派的翻译机构，明确翻译对象“以东文为主，而辅以西书，以政法为先，而次以艺学”。规定首译各国变法之书，以备取法；译学堂各种功课，以便诵读；译宪法书，以明立国之本；译章程书，以资办事之用；译商务书，以兴中国商学，挽回利权。上海大同译书局主要翻译日文作品。梁启超还设立了译书公会，翻译西学新书。

当时，从事编译日文书籍活动的主要由四部分人组成：一是留日学生，二是从日本返国后从事专业工作的人，三是在国内修习日文的知识分子，四是少数日本人。留日学生是翻译日文书籍的主要力量。在留日学生中涌现了一大批高水平的翻译人才，为这一时期日文中译书籍的出版奠定了人才基础。留日学生和其他学者为从日文书籍中寻求新思想，并向中国民众介绍，建立译书会社10余个，通过翻译出版日文书籍、主办发行报刊，介绍了大量传入日本的西学和日本近代学术文化。据不完全统计，仅1902—1904年，以留日学生为主翻译的日文书籍就有300多种，占当年中国翻译外文书籍总数的60%以上。

除了以留学生为主的翻译团体外，国内的一些官办、民营出版机构翻译、出版了大量汉译日籍，是从日本转贩西学的重要出版单位。1896—1911年，中国人创办的翻译出版日文书籍的机构多达95家。

在晚清大规模翻译的日文书籍中，有一大门类是日本各类学校的教科书。留日学生的翻译团体，有一些把翻译教科书作为主要任务。有学者统计，1890—1915年汉译日本教科书共计507种。高峰期基本集中在20世纪头10年，此后仍然持续了几年较为强劲的势头。虽然日本教科书并非唯一的译本，晚清民国时期还译介欧美教本作为中国学堂教科书。不过总的来说，汉译日本教科书是中国教科书的主流，汉译日本教科书遍及新知识的每一个学科门类。

这些教科书不但丰富与完备了我国现代教科书体系，而且在教科书的认知策略、编排体例、现代印刷装帧等方面，为现代教科书发展向制度化、法制化迈进走出了可贵的第一步，对中国新式教育起到了很大的示范作用。

日文教科书的大规模翻译，对中国的学科体系建设具有很大的意义。晚清时期，中国人开始接受西方学术分科门类，不同学科门类的教科书及其知识体系不断建构。早期教会学校和洋务学堂引进的西学教科书绝大多数是西方相关领域的学术原著。由于缺乏明确的规定以及相应的学制作保证，当时，即使是同一概念命名的教科书，其涵盖内容也不一致，其中经历了“格致之学”的混乱到“科学之门”的系统与规范。而日本在明治维新之后大量翻译西学教科书，并经过一番磨合，形成了门类科目比较齐全的教科书体系。于是留日学生编译（撰）的教科书站在了一个比较高的起点上，其内容结构较为清晰，名称较为规范，体系构建较为系统，知识归类与划分较为科学。许多教科书后来虽然局部有一定的变动，但整体变化并不大。20世纪初，伴随着留日学生编译的教科书的出版与使用，自然科学及社会科学各学科知识的归类与划分已经在中国确立下来。如数学教科书有代数、几何、算术和三角的划分，历史教科书有本国史与外国史的划分，地理教科书有中国地理与外国地理的划分，等等。各门类的知识都统一归类到各学科教科书之中。留日学生编译的日本教科书还启发中国学者构建了人文地理和自然地理相分野、相综合的知识结构。民国建立后，教育部已经肯定了这种知识分类方式。

汉译日本教科书还帮助传统教本完成了从内容到体例的转型，直接促成了中国近代教科书的诞生。传统舆地学过渡到地理学，朝代纪事转型为历史教科书，自然科学和其他各学科门类的建立，以及近代教育学、伦理学等新学科的形成，无不受益于汉译日本教科书。中国人第一套较为齐备的自编教科书，是文明书局在1903年后陆续推出的“蒙学教科书”。而这套教本所受汉译日本教科书的影响极为明显。参与翻译校订日本教科书的中国学者，很多都是自编教科书的作者，他们修正日本教科书的缺陷，成为中国教科书告别传统教本、走向近代学科体系的参与者和见证人。

第三十章 西学东渐与中国近代思想

19世纪以来的西学东渐，给中国人以强烈的刺激和启示，中国知识分子出现了普遍的“变局观”和深刻的危机意识，也展开了中西文化的大论战，形成了“中体西用”的文化策略，作为解决引进西学与坚持本土文化矛盾的一个思路，将西学在中国的传播逐渐引向深入，也开启了中国式现代化的历史进程。

千古未有之大变局

鸦片战争以后西方文化在中国的传播，与明清之际的西学东渐比较起来，是一次在内容上更全面、规模上更宏大、影响上更广泛的西方文化的传播。所传播的西方文化，既有西方的“坚船利炮”和“奇技淫巧”的技术文明，又有西方工业革命以后出现的工业产品，还有19世纪以后发展起来的近代科学知识，亦有西方近代哲学思想、社会理论和政治观念，更有西方的文学、音乐、戏剧、美术、摄影、电影等艺术形式。由于新式印刷技术的引进，报刊等新媒体的利用，文化传播的范围更为广泛，上至达官显贵，下至黎民百姓，都亲身感受到西方文明的影响和对日常生活的冲击。而对于西方文明的冲击，中国知识分子的感受更为明显、更为直接。他们面对汹涌而来的西学大潮，作出了自己的回应，与之交流与对话，同时以思想的力量，推动着中国社会走进世界潮流，引导着中国社会经济文化等各方面的巨大变革。

思想是实践的先导。近代以来，中国知识分子面对西方文化的冲击和传统社会文化的危机，苦苦地思考，艰辛地探索，提出了许多应对文化危机、实现中华文化变革和发展的方案。这既是积极学习西方文化、与西方文化对话和互动的重要行动，也是实现中华传统文化自我更新与发展的内在需求的积极举措。

鸦片战争是中国近代的起点，是中国与近代西方文化接触以及后来大规模西学东渐的起点。所以，一般的史学著作都把近代中外文化交流的起点推到鸦片战争。在当时，也有一些上层官员和文人学者受到了强烈的心理震动，他们已经认识到外来的入侵可能孕育着巨大变局。因此，他们开始注意研究“夷情”，并且提出“师夷长技”的口号，认识到西方文化特别是技术层面的先进性，提出了学习西方文化的迫切性。

但是，在当时以及鸦片战争以后的一段时间里，这只是极少数人的认识和主张。当时中国朝野的主流看法，认为鸦片战争的失败只是一个偶然的事件，《南京条约》是一个“万年和约”，一劳永逸地解决了与西方的争端，并没有对当时的局势有认真的反思与思考，又回到原来的平静生活之中。这正如林则徐所说，“大有雨过忘雷之意”。这样他们便让自己继续沉睡了20年。

此时介绍世界史地的著作在国内的流传和影响也十分有限。《海国图志》《瀛环志略》等书并未引起士林的太多震动，反而受到一些责难。直到19世纪60年代以后，《海国图志》《瀛环志略》等介绍世界知识的著作才开始在国内受到重视并流行起来。

后人说到这20年，都认为是蹉跎、浪费的20年，是中国错失机遇的20年，比如左宗棠在主持重刻《海国图志》时就曾感叹中国错失了这20年。但是，《南京条约》及其之后的五口通商，毕竟部分地使中国发生了改变。在新开的口岸，传教士可以自由地活动，他们除了传教事业外，还

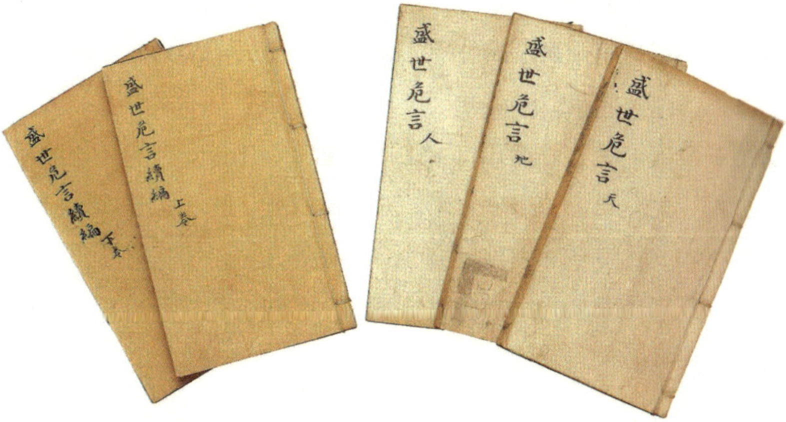

《盛世危言》

做了大量的西学传播的工作，著名的墨海书馆成为近代中国传播西学的中心。此期西学传播虽然有限，但它涉及包括天文、算学、力学、光学、物理、生物、地理、化学等广泛的科学领域，勾画了近代西方科学进步的大致脉络和趋势，有助于士大夫借此去理解西学。所以，虽然多数人对于鸦片战争失败的意义并没有足够的认识，但时代已经开始变化，西学再一次传播过来。经过第二次鸦片战争的强烈刺激，中国社会形成了真正开始面对西方、学习西方的热潮，开始了颇为壮观的洋务运动。

变局观是晚清士大夫在西学东渐之后对时局所作出的一种思想反应。变局观是对当时国际形势的一种认识，是对中国所处的国际大环境以及西方列强咄咄逼人而造成的民族危机、文化危机的一种认识，更是对西方工业革命及其技术文化成果的一种认识。而面对这样的国际形势，面对这样的民族危机和文化危机，就要寻求摆脱这种危机的出路，寻求改变落后局面的出路。正是从“千古未有之大变局”这一认识出发，进而提出“借法自强”“变法自强”的口号。

正是在西方的强烈冲击下，在认识到中国正面临着国内外形势的巨大变局的基础上，从19世纪60年代开始，兴起了影响广泛的洋务思潮。在这股洋务思潮中，出现了一批洋务思想家，他们撰文著述，集中阐述自己的思想主张，在谈西学、论洋务的人们中很有影响。他们的思想集中代表了洋务思潮的最高水平，他们是这股思潮的核心人物。主持洋务活动的官僚和其他支持、参与洋务活动的知识分子则是洋务思潮的主体，他们往往受洋务思想家的思想影响，接受他们的观点和主张，并给予支持和附和。这些洋务知识分子，构成了洋务思潮的主流。绵延30多年的洋务思潮，孕育了思想观念的重大变化，以洋务知识分子为代表的中国先进知识分子，开始摆脱传统观念，开始萌生面向现代的新意识和新观念。

洋务思潮对于中国近代历史的意义在于，它不仅是一种思想形态，更转变为具体的实践活动，指导洋务派官僚及知识分子在中国开展了持续几十年的洋务运动，开始了中国现代化的起步，并在各方面影响着中国社会。

“变”的目的在于发展自己、壮大自己，摆脱西方侵略的威胁，摆脱日益深刻的民族危机。所以，“变”就是要“自强”。洋务思潮的核心口号就是“自强”。认识到大变局及其引起的危机感，认识到西方的先进和自己的落后而产生的紧迫感，认识到“师夷”的必要性和紧迫性，归结到一点，就是要“自强”。“自强”是洋务思想家们反复论证和强调的核心概念。“自强”口号的提出，标志着人们开始真正突破以“天朝上国”自居的观念，开始从世界范围内观察中国所处的地位与前景，在严酷的形势下稍稍清醒起来，初步具有了国家民族已处于危难关头的危机感。更重要的是，既以“自强”为号召，那就表明不但承认落后，而且不甘于落后，期于奋起直追，以达富强。所以，不从洋务派少数官僚的精神和品格去评判，而从一种时代思潮的兴起来衡量，以“自强”相号召的主张之出现，无疑是民族自救观念觉醒的一种表现。

当时中国的主流趋势是学习西方以自强，这是一批有识之士的共同思想趋向。从19世纪60年代开始，洋务思想家形成了新的“西学”观，他们对西方的认识进入了一个新的阶段。西方的经济学、归纳逻辑、进化论以及部分社会政治学说都在这个时期传到中国，从而深化和丰富了中国知识分子对西方现代文化的认识。通过他们的鼓吹，中国近代文化增添了一些新的内容和新鲜气息。这标志着中国知识分子的精英层对世界的认识已经提高到一个新的水平线上。

许多洋务思想家对西方科学技术的认识，已不限于船坚炮利的范围，已从“器”“技”层次进到学理层次，即“西学”层次。他们不但懂得科学技术在军事上的效用，而且也认识到科学技术“有益于国计民生”，并试图从发展生产的角度来观察、评估和汲取资本主义的文明成果。在这一时期，他们把对“师夷长技”的认识推进到较为全面地向西方学习机器大工业所需的科学技术的学理的新阶段。

在洋务运动开始的阶段，以李鸿章等人为代表的洋务派，经过不懈的努力，第一次大规模地引进了西方先进军事技术，将“师夷长技”的思想付诸实践。然而，仅仅有军事工业还无以自强，还要“求富”。洋务派在实践中逐步弄懂了“强”与“富”的不可分割，明白了西方列强之强，是由于有着雄厚的经济实力为后盾，从而才认识到中国也只有视富强为一体，走“寓强于富”“先富后强”这条路才能实现自强。所以，在光绪初

《点石斋画报》插图《边防巨炮》

《点石斋画报》插图《铁甲巨工》

年发生“海防之议”前后，兴起了“重商富民”思潮，重商以致富的总体经济思想逐步成为洋务派富强论的主调之一。

李鸿章等洋务派在实践中已深深意识到这一点，转而要求举办民用工业、振兴商务，他们还主张，把商务置于中心地位，整个国家的国防、外交、教育等，都要以保护商业为基点而制订政策，建立以通商为主导的对外开放的经济发展模式。这种以发展工商为中心的“尚富强”的价值观念，是对世界以工业化为标志的现代化潮流的思想认同。它的产生标志着中国传统观念向现代化观念的转变。

总之，面对着千年未有之大变局，中国的出路就在于“变”。所谓“变”，就是要“师其所能”，向西方学习，学习先进的技术与文化，即以前魏源所提出的“师夷长技”。改变传统，引进西学，这就是洋务思潮的核心内容。并且，在那个时代里，这种思想已经转变为改造社会的实践活动。

19世纪中期以后的西学东渐，并不仅仅是学术和文化层面的交流，也不仅仅是文化人之间的对话与交往。在这一时期的中西文化交流，是在西方列强带着工业文明发展起来的先进技术和装备，对中国进行殖民侵略的背景下展开的，西方文化是依附于其强大的物质力量大举东进的。这就决定了这一时期的中西文化交流所产生的影响和以往不同，并不仅仅局限在思想文化层面，而是更体现在具体的物质文化层面，体现在对中国社会产生了强大冲击和引起了剧烈的社会变革。这就是说，近代的中西文化交流，不仅是思想观念的问题，更是实践的问题。正是在强烈的西方文化的冲击下，从19世纪60年代的洋务运动起，中国学习西方的先进工业技术，建立现代军事工业和民用工业，开始了最初的现代化起步。与此同时，中国的军事制度、文化教育制度以及政治制度也都发生了相应的变革。

洋务运动是中国现代化的发轫，是中国对世界现代化发展潮流的正式回应。与同时进入第二次现代化浪潮的国家相比，中国现代化的起步并不晚，比日本还要早10年。所以，洋务运动是一个符合时宜的运动。洋务运动的重点在于军事、科技和经济，同时也触及文化、教育和社会的许多方面，取得了一定的发展成果。在洋务运动的30年中，不仅兴办了一批现代军用工业，还倡设了中国第一批现代民用工矿企业，以及现代交通事业，实现了中国从手工制造到机器生产的起步。中国第一个现代煤矿、第一个现代纺织厂、第一条实用铁路、第一条电报线，都是在这一时期开办的，在传统的经济中形成了一种新的经济形态，成为中国早期工业化迈出的第一步。

更重要的是，洋务运动使中华文明开始具体地进入了一个向西方学习的时代。虽然洋务派只重视学习西方的先进技术，只着重接受近代器物文明，但是，这种近代器物文明一旦进入中国，就意味着在中华文明中加入了一种不同质的新成分。这种新成分的存在和发展，必将会引起文化深层的变化。

“西学中源”：中西文化观的论争

洋务运动以学习西方科学技术、实现自强为目标，是当时面对国内外“大变局”的必然选择。这种大力引进西学的潮流，顺应时势，利国利民，成为中国走向现代化的起步。但也不断地受到传统文化保守力量的抵制和干扰，有的时候这种抵制和干扰的力量是很强大的，为洋务运动的顺利发展造成了很多掣肘和障碍。

面对外来文化——在近代就是面对西方文化——的传播和冲击，有两种对待本土文化的态度，一种是坚决拒绝外来文化，以保持本土文化传统；另一种是将外来文化吸收到本土文化中，以外来文化补充和发展本土文化。这样，对“外”的问题就转化为对“内”的问题，如何对待西方文化，就成为如何对待中华文化的问题。

鸦片战争后举凡提倡学习西方文化的创议，无一例外地必须回答如何对待中华传统文化的问题。洋务思想家主要论证的是学习西方先进科学技术的必要性，魏源等人提出的“师夷长技”的思想进入实践的层面。但是，对于当时中国的文化传统来说，这样提出向西方学习，还是有很大的阻力，还很难让固守传统文化精神的士大夫接受。解决这一精神困局的核心问题，就是如何处理“采西学”与中华传统文化的关系。如何实现把西学引入中国，直接呈现为怎样解决好中学与西学的关系，使之融会为一个新的文化统一体的问题。

每一种民族文化，在与其他民族文化交流的时候，都兼具开放性和保守性的两个方面，开放性使一种文化保持了对外来的先进文化的吸纳性，保持了其生生不息的发展；保守性则对吸收外来文化的强度和态势形成制衡，保持了其本土文化的核心价值和民族特性，保持了对外来文化选择的主动性。所以，在对外文化交流中，这两种倾向是必要的、有益的以及不可避免的和必然的。但是，正是它们之间的交织与相互制衡和牵制，又使文化交流的历史过程充满了复杂性和各种变量，增加了引进外来先进文化的难度。

近代以来的中西文化交流，曾遇到了这样的传统文化保守力量的抵制和干扰。他们从一开始就断然认定西学是与中学的传统不能相容的异端。对"天朝上国"的盲目自信，对域外世界的无端轻蔑，对本国典章文物古老传统的崇敬，对西方近代科学文化巨大发展的无知，使得他们偏执僵化，拒绝新知，从感情上就抱定与西学不共戴天的态度。一些守旧派人士固然没有办法从具体利弊上解释明白洋务何以不能行，西学何以不能用，但是他们直觉到"舍己从人""侈谈洋务"，必将动摇传统的纲纪法度、道义准则，必将破坏"中国数千年相承之治法"，从而使整个上层社会安身立命之所受到致命威胁，于是他们才抱着卫道的心理，站出来做死守中学阵地的决斗。以捍卫中学的面貌排斥西学的激烈言论，从反对林则徐"悉夷情"开始，一浪高过一浪，在整个洋务运动期间从未停息过、缓和过。他们坚守"祖宗之法"不可改变的信条，极力反对向西方学习。在洋务运动时期，出现了几次关于中西文化的大争论，使洋务运动的发展步履艰难。

在明末清初西学东渐时，有人提出"西学中源"说，认为现在所传入的西学来源于古代中国，那么，"采西学"也就是发挥中国的古老传统，以此来破除阻碍接纳西学的思想障碍，来论证接纳、学习西学的合法性和合理性。所以，"西学中源"说是当时的一种文化策略。按照"西学中源"说的逻辑，西学既然是中国古已有之而后来传到西方去的，那么学西学无非是"礼失求诸野"，找回自己祖宗所创而后来丢失了的文化遗产。

这样一来，“严夷夏之防”的禁忌，“用夷变夏”的罪名，统统不攻自破，提倡西学也由之显得理直而气壮了。

“西学中源”说，因其逻辑简捷有力，而且适应文明古国的国人心理，因此洋务派的代表人物在与守旧派的论战中，常常以之为论据以振声壮气。其为洋务派“采西学”之议起到了摆脱指责、争取同情的作用，同时又具有反击守旧派排拒西学言论的论辩功能。

洋务派主张采西学、制洋器、兴学堂、重商务，学习西方先进的科学技术文化，是顺应时势之举。但当时整个社会氛围还是文化保守主义力量占据优势，所以每一个主张、每一个举措，都会受到保守力量的抵制和干扰。为了能够证明西学对于中学有所裨益，可以与中华文化相容，洋务派再次提出早在明清之际就曾出现过的“西学中源”说，目的在于克服引进西学思想的阻力，说明引进西学的合法性和可能性，将引进的西学融合到中华文化之中，以西学补充中学。

但是，尽管洋务派思想家在论证西学中源的时候，一方面认识到西方文化的先进性，学习和引进西方文化是必要的，是必须的；另一方面，又和那些文化保守主义者一样，对自己国家的文化传统具有巨大的信心和信念，不能够彻底否定和抛弃自己的文化传统。那么，他们在这样的文化两难的情况下，在尽力学习西方文化的同时，也在从本国的文化传统中寻求文化资源，以传统的资源来支持他们向西方学习先进文化的合法性和合理性。所以，西学中源既有文化策略上的考虑，也有满足自己的虚荣心理的因素，但更是在中西文化碰撞中，在文化交流的早期阶段，一种文化矛盾心理的反映。

应该说，他们对于自己所说的“西学中源”也是真诚相信的。既承认中学的“源”，又承认西学的先进性，这样就把两种文化相遇所造成的困境融合到一种新的文化观里面了。所以，尽管持“西学中源”说者缺乏确切考究，粗疏武断，所引典籍史实均乏考证，神话、传闻、伪书之类掺杂其间，概据为信史，不能看作是严格的学术论证，但他们似乎也并不很在意其论说的粗疏，只要解决眼前的文化困境就可以了。

但是，这种粗疏的、武断的论说，在中西文化最初接触的时候，可以勉强解决中西文化交流的一些困难，是对中西学关系的一种解释。但是，随着中西文化交流的深入，也随着洋务运动深入，要全面阐释清楚西学和中学的关系，只靠“西学中源”说是不够用的。这种粗疏、肤浅和牵强附会的论说，并不能解释如何处理好中西文化的关系，不能解决如何引进西学为中华文化发展服务的问题。

“中体西用”：洋务运动的思想纲领

洋务运动的本质即在“洋务”，就是学习西方先进的科学技术，制造先进的机器，发展近代的工业，以达到富国强兵的目的。换句话说，采西学，制洋器，以“洋务”实现“自强”，是当时应对“大变局”，挽救民族危机的主要思路。

为了更合理地“采西学”，洋务思想家提出了“中学为体，西学为用”的口号，作为解决引进西学与坚持本土文化矛盾的一个思路。只有证实在“洋务”名义下所介绍的在西方行之有效的一套，如技艺、学理、经验、制度等，施之于中国能够同样有效，能够解决国家民族面临的重大困难，西方的这些文明成果方能为国人所接受。

冯桂芬的《校邠庐抗议》对于“中学为体，西学为用”论式的形成起了承先启后的作用。他为论证“采西学”的必要性，以“法后王”为依据，主张借鉴和中国“同时并域”的西方诸国“自治富强”的成功经验，认为如果能够“以中国伦常名教为原本，辅以诸国富强之术”，必将收到“更善之善”的效果。

冯桂芬的“本辅”说是“中体西用”思想的最早表述形式。它在中学和西学兼蓄并容的文化结构中，以突出中学的主导地位为条件，确认西学的辅助作用之价值。

换句话说，这个“中体西用”论式的问世，是在信誓旦旦地确保“伦常名教”所代表的既有政治秩序和道义信念不变的前提下，主张破除成规习见，采用西方近代文化成果以为富强之术。形式上的重点是在强调中学之为“体”，事实上的重点却在强调西学之需“用”。洋务思想家提出“中体西用”，借用“主辅”“体用”“本末”这些人们惯用的字眼、术语，表示中学和西学哪个重要哪个次要，哪个是主干哪个是枝节，哪个起主导作用哪个起从属作用，哪个是最高准则哪个是应用方法，即按照主次轻重的模式评估中学与西学。在这一理论中，他们把中学和西学的关系称为“体”与“用”的关系，或称为“道”与“器”的关系，“本”与“末”的关系，“主”与“辅”的关系，进而肯定两者的相对价值，即中学具有精神价值，西学具有物质价值；更进而肯定两者的功用，即中学用来“治心身”，西学用来“应世事”。

“中体西用”论在洋务运动时期，对于传播西方近代文明，对于中华文化的近代化，起的是标新领异的积极作用。提倡西学者，要借助“中体西用”的文化观来抬高中学的地位，并在形式上适当压低西学之作用，是为减少由于重视西学所招致的重大阻力。

洋务派并不是传统文化的背叛者，而是其坚定的卫道者。“变器”是为了“卫道”，以西学为“用”，正是为了保中学之“体”。张之洞曾说：“今欲强中国，存中学，则不得不讲西学。”洋务派为强调西学之可用和当用而标榜的“中体西用”论，随着他们对于西学认识的加深，逐渐有所发展。当他们明白了西方富强之因是实行“重商富民”政策，并建立了相应的法度时，他们心目中的“中体西用”论式中的“西用”，无疑已迥然不同于当年所说的洋器洋技之长。他们所要学习的内容，已经不再拘守于“不师其法，惟仿其器”的狭小范围。

“中体西用”这个口号逐渐为人们所接受，对于晚清的文化发展来说，这是一个相当大的进步，因为有了这样的策略，就可以大张旗鼓地引进西学。“中体西用”虽以“中学为体”，但其重点在提倡“西用”，确认西学辅助作用之价值，强调引进西学的必要。随着洋务运动的发展，“中体西用”论式的内容也发生变化，总的趋势是中学的内涵越来越小，西学的范围则日益扩大，层次日益深入。到1898年，张之洞发表《劝学篇》，将“中学为体，西学为用”的思想加以理论概括和系统阐发。全书贯穿“中体西用”精神，主张在维护君主专制制度的前提下接受西方资本主义列强的技艺，并以这种新技艺“补”专制旧制之“阙”，“起”清廷统治之“疾”。张之洞倡导的“新旧兼学”中的“新学”亦包括“西政”，这比早期“中体西用”论者的“西学”等于“西艺”的观点更进一步，扩及“学校、地理、度支、赋税、武备、律例、劝工、通商”诸项。

“中体西用”思想成为洋务人士的共同理论纲领，在当时寻求中国富强之路的探索中，发挥了重要的作用。

从“西学”到“新学”

西学无可阻挡地进入了中国，并建立起独立于传统中学之外的知识系统和知识空间，对传统中学造成前所未有的冲击。但是，“西学”这个称谓还带有浓厚的“外来的”色彩，虽然它已经进入了中国的知识空间，但还没有获得独立存在的价值和地位，它必须与“中学”相接引，为中国知识阶层所接受。这就有一个要与传统的“中学”“旧学”交涉和融合的问题。对于新来的“西学”来说，“中学”“旧学”是一个巨大的存在，如何面对这个存在，是西学在东渐过程中一个很重要的问题。

所以，晚清的思想家把“中西”的问题转换为“新旧”的问题，把中外文化的冲突转变为本土文化内部的“新旧”的矛盾，并提出了相应的解决办法。这里面包含着将外来文化、外来的知识体系本土化、民族化的努力。“西学”是外来的学问，“新学”则是中国之新学问，就是中国人自己的学问了。

把西学认定为“新学”的说法始于以推广西方文化为宗旨的所谓“广学会”。广学会声称：“以西国之学，广中国之学；以西国之新学，广中国之旧学。”正是肩负传播推广西学重任的传教士，确立了西学即新学、中学即旧学的判断。

“西学亦即新学，中学亦即旧学”，最早是由西方传教士作出的一种价值判断，当然也是早期中西文化冲突中立足于西学对中华文化的一种审视。西学是新的，中学是旧的，在西学东渐之初好像这样说没有什么大问题。但是，随着西学的引入和逐步向中学的渗透，传统中学本身在不断被改造和更新的过程中，自身发生了不同于“旧学”的质变，即发展为“新学”。源于早期传教士的西学即“新学”的认识，就很难涵盖这一历史性的学术文化的变迁。对此，梁启超认为“洋学”（西学）不能等于

“新学”，“新学”人才应是“通中西古今”者。梁启超认为，中国学术文化的更新不能走单纯崇尚西学的道路。

西学是引动中学趋变的重要动因，但它却不可能替代中学成为近代中国社会文化的主体。作用于近代中国社会历史，并且成为几代中国进步士人的追求的新学，不可能是对与中学无涉的西学本身的简单移植，它只能是在传统中学根系上的新生或者是在其主干上的“嫁接”。所谓新学，是中国本土知识分子以传统文化体系为知识背景，积极学习和引入西学知识，并且对所谓“中学”“旧学”进行改造而创造的中国的新学问、新的知识系统、新的知识空间。

当时人们称之为“新学”的内容大致包括：

（1）有关主张学习西方、介绍世界知识、提倡社会文化变革的认识和书籍。

（2）专指当时切于社会实用的算学、经济一类的“实学”，包括当时一切关于“时务策论”的内容。

（3）就制度层面而言，“新学”具体化为“新学堂”之学。

（4）“新学”一词还用以指称不同于传统学术文化的一种“向新”的趋向。新的时代形成新的学术风尚，“新学”则是对其学术文化新趋向的一个最为简洁的概括。

正是在不断引入西学的过程中，中国近代的新学才在不同于传统旧学的意义上形成与发展起来。然而，新学的形成和发展也是重新认识和改造旧学的历史过程，而不是简单地抛弃旧学；同时，也不是以西学取代中学。在此基础上形成的新学，是中学与西学相互取舍兼容的一种学术文化类型，而决不是排除中学的西学类型。

西学东渐之初，西学是被作为与中国传统学术相对立的新学来看待的。随着西学东渐的深入，也随着更多的中国知识分子对西学的接触和了解的深入，西学也获得了认同和接受，他们同时也开始重新审视中国的旧学，以西学的知识和方法对中国传统知识体系进行改造，出现了相对于中国的“旧学”而存在的“新学”。新学是针对旧学而言的。新与旧不是一个文化体系的“内外”之别，而是一个文化体系内的“古今”之别。到了戊戌维新时期，许多接受了西学滋养的知识分子如前面提到的康有为等人，致力于重建中国学问的“新学”，已经初具规模，特别是到了清末的学制改革，更占据了主流话语，形成了蔚然大观之势。

20世纪初，“新学”名称已广为流行，人们普遍用“新学”之名替代“西学”：“居今日而欲尚西学，莫如先变其名曰新学。”

“西化”与“东化”：两种回应西方文化的思路

进入20世纪以后，关于西学与中学、新学与旧学的争论还在继续。20世纪中国社会文化的主题是现代化。中国人对20世纪的接受，有很大部分的内容是对西方文化的接受。这是一个充满着激烈的文化冲突、经受着激烈的心理震荡的过程。

近代以来西方文化对中国的冲击，是以工业化的先进生产方式为基础和后盾的。对于中国传统社会的旧式生产方式来说，这种新的生产方式是无法抗拒的。中国人顺应现代化变迁的趋势，对自己的文化进行适应性调整，“师夷长技以制夷”的主张，以“洋务”为内容的自强新政，以及向资产阶级转化的士大夫及知识分子群体发起的维新变法，都在不同的程度上反映了把反抗西方侵略与学习西方先进事物统一起来的要求，这种要求以其所包含的时代内容代表了近代中国的历史方向。不过，这种对现代化变迁的回应方式仍然是一种“存续式的本土运动”，即在保存中华传统文化的基本框架、维护中国传统社会经济政治秩序的前提下（“中体”），吸收某些西方文化的因素和特质（“西用”），通过体制内的调整与改革，重整传统文化，以对抗外来压力的冲击。

洋务运动和维新变法都是对文化冲击和变迁的理性回应，企图以理性的方法实现传统文化的存续。不过，他们的实践方向却与他们预设的价值取向发生了严重的背离。因为洋务运动和维新变法所产生的社会后果及其失败引起的社会反省，都为传统文化体系和传统社会秩序的最后崩溃创造了条件。

20世纪是一个充满动荡和剧变的不平凡的世纪。面对着旧的回应方式的失败和新的时势大局，欲救民族的危亡，欲图文化的再生，中国人必须重新调整对现代化变迁的回应方式，从以传统文化为取向的“本土运动”转为以现代文化为取向的“振兴运动”。这是中国人在进入20世纪后新的民族觉醒。

这种回应方式的转变，体现在中国人的价值取向的转变，就是从以传统文化为取向转变为以现代文化为取向。这种转变的实质，也就是对西方文化的接受，是对现代化的接受。中国要富强，中华民族要复兴，非搞现代化不可。那么，凡是障碍、阻滞中国走向现代化的，都当在扫除之列。辛亥革命推翻了旧的政治制度，五四新文化运动对传统文化体系进行了摧毁性的批判，都是要解决这个问题。胡适在当时提出中华文化趋向的三个目标，即：用科学知识解除人的痛苦，增进人的幸福；用民主政治来解放人的思想，发挥人的个性；用社会化的经济制度来提高人的生活水平。胡适提出的这些目标，表达了中国人在重整回应方式后的取向和思路。

整体性的反传统主义是与全面迎受西方文化相联系的。20世纪初的许多激进的中国知识分子都对西方文化采取了主动迎受的积极态度，引进西学成为一时的热潮。他们大胆地引进和介绍西方的思想观念、科学技术和政治制度。五四时期“科学”与“民主”两大观念的弘扬和马克思主义在中国的传播，都是积极迎受西方文化的最重要的成果，并且对中国社会的现代化运动起到了相当重要的作用。

以现代文化为取向，是中国人接受和回应西方文化冲击的基本思路和方式。这种思路和方式的核心意义是要通过主动吸收外来文化，顺应和接受现代化变迁的历史趋势，重建中华文化的精神和结构，实现民族文化新的振兴。但是，这种回应的方式并不是顺利地被社会认同的，它受到了文化本位主义或文化保守主义的抵抗。这种文化保守主义和历史上曾经出现过的顽固的守旧派不一样。

实际上，当历史进入20世纪，特别是民国以后，就很难再找出有影响的顽固守旧思潮的代表人物了。20世纪的文化本位主义或文化保守主义并不是要恢复传统社会的经济政治秩序，也不是完全反对现代化变迁，而是主张重建主体性的中国的文化传统，以中华文化的观念框架同化、吸收某些外来文化的东西。他们以认同、回归民族文化传统为特点，认为经济政治层面的现代化固然带来文化习俗、观念的现代化，但这种变化并不一定是全盘的，并不必然蕴含文化价值层面上的全面反传统。他们所主张的，实际上是要恢复传统文化的积极性因素和主体性功能，使其适应现代化的趋势，以重建和振兴民族文化。

美国学者本杰明·史华慈（Benjamin I. Schwartz）认为，20世纪中国几乎没有全盘肯定现行的社会秩序的保守主义，有的只是受民族主义情感所影响，肯定传统文化价值而很少承认当时的政治秩序的保守主义。依据这个观点，有学者对新文化运动时期的保守主义进行过具体的分析，认为这一时期的“东方文化派”实际上与同辈的陈独秀、胡适等新文化派有许多相似之处。由于东方文化派和新文化派在年龄构成、求知经历、社会地位和知识结构上都相去不远，所以，如本杰明·史华慈指出的，他们往往是在同一框架中运作、争论并提出他们“西化”或“保守主义”之主张的。正是在这“同一框架”下，文化保守主义者和新文化者展开了深刻的思想对话，展开了有时甚至是很激烈的论争与交锋。

这样一来，两种相反方向的回应思路却有一个共同的主题和出发点，就是要在引进西方文化、进行现代化变迁的条件下重建和振兴中华文化。实际上，中国现代化的过程也就是文化重建和振兴的过程。在这个重建和振兴的过程中，产生了不同的关于如何重建和振兴的设计思路。现代中国的文化矛盾，有许多是关于这种设计思路的矛盾。这种矛盾冲突使不同的振兴设计互相制约、互相抗衡，结果既抵制了全盘西化，又抵制了传统主义的复归，使中华文化的重建和振兴在左右交织中进行。

中国人对20世纪的接受和回应的基本点是，要在现代化的过程中重建和振兴中华文化。它的本来的涵义是要吸收人类文明的一切优秀成果，把原有文化中有价值的因素与所需要的新的文化因素有机地结合起来，创建一种新的文化整合。我们看到，实现这个价值目标需要付出十分艰难的努力。因为一个文化重建运动，要由起初阶段走上建设性的阶段，需要相当稳定的环境和足够的时间。但是，20世纪中国社会的变迁之迅速、之急迫、之复杂、之激烈，使得中国人始终没有充分地获得这样两个基本条件，以便比较从容地而不是急迫地考虑进行文化的重建和振兴工作。

第三十一章　中国人知识体系的改造与重构

晚清时期的西学东渐，是一次大规模的、全面的、系统的西方文化的传播，新式学堂的兴起及中国新学制的构建，形成了一个不同于中国传统文化知识的新的知识体系，建构了中国人新的知识空间。这为中华文化从传统向现代转化提供了基础。

新知识空间的建构与拓展

如前面已经论述的，晚清时期的西学东渐，是一次大规模的、全面的、系统的西方文化的传播，涉及科学知识、近代技术、哲学社会科学思想、文学艺术以及政治法律制度等。在这一过程中，通过翻译出版的西学书籍、报刊等大众传播媒介广泛传播西学新知，通过兴办教会学校和官办的新式学堂向不同阶层传授比较正规的西学知识，通过外国商品、外资企业以及洋务运动中所创办的新式工业企业，通过在华活动的外国侨民、洋雇员和专家进行的传授与介绍，通过走出国门的使节、留学生等回国后撰写的报告和记述等不同渠道，日渐形成了一个不断增扩的西学新知的语汇群和知识系统。这一新知识系统是一个不同于中国传统文化知识系统的新的知识体系，一个新的知识空间。在晚清，所谓“新知识”，就是指西学、西方文化及与此相关而产生的新的知识。

这样，在晚清，就存在两个并存的知识系统：一个是传统的中国文化知识系统，所谓走“正途”的科举士子，基本上还在这个知识空间中；另一个是新式的西学知识系统。中国传统的力量是十分强大的，外来的西学要走进中国的知识空间，并且占有一席之地，要经过十分艰难的努力。但是，正是经过这样的努力，西学的空间逐步扩大，内容逐渐丰富，并且到清末的时候，已经能与传统学问即“中学”或“旧学”相提并论了。

以西学为中心、以西方文化为主要来源的新知识系统，是新知识空间的主干。中国传统知识世界的主体，是饱读儒书、以“读书—应试—做官”为志业的士人阶层，并以获取功名、进入仕途的上层士大夫为核心。

而在晚清最先学习掌握并使用西语西学的，则是最早与洋人打交道的买办、商人、在西人事业中做文事及其周围的下层民间文人。他们因生计活动所需而接受西语西学，成为最早掌握并运用西语西学的社会群体。接受西学的文人多为原属士人边缘群体的下层民间文人。如早期在墨海书馆受聘助译西书的王韬、李善兰、管嗣复等，以及来往于墨海书馆的为数众多的文人，就大多属此类。直至19世纪80年代以后西学渐盛，仍然是这种状况。如19世纪90年代初《申报》一文中所言："通商以来五十年于兹，市井佻达之徒多能习其文字、操其语言。"所谓"市井佻达之徒"，即是指这些以往处于社会下层、自谋生计而被士人所鄙的商贾及下层文人之类。

新知识体系的建构是以文字为主要载体的。晚清出版了相当多的翻译西书，包括后来翻译的日译西学著作。同时，还出版发行了许多报刊，有西方传教士主办的，也有本国文人主办的。这些西书报刊使西学新知可以跨时空、大范围地广为传播，成为西学新知的主要传播媒介。特别是即时印制发行的报刊，以其即时性、真实性、浅显性、实用性、大容量、大众化、流传广、公共性等特点，使其所承载的西学新知，在前所未有的广大范围、以前所未有的迅捷速度、用相当直白通俗的文字形式而传播和扩散，从而形成新知识的广阔传播空间。报刊这种近代大众化的传播媒介成为支撑新知识空间的传播网络。

早先传教士创办的报刊如《万国公报》等，在传播西学知识方面做了大量工作。1872年4月创办的《申报》，由华人文士主笔，每天都有一篇论说，大多为报道新鲜事物、宣传西学新知、议论中外时政，还有其他时事新闻、读者来稿、商业广告等栏目，这些多是充满新事物、新语汇的内容，被人们视为了解时事新知的窗口，而且文字力求直白，即所谓"文则质而不俚，事则简而能详，上而学士大夫，下及农工商贾，皆能通晓"，因而创刊后即受到人们的欢迎，很快流行开来。当时还出现了更为直观的图画报。如1877年申报馆创刊《瀛寰画报》，内容为各国时事、风俗、山川地理等。1880年，又有美国传教士办《画图新报》。1884年，上海《申报》又创《点石斋画报》，内容多为新闻时事、各国奇事等。这些画报以形象直观的图画来传播新知新事，大大扩大了传播面，使西学新知通过这些渠道更广泛地得到传播。

晚清时期翻译的西书和各种报刊，创造了大量的新名词、新概念。在清末翻译日译西书的过程中，译者曾经大量地借用日本人创造的新名词。这些新名词、新概念大量地融入汉语语言系统，成为人们了解和掌握西学知识的工具。它们遍及政治、经济、军事、文化的各个方面，到民国初年，更是基本奠定了现代中国自然和社会科学术语体系的基础。通过这些词汇概念，许多中国人不仅了解他们闻所未闻的现代物质文明成果，了解相当的现代科学知识，而且认同“民主”“自由”“民族”等现代价值。换言之，通过这些新名词、新概念的创造和传播，中国人已将西方现代文明的成果部分地真正转化为中华文化的一部分。

从洋务学堂到学制改革

随着科技的发展，世界已经从几个相对独立的地区逐渐走向了全球化，清帝国被迫卷入了全球化的浪潮。新式学堂的兴起及近代中国新学制的构建是与学习西方教育相伴随的。

19世纪60—90年代洋务运动时期，李鸿章、张之洞等人创办了不少新式学堂，这些新式学堂也被称为“洋务学堂”，以学习西方的语言文字和科学技术为主，包括外国语学校、工业技术学校和军事学校3种类型。这些学校接受了教会学校的一些教育方式和教育内容，有些学校还聘请西方传教士担任教习或总教习，使中国官办学校成为传教士宣传西学的阵地。比如京师同文馆内，除中国数学家李善兰任算学教习外，其余课程皆聘请英、美、法传教士任教。此外，全国各地兴办的新式私立学校的教学内容和程式，也仿效教会学校。京师同文馆和上海广方言馆是当时有名的外语学校，这样学习外语兼习西学的西式学堂还有广州同文馆、新疆俄文馆、台湾西学馆、珲春俄文书院、湖北自强学堂。京师同文馆等外语学堂为晚清政府和社会培养了一批外交、外语和教育方面的人才，他们通晓西学，对推动中国近代化的进程起到了一定的作用。

洋务运动中最令清政府重视的是军事工业的建设和发展，但教育领域也是其着重发展的一个重要领域。特别是兴办新式教育，是清政府教育改革的重要内容和重要措施。洋务运动中开办的这些工程学堂和军事学堂，聘请西洋教习，教授西方近代工业技术和军事技术，采用西方的教材和教学方法，为中国培养了最早的一批掌握近代工程技术和军事技术的人才，他们在中国近代化的历史进程中起过很大的作用。但这一时期的学堂教育，无论一校之中还是各校之间，都缺少配套衔接、循序渐进的层级体系，归属和管理也是五花八门。甲午战争后，人们开始认识到，日本取胜在于其国遍设各学，才艺足用，中国必须培养造就近代工业急需的技术人才，兴办各种专门、实业学堂。戊戌变法期间，光绪皇帝连降谕旨，要求各地重视兴办专门、实业学堂。铁路、矿务、农务、工学、商学、茶务、蚕桑等学堂在各地迅速开办。各省府州县广泛设立中小学堂，一时间学习西学成为时尚风气。

《点石斋画报》插图《占验天文》

晚清时期中国开始创办西式的综合性大学堂。最早创办的西式大学堂有北洋大学堂、南洋公学、京师大学堂和山西大学堂等。除了开办大学堂以外，各省原有的书院也都纷纷改革教学内容，增添西学课程。此外，各省还建立了许多新的书院，如浙江求是书院、湖南时务学堂、陕西崇实书院等，这些新办的书院也都注重开设西学课程，培养实用人才。中国近代的新式教育是以语言学堂的创办为开端，然后是军事技术学堂、实业学堂，最后才发展初等教育、高等教育。这种“本末倒置”现象体现了中国人在一次次战争失利下的被动性和急于求成的心态。

自1862年开始，新式教育经过40年的努力，初具规模。从1898年起，学校类型逐渐完备，京师设大学堂，一些省城设有高等学堂，府、州、厅陆续创办了一批相当于普通中等教育程度的学堂，县及县以下地方则开设了类似普通小学的场所和蒙养教育的机构。各学堂通常有具体的规章制度和系统的课程设置，有的已经相当详备，对该学堂乃至其他同类学堂的发展产生了积极影响，并为制定全国性统一学制积累了经验。但各个学堂根据各自的情况制定的章程，难以规范全国各级各类学堂，各学堂自成一统，互不衔接，科目课程以及学级设置五花八门，不能形成完整的体系，只能循序渐进地培养各级各类人才。制定全国统一学制，规范各级各类学校的宗旨、科目、学级、课程，成为学务发展的迫切需要。

1902年8月，由张百熙奏进的《京师大学堂章程》《大学堂考选入学章程》《高等学堂章程》及《各学堂系统图》予以批准颁布，总称《钦定学堂章程》。因这年为阴历壬寅年，故史称“壬寅学制”。《钦定学堂章程》的制定和颁布意味着中国实行近代教育制度的开始。

可是，由于保守派的强烈反对，加上这个章程本身的不完备性，故除了《京师大学堂章程》外，其他的几个章程几乎都未能实施。于是在其颁布的一年半后，即1904年1月，又颁布了由张百熙、荣庆、张之洞三人共同制定的《奏定学堂章程》。《奏定学堂章程》颁布的年份为阴历癸卯年，故史称“癸卯学制”。

《钦定学堂章程》和《奏定学堂章程》相继颁布，标志着中国近代学校教育制度的正式确立，体现出中国近代学校教育制度的正规化、体系化，在中国教育史上是具有重要意义的。新学制实行以后，中国各省便纷纷办起了各种新式的大、中、小学堂，中国教育开始逐步走向近代化，建立健全起一整套学科体制和教育系统。1905年，清政府宣布取消科举制，推广学堂，使全国教育行政系统发生了根本的改变，极大地刺激了新式学堂的建立，出现了兴办学堂的热潮。

历时半个世纪的教育转型，在近代中国的社会变动中起到重要作用。它促使新式人才培养机制的形成，推动社会各领域的全面更新，使得中国人的知识系统和思维方式发生根本改变，促进了新文化的产生和发展。

旧学复兴：援旧学入新学

维新变法时期的“新旧”学之争，归根到底是面对西学的冲击，如何保存中国传统学问的问题。提倡新学的人主张以中学或旧学接纳西学，用西学改造中学，在此基础上建立新的学问和知识体系，而反对新学的人则是主张完整地保留旧学，反对康梁“以六经并入西学”的做法。

这就是说，无论是否提倡新学，没有人全面否定旧学，并且都在探讨在新的形势下，在西学广泛传播的前提下，如何保存旧学的问题。

随着西学之大规模引入，中学面临着巨大冲击，“中学”之生存成为值得关注的问题。晚清时期，许多人包括比较先进的主张向西方学习、提倡新学的人们，都对西学输入后中学的存亡表示忧虑。比如梁启超在重视西学同时，还格外强调中国旧学之研习。兴办新式学堂及采纳西方近代学科体系后，他对中国旧学之命运表示担忧。在他看来，按照西方教育体制兴办新式学校后，新式学堂采用西方分科式的学科体制，中国固有的经史之学难以在这种体制中获得一席之地，人们必然会趋向西学，研习近代学科体制下的西学各学科门类，而对中国旧学不予重视。

吴汝纶、张之洞等人提出了一些保存古学之道。西学必须研求，但不能废止中国经史之学，两者应该兼顾，也是当时不少学者之看法。面对西学的冲击所带来的旧学的生存危机，一些致力于保存旧学文化传统的人士，上至朝廷，下至地方大员，通过在新式学堂中开设经学等传统学问课程和建立存古学堂等形式，力图使中国传统学问在强大的西学冲击之下仍能得以延续。这种应对有助于保存中国旧学传统，并且取得了一定的成效。但是，中国旧学要想获得生存与发展，必须与西方近代学科体系接轨，必须适应近代学术发展之大势。这种大势，就是接受西学新知，以西学之新知、新理、新法来研究中国旧学，将中国旧学逐步纳入近代西方学科体系及知识系统中。传统学术格局解体后，按照西方近代学科分类体系创建或转化出新的学科，将中国传统学术重新划定学科类别并使其取得独立地位，是整理国故"复兴古学"的重要使命。

西学输入中国后，许多有识之士将研究兴趣从中国经史之学转移到西方近代新学上，接受了西方近代新知、新理、新法。当他们用所接受之新知再反观中国旧学时，则会发现，中国学术多局限于孔孟之经学，知识范围始终未能跳出经史子集之"四部"框架，在科学、艺术、哲学诸方面与西方近代学术有着巨大差距。用刚刚接受的新知、新理、新法整理中国传统旧籍，发明中国旧学之新义，以顺应近代学术演进之大势，成为晚清学术演进之必然趋势。

用西方近代学科分类体系来"肢解"和重新整理中国固有学术，即将"旧学"融入"新学"，是清末民初许多学者努力的方向。相对于西方近代学科分类体系而言，中国有自己一套独特的学术分类体系及知识系统。中西学术分属两种形态迥异之知识系统。在中国传统学术分类体系中，有经学、诸子学、文学、小学、理学、心学、禅学、道学、格物之学、训诂之学、心性之学、义理之学等名目，但却缺乏哲学、伦理学、历史学、文学、天文学、地理学等近代西方学科门类。当以近代西方学科体系为代表之新知识系统输入中国后，势必使中国传统"四部之学"知识系统面临分化与解体。

在西潮澎湃之强势下，抛弃"中学"所特有的以"六艺"为核心、以"四部之学"为框架的学术分类体系，采用哲学、伦理学、政治学、经济学、历史学、社会学等近代西方学科分类体系，并将经、史、子、集典籍分类体系及其包含之知识系统拆散，按照近代西方学科分类系统所划定的领域，将其重新归类，纳入文、史、哲、政治、经济、法律、社会、教育等学科体系及知识系统中，成为清末学术演进之大势。

西方分科原则及学科体系伴随着废除科举、确定新学制而为晚清学者接受后，因为经学在新学制中无对应之位置，在近代学科体系中亦无对应之学科，故“废经”呼声日渐高涨。经学之存废，成为清末学界争论之重大问题。有人坚决主张废除旧学科，将经学内容归并到近代学科体制中。有人则认为，“六经”不仅是探讨中国史学发展所不可或缺之史料，而且对于研究整个人类文化之演化，具有不容忽视的价值：其“政体也，教育也，学术也，皆于世界有绝大之关系”。无论是否赞同废除“经科”，必须用近代学科体系对“经部”所含知识体系进行重新界定与整理，这是很多新派学者之共识。因此，晚清学者在审视中国旧学时，力争将“四部”分类体系中之知识分类，从形式上改称“学”，以与近代学科相对应。如“经部”之四书五经变成“经学”，子部之先秦诸子、宋明清儒家，均变成了“哲学”，史部之正史、野史都属于“史学”，小说、诗词均为“文学”，典籍考证成为“版本学”，中文字音义属于“文字学”，等等。在“学”之名义下，依据西方学术观念及知识体系，对中国传统知识之内涵进行整理，创建近代意义上之中国新学科体系。

晚清学者在接受西方分科观念及学科体系后，便开始在研究和撰著中国学术史时，打破传统“学案体”，尝试用“学科”来框定中国传统学术。皮锡瑞之《经学历史》、章太炎之《訄书》、梁启超之《中国学术思想之大势》，均做了有益尝试。刘师培完全以西方近代学科分类体系界定中国传统学术，所撰《周末学术史叙》《两汉学术发微论》等，以近代西方学科体系来框定中国古代学术，力争将中国旧学纳入近代学科体系中。中国旧学发生了“形变”，逐步向西方学术体系转轨，逐渐获得了近代形态。

新型知识分子群体的形成

晚清的中西文化交流，处在一个西学东渐的时代，处在西方文化给中华传统文化造成巨大冲击的时代，处在中国的知识体系和知识空间重新建构的时代。在这样一个时代里，“新学”涌动进而蓬勃发展，“旧学”面临衰落的危机而经历了西学模式的改造和重建。教会学校、官办私办的新型学校、留学生运动，西书的翻译出版和报刊的大量发行，外国传教士对传播西学的积极推动，中国学者充满危机意识的应对和呼应，共同为中国人形成新的知识空间作出了贡献。

在这样的背景下，与形成新的知识空间相适应的，是涌现了新型知识分子群体。所谓新型知识分子，指的是接受了西方资本主义科学文化知识，具有近代政治思想意识的知识分子。有学者把这个新型知识分子群体称为“清末的一代”。

这些新型知识分子，既是社会思想启蒙的产物，也是推动思想启蒙进一步发展的主力军。新型知识分子群的形成，对中国社会后来的发展变化至关重要。

新型知识分子群体之所以被称为“清末的一代”，是因为他们主要活跃在戊戌维新运动及以后的新政时期。但这一群体的最初形成是在洋务运动时期，正是洋务运动为新型知识分子群体的形成创造了条件。在洋务运动对外开放的实践中，一些参与洋务运动的封建士大夫通过接触西方资本主义文明，开阔了视野，逐渐对西方近代社会制度及文化的长处有所认识，对中国封建制度的缺陷有所批判，产生了新思想，由封建官员发展为具有早期维新思想的新型知识分子。

另一方面，洋务运动中兴办的新式学堂、向国外派遣留学生，也为这个时代培养出一批新型知识分子。新式学堂所培养出来的，不再是满口诗云子曰，专习八股制艺的儒生，而是通晓外语和自然科学知识，并具有专业理论与技能的新式应用型人才。他们已经初具近代化的知识结构，是中国近代第一代新知识分子。而留学生在海外亲身感受到资本主义文明，接受欧风美雨的沐浴，其文化知识结构和思想意识结构都发生了巨大的变化，成为中国近代新型知识分子的重要来源。

另外，在民间还出现了一批以掌握和运用西学新知为特征的新知识群体。这些新型知识人才已经不再像传统士人那样读书做官以谋生，而是有辅君治民、高于庶民的身份，在洋行、商号、洋人事业、洋务事业、报馆、印书馆、新式学堂等与西方有关的社会事业中任职，他们成了依靠新文化事业和新知识职业为生的新型知识分子群体。

新型知识分子与传统知识分子大不相同，他们的知识背景不再是以四书五经、以儒学为中心的单一结构，也不再以由士而仕为唯一正途。新型知识分子在文化上有激进主义、保守主义与自由主义的分野，在政治上有立宪派知识分子与革命派知识分子的区分，他们投身于教育、传媒、科研、出版、医疗、洋行、金融等现代行业，成为教师、编辑、科技人员、记者、小说家、医生、职员等各种专门人才，以知识、技术等文化资本谋生，扮演着多元多样的社会角色，一些知识精英还关注专业与职业以外的“公共领域”，甚至成为职业政论家、社会活动家。传统知识分子的社会功能是为社会提供规范。而新型知识分子被近代分工化、专业化所划分，他们各自为社会完成着不同的职业功能。他们不再显示出传统知识阶层的高度同质性。表现在意识形态上是儒家大一统意识形态的瓦解，新型知识分子在学习西学中开始寻求形形色色的新的价值观念。

他们具有深刻的使命感和历史责任感，选择了不同的方式推动着传统专制社会向现代民主社会的转型，并努力探寻着知识分子在现代条件下干预公共事务、担当公共角色的途径，包括探索在体制外以民间社会、以舆论关切等干预政治、参与社会治理的新形式。他们成为晚清社会变革的重要推动力量。

关于晚清西学东渐的几点思考

鸦片战争以后的晚清70年这一时段的中西文化交流，西方文化在中国的传播，内容特别丰富，涉及的领域很广泛，几乎涉及人们生产生活的各个方面，从思想文化到科学技术，从文学艺术到日常生活，从政治到经济，从军事到外交，从上层社会到下层民众，都受到了影响。

这个时期离我们并不遥远，以下限1911年算起，也就100多年的时间；如果追溯到开端的1840年，也还不到200年。那个时代中西文化交流的成果至今还在我们社会生活中有着很大的影响。可以说，在我们今天社会生活中的方方面面，都带有19世纪中西文化交流的痕迹。我们在研究、论述近代的中西文化交流的时候，常常带着今天的情感和关怀，常常与我们今天的情况相比较、相映照。因为，今天的中西文化交流就是近代文化交流的继续和深化。今天中西文化交流的所有方面，在近代那个时候都能找到其开端和萌芽。

晚清时期的中西文化交流、西学东渐，向西方学习，引进西方文化，在一定的意义上来说，是成功的，是有成就的。虽然这些成就还是有限的，取得这些成就也很艰难，并且付出了巨大的代价，但是对于这一时期的中西文化交流的结果，还是应该给予肯定性的评价。看一种文化移植是否成功，主要有两个层面。

第一个是物质文化的层面，西方的大机器生产已经部分地改变了传统的生产方式，近代工业文明的成果已经在中国初步扎下根来，与此同时，大机器生产的物质产品，无论是进口的还是本国生产的，已经进入人们的日常生活。生产方式、生活方式的改变是根本性的改变。接受了这些改变，就意味着在社会基础的层面上接受了西方文明。同时，在这些基础之上，还会有相应的思想观念上的变化。

第二个是知识的层面。前面说到的那些鼓吹积极引进西学的先觉者、先驱者，他们之所以走在时代的前面，是因为他们具有了比同时代人更多的知识优势。他们大部分具有与西方文明打交道的经历，甚至还有些人亲自到国外看了不同的世界。但是，只有少数人具有西方文化知识还是远远不够的，还必须把这些知识普及，变成大众的知识。所以，在这一时期，翻译出版了大量西方的书籍，包括自然科学、社会科学、文学艺术等各个方面的内容。更重要的是新式学堂的建立，包括外国传教士创办的教会学校和官办的各类学堂，它们都是按照西方的学科体系安排教育内容，并且使用新式的各类学科的教科书，这就为建立新的知识传播系统奠定了很好的基础，也为中国近代新学科的建立奠定了很好的基础。最突出体现知识系统转变的就是清末的学制改革。根据这个改革方案，从基础教育到高等教育，都是按照西方的新的知识系统进行的，持续上千年的以科举制为中心的传统教育体制被打破并废弃了。当一种新的文化知识、科学知识进入教育体系，进入各类各级教科书，这种文化移植就可以说是成功的了。

所以，我们看清末，已经有了一定的大机器工业生产的基础，有了日常生活领域的大变化，更有了初步建立起来的新式教育体系和教育制度，那么，是否就可以认为对西方文化的移植是成功的呢？更放开一点看，到了晚清的最后十年，持续几十年的引进西学的事业已经是很广泛了，从经济到社会，从生产到生活，从学术到教育，从军事到政治，学科建设、文学艺术，无不渗透着西方文化的影响。过去学术界对晚清的新政改革评价并不高，但平心而论，正是在那个时候奠定了中国在20世纪进一步发展的基础。20世纪中华文化的发展变革，是在那个时候起步的。

虽然我们可以认为晚清时期移植西方文化至少是部分地取得了成功，虽然我们认为晚清时期引进西学具有广泛的社会基础，并且受到知识精英阶层大力鼓吹和上层统治集团积极支持，甚至成为一种国家意志和国家事业，虽然我们认为当时积极引进西学是一种历史发展的必然趋势，并且是挽救国家危亡、民族生存的正确选择，但是，这并不是说，它是一帆风顺的，是没有什么困难和阻力的。实际上这种阻力是相当大的。引进外国文化的阻力主要是来自传统的力量。传统是一种巨大的保守力量。我们在前面论述过，开放性和保守性是一种民族文化内部的两种张力，保守力量在于巩固和维护民族文化的核心价值和民族性，开放力量在于促进民族文化的进步和发展。历史上对外文化交流始终在两种力量的制衡中发展。

作为文化上的保守主义，还有两个方面的问题需要提出。

第一个问题是，保守主义对于激进的反传统主义、激进的西化派，是一种制衡的力量。我们经常引证恩格斯的一个观点，说历史是多种合力的结果。多种力量造成了一种相互制衡的关系，使哪一种力量都不会走得太远，都被限制在历史实践所能容纳的范围内。如果没有文化保守主义的抵制、抗拒和制衡，那么，引进近代西方文化、引进大工业文明，就可能更快一些，但也可能走得更远，超出当时社会发展水平所能容纳的程度，因而引起更大的社会和文化的震荡。比如日本在明治维新时期主张全盘西化，但在其后期又出现过儒学振兴运动，主张恢复和保存传统文化，对当时滚滚而来的西化浪潮起到了一定的遏制作用，避免了社会的文化分裂。日本的例子是先全盘西化，然后再校正，中国则是在一开始就有文化保守主义在遏制、在制衡，所以就没有像日本那样走得远。

第二个问题是，文化保守主义的本质，是在强大的外来文化，在近代就是强大的西方工业文明的冲击下，试图守护、保存本土文化、民族文化，尤其是保存民族传统文化核心价值的努力。保守主义者对于西方文化造成的冲击和对传统文化的颠覆性危险十分敏感，也十分警惕。他们态度是明朗的、真诚的、坚决的，就是要做传统文化的守护者、卫道士，尽管西方文化的冲击是强有力的、巨大的。因此，即使到了这一时期的后一阶段，“西学”取代“中学”，“新学”取代“旧学”，已经成为时代潮流，文化保守主义者仍然在做保存传统文化的努力，比如创办存古学堂，比如用西学的方法整理、研究旧学，即所谓的“整理国故”“保存国粹”等，都是要延续传统文化的文脉，在西学滚滚的浪潮中存续传统文化的价值和生命。

从以上两点来说，我们以往对于文化保守主义的正面意义估计不足，评价不高。除了它们在历史上所起到的积极作用之外，它们对待文化传统的真诚和态度，就值得我们抱有真诚的敬意。

近代的中西文化交流，西学东渐，最重要的问题，就是在西方文化大规模传播和冲击的情况下，如何实现两种文化的融合问题，如何将外来的“西学”变成中华文化之中的“新学”，成为中国文化的组成部分，而中华传统文化在这样的新文化体系中，也仍然具有其地位和价值。近代以来的中外文化交流，和以往不同的是，以前的外来文化，都是作为中国本土文化的丰富和补充，很好地融合到中华文化的系统之中，成为中华文化的一个组成部分。中华文化具有强大的融合力和开放性，能够积极并且是成功地吸收一切外来文化的优秀的、先进的成果。但是，近代以来的西方文化的传入，则对中国本土文化造成了巨大的冲击和颠覆性的影响。这样，在吸收外来文化的同时，还要对本土文化进行现代化的改造。近代以来中西文化的交流，对于中国本土文化来说，也就是一个文化重建的问题。在这个文化重建的过程中，西学和中学、新学和旧学，外来文化和本土文化，都各有其地位、有其作用，也就会在这个文化重建的过程中实现高水平的融合。中华文化因此也就获得了世界性的意义，成为一种世界文化。

这个文化的重建过程是漫长的。晚清之后，20世纪的中华文化仍然在继续着这一过程。我们今天也还在继续着这一过程。

结束语

中外文化交流史是中华文化史的重要组成部分，在中华文化史中包含着中外文化交流及其成果的内容。中华文化不仅仅是中华民族的伟大创造，而且还包含着对外来文化的吸收和融合，包含着对其他民族先进文化的学习与借鉴。正是在中外文化交流的漫长历史中，在与各种外来文化的交流、激荡、交融中，才形成了中华文化的生生不息、博大精深和灿烂辉煌。中华文化也不仅仅是中华民族所享有的文化成果，它还以不同的方式传播到其他地区，给其他民族的文化发展以一定的补充、丰富、激励或刺激。中华文化正是在持续向海外传播的过程中，才具有了世界性的价值和意义。

中华文化的开放性、先进性、丰富性和创造性，这些基本的特征，是在与外国文化广泛的对话、交流与互动中获得的，也是在与外国文化广泛的交流中展示的、显现出来的。这也就说明了中华文化的世界性价值和世界性意义。

早在20世纪二三十年代，西风东渐为烈之时，胡适就提出未来世界文化发展在于东西方文化的融合。全球化时代的文化，不是西方文化一家独大，不是全球都“化”到西方文化中去，而是需要全世界各民族共同创造。各民族都要以平等的身份参与全球化文化的创造。西方工业文明的发展和传播，对于世界文化的意义主要在于，它打破了过去各个地域、各个民族之间相对隔绝的状态，把整个世界连成一片，从而孕育着建立一种世界性文化或全球文化的可能性。另一方面，各民族文化之间的交流越是加强，便越是增强了文化的比较，增强了跨文化的冲突。各文化之间的接触首先引发的是矛盾和碰撞，是价值观上的对抗和文化心理上的冲突。从而，也就越是强调文化的特殊性和民族性，强调特殊文化价值的存在合法性。事实上，全球一致性愈高，地方特色就愈鲜明。这样，在当代世界文化发展趋势上就出现了两种相反但又互相联系的基本倾向：一是追求文化的世界化，表现在各国对现代化目标的认同和努力；二是追求文化的民族化，表现在世界范围内的“寻根热”和对传统的回归。这两种文化倾向之间的张力，便构成当代世界文化的基本态势。在最近几十年的文化和社会学研究中，特别注重现代化模式的多样化，强调各国现代化道路的不同的传统文化心理背景。

习近平指出：中国文化源远流长，中华文明博大精深。只有全面深入了解中华文明的历史，才能更有效地推动中华优秀传统文化创造性转化、创新性发展，更有力地推进中国特色社会主义文化建设，建设中华民族现代文明。

经过近代以来激烈的文化冲突和历史性的蜕变，中华文化正日益焕发着新的生机，展现出新的生命力和发展前景。在未来的世界文化舞台上，中华文化必将占有重要的位置，发挥重要的作用。这种重要性，在性质上和功能上，都与古代中华文化在当时世界上的重要性不同。新的世界文化格局、态势和走向，决定着要为其中的任何一种民族文化（包括中华文化）重新定位，要求各民族文化在融入世界文化大趋势的前提下发挥各自的特殊性，展现其丰富性。现代中国人以其生命智慧和民族精神，继往开来，在现代化的伟大征途中创造出更加灿烂辉煌的现代中国文化，同时也为人类文明的繁荣作出新的贡献。

主要参考文献

周一良主编：《中外文化交流史》，河南人民出版社1987年版。

李喜所主编：《五千年中外文化交流史》（全5卷），世界知识出版社2002年版。

王介南：《中外文化交流史》，人民出版社2011年版。

方豪：《中西交通史》（全2册），上海人民出版社2008年版。

沈福伟：《中西文化交流史》（第2版），上海人民出版社2006年版。

沈福伟：《中国与欧洲文明》，山西教育出版社2018年版。

沈福伟：《西方文化与中国（1793—2000）》，上海教育出版社2003年版。

张国刚：《中西文化关系通史》（上下卷），北京大学出版社2019年版。

忻剑飞：《世界的中国观》，学林出版社1991年版。

朱云影：《中国文化对日韩越的影响》，广西师范大学出版社2007年版。

《中朝关系通史》编写组：《中朝关系通史》，吉林人民出版社1996年版。

朴真奭：《中朝经济文化交流史研究》，辽宁人民出版社1984年版。

陈尚胜：《中韩交流三千年》，中华书局1997年版。

黄有福、陈景富：《中朝佛教文化交流史》，中国社会科学出版社1993年版。

陈景富：《中韩佛教关系一千年》，宗教文化出版社1999年版。

池步洲：《日本遣唐使简史》，上海社会科学院出版社1983年版。

韩昇：《遣唐使和学问僧》，香港中和出版有限公司2011年版。

释东初：《中日佛教交通史》，中华佛教文化馆、中华大典编印会1970年版。

郑彭年：《日本中国文化摄取史》，杭州大学出版社1999年版。

越南社会科学委员会编，北京大学东语系越南语教研室译：《越南历史》第1集，北京人民出版社1977年版。

季羡林：《中印文化交流史》，新华出版社1993年版。

吕澂：《中国佛学源流略讲》，中华书局1979年版。

汤用彤：《汉魏两晋南北朝佛教史》（增订本），昆仑出版社2006年版。

汤用彤：《隋唐佛教史稿》，北京大学出版社2010年版。

任继愈主编：《中国佛教史》（全3卷），中国社会科学出版社1985年版。

梁启超：《佛学研究十八篇》，群言出版社2013年版。

孙昌武：《中国佛教文化史》（全5册），中华书局2010年版。
任继愈：《汉唐佛教思想论集》，人民出版社1973年版。
王早娟：《唐代长安佛教文学》，商务印书馆2013年版。
马明良：《伊斯兰文明与中华文明的交往历程和前景》，中国社会科学出版社2006年版。
中国航海史研究会编：《郑和下西洋论文集》，人民交通出版社1985年版。
郑一钧：《论郑和下西洋》，海洋出版社1985年版。
王天有、徐凯、万明编：《郑和远航与世界文明：纪念郑和下西洋600周年论文集》，北京大学出版社2005年版。
向达：《唐代长安与西域文明》，河北教育出版社2001年版。
荣新江：《中古中国与外来文明》，生活·读书·新知三联书店2001年版。
潘吉星：《中国古代四大发明：源流、外传及世界影响》，中国科技大学出版社2002年版。
沈定平：《明清之际中西文化交流史——明代：调试与会通》，商务印书馆2001年版。
沈定平：《明清之际中西文化交流史——明季：趋同与辨异》，商务印书馆2012年版。
朱谦之：《中国哲学对欧洲的影响》，上海人民出版社2006年版。
韩琦：《中国科学技术的西传及其影响》，河北人民出版社1999年版。
万明：《明代中外关系史论稿》，中国社会科学出版社2011年版。
张西平：《儒学西传欧洲研究导论：16—18世纪中学西传的轨迹与影响》，北京大学出版社2016年版。
张西平：《交错的文化史：早期传教士汉学研究史稿》，学苑出版社2017年版。
颜炳罡：《心归何处：儒家与基督教在近代中国》，山东人民出版社2005年版。
张国刚、吴莉苇：《启蒙时代欧洲的中国观：一个历史的巡礼与反思》，上海古籍出版社2006年版。
张国刚等：《明清传教士与欧洲汉学》，中国社会科学出版社2001年版。
张国刚：《从中西初识到礼仪之争：明清传教士与中西文化交流》，人民出版社2003年版。
范存忠：《中国文化在启蒙时期的英国》，上海外语教育出版社1991年版。
耿昇：《中法文化交流史》，云南人民出版社2013年版。
梁启超：《中国近三百年学术史》，商务印书馆2011年版。
梁启超：《清代学术概论》，上海古籍出版社2005年版。
梁启超：《论中国学术思想变迁之大势》，上海古籍出版社2006年版。

舒新城：《中国近代教育史》，人民教育出版社1961年版。

中国史学会：《洋务运动》，上海人民出版社1961年版。

中国史学会：《戊戌变法》，上海人民出版社1957年版。

孙毓棠、汪敬虞等编：《中国近代工业史资料》（全二辑），科学出版社1957年版。

陈玉申：《晚清报业史》，山东画报出版社2003年版。

熊月之：《西学东渐与晚清社会》，上海人民出版社1994年版。

钟叔河：《走向世界：近代中国知识分子考察西方的历史》，中华书局1985年版。

钟叔河：《中国本身拥有力量》，江苏教育出版社2005年版。

李喜所：《近代留学生与中外文化》，天津人民出版社1992年版。

[英]马士著，张汇文译：《中华帝国对外关系史》，商务印书馆1963年版。

[法]费尔南·布罗代尔著，肖昶等译：《文明史纲》，广西师范大学出版社2003年版。

[法]费尔南·布罗代尔著，施康强、顾良译：《15至18世纪的物质文明、经济和资本主义》（全3册），生活·读书·新知三联书店1993年版。

[美]菲利普·李·拉尔夫、爱德华·伯恩斯、罗伯特·E.特纳著，赵丰等译：《世界文明史》（全2册），商务印书馆1998年版。

[美]杰里·本特利、赫伯特·齐格勒等著，魏凤莲译：《新全球史——文明的传承与交流》（全2卷），北京大学出版社2007年版。

[美]菲利普·D.柯丁著，鲍晨译：《世界历史上的跨文化贸易》，山东画报出版社2009年版。

[法]安田朴著，耿昇译：《中国文化西传欧洲史》，商务印书馆2000年版。

[英]艾兹赫德著，姜智芹译：《世界历史中的中国》，上海人民出版社2009年版。

[英]吴芳思著，方永德、宋光丽、方思源译：《中国的魅力：趋之若鹜的西方作家与收藏家》，东方出版中心2009年版。

[美]J.J.克拉克著，于闽梅、曾祥波译：《东方启蒙：东西方思想的遭遇》，上海人民出版社2011年版。

[美]许倬云：《中国文化与世界文化》，贵州人民出版社1991年版。

[法]布尔努瓦著，耿昇译：《丝绸之路》，山东画报出版社2001年版。

[英]李约瑟著，袁翰青译：《中国科学技术史》第1卷，科学出版社、上海古籍出版社1990年版。

[英]李约瑟著，何兆武等译：《中国科学技术史》第2卷，科学出版社、上海古籍出版社1990年版。

[美]费正清等著，黎鸣等译：《东亚文明：传统与变革》，天津人民出版社1992年版。
[日]木宫泰彦著，胡锡年译：《日中文化交流史》，商务印书馆1980年版。
[日]上垣外宪一著，王宣琦译：《日本文化交流小史》，武汉大学出版社2007年版。
[日]道端良秀著，徐明、何燕生译：《日中佛教友好二千年史》，商务印书馆1992年版。
[越]陈重金著，戴可来译：《越南通史》，商务印书馆1992年版。
[越]陶维英著，刘统文译：《越南古代史》，商务印书馆1976年版。
[法]阿里·玛扎海里著，耿昇译：《丝绸之路：中国—波斯文化交流史》，中华书局1993年版。
[荷兰]许理和著，李四龙、裴勇等译：《佛教征服中国：佛教在中国中古早期的传播与适应》，江苏人民出版社2003年版。
[美]谢弗著，吴玉贵译：《唐代的外来文明》，中国社会科学出版社1995年版。
[美]杰克·威泽弗德著，温海清、姚建根译：《成吉思汗与今日世界之形成》，重庆出版社2009年版。
[法]沙海昂注，冯承钧译：《马可·波罗行纪》，中华书局2004年版。
[法]让-诺埃尔·罗伯特著，马军、宋敏生译：《从罗马到中国：恺撒大帝时代的丝绸之路》，广西师范大学出版社2005年版。
[美]唐纳德·F.拉赫、埃德温·J.范·克雷著，周宁总校译：《欧洲形成中的亚洲》（全3卷），人民出版社2013年版。
[美]孟德卫著，江文君等译：《1500—1800：中西方的伟大相遇》，新星出版社2007年版。
[英]约翰·霍布森著，孙建党译：《西方文明的东方起源》，山东画报出版社2009年版。
[英]赫德逊著，李申、王遵仲、张毅译：《欧洲与中国》，中华书局1995年版。
[美]M.G.马森著，杨德山译：《西方的中国及中国人观念（1840—1876）》，中华书局2006年版。
[美]史景迁著，阮叔梅译：《大汗之国：西方眼中的中国》，广西师范大学出版社2013年版。
[德]利奇温著，朱杰勤译：《十八世纪中国与欧洲文化的接触》，商务印书馆1962年版。
[美]卡特著，吴泽炎译：《中国印刷术的发明和它的西传》，商务印书馆1957年版。
[西]门多萨著，何高济译：《中华大帝国史》，中华书局1998年版。
[英]博克舍编注，何高济译：《十六世纪中国南部行纪》，中华书局1990年版。
[美]孟德卫著，陈怡译：《奇异的国度：耶稣会适应政策及汉学的起源》，大象出版社2010年版。

[美]邓恩著，余三乐、石蓉译：《从利玛窦到汤若望：晚明的耶稣会传教士》，上海古籍出版社2003年版。

[法]杜赫德编，耿昇等译：《耶稣会士中国书简集：中国回忆录》（6卷），大象出版社2005年版。

[法]谢和耐著，耿昇译：《中国与基督教——中西文化的首次撞击》（增补本），上海古籍出版社2003年版。

[法]安田朴、谢和耐等著，耿昇译：《明清间入华耶稣会士和中西文化交流》，巴蜀书社1993年版。

[韩]黄台渊、金钟禄著，[韩]卢珍译：《孔夫子与欧洲思想启蒙》，人民日报出版社2020年版。

[法]维吉尔·毕诺著，耿昇译：《中国对法国哲学思想形成的影响》，商务印书馆2000年版。

[法]亨利·柯蒂埃著，唐玉清译：《18世纪法国视野里的中国》，上海书店出版社2006年版。

[德]G.G.莱布尼茨著，[法]梅谦立、杨保筠译：《中国近事》，大象出版社2005年版。

[德]夏瑞春编，陈爱政等译：《德国思想家论中国》，江苏人民出版社1989年版。

[美]顾立雅著，高专诚译：《孔子与中国之道：现代欧美人士看孔子》，山西人民出版社1992年版。